CONOCIENDO A JESÚS EN EL ANTIGUO TESTAMENTO

CRISTOLOGÍA
Y
TIPOLOGÍA BÍBLICA

T0322991

CONOCIENDO A JESÚS EN EL ANTIGUO TESTAMENTO

CRISTOLOGÍA
Y
TIPOLOGÍA BÍBLICA

editorial clie

EUGENIO DANYANS

EDITORIAL CLIE
C/ Ferrocarril, 8
08232 VILADECAVALLS (Barcelona) ESPAÑA
E-mail: libros@clie.es
Internet: http:// www.clie.es

CONOCIENDO A JESÚS EN EL A.T.
Cristología y tipología Bíblica

ISBN: 978-84-8267-529-9

Printed in USA

Clasifíquese:
40- LIBROS DE SIMBOLOGÍA
CTC: 01-01-0040-05
Referencia: 22.46.62

ÍNDICE GENERAL

ÍNDICE GENERAL

Para mi esposa,
para mis hijos,
y para mis nietos.

TABLA DE LOS LIBROS DE LA BIBLIA
CON LAS CORRESPONDIENTES ABREVIATURAS
DE SUS TÍTULOS

Antiguo Testamento

Gn. = Génesis

Éx. = Éxodo

Lv. = Levítico

Nm. = Números

Dt. = Deuteronomio

Jos. = Josué

Jue. = Jueces

Rt. = Rut

1º S. = 1º de Samuel

2º S. = 2º de Samuel

1º R. = 1º de los Reyes

2º R. = 2º de los Reyes

1º Cr. = 1º de Crónicas

2º Cr. = 2º de Crónicas

Esd. = Esdras

Neh. = Nehemías

Est. = Ester

Job = Job

Sal. = Salmos

Pro. = Proverbios

Ec. = Eclesiastés

Cnt. = Cantar de los Cantares

Is. = Isaías

Jer. = Jeremías

Lm. = Lamentaciones de Jeremías

Ez. = Ezequiel

Dn. = Daniel

Os. = Oseas

Jl. = Joel

Am. = Amós

Abd. = Abdías

Jon. = Jonás

Mi. = Miqueas

Nah. = Nahum

Hab. = Habacuc

Sof. = Sofonías

Hag. = Hageo

Zac. = Zacarías

Mal. = Malaquías

Nuevo Testamento

Mt. = Evangelio según San Mateo

Mr. = Evangelio según San Marcos

Lc. = Evangelio según San Lucas

Jn. = Evangelio según San Juan

Hch. = Hechos de los Apóstoles

Ro. = A los Romanos

1ª Co. = 1ª a los Corintios

2ª Co. = 2ª a los Corintios

Gá. = A los Gálatas

Ef. = A los Efesios

Fil. = A los Filipenses

Col. = A los Colosenses

1ª Ts. = 1ª a los Tesalonicenses

2ª Ts. = 2ª a los Tesalonicenses

1ª Ti. = 1ª a Timoteo

2ª Ti. = 2ª a Timoteo

Tit. = A Tito

Flm. = A Filemón

He. = A los Hebreos

Stg. = Santiago

1ª P. = 1ª de San Pedro

2ª P. = 2ª de San Pedro

1ª Jn. = 1ª de San Juan

2ª Jn. = 2ª de San Juan

3ª Jn. = 3ª de San Juan

Jud. = San Judas

Ap. = Apocalipsis

RECONOCIMIENTOS

Agradecemos los permisos concedidos para usar parte de la información didáctica suministrada por las publicaciones que se citan:

Dorcas L. Dade, misionera, por *Notas sobre el Tabernáculo en el Desierto*, editadas por La Unión Para Estudio Bíblico, de Maracaibo, Venezuela.

Stanley C. Bown, por *El Tabernáculo y las Ofrendas*, de Edwin Kirk, traducido al castellano por F. A. Franco.

Rene Zapata, Director de Relaciones Públicas de Ediciones Las Américas, A. C., de Puebla, Pue., México, por *Manual de Interpretación Bíblica*, del profesor J. Edwin Hartill, traducido al castellano por el profesor E. R. Smith.

Marco T. Calderón, por *Manual del Tabernáculo*, del Rev. David Bonilla, publicado por Gospel Press/Senda de Vida, de Miami, Florida.

Otros autores especialmente consultados:
ENRIQUE PAYNE
HERRMANN G. BRAUNLIN
JOHN RITCHIE
REV. DR. A. B. SIMPSON
E. F. BLATTNER
A. ROSSEL
G. ANDRÉ

G. A. y P. CHEVALLEY: *Depósito de Literatura Cristiana*, de Buenos Aires, Argentina, año 1960.

P. B. G.: *Apuntes de Estudios Bíblicos.*

Y hacemos extensivo el testimonio de nuestro reconocimiento a los comentaristas y expositores bíblicos que mencionaremos a lo largo de las páginas de este volumen. Nos complace, pues, expresar aquí nuestro agradecimiento a todos ellos.

PRÓLOGO

Escudriñad las Escrituras (Jn. 5:39).

Eugenio Danyans de La Cinna es un enamorado de la Biblia. Y, además, es un buen escudriñador de las Escrituras. Hoy, para algunos, quizá pueda parecer un tópico que aún se escoja como tesis de trabajo una Cristología del Antiguo Testamento, que como dice el autor es un comentario expositivo de las Tipologías Mesiánicas. Pero puede valorarse la importancia de una doctrina por la prominencia que se le da en el canon bíblico. Y así vemos que las Tipologías nos muestran a Cristo prefigurado a través de todas las Escrituras del Antiguo Testamento.

Ahora bien, han sido muchos los estudios que a lo largo del pasado siglo XX se realizaron, y que sin duda durante el transcurso de nuestro siglo XXI se realizarán sobre la Persona incomparable de Jesús de Nazaret. Pero ahora, nuestro común hermano en la fe, Danyans, nos presenta este libro muy oportunamente, porque en estos tiempos en que el estudio de la Biblia parece estar reservado a Seminarios o Institutos Bíblicos (pues el estudio bíblico, para muchos, no resulta ser tan precioso como lo fuera antaño), se hace necesario recalcar que cuando se estudia la Biblia con el corazón debería uno enamorarse de ella, de su contenido, de los descubrimientos que en sus páginas sagradas se nos revelan, ya que a través de su lectura y meditación el creyente encuentra muchos más motivos para amarla, para obedecerla y para amar más al Señor de la Biblia.

Cada sección del libro de Danyans se va desarrollando sistemáticamente. Recorriendo biográficamente cada personaje bíblico que se estudia, cada detalle del mobiliario del Tabernáculo, cada pieza de las vestiduras sacerdotales, las ofrendas levíticas, las festividades religiosas de Israel, los grandes eventos históricos..., el autor nos va desgranando su estudio, descubriéndonos aspectos característicos que nos presentan al Señor Jesús de una manera tal que el lector se dará cuenta de que irá conociendo mejor, y mucho más que antes, la Persona y la Obra de Cristo.

Y es que cuando se ha leído la Biblia muchas veces, y se ha estudiado profundamente, se van mostrando cosas y más cosas aleccionadoras que nos hacen entender las maravillas que afloran de la lectura del Libro de Dios. Personalmente creo que quien se adentre en esta obra de investigación del hermano Danyans va a pasar un tiempo devocional muy agradable entre sus páginas, sobre todo cotejando su contenido con la Biblia abierta. En una palabra: disfrutará mucho con su lectura.

Muy especialmente estoy pensando en esos jóvenes de nuestras iglesias que empiezan a leer libros que nunca habían podido consultar hasta ahora porque carecían de ellos. Y seguramente la lectura de este libro, además de atraer su atención, les abrirá la mente y aprenderán las valiosas enseñanzas de las Tipologías del Antiguo Testamento acerca del Señor Jesucristo, al que verán reflejado en cada detalle de proyección Mesiánica que menciona nuestro autor en los respectivos apartados que forman la estructura de este volumen.

Y es que la noción que tengamos de Cristo es indudable que se verá enriquecida con el estudio de las tipologías bíblicas, y evidentemente ese enriquecimiento ejercerá una notable influencia sobre cada creyente, pues nos ayudará a comprender que, en su debida perspectiva profética, verdaderamente la Biblia nos revela a Cristo en cada detalle tipológico, como sobradamente expone nuestro autor.

Es algo que trasciende a lo puramente humano y que será, sin duda alguna, preciso conocer para entender, en todo su alcance, el profundo significado de las Tipologías Mesiánicas del Antiguo Testamento. Un buen deseo y un fuerte abrazo de este sincero admirador tuyo, que es

Antonio M. Sagau

INTRODUCCIÓN

1. LA BIBLIA COMO REVELACIÓN COMPLETADA

Hoy, quizá más que nunca, nuestro mundo en crisis necesita la Palabra de Dios, que es la Biblia. La Biblia no es un libro vulgar: es el Libro de Dios. Y conocer el mensaje de salvación que contiene constituye una prioridad imperativa, porque el Evangelio sigue siendo vigente para los hombres del siglo XXI. «Vi volar por en medio del cielo a otro ángel, que tenía el *evangelio eterno* para predicarlo a los moradores de la tierra, a toda nación, tribu, lengua y pueblo», leemos en Apocalipsis 14:6.

Es decir, en los últimos tiempos de la historia de nuestra humanidad, Dios no ha cambiado su mensaje. El Evangelio es el mismo de siempre, pues no está obsoleto, y por tanto no hay –ni puede haber– otro. «Más si aun nosotros, o un ángel del cielo, os anunciare otro evangelio diferente del que os hemos anunciado, sea anatema» (Gá. 1:8).

Nosotros creemos que no hay otra fuente de verdad que Dios mismo, y que la revelación de su verdad eterna nos la ha dejado escrita en el libro divino conocido como la Biblia o las Sagradas Escrituras. En este sentido nos identificamos con lo que Cervantes dice en el Quijote: «la Santa Escritura que no puede fallar un átomo de verdad» (parte II, cap. 27).

Ahora bien, la Biblia es una revelación progresiva que culmina en Cristo: «Dios, habiendo hablado muchas veces y de muchas maneras en otro tiempo a los padres por los profetas, en estos postreros días nos ha hablado por el Hijo» (He. 1:1-2). En los tiempos antiguos, Dios habló en muchos fragmentos y de diversas maneras a los hombres por medio de los profetas, y lo hizo en muchos estilos. Pero al final de estos días, cuando se cumplió la plenitud del tiempo señalado (Gá. 4:4), Dios nos habló en la persona de su Hijo. Literalmente dice el original: «nos habló *en* Hijo». Dios se ha revelado a *Sí* mismo en Cristo.

La revelación de la gracia salvífica de Dios principió en la historia de la humanidad y se completó en Cristo Jesús. Como escribe D. Francisco Lacueva en su libro *Espiritualidad Trinitaria*, citando un párrafo lapidario de San Juan de la Cruz, quien haciendo referencia a la axiomática declaración de Hebreos 1:2 elabora el siguiente jugoso comentario:

«En lo que da a entender el escritor que Dios ha quedado como mudo y no tiene más que hablar, porque lo que hablaba antes en partes a los profetas ya lo ha hablado en Él todo, dándonos al Todo, que es su Hijo. Por lo cual el que ahora quisiese preguntar a Dios, o querer alguna visión o revelación, no sólo haría una necedad, sino haría agravio a Dios, no poniendo los ojos totalmente en Cristo, sin querer otra alguna cosa o novedad. Porque le podría responder Dios de esta manera, diciendo: "Si te tengo ya habladas todas las cosas en mi Palabra, que es mi Hijo, y no tengo otra, ¿qué te puedo yo ahora responder o revelar que sea más que eso? Pon los ojos sólo en Él, porque en Él te lo tengo dicho todo y revelado, y hallarás en Él aún más de lo que pides y deseas. Porque tú pides locuciones y revelaciones en parte, y si pones en Él los ojos, lo hallarás en todo; porque Él es toda mi locución y respuesta, y es toda mi visión y toda mi revelación".» (*Subida del Monte Carmelo*, lib. 11, cap. XXII).

De modo que, en otras palabras, no le pidas a Dios más revelación, porque te podría decir: «Oye, ¿es que no tienes bastante con mi Hijo? Pues ahí lo tienes todo. Escúchale a Él». Y esto es de suma importancia para no desviarse de la Palabra de Dios. Por eso puede decirse que la Cristología es el corazón del Antiguo Testamento y el alma del Nuevo Testamento. Y como alguien ha sugerido, Cristo es el «hilo conductor» que atraviesa la Escritura.

En efecto, Él es el Jehová del Antiguo Testamento, que bajo la misteriosa figura del Ángel de Jehová le vemos manifestarse como el único representante de Dios que lleva su Nombre inefable (Éx. 23:20-21), y en esta apariencia le vemos recibiendo la adoración y el trato que sólo corresponde a Dios. Asimismo, Cristo es también el «Dios manifestado en carne», del que habla el Nuevo Testamento (1ª Ti. 3:16).

2. CRISTOLOGÍA: CLAVE DE LA BIBLIA

Como muy bien dice Stuart Park: «La Cristología ocupa un lugar preeminente en la cumbre de la teología bíblica, y con razón, pues desde la incomparable figura de Jesucristo se iluminan todos los horizontes de la revelación divina. La persona y la obra de Jesucristo constituyen el corazón de la revelación bíblica, el epicentro de los propósitos eternos de Dios».

La Biblia es una unidad, porque en todas sus partes campea la historia de la Redención. De ahí la importancia de conocer y estudiar la Cristología del Antiguo Testamento, por cuanto Cristo no está solamente prefigurado mediante *tipos*, sino que también se manifiesta visiblemente en la persona extraordinariamente relevante del Ángel de Jehová, de quien se dice en Miqueas 5:2 según el original: «y sus salidas (o "apariciones") son desde tiempos antiguos, desde los días de antaño».

O sea que, en el Antiguo Testamento, Cristo se nos muestra ya como el Mesías preencarnado bajo la figura del Ángel de Jehová. Cristo es, por tanto, el personaje central de la Biblia. De Él dieron testimonio todos los profetas de la antigüedad en sus oráculos. Y así la Cristología del Antiguo Testamento preparó el camino a la Cristología del Nuevo Testamento.

Ahora bien, cuando nos adentramos en la lectura y el estudio de la Biblia, nos vemos frente a una fuente inagotable de elementos que constituyen el secreto para recibir de ella ayuda espiritual, apoyo para la fe, y nutrición para el alma. Por eso «la corriente de la revelación se ha desarrollado en un cauce de historia», como dice Carroll Owens Gillis, a fin de llegar a todos los hombres. Y a la luz de esta perspectiva tan panorámica veamos el desarrollo histórico de dicha revelación:

1. En el Antiguo Testamento vemos al Cristo de la Promesa: Cristo es preanunciado y le vemos prefigurado en diversas tipologías.

2. En los Evangelios vemos al Cristo de la Historia: Cristo es manifestado entre los hombres para revelarnos a Dios (Jn. 1:18) y consumar el plan de la salvación.

3. En los Hechos de los Apóstoles vemos al Cristo de la Experiencia: Cristo es proclamado a todas las naciones y Él es el único fundamento de la fe cristiana.

4. En las Epístolas vemos al Cristo de la Iglesia: Cristo es poseído y Él reina en medio de su pueblo.

5. Y, finalmente, en el Apocalipsis vemos al Cristo de la Gloria:

Cristo es preeminente: «Yo soy el Alfa y la Omega, el Primero y el Último, el Principio y el Fin» (Ap. 22:13). Notemos ahora:

a) *El Alfa y la Omega:* Cristo es la suma de toda la revelación divina. Él nos trae el conocimiento pleno de Dios (Jn. 14:9; Col. 1:15; He. 1:3).

b) *El Primero y el Último:* Cristo es la corona de la Historia (Ap. 11:15).

c) *El Principio y el Fin:* Cristo es el Señor de todos los mundos (Fil. 2: 9-11).

Cuando Pablo escribía en Fil. 2:9: «y le otorgó el nombre que está sobre todo nombre», quizá, como sugiere H. A. A. Kennedy en su *The Expositor's Greek New Testament,* el apóstol tenía en mente el uso judío de *ha-shem,* «el Nombre», en sustitución reverente de *Yahvéh*, traducido en la Septuaginta por *Kyrios*, «Señor». El mismo título de suprema distinción conferido a Cristo por su naturaleza divina.

Como apuntábamos, Cristo es, pues, la clave de toda la Biblia, y Él es quien da a la Biblia su unidad espiritual e histórica. Alguien ha elaborado el siguiente bosquejo del desarrollo de la Biblia en relación con el Cristo de Dios, que vale la pena considerar porque muestra con suficiente exactitud la unidad esencial de las Escrituras:

1. REVELACIÓN: Génesis a Deuteronomio.
2. PREPARACIÓN: Josué a Ester.
3. ASPIRACIÓN: Job a Cantar de los Cantares.
4. EXPECTACIÓN: Isaías a Malaquías.
5. MANIFESTACIÓN: Mateo a Juan.
6. REALIZACIÓN: Hechos a Epístolas.
7. CULMINACIÓN: Apocalipsis.

La persona incomparable del Señor Jesucristo es tan singular que nadie puede sustraerse a su impactante influencia. Él seduce a las almas inquietas que, ávidas de conocimiento para encontrar respuestas, pugnan por desentrañar el origen y la finalidad de la existencia de todas las cosas en un universo metafísico abierto a la trascendencia.

He aquí, como ejemplo de lo dicho, el testimonio elocuente que, acerca del Cristo de la Biblia, nos dan dos personajes notables:

a) «Sólo por Jesucristo conocemos la vida y la muerte. Fuera de Él, todo es tinieblas: nuestra vida, nuestra muerte, Dios, e incluso nosotros mismos. Sin las Sagradas Escrituras, cuyo único objeto es Jesucristo, nada conoceremos; viviremos en una ceguera y confusión completas respecto a la naturaleza de Dios y a nuestra propia naturaleza» (*Blas Pascal*).

b) «Mi fe consiste en la humilde adoración de Dios, quien se revela en los más insignificantes detalles de la materia. Mi profunda convicción intuitiva de la existencia de Dios, que se manifiesta en todos los lugares del universo, constituye el fundamento de mi existencia y de mi fe... Soy judío, cierto; pero la figura radiante de Jesús ha producido en mí una impresión fascinadora... Nadie se ha expresado como él. En realidad sólo hay un lugar en el mundo donde no vemos ninguna oscuridad. Es la persona de Cristo. En él se ha presentado Dios ante nosotros con la máxima claridad» (*Albert Einstein*).

Y es que frente a la grandeza del Cristo divino no podemos por menos que compartir las palabras del astronauta americano James B. Irwin, haciéndolas nuestras, y decir juntamente con él que el día más grande de la Historia no fue el día en que el primer hombre puso sus pies sobre la Luna, sino aquel en que el Hijo de Dios vino a la tierra, porque Dios nos amó de tal modo que envió a su Hijo Jesucristo a este mundo para demostrar su amor hacia todos los seres humanos.

3. DEFINICIÓN DEL TÉRMINO *TÝPOS*

Como ya se ha dicho, el Señor Jesucristo es el tema supremo de la Biblia. Él, bajo una variedad de nombres y términos descriptivos, es el personaje central en todos los 66 libros que forman el Antiguo y el Nuevo Testamentos. Leyendo la Escritura vemos que la persona de Cristo y su obra se hallan representadas en diversos tipos mesiánicos; tipologías que consideraremos en el desarrollo de nuestro estudio. Sin embargo, comencemos por definir qué cosa es un tipo. Los tipos cristológicos son, en un sentido, comparables a las profecías. O pueden ser utilizados como analogía o ilustración.

Ethelbert W. Bullinger nos ofrece una correcta definición acerca de qué es un *tipo*. Nos dice este autor que el vocablo tipo proviene del verbo griego *týptein* = golpear o imprimir una marca. Como figura de dicción, significa una «sombra» (gr. *skiá*, Col. 2:17; He. 10:1) o anticipo figurativo de algo futuro, más o menos profético, que constituye el *antitipo* o realidad prefigurada por el *tipo*. («Antitipo» quiere decir: «en el lugar del tipo», porque el tipo es como un molde, y el antitipo es lo que llena el molde al cumplir en la realidad lo que aquél representaba prefigurativamente.)

En el Nuevo Testamento, el término griego *týpos* adquiere diversos sentidos, tales como:

– *Señal* o *marca* (Jn. 20:25).

– *Figura* (Hch. 7:43; Ro. 5:14).

– *Forma* (Ro. 6:17).

– *Modelo* (Hch. 7:44; He. 8:5).

– *Manera, estilo*, etc. (Hch. 23:25: «términos», en la Reina Valera).

– *Ejemplo* (1ª Co. 10:6, 11; Fil. 3:17; Tito 2:7).

Los médicos griegos usaban este vocablo para expresar los síntomas de una enfermedad. Galeno escribió un libro de medicina titulado *Perí ton týpon = Sobre los síntomas*. En sentido legal, se usaba también para designar un *caso*.

Así que puede decirse con toda propiedad –siguiendo a Bullinger– que la mayor parte de los llamados *tipos* en la Biblia son meramente *ilustraciones*, y sería preferible designarlos de esta manera, ya que, de suyo, no *enseñan* verdades, sino que *ilustran* las verdades que ya están reveladas en otros lugares de las Escrituras.

D. José M. Martínez escribe al respecto en su conocida obra *Hermenéutica Bíblica*: «Puede definirse la tipología como el establecimiento de conexiones históricas entre determinados hechos, personas o cosas (tipos) del Antiguo Testamento y hechos, personas u objetos semejantes del Nuevo (antitipos) [...]. La tipología tiene una base lógica en la unidad esencial entre la teología del Antiguo Testamento y la del Nuevo. Ambas, como sugería Fairbairn, son comparables a dos ríos paralelos unidos entre sí por canales. Esos canales son los tipos. La similitud básica entre el Antiguo y el Nuevo Testamento, y el uso que en el segundo se hace del primero, explican la validez de la tipología».

Por lo tanto, en el sentido bíblico de la palabra, se da el nombre de *tipo* a todo personaje, institución ritual o acontecimiento histórico del Antiguo Testamento que, unido a su significado literal, representaba alguna otra realidad del Nuevo Testamento. Como decía en una predicación radiofónica el Dr. Ricardo W. DeHaan, profesor de la Clase Bíblica Radial:

«Todo el sistema ceremonial y de leyes civiles dadas por Dios a Israel está lleno de tales tipos, y Hebreos 9 nos habla de su cumplimiento. Los animales ofrecidos sobre el altar representan a Cristo sacrificándose a favor nuestro en el Calvario para salvar a la humanidad. Los muebles y utensilios del tabernáculo y del templo, juntamente con los ritos inherentes a todos ellos, prefiguran al Señor y su obra redentora».

Y añadía a continuación el profesor DeHaan en su plática: «En la Epístola a los Hebreos 10:20 aprendemos que el velo del templo, que separaba el lugar santo del lugar santísimo, era también un tipo del cuerpo de Cristo. Justamente en el momento de morir Jesús, «el velo del templo se rasgó en dos, de arriba abajo» (Mt. 27:51). Por medio de la muerte de Cristo, fue abierto un camino nuevo y vivo para poder penetrar, todos los creyentes en Jesús, en la presencia de Dios».

Dios mismo explica la unidad y la analogía de su revelación progresiva por las palabras del profeta Isaías: «La palabra, pues, de Jehová les será mandamiento tras mandamiento, mandato sobre mandato, renglón tras renglón, línea sobre línea, un poquito allí, otro poquito allá» (Is. 28:13).

Y el propio Señor Jesucristo dice hablando de las Escrituras hebreas: «Escudriñad las Escrituras; [...] ellas son las que dan testimonio de mí» (Jn. 5:39). Véase también Lucas 24:27 y 44.

Resulta interesante constatar que, cuando en el primer capítulo de Génesis se describe la creación del mundo llevada a cabo por Dios, utilizando la palabra Elohim como nombre para designar a Dios, este sustantivo en número plural incluye a Dios el Padre, Dios el Hijo y

Dios el Espíritu Santo, lo que significa que ya aquí vemos a Jesucristo señalado como Creador y llevando implícita su preeminencia eterna (Jn. 1:3; Col. 1:16-17).

El nombre plural de Dios no es un simple plural de abstracción ni un plural de majestad, según alegan quienes rehúsan admitir una unión de tres personas en la Trinidad, pues el llamado plural intensivo o mayestático era desconocido entre los hebreos, y sólo fue transmitido más tarde como propio de los reyes persas y griegos.

Por lo tanto, más que un plural de plenitud, ese plural de Elohim indicaría la pluralidad de personas divinas implicadas en el seno de la Trinidad.

Efectivamente, el plural de majestad ha sido una mera invención humana, porque las Escrituras jamás autorizaron ese modo de hablar denominado plural mayestático. La invención se atribuye a Guillermo Gesenius, orientalista alemán fundador de la Filología semítica, quien una vez presentó esa idea de que dicho plural era tan sólo una manera de Dios de mostrarse en su majestad señorial, al modo de los antiguos monarcas.

Sin embargo, más tarde se descubrió que esa tesis de Gesenius era falsa, porque se comprobó que ningún monarca de la antigüedad usó ese sistema, a excepción de los reyes persas y griegos cuando, posteriormente, introdujeron tal costumbre apelando a una fórmula inexistente entre los hebreos.

4. EL ESTUDIO DE LA BIBLIA COMO NECESIDAD PRIORITARIA

Una necesidad primordial en el día de hoy, por parte de los creyentes cristianos, es estudiar en profundidad la Palabra de Dios por sí misma, si bien esto no excluye consultar buenos comentarios bíblicos. (Entre ellos recomendaríamos el *Comentario Bíblico de Matthew Henry*, adaptado por Francisco Lacueva.) Los temas doctrinales, por ejemplo, tienen una importancia relevante por las riquezas de tipo devocional que reportan al estudiante. De ahí que los pastores y líderes de nuestras iglesias debieran considerar como una prioridad imperativa enseñar a nuestros jóvenes cómo estudiar la Biblia. Los hijos de Dios debemos involucrarnos de manera personal en el estudio sistemático de las Sagradas Escrituras. Y así los estudiantes del texto sagrado deben comprometerse a adquirir una base bíblica sólida y alcanzar madurez espiritual, «creciendo en el conocimiento de Dios» (Col. 1:10).

En expresión de Agustín de Hipona: «La Biblia es una carta que el Padre de las misericordias quiso escribir a los hombres para enseñarles el camino de la verdad y de la verdadera vida». De ahí que darnos a conocer a Cristo y su obra de salvación sea la finalidad primordial que persiguen las Sagradas Escrituras, principio y fin de la revelación divina. La lectura y el estudio de la Palabra de Dios nos hará conocer más y mejor a Cristo, tema central de la Biblia, clave de la Historia, fuente permanente de vida eterna, y secreto para la formación integral del pueblo cristiano mediante el conocimiento y la meditación de las verdades doctrinales contenidas en el Libro de Dios.

Ahora bien, como dice Jeff Adams: «Todo autor es deudor. Su libro es la compilación de muchas ideas y experiencias realizadas en el contexto de su intercambio con los demás. La publicación de su libro casi siempre involucra la participación de un pequeño ejército de personas, cada una especializada en uno de los varios elementos de publicación e impresión».

En este sentido, pues, puede decirse que, ciertamente, este libro es producto o resultado, no de meras transcripciones o recopilaciones de otras fuentes, sino de *adaptaciones* del trabajo exegético aportado por diversos comentaristas especializados en la materia, que nosotros hemos ampliado y complementado con nuestra propia labor de investigación para ofrecerla al lector ávido de conocimiento bíblico.

Cualquier autor que escriba un libro como éste, necesariamente deberá mucho a las exposiciones, reflexiones, sugerencias e indicaciones de esos otros autores consultados, lo que ha hecho posible la publicación de nuestro trabajo. Por ello, durante el proceso de su redacción, nos hemos permitido apelar a la autoridad de reconocidos exegetas más calificados que nosotros, a fin de enriquecer el contenido de este modesto volumen que humildemente presentamos a nuestros lectores.

Blas Pascal dijo también en sus *Pensamientos*: «Ciertos autores, cuando hablan de su obra, dicen: "Mi libro, mi comentario, mi historia...". Mejor habrían de decir: "Nuestro libro, nuestro comentario, nuestra historia", puesto que sus escritos contienen más cosas buenas de otras personas que de ellos mismos».

Así nosotros no hemos trabajado solos. Este libro, por tanto, no habría visto nunca la luz sin la contribución y la ayuda recibida, en parte, de otros maestros de la Palabra, cuyas valiosas aportaciones nos han permitido encajar las piezas que forman el gran puzzle de las tipologías mesiánicas. Por eso han sido inevitables las reiteraciones, pues algunas figuras tipológicas se repiten necesariamente en varias de nuestras secciones temáticas, por lo que esperamos que el lector paciente sabrá disculpar tales reiteraciones.

Sí, debemos mucho a los demás por cualquier mérito que tenga este libro. Pero por cualquier deficiencia es responsable su autor. Confiamos, pues, en que otros expositores mejor cualificados sabrán mejorar nuestro estudio. Así que el propósito de esta aportación literaria es concentrar nuestra atención en la Cristología del Antiguo Testamento, tan rica en tipologías mesiánicas, a la par que estimularnos a profundizar en este apasionante tema.

Pero, a la vez, es también nuestro anhelo ardiente y oración constante que este trabajo que el lector tiene en sus manos reciba la aprobación del Señor, y que a través de su lectura el creyente pueda obtener una edificante instrucción bíblica y ser bendecido con «la sabiduría que desciende de lo alto» (Stg. 3:17).

Confiamos, por tanto, en que a todos resulte grata y enriquecedora la lectura de este libro, modesto en sus pretensiones literarias, pero ambicioso –en el buen sentido– en sus aspiraciones didácticas. Así, deseamos muy sinceramente que nuestros estudiantes, al cerrar las páginas de esta excursión por la Cristología Bíblica, hayan disfrutado y aprendido, al menos, tanto como nosotros al escribirlo.

Dejamos, pues, el libro en las manos del lector, y que Dios reciba toda la gloria y la honra.

PRIMERA PARTE

TIPOLOGÍAS PERSONALES

1.

EL HOMBRE
QUE DIOS CREÓ

Consideraremos, primeramente, los *tipos personales*. Se trata de aquellas personas que en el Antiguo Testamento presentan un carácter típico como figura representativa de Jesucristo. A través de las Escrituras hebreas, Cristo es tipificado en y por determinados personajes que prefiguraban al Mesías, de los que nos ocuparemos a continuación. Vamos a mencionar, pues, por vía de selección, algunos de los más relevantes, según los encontramos en el Antiguo Testamento.

I. *ADÁN*. Como primera cabeza física y representativa de la humanidad, es figura de Jesucristo, el *Postrer Adán* (Ro. 5:14; 1ª Co. 15:45). En la Epístola a los Romanos 5:12-21 vemos el contraste entre ambos. El primer Adán fue cabeza de una raza caída, quien por su desobediencia produjo grandes males a la humanidad, ya que por él entró el pecado en el mundo.

El primer pecado trajo la ruina moral de la raza y éste se transmitió a todos los hombres por generación (Ro. 5:12). La frase «por cuanto todos *pecaron*» está en aoristo en el texto griego, y este aoristo, siendo aquí constativo de indicativo en voz activa, contempla la realidad de una acción completada, reuniendo en este tiempo verbal toda la historia de la raza (pecaron) y significando: «todos pecaron en Adán».

El pecado original fue el pecado en el que se originaron todos los otros y, por ende, todo el género humano participa colectivamente del pecado de Adán, por cuanto todos tenemos en él nuestra parte de responsabilidad: «mediante la desobediencia de un hombre todos los demás *fueron constituidos* pecadores» (Ro. 5:19). El término griego *katestáthesan*, usado aquí para expresar la idea de «fueron constituidos», significa culpabilidad imputada.

Tal vez alguien dirá: «Pero, ¿acaso no es injusto que seamos considerados culpables del pecado original cometido por Adán?». Pues no; el que seamos hechos responsables del pecado adánico es justo, y esto por dos razones. En primer lugar, porque nosotros estábamos potencialmente todos en Adán cuando él lo cometió; todas nuestras células genéticas estaban en el primer Adán (Hch. 17:26). Y en segundo lugar, porque Adán, que era la raza tal como existía entonces, pecó como representante nuestro, y es así que nosotros hemos pecado en él (Ro. 5:12).

De ahí que, genealógicamente, todos estamos unidos al primer Adán por solidaridad. Solidario significa *conjuntamente responsable*. Es decir, que no sólo somos responsables como individuos humanos, sino también como *corporación* humana íntimamente ligada por toda clase de nexos: espirituales, culturales, económicos, sociales, psicológicos y genéticos. Lo que implica que, siendo descendientes de Adán, somos pecadores antes de haber pecado, porque por causa de la naturaleza adánica que nos es inherente todos nacemos en pecado: «He aquí, en maldad he sido formado, y en pecado me concibió mi madre» (Sal. 51:5).

Por otra parte, el plan de Dios de considerarnos culpables en el pecado de Adán es mucho más misericordioso que si cada uno tuviera que responder por sí mismo, pues en este caso todos habríamos hecho lo mismo que Adán: habríamos pecado y no habría esperanza. Pero por haber sido el primer Adán nuestro representante como cabeza federativa del género humano, el Postrer Adán (Cristo) podía también representarnos a todos, porque Él es la cabeza de una nueva humanidad, quien por su obediencia y justicia ha producido grandes bienes a la raza humana (Ro. 5:14,19; 2ª Co. 5:17).

Cuando Cristo vino como postrer Adán, se convirtió en nuestro nuevo representante, el representante de la raza entera como el Hijo del Hombre, y cuando Él cumplió de modo perfecto la voluntad de Dios, lo hizo como representante nuestro, y con su muerte expiatoria y vicaria nos libró de la culpa del pecado cometido en Adán. En la frase «mediante la obediencia de un hombre todos los demás serán constituidos justos» (Ro. 5: 19), el término griego *katastathésontai,* empleado ahora para indicar el sentido de «serán constituidos», significa *justicia imputada.*

Cristo hizo por nosotros lo que ninguno habría podido hacer por sí mismo: guardó íntegramente la ley divina, y murió por nosotros que la habíamos quebrantado, no sólo en el pecado de Adán, sino con nuestra transgresión personal. Así que, en virtud de su muerte redentora y como resultado de nuestra conversión, hemos sido hechos solidarios con Cristo, y esta solidaridad nos coloca en una nueva posición corporativa que nos hace ser participantes de los beneficios que Él adquirió para nosotros, que hemos pasado a formar parte de la nueva humanidad constituida por todos sus redimidos.

Por lo tanto, nadie se condenará por el pecado del primer Adán. El que se pierda, se perderá simplemente por no haber aceptado al postrer Adán y porque habrá rehusado ocupar la posición corporativa que Él nos otorga como cabeza federativa de la nueva raza redimida.

Ahora bien, la palabra hebrea *Adam* significa «hombre», y aparece en el Antiguo Testamento más de 500 veces, casi siempre significando «ser humano» (Gn. 7:23; 9:5-6); aunque se emplea también como nombre propio, Adán, referente al primer hombre, siendo, por tanto, el nombre común para indicar el primer progenitor del linaje humano. Muchos ven el origen de este nombre en el sumerio «Adán» o «mi Padre».

Pero, etimológicamente, según nos dice Robert Baker Girdlestone en su *Sinónimos del Antiguo Testamento,* el término viene de una raíz que significa «ser rojo, o rojizo» (de *adom* = «rojo»), y es el vocablo ordinario utilizado con este sentido. Flavio Josefo dice que en la antigüedad era común la opinión que hacía derivar el nombre de Adán de la palabra «rojo», en alusión al color de la piel y de acuerdo con la costumbre de los egipcios de pintar en sus monumentos las figuras humanas coloreadas en rojo.

Recordemos, asimismo, que el primer hombre creado por Dios, según nos refiere el relato bíblico, estaba en su estructura física íntimamente relacionado con la tierra bermeja: *adamah* (Gn. 2:5,7; 3:19-23). Efectivamente, *adamah* significa «tierra, o suelo rojizo». Tenemos, pues, aquí la razón de que el primer hombre recibiera el nombre de *Adam*: para designar la coloración rojiza de la carne de los seres humanos. Por otra parte, deberíamos señalar también que la raíz hebrea para indicar la sangre, «dam», está posiblemente relacionada con la misma raíz. (Ver Gn. 9:6, donde las dos palabras se hallan juntas). Y de ahí que en el pasaje escatológico de Is. 63:1-6, el término se aplica a los vestidos rojos o ensangrentados del postrer Adán, aludiendo al día de la venganza de Jehová (Ap. 14:9-10, 18-20; 19:15).

De manera que, en el nombre de Adán, podemos encontrar ya toda una simbología que, sin pretender forzar la imagen, parece apuntar hacia la muerte redentora de Cristo en la cruz, donde derramaría su sangre inmaculada para redimir al género humano.

UN FENÓMENO FISIOLÓGICO

A este respecto tampoco debemos omitir señalar los sufrimientos que precedieron a la pasión del Señor, en los que vemos manifestarse aquel extraño fenómeno de sudoración hemática de Cristo, que tuvo lugar durante la agonía (o «lucha», según el significado del vocablo griego en Lc. 22:44) que nuestro Salvador sostuvo en el huerto de Getsemaní. Allí los poros de la epidermis humana del Hijo de Dios transpiraron sangre o un líquido acuoso de coloración sanguinolenta, efecto de una reacción psicosomática violenta, por la que la sangre que se había retirado al corazón, como ocurre en todos los casos en los que se agudiza el clímax de una tremenda tensión emocional, se desbordó en rebote hacia la periferia, haciendo saltar las plaquetas y filtrándose finalmente a través de los conductos excretores de las glándulas sudoríparas de la piel.

«Siempre ha sido un gran misterio este singular sudor de sangre de Jesús –escribe Francisco Lacueva–. Es curioso que sea el médico Lucas el único que da cuenta del mismo. En la actualidad los médicos admiten su posibilidad». Y seguidamente menciona las palabras de Bliss, en el *Comentario a Lucas*, donde dicho autor hace notar que «este fenómeno no consistió solamente en sudor ni solamente en sangre. Esto queda suprimido por la palabra *como*; lo primero, por el hecho de que habría muy poca fuerza en comparar al sudor con la sangre, con respecto meramente a su forma como de gotas, o en cuanto a su tamaño. Es el color también, causado al filtrarse la sangre a través de la piel, coagulándose como tal, de modo que el sudor fue semejante a cuajarones de sangre *(thrombói háimatos)*, no meramente gotas, rodando hasta el suelo» (Lc. 22:44). Y cita testimonio del propio Aristóteles de casos ocurridos en su tiempo.

Por otra parte, el Dr. Enrique Salgado, eminente figura internacional de la Medicina, especializado en Oftalmología, nos ofrece una brillante explicación científica en su obra *Radiografía de Cristo*. Dice este autor que hay que distinguir entre *pasión* y *propasión* en los sufrimientos del Getsemaní. La pasión turba el ánimo, doblega la voluntad, hunde al paciente y lo desequilibra por tiempo duradero. La propasión, en cambio, conmueve el interior de la persona, le hace experimentar dolores íntimos, pero no le quita la paz y termina imponiéndose la serenidad y la calma en plazo breve.

En Mr.14:33 leemos literalmente: «y comenzó a sentir pavor y tedio angustioso». La interpretación que se aplica aquí al verbo transitivo comenzar es que lo que comenzó fue la propasión, pero no llegó a la pasión, porque Jesús recobró el control sobre su personalidad al cabo de un tiempo corto. Asimismo, la construcción gramatical de Lc.22:44 puede permitir también, por exigencia de la realidad del fenómeno que se describe, una interpretación literal y no una mera expresión metafórica de dolor o símil, pues el sudor hemático es un fenómeno natural y conocido.

La sangre que transpiró Cristo en el huerto de Getsemaní no cabe atribuirla a un suceso milagroso, acaecido fuera de las leyes naturales. Fue un fenómeno perfectamente normal, registrado por la ciencia y repetido en otros casos. Teofrasto, discípulo de Aristóteles, hace referencia igualmente a un sudor sanguinolento.

«El sudor de sangre es un fenómeno biológico, patológico exactamente, denominado *hemathidrosis* –dice el Dr. Salgado–. Es un síntoma clínico muy raro, de difícil observación. Existen casos de sudor hemático debido a esfuerzos supremos, a emociones terribles.» En efecto, es cosa bien sabida que la piel acusa los estados emocionales del individuo. Los trastornos producidos por la pleamar de una tensión emocional intensa influyen en la piel y suelen desencadenar disturbios en la epidermis, favoreciendo los brotes de hemathidrosis.

En tales casos la sangre se vuelve muy líquida y fluye de tal manera que se puede transpirar, apareciendo un sudor viscoso mezclado con sangre. El fenómeno consiste en que la sangre perfora la débil barrera de la pared interna –el endotelio– de los pequeños vasos. Una vez salida de sus conductos normales, fuerza la barrera externa –el epitelio– de las glándulas sudoríparas, penetra en los propios canales de éstas y aflora bajo la forma de gotas o grumos en la epidermis.

Pasemos a destacar ahora, por vía de comparación, algunos de los rasgos más esenciales de la tipología cristológica del primer

Adán, presentadas a través de la descripción homilética que nos ofrece Herrmann G. Braunlin en su volumen *Tesoros de la Biblia*, y que hemos procedido a su adaptación ampliándola con nuestras propias aportaciones.

1. PARALELISMOS ENTRE ADÁN Y CRISTO

a) Adán fue creado a imagen y semejanza de Dios: Gn. 1:26-27.

b) Cristo es la imagen visible del Dios invisible: Jn. 14:9; Col. 1:15. Y Él es también la exacta semejanza sustancial de Dios: He. 1:3; Fil. 2:6.

a) Adán fue creado para ser compañero de Dios: Gn. 2:15; 3:8a. Pero el compañerismo quedó interrumpido: Gn. 3:8b, y Adán fue expulsado de la presencia de Dios: Gn. 3:24.

b) Cristo fue siempre el compañero idóneo de Dios: Jn. 1:2; 17:5; Excepto en la Cruz: Mt. 27:46.

a) Adán, como los animales, fue formado de la tierra: Gn. 2:7, 19; 1ª Co. 15:47a.

b) Cristo procede del cielo: Jn. 6:38; 8:23,42; 1ª Co. 15:47b (paralelismo antitético).

a) Adán recibió su vida de Dios: Gn. 2:7.

b) Cristo tiene la vida de Dios en Sí mismo: Jn. 5:26; 1ª Jn. 5:11-12.

a) A Adán le fue dado el señorío sobre el mundo: Gn. 1:28-30; 2:19.

b) A Cristo le fue dada toda autoridad en el universo y sobre la creación: Mt. 28:18.

– Dominio sobre el reino animal: Mt. 17:27; 21:2-7; Lc. 5:4-6.

– Dominio sobre el reino vegetal: Mr. 11:13-14, 20.

– Dominio sobre el reino de los elementos naturales: Mt. 8:24-27.

– Dominio sobre el reino espiritual: Lc. 8:27-33. a) Adán perdió su señorío como rey de la creación: Gn. 3:17-19. b) Cristo retendrá para siempre su grandiosa autoridad: Is. 9:6-7; 11:4-5 (paralelismo antitético).

2. ADÁN Y EVA = CRISTO Y SU IGLESIA

a) La esposa de Adán fue designada por Dios antes de ser creada: Gn. 2:18.

b) La esposa mística de Cristo (la Iglesia) fue también designada por Dios desde antes de su formación: Ef. 1:4; 3:6, 9.

a) La esposa de Adán fue creada por Dios mismo: Gn. 2:21-22.

b) La esposa de Cristo está siendo igualmente formada por Dios: Hch. 15:14; Ef. 2:10.

a) La esposa de Adán tuvo vida porque el costado de él fue herido mientras estaba dormido: Gn. 2:21-22.

b) La esposa de Cristo vive porque el costado de Él fue herido estando muerto: Jn. 19:34; Hch. 20:28; Ef. 5:25.

a) La esposa de Adán era parte de su propio cuerpo: Gn. 2:23.

b) La esposa de Cristo es parte de su mismo cuerpo: Ro. 12:4-5; 1ª Co. 12:12-20; Ef. 1:22-23; 5:30.

Entonces, ¿cuál es la diferencia entre el «cuerpo de Cristo» y la «esposa de Cristo»? El Dr. Wim Malgo nos ofrece una explicación harto aclaratoria: «La Iglesia de Jesucristo es el cuerpo de Jesucristo (Ef. 1:23) y a la vez la esposa del Cordero (Ef. 5:25-27 y Ap. 19:7). ¿Cómo podemos ser el cuerpo de Jesucristo y al mismo tiempo la esposa? Aunque Adán en su cuerpo representaba al hombre perfecto en sí, la mujer fue tomada de él. Este hecho es enseñado de manera muy clara en Efesios 5:22-32. Por consiguiente, la Iglesia de Jesús, tomada de entre los judíos y los gentiles, es Su cuerpo y Su esposa. Ésta es la gloriosa vocación celestial de la Iglesia».

a) La esposa de Adán fue creada para ser su compañera idónea: Gn. 2:18.

b) La esposa de Cristo es formada para ser su compañera mística: 2ª Co. 6:1; Fil. 3:10.

a) A Adán le fue presentada su esposa: Gn. 2:22.

b) A Cristo le será presentada su esposa: Ef. 5:27; Ap. 19:7-8.

a) La esposa de Adán fue su gloria: 1ª Co. 11:7.

b) La esposa de Cristo es su gloria: Ef. 1:12; 3:21; 2ª Ts. 1:10.

a) La esposa de Adán compartió con él su señorío: Gn. 1:28.

b) La esposa de Cristo compartirá con Él su dominio: Ro. 8:17; Ap. 5:10.

3. ADÁN Y CRISTO SOMETIDOS A TENTACIÓN

a) Adán fue tentado por Satanás: Gn. 3:1-6. Satanás empleó a la serpiente y a Eva para tentar a Adán.

b) El diablo personalmente tentó también a Cristo: Mt. 4:1.

a) La tentación de Adán tuvo lugar en un huerto donde tenía abundancia de productos comestibles para alimentarse: Gn. 2:15-16.

b) La tentación de Cristo tuvo lugar en un desierto donde no tenía nada para comer: Mt. 4:2, 11.

a) Adán fue tentado para que desobedeciera a Dios: Gn. 2:17; 3:6, 11.

b) Cristo fue tentado para incitarle a desobedecer a Dios: Mt. 4:3-10.

a) Adán y Eva fueron tentados con objeto de que no dieran crédito a las palabras de Dios: Gn. 2:16 con 3:1: despertando dudas acerca de lo que Dios había dicho; 2:17 con 3:4: negando la sentencia pronunciada por Dios; 3:5: incitando dudas sobre la bondad de Dios al sugerir que la prohibición decretada por Él era injusta.

b) Cristo fue tentado para hacerle dudar de la veracidad de los oráculos de Dios: Mt. 4:4, 7, 10.

a) Satanás apeló a tres formas para tentar a Adán y a Eva: Gn. 3:5-6; 1ª Jn. 2:16.

– Apelando al cuerpo: «fruto [...] bueno para comer»; «los deseos de la carne».

– Apelando al alma: «agradable a los ojos»; «los deseos de los ojos».

– Apelando al espíritu: «codiciable para alcanzar la sabiduría»; «la vanagloria de la vida», la soberbia de una vida independiente de Dios: «seréis como Dios».

b) El diablo apeló a las tres mismas fórmulas para tentar a Cristo: Lc. 4:3-11.

- Apelando al cuerpo: «tuvo hambre [...] se convierta en pan»; obtener lo que Dios no había provisto, esto es, incitó a la falta de confianza en Dios.

- Apelando al alma: «le mostró los reinos de la tierra [...] a ti te daré»; los poderes temporales del mundo para Él, o sea, poseer la potestad y la gloria de los reinos terrenales antes del tiempo que Dios mismo había prometido (Sal. 2:7-9; Ap. 11:15).

- Apelando al espíritu: «tírate de aquí abajo [...] porque [...] a sus ángeles mandará [...] que te guarden [...] y en las manos te sostendrán», es decir, incitó a un exceso de confianza en Dios sugiriendo que ejecutara una acción espectacular para que pudiera vanagloriarse por el camino del sensacionalismo.

a) El primer Adán se sometió a Satanás y fue vencido: Gn. 3:6.

b) Cristo, el postrer Adán, se sometió a la voluntad de Dios y venció al diablo: Lc. 4:13; Jn. 8:29; He. 10:7.

4. CONTRASTES ENTRE ADÁN Y CRISTO

a) Adán murió por su pecado: Gn. 2:17; 5:5.

b) Cristo murió por nuestros pecados: Gn. 3:15; Is. 53:5-6,10-12.

a) En Adán todos somos pecadores: Ro. 5:12, 19a.

b) En Cristo somos constituidos justos: Ro. 5:19b; 2ª Co. 5:21.

a) En Adán estamos sentenciados a muerte: Gn. 2:17; Ro. 5:12; 1ª Co. 15:22a.

b) En Cristo somos hechos poseedores de vida eterna: Ro. 5:21; 6:11; 1ª Co. 15:22b; Ef. 2:5; 1ª Jn. 5:11-12.

a) En Adán estamos separados de Dios: Gn. 3:23-24; Is. 59:2; Ef. 2:12.

b) En Cristo somos llevados a Dios: Ef. 2:13; 1ª P. 3:18; 1ª Jn. 1:3.

a) En Adán participamos de su naturaleza caída: Gn. 5:3; Ro. 8:8; Ef. 2:2.

b) En Cristo participamos de su naturaleza divina: 2ª P. 1:4 (se refiere a calidad de vida espiritual); 2ª Co. 5:17; 1ª Jn. 3:1-2.

a) En Adán nuestro destino es de constante sufrimiento: Gn. 3:19; Is. 57:20-21.

b) En Cristo nos regocijamos en un descanso permanente: Mt. 11:28; He. 4:3.

a) En Adán todos somos condenados a juicio: Ro. 5:l6b, 18a.

b) En Cristo tenemos la seguridad de la gloria eterna: Ro. 5:2,18b; 8:1.

Notemos también (Gn. 3:13-17) que, aunque el enemigo fue maldito y la tierra igualmente a causa de la caída de Adán, el hombre no fue jamás maldito, sino disciplinado por la pérdida de sus privilegios. El Evangelio fue primeramente predicado al diablo, un hecho llamativo que revela la verdad de que Dios era aún el Amigo del hombre, y tenía propósitos para su salvación.

Y debe observarse, asimismo, que Cristo, al iniciar su ministerio público, obró por su propia voluntad lo que el diablo le había insinuado bajo tentación, pero lo hizo sin haberse sometido a ella (Mt. 4:3-9 con Jn. 2:7-9, 14-16; 3:3-5 y Ap. 11:15).

2.

EL HOMBRE CUYO CULTO DIOS APROBÓ

II. *ABEL*. Segundo hijo de Adán y Eva, de oficio pastor, y que por envidia fue asesinado por su hermano Caín. La expresión hebraica de Gn. 4:2: «Y *otra vez* dio a luz» (lit.) es susceptible de ser traducida: «y *continuó* dando a luz». En tal caso no sería inverosímil la hipótesis de que Caín y Abel hubiesen sido mellizos (quizá gemelos bivitelinos), por cuanto se omiten aquí las palabras «conoció» y «concibió», que aparecen en el v. 1.

Así lo suponen algunos comentaristas, como Adam Clarke y David Kimchi, célebre rabino judío del siglo XII. Dice Clarke: «Literalmente: *añadió a su hermano*. Por la forma misma de este relato es evidente que Caín y Abel eran hermanos gemelos. En la mayoría de los casos en que se trata un tema de esta naturaleza en las Sagradas Escrituras, y se mencionan los nacimientos consecutivos de hijos de los mismos padres, el acto de concebir y dar a luz se mencionan en relación con cada uno de los niños. Aquí no dice que Eva concibió y dio a luz a Abel; simplemente dice: dio *a luz a su hermano Abel*». Además, se ha creído que, en este primer período de la humanidad, solían ser frecuentes los nacimientos dobles (Calvino).

Sobre el significado del nombre de Abel se han propuesto varias hipótesis. Sabemos que los niños hebreos recibían nombres que tenían algún significado especial, y a veces el nombre reflejaba alguna circunstancia específica. Una de las hipótesis formuladas hace derivar el nombre «Abel» de una raíz que podría ser afín del sumerio *ibil*. Otra sugiere una relación con el acadio *ablu* o *aplu* = «hijo» (en siríaco *habholo* significa «pastor»). Pero, en vista de la vida breve de Abel, su nombre se le identifica con el frecuente hebreo *hebhel* = hálito, vapor o soplo, y de ahí el sentido de temporal, vanidad o nada, aludiendo a su existencia precaria.

Sin embargo, resulta importante advertir que Abel es también figura típica de Cristo –como veremos–, porque procediendo su nombre de una raíz hebraica que significa «resuello» o «exhalación», adquiere igualmente el sentido de «lo que asciende», convirtiéndose por ende en un tipo del hombre espiritual, y, por otra parte, habla también de la sangre inocente derramada en su muerte (Mt. 23:35). Compárese con Mt. 27:4.

El sacrificio de un cordero (Gn. 4:4) pudo haber sido mandato de Dios como anticipo del «Cordero de Dios, que quita el pecado del mundo» (Jn. 1:29), o sea, el plan de la Redención. Una prueba incidental de ello puede ser los numerosos altares de los tiempos prehistóricos que se encuentran esparcidos en el mundo. El paganismo distorsionó el propósito divino, llegando a ofrecer víctimas humanas; pero la orden de los sacrificios expiatorios que hallamos en el Pentateuco, después de la salida de Israel de Egipto, pudo ser una restitución de un antiguo mandamiento, más que una innovación.

Y en cuanto a sacrificios, leemos que Abraham los ofreció mucho antes de la institución del ministerio levítico. ¿De dónde le vino la idea a Abraham, sino de una tradición procedente de la primitiva revelación de Dios en el Edén? La Epístola a los Hebreos, en 11:4, dice que «por la fe Abel ofreció a Dios un mejor (lit. "más grande") sacrificio». ¿Fe a qué? La fe requiere el conocimiento o, en este caso, revelación.

El sacrificio presentado por Abel es prueba de un carácter obediente a Dios. En el Nuevo Testamento, Abel es considerado como mártir (Mt. 23:35) de su fe (He. 11:4) y de su justicia (1ª Jn. 3:12).

El primero en morir de la raza humana fue el primero en entrar en la gloria de Dios.

COMPARACIONES ENTRE ABEL Y CRISTO

He aquí los puntos de comparación más destacados que hemos seleccionado siguiendo las sugerencias aportadas por excelentes comentaristas bíblicos:

a) Abel era pastor: Gn. 4:2.

b) Cristo es el Buen Pastor: Jn. 10:11.

a) Abel fue odiado por su hermano: Gn. 4:5b-6.

b) Cristo fue aborrecido por el mundo y despreciado por los suyos: Jn. 15:18; Is. 53:3.

a) Abel fue muerto por envidia: Gn. 4:8.

b) Cristo fue entregado a la muerte por envidia: Mr. 15:10.

a) Abel fue vengado por Dios: Gn. 4:10-15.

b) Cristo fue vengado por el juicio de Dios: Mr. 13:1-2.

a) Abel ofreció un sacrificio decretado divinamente. Por la analogía de las Escrituras se puede deducir que ambos hermanos habían sido informados de la necesidad de un sacrificio cruento como expresión de fe verdadera.

  – Dios determinó el tiempo: Gn. 4:3. Literalmente: «y fue después de días»; parece que el Señor había designado ya un tiempo específico para traer las ofrendas cúlticas.

  – Dios señaló el lugar: Gn. 4:4: «trajo».

  – Dios indicó el modo: He. 11:4: «la fe». (El Señor habló).

b) Cristo mismo fue un sacrificio decretado divinamente.

  – Dios determinó el tiempo: Gn. 17:1; Gá. 4:4-5; 1ª P. 1:20.

  – Dios señaló el lugar: Lc. 9:51; 13:33: Jerusalén.

  – Dios indicó el modo: Jn. 3:14; 12:32-33: «levantado» en una cruz.

a) Abel ofreció un sacrificio sin defecto: Gn. 4:4; Éx. 12:5. Se puede traducir el texto hebreo con mucha propiedad: «Y Abel presentó también una ofrenda (*minha* = oblación, regalo) de lo primero (o "de lo mejor") que tenía de su rebaño y de sus partes grasas», ya que la palabra «primogénitos» del original significa en este lugar «lo mejor de lo mejor». Abel, por tanto, ofreció «más excelente sacrificio» (He. 11:4).

b) Cristo mismo fue un sacrificio perfecto: Lc. 3:22; He. 7:26; 1ª P. 1:19.

a) Abel ofreció un sacrificio sangriento: Gn. 4:4; He. 9:22. La fe de Abel le movía a presentar como oblación a Dios lo más escogido de su ganado, incluida la grasa animal, lo que significa que el cordero fue degollado, porque cuando se ofrecían animales en sacrificio era costumbre quemar su grasa sobre el altar.

b) Cristo dio su propia sangre en sacrificio cruento: He. 9:14; 1ª P. 1:18-19; Ap. 1:5; 5:9.

a) Abel ofreció un sacrificio personal para sí mismo: He. 11:4. Su sacrificio, en el que hubo derramamiento de sangre (He. 9:22), fue al mismo tiempo la confesión de su pecado y la expresión de su fe en la interposición de un sustituto (Scofield).

b) Cristo fue una ofrenda sacrificial en sustitución de otros: 1ª Co. 15:3; Ef. 5:2; He. 9:28.

a) Abel ofreció un sacrificio que fue aceptable ante Dios: Gn. 4:4; He. 11:4.

b) Cristo mismo fue un sacrificio acepto a Dios: He. 10:5-7, 12.

a) Abel ofreció un sacrificio suficiente, pero temporal: Lv. 17:11; He. 10:1, 4, 11.

b) Cristo mismo fue un sacrificio suficiente y eterno: He. 7:27; 9:12; 10:10-12.

a) La sangre de Abel clamó justicia a Dios sobre la tierra, porque el Señor es vengador de todos los crímenes, y más de este primer asesinato, que implicaba una grave ofensa contra la divina imagen: Gn. 4:10; 9:5-6.

b) La sangre de Cristo trajo perdón y salvación para todos los que se arrepienten: He. 12:24; 1ª Jn. 1:7.

3.

EL HOMBRE
QUE DIOS LIBRÓ

III. *NOÉ.* Hijo de Lamec, descendiente de Set. Su nombre hebreo *Noah*, quizá una abreviación de *Noham*, traducido al griego de la Septuaginta por *dianapausei* = «hará descansar» (Gn. 5:29), significa «consolador» o «descanso». De ahí que se sustituya el hebreo *yenahamenu* de «éste nos consolará» por *yenihenu* = «éste nos hará descansar» o «nos aliviará». Es así que, sobre la base de las palabras de Lamec en Gn. 5:28-29, el nombre de Noé significaba para él, a la vez, *reposo* y *consolación.*

Noé se nos presenta como otra prefigura personal de Cristo. Las similitudes existentes –por vía típica– entre Noé y el Mesías son muy notables. He aquí algunos de los matices tipológicos más sobresalientes registrados en la obra homilética del mencionado Sr. Braunlin y por Cliff Truman en su comentario sobre el libro de Génesis, que hemos adaptado al respecto. Consideremos:

RASGOS TIPOLÓGICOS DE NOÉ EN RELACIÓN CON CRISTO
a) El nombre Noé, como ya se ha dicho, significa «descanso»: Gn. 5:29.
b) Cristo invitaba a los hombres a ir a Él para darles descanso: Mt. 11:28.
a) Noé halló aceptación delante de Dios: Gn. 6:8.
b) Cristo recibió por parte de Dios su aprobación: Lc. 3:22.

a) Noé fue un hombre justo (heb. *saddiq*) entre sus contemporáneos: Gn. 6:9; 7:1.

b) Cristo era el Hombre Justo por antonomasia y como tal fue crucificado: Is. 53:9; Lc. 23:47; Hch. 3:14; 7:52; 1ª P. 3:18; 1ª Jn. 2:1, 29; 3:7.

a) Noé fue integro (*tamim* = perfecto, cabal) en el sentido humano: Gn. 6:9.

b) Cristo era perfecto en el sentido divino: He. 7:26, 28.

a) Noé, por tanto, no se contaminó del pecado de su época: Gn. 6:9.

b) Cristo nació exento humanamente de todo pecado: Lc. 1:35; Jn. 8: 46; 2ª Co. 5:21; He. 4:15; 1ª P. 2:22; 1ª Jn. 3:5.

a) Noé caminó con Dios: Gn. 6:9.

b) Cristo anduvo con Dios:
 – En su juventud: Lc. 2:52.
 – En su ministerio: Lc. 6:12.
 – En su muerte: Lc. 23:46.

a) Noé fue obediente al mandato de Dios: Gn. 7:5.

b) Cristo se caracterizó por su obediencia: Jn. 8:29; 15:10; He. 5:8; 10:7.

a) Noé fue salvo por gracia mediante la fe: Gn. 6:8; He. 11:7.
 – Fue justificado delante de Dios: He. 11:7.
 – Fue librado del juicio: Gn. 7:23; He. 11:7.

b) Cristo nos dice que somos salvos por gracia mediante la fe: Jn. 3:36; 5:24; 6:40, 47. (Jn. 1:14, 16-17; Ef. 2:8).
 – Somos justificados delante de Dios: Hch. 13:39; Ro. 5:1, 9.
 – Somos librados del juicio: Jn. 5:24; Ro. 8:1a; 1ª Ts. 5:9; Ap. 3:10.

a) Noé fue advertido por Dios del castigo que vendría sobre el mundo de su tiempo: Gn. 6:7, 13, 17; He. 11:7.

b) Cristo advirtió al mundo del juicio venidero: Mt. 13:40-42, 49-50; 24:37-39.

a) Noé fue instruido por Dios acerca de cómo podría escapar del diluvio: Gn. 6:8, 14; 7:1a, 13, 16b.

b) Cristo nos dice cómo podemos escapar del juicio: Jn. 3:18; 5:24. (Ro. 5:1, 9; He. 7:25).

a) Noé fue señalado anticipadamente por Dios para salvar al mundo de su época. Gn. 5:29; 6:14; 18-19; 8:20-22.

b) Cristo fue designado desde la eternidad por Dios para salvar al mundo: 2ª Ti. 1:9-10; Tit. 1:2; 1ª P. 1:19-20; 1ª Jn. 4:14.

a) Noé proveyó salvación por medio de la obra decretada por Dios: Gn. 6:14, 22; 7:5.

b) Cristo proveyó salvación mediante la obra redentora proyectada por Dios: Jn. 17:4; 19:30; He. 1:3; 1ª P. 2:24.

a) La provisión de Noé fue aceptada por unos pocos: 1ª P. 3:20.
   – Algunos rechazan; algunos aceptan: Gn. 6:5, 7, 11-13; 7:1, 13.
   – El resultado: Gn. 7:23; 2ª P. 3:6.

b) La provisión de Cristo es aceptada por unos pocos: Mt. 7:14.
   – Algunos rechazan; algunos aceptan: Lc. 17:26-30, 34-36; Jn. 1:11-12.
   – El resultado: Jn. 3:18, 36; 2ª P. 3:7.

a) Noé almacenó los alimentos necesarios en el arca: Gn. 6:21.

b) Cristo es nuestro sustento: Jn. 6:35: Él es el alimento del alma.

a) Noé fue protegido: Gn. 8:18; 2ª P. 2:5.

b) Cristo preserva a los suyos: Jn. 17:2; 18:9; 1ª Co. 10:13; 2ª P. 2:9a.

a) Noé vino a ser cabeza de un nuevo mundo: Gn. 9:1-2.

b) Cristo ha venido a ser cabeza de toda la creación: Sal. 8:4-8; 72:8; Zac. 9:10; Ef. 1:20-23; Col. 1:16; 2:10; He. 2:6-10.

4.

EL HOMBRE
SIN LINAJE

IV. *MELQUISEDEC*. «Rey de justicia», «rey de Salem» (probablemente Jerusalén: véase Sal. 76:2; la tradición judía ha identificado a Salem con Jerusalén) y «sacerdote del Dios Altísimo» (*El-Elyon* = «el más alto Dios»: Gn.14:18). Salió al encuentro de Abraham (*Abram* en toda esta porción), quien volvía victorioso de la batalla contra los reyes que habían apresado a su sobrino Lot, al que rescató con todos sus bienes (Gn. 14:14-16); le ofreció pan y vino, y le bendijo (Gn. 14:18-19). Por su parte, el patriarca le entregó el diezmo del botín o tal vez de las riquezas que poseía (Gn. 14:20).

La Epístola a los Hebreos hace una notable aplicación tipológica de esta misteriosa aparición. Aarón, con sus sucesores, era una figura anticipada de Cristo, como nuestro Sumo Sacerdote, considerado sobre todo en su obra de expiación (Lv. 16; He. 9:11-12, 24). Pero al ser Aarón pecador y mortal, su sacerdocio se tenía que transmitir con constantes interrupciones; por otra parte, era insuficiente, porque no podía ofrecer más que símbolos (los sacrificios de animales) que representaban el gran sacrificio de la Cruz (He. 7:23, 27; 10:1-4). De ahí que, por tal motivo, el Redentor del mundo, considerado en Su resurrección y oficio perpetuo, tenía que ejercer un sacerdocio de un orden totalmente diferente: el de Melquisedec.

Este personaje tan enigmático y de gran resonancia aparece también mencionado en el Salmo 110:4, donde se compara a Melquisedec con el rey que debe reinar en Sión, la antigua colina llamada Jerusalén. En las cartas del Tell Amarna consta el nombre de Urusalim aplicado a Jerusalén, el Yerusalem del hebreo o el Yerushalayim masorético. Salem sería, pues, en opinión de algunos, un nombre diminutivo que conserva sólo la última parte del nombre. La presencia de Sión junto a Melquisedec en el Salmo 110:2, 4, permite identificarla con la poética Salem = Sión (Sal. 76:2). Esto hace posible deducir su conexión con Jerusalén, puesto que la tradición judaica considera Salem y Sión como sinónimos. Por otra parte, para los judíos tenía un valor simbólico teológico, ya que el nombre coincidía con el sacrificio llamado *selem = pacífico*.

El nombre *Malki-sedeq* = «mi rey es justicia» es un nombre hebreo compuesto, en el que algunos han querido descubrir una similitud con nombres amorreos como *Ahi-saduq* = «mi hermano» y *Ammi-saduq* = «mi pueblo es justo»; otros, quizá con mejor precisión, ven una analogía en el nombre del rey cananeo de Jerusalén en tiempos de Josué, *Adoni-sedeq* = «mi señor es justo» o «señor de justicia» (Jos. 10:1, 3).

Si por su forma se supone que pudiera responder el hebreo Malki-sedeq al nombre, cananeo en su origen y con un matiz politeísta en su significado, de «mi rey es Sedeq (o Sadoq)», en referencia a un dios adorado por fenicios y sabeos, si tomamos en cuenta el ambiente cerradamente monoteísta del pasaje bíblico hay que descartar esta hipótesis por falta de legítima solidez, prevaleciendo así el sentido hebraico y genuino de «rey de justicia».

Cedemos la palabra a nuestro bien conocido hermano en la fe, D. José Grau, quien, comentando Hebreos 7:1-10 en las *Notas Diarias* de la Unión Bíblica, escribía lo siguiente: «Melquisedec sería uno de los descendientes de Jafet que había conservado la verdadera religión primitiva que se estaba olvidando o pervirtiendo entre los demás pueblos. Como cabeza de una pequeña tribu cumplía la función sacerdotal así como la de gobierno: *rey* y *sacerdote* al mismo tiempo (v. 1; véase Gn. 14:18-19)».

Sigue diciendo: «¿Cómo interpretar el versículo 3? En tanto que humano, Melquisedec tuvo padre y madre, una genealogía, un principio de días y un fin de vida. Pero tenía que cumplir la función de ser tipo de Cristo. De ahí que aparezca en las páginas de la Escritura como si no hubiese tenido progenitores (no se les menciona, como era costumbre entonces); entra y sale de la historia sin noticias. Esta ambigüedad es precisamente la que lo hace idóneo para ser tipo de Cristo».

Y concluye: «Nuevamente nos hallamos ante un texto que afirma sin ambages la divinidad de Jesucristo. Pues si Melquisedec tenía que ser –como tipo– semejante al Hijo de Dios, de ello se deduce que Jesucristo es el mismo ayer, hoy, y por los siglos, sin principio de días ni fin de vida, eterno. Su sacerdocio, pues, no podía como el levítico estar condicionado a un principio y un fin; tenía que ser un sacerdocio eterno, de acuerdo con el Sumo Sacerdote eterno».

¿Quién era, históricamente, este extraño rey de Salem y sacerdote del Dios Altísimo, llamado Melquisedec, y del que se dicen cosas tan gloriosas en las páginas de la Biblia? (He. 7:1 y ss.). ¿Qué se sabe de sus antecedentes genealógicos? No conocemos nada de ellos. La opinión más común entre los eruditos bíblicos, a pesar de las divergentes conclusiones de otros, es que Melquisedec era un príncipe cananeo que reinó en Salem y conservó allí la verdadera religión. La *Cadena Arábica* da de Melquisedec los siguientes datos: Que era el hijo de Heraclim, hijo de Peleg, hijo de Heber, y que el nombre de su madre era Salatiel, hija de Gomer, hijo de Jafet, el hijo de Noé. Pero esta hipotética genealogía, citada por Matthew Henry en su *Comentario del Pentateuco*, carece de base escriturística.

Consideremos ahora con mayor amplitud la historia y los rasgos tipológicos de Melquisedec. Y para ello adaptaremos una colaboración especial aportada por nuestro hermano en el ministerio, D. Antonio M. Sagau, quien gentilmente nos ha facilitado un interesante trabajo de investigación personal sobre la cuestión que nos ocupa. Evidentemente el Sr. Sagau elaboró su tesis consultando diversas fuentes de información y autoridades bíblicas, todas ellas de reconocida solvencia, recopilando y sintetizando los aspectos más esenciales acerca de tan extraordinario personaje.

Por lo tanto, nosotros nos limitaremos a reproducir aquí las referencias que han sido puestas a nuestra disposición para transcribirlas en este apartado con permiso de su recopilador. Sin duda el lector apreciará la valía del estudio suministrado por el hermano Sagau y que vamos a desarrollar a continuación, dada la relevancia de su contenido desde la perspectiva exegética.

MELQUISEDEC Y SU TIPOLOGÍA MESIÁNICA

He aquí un ser que aparece repentinamente en las Escrituras, de igual manera como aparecen el «Urim y Tumim» (Ex. 28:30), cuyo significado es el de «Luces y Perfecciones». Eran objetos, sin descripción específica, colocados en el pectoral del sumo sacerdote, mediante los que podía conocer la voluntad de Dios (Lv. 8:8; 1º S. 28:6).

El nombre Melquisedec –según ya se ha indicado anteriormente– significa: «Rey de Justicia». Es llamado también «Rey de Salem», posiblemente una designación de Jerusalén = «Ciudad de la Paz». La palabra *salem*, del hebreo *shalom*, significa «paz»; por tanto, igualmente era «Rey de Paz».

La primera referencia que hallamos de él en el Antiguo Testamento es en un episodio relacionado con Abraham (Gn. 14:17-24), y en estas pocas palabras se tipifica, de una forma representativa, el advenimiento de un Ser que había de aparecer, manifestándose en «el cumplimiento del tiempo» (Gá. 4:4), y de Quien, progresivamente, en otras partes de las Escrituras, el Espíritu Santo daría testimonio.

Nada más nos dice Moisés de él, aparte de su inesperada presencia; y tampoco Abraham pareció sorprenderse por su repentina aparición. De Melquisedec, como leemos en Hebreos 7:1-3, se nos oculta dónde y cuándo nació, quiénes fueron sus ascendientes, quiénes fueron sus descendientes, dónde y cuándo murió. Que era un ser humano lo confirman las palabras: «...hecho semejante al Hijo de Dios».

Toda su historia se encierra solamente en tres porciones, en las que nos lo presentan en tres distintos aspectos: en su aspecto histórico, en su aspecto profético, y en su aspecto doctrinal. Veamos.

1. *El aspecto histórico:* Gn. 14:17-24. Abram (*Abraham* después) regresaba de derrotar a los reyes que habían llevado cautivo a su sobrino Lot y a los suyos. En el camino, se encontró frente a frente con Melquisedec, quien en su calidad de rey ofrece al patriarca «pan y vino», sin duda como refrigerio para él y sus soldados, exhaustos por la reciente batalla; y en su calidad de sacerdote lo bendice invocando al Dios Altísimo, atribuyéndole a Él la victoria de Abraham sobre aquellos reyes.

Melquisedec es un personaje notable y singular, pues exceptuando a quien él prefigura no hay otro, entre todos los nombrados en las Escrituras, que fuera rey y sacerdote simultáneamente, ya que en él se unen esas dos dignidades: rey de Salem y sacerdote del Dios Altísimo. Solamente hay UNO que las posee intrínsecamente: el Señor Jesucristo.

El autor de la Epístola a los Hebreos, al mencionar el incidente registrado en Génesis 14, inspirado por el Espíritu Santo declara de Melquisedec «que ni tiene principio de días, ni fin de vida», y que «permanece sacerdote para siempre».

Aunque algunos intérpretes han llegado a pensar que su aparición era una teofanía, es decir, una manifestación sensible de Dios bajo la forma del Ángel de Jehová (el Mesías preencarnado), tal como vemos en Génesis 18, cabe notar –sin embargo– que esta presencia de Melquisedec ante Abraham es muy distinta en todo a la del Ángel de Jehová, como también es distinta la manera en que Abraham trata con él. Además, la frase «hecho semejante al Hijo de Dios» excluye este concepto de *Cristofanía*, ya que está claro que nadie puede ser hecho semejante a sí mismo.

Lo que tenemos que afirmar de este misterioso personaje es lo que leemos de él en las Escrituras... y nada más (1ª Co. 4:6). Aparece por un momento en las páginas de la historia bíblica, llevando un nombre y títulos muy significativos, revestido de una autoridad tal que Abraham se apresura a recibir tanto su bendición como sus provisiones, entregándole a su vez los diezmos.

Cabe aquí recordar que el sacerdocio de Aarón se basaba precisamente en una genealogía y en unas condiciones materiales y temporales bien determinadas, pero todo esto falta en el caso de Melquisedec. Y es más: en la ausencia de las condiciones del sacerdocio temporal, podemos hallar el hondo significado de un sacerdocio que perdura por siempre jamás. El hecho de que Abraham reciba la bendición del sacerdote del Dios Altísimo y le ofrezca sus diezmos indica la superioridad del sacerdocio de Melquisedec sobre el patriarca (que representaba los propósitos especiales de Dios para con Israel) y su superioridad sacerdotal sobre el orden levítico que habría de surgir más tarde.

2. *El aspecto profético:* Sal. 110:4. El Salmo 110, como indica su título, es un salmo que fue escrito por David, y su tema es el *Señor de David*, que es presentado como Aquel a quien el mismo Dios dirige la palabra, diciéndole: «Siéntate a mi diestra, hasta que ponga a tus enemigos por estrado de tus pies». Luego habla de su poder y dominio. Y en medio de promesas de soberanía y de conquista, se introduce el v. 4: «Juró Jehová, y no se arrepentirá: Tú eres sacerdote para siempre según el orden de Melquisedec». Y así, de esta manera, se unen en la persona del Señor Jesús –el Señor de David– las dignidades de Rey y Sacerdote (Mt. 22:41-45).

Que el contenido de este salmo es eminentemente mesiánico no nos cabe la menor duda, por cuanto el Espíritu Santo nos lo hace saber, ya que en el Nuevo Testamento aparecen, repetidas veces, citas tomadas de dicho salmo y que identifican a Cristo como el personaje señalado en esta profecía (Mr. 12:35-37; Lc. 20:41-44). La misma aplicación hace el apóstol Pedro en su primer discurso pronunciado el día de Pentecostés, hablando de Él como el Mesías resucitado (Hch. 2:32-36).

En esta profecía confiaban los judíos, puesto que algunos de ellos creían que iba a cumplirse en el mismo tiempo en que el Cristo prometido naciera en Belén (Mt. 2:4-6; Lc. 2:25-38). Notemos las palabras del anciano Simeón: «Porque han visto mis ojos *tu salvación*», palabras dichas del «Ungido del Señor». También el testimonio proclamado por la profetisa Ana: «...y hablaba del niño a todos los que esperaban *la redención* en Jerusalén».

Esta esperanza puesta de manifiesto expresaba la creencia, por parte de algunos judíos, de que en aquellos días aparecería el Salvador con poder para liberar al pueblo hebreo del dominio de sus opresores y establecería su Reino de justicia y paz.

Pero sabemos lo que ocurrió cuando el Señor Jesús se manifestó. No se cumplió lo predicho acerca del Rey. En vez de aclamarle y reconocerle como el Mesías prometido, los líderes del pueblo hebreo le entregaron al poder de Roma para que fuese crucificado, y el mismo Pilato ordenó poner sobre la cruz un título que decía: «Jesús nazareno, Rey de los judíos», palabras que los principales sacerdotes pidieron que fueran modificadas, aunque sin conseguirlo (Jn. 19:19-22).

Sin embargo, en el tiempo señalado por Dios aparecerá el Rey, y esta vez «con poder y gran gloria» (Mt. 24: 30). Vencerá a sus enemigos, y como Rey de reyes y Señor de señores establecerá su reinado mesiánico (Lc. 1:31-33; Ap. 19:11-16; 20:6). Así se cumplirá entonces lo profetizado en este Salmo 110, de la misma manera que se cumplió lo prefigurado en Melquisedec bajo sus nombres de «Rey de justicia» y «Rey de paz» (He. 7:1-2).

Melquisedec es, pues, tipo o figura del «Hijo de Dios», al cual fue «hecho semejante» (He. 7:3). Dos veces se le denomina «rey» y luego «sacerdote». Esto lo diferencia de Aarón, que no fue rey. Pero el Señor Jesús es ambas cosas, porque como Rey tiene dominio, ya que Él «es Dios sobre todas las cosas» (Ro. 9:5); y como

Sacerdote hace posible que nosotros podamos acercarnos a Dios (He. 5:5-6; 10:19-22).

Por lo tanto, el Señor Jesús es «el Rey y Señor de gloria» (Sal. 24:7-10; 1ª Co. 2:8) y también es «un gran sumo sacerdote» (He. 4:14-16). No vemos en las Escrituras a nadie más, excepto Melquisedec, en quien los dos oficios de rey y sacerdote aparezcan conjugados. Por eso se dice de él que fue «hecho semejante al Hijo de Dios» (He. 7:3).

3. *El aspecto doctrinal:* He. 5 al 7. La citada carta a los Hebreos tiene como tema principal al Señor Jesús, el Hijo de Dios, en su calidad de Sacerdote, dándole ese título en varios pasajes de la misma: «sacerdote» (5:6); «gran sacerdote» (10:21); «sumo sacerdote» (2:17); «gran sumo sacerdote» (4:14).

Ya nos hemos referido al doble título de «rey y sacerdote». Y es notable que en Gn. 14:18, por primera vez en las Escrituras, se haga mención de la palabra «sacerdote». Muchos siglos más tarde, en la Epístola a los Hebreos, se interpreta dicho epígrafe como perteneciente, de modo particular, a Aquél a quien le corresponde por antonomasia y que lo lleva para siempre. En He. 7:24 leemos que «tiene un sacerdocio inmutable», es decir, inalterable, irrevocable, inviolable. Este título pertenece al Señor Jesús a perpetuidad y de manera exclusiva, porque Él no puede morir jamás, pues es quien vive para siempre (Ap. 1:17-18).

De este sacerdocio de Melquisedec podemos aprender cinco cualidades esenciales:

a) Era un sacerdocio de Justicia.

b) Era un sacerdocio de Paz.

c) Era un sacerdocio Regio.

d) Era un sacerdocio Personal.

e) Era un sacerdocio Eterno.

Y estas características singulares son las que diferenciaban el sacerdocio según el orden de Melquisedec del sacerdocio levítico u ordinario.

Es innegable que aquellos creyentes hebreos habían conocido a Cristo como Salvador y Señor desde hacía cierto tiempo, y según el pasaje de He. 5:11-14 debieran haber sido capaces de poder enseñar a otros; sin embargo, parece que ellos mismos necesitaban ser instruidos en las cosas más elementales acerca de la fe. En vez de proseguir en un avance progresivo hacia el «alimento sólido», se había operado en ellos un retroceso hacia la «leche». De ahí que se les censuró por su inhabilidad para «la palabra de justicia» (He. 5:13); habían vuelto a la pretendida justicia «de obras muertas» (o externas: He. 6:1), olvidando la justicia revelada en la doctrina apostólica, «la justicia de Dios» (Ro. 3:21-26). Y así continuaban siendo niños en la fe (He. 5:13), anclados en un infantilismo espiritual, alimentándose de «los primeros rudimentos», y por ello estaban débiles y eran incapaces de pode recibir lo «difícil de explicar» (He. 5:11).

En cuanto a nosotros, los cristianos de hoy, ¿podemos decir que tenemos «por el uso los sentidos ejercitados en el discernimiento del bien y del mal», habiendo alcanzado madurez? (He. 5:14). ¿Cómo se desarrolla esta costumbre en nosotros? La costumbre es un hábito que se cultiva por el estudio concienzudo de la Palabra de Dios. Es entonces cuando vemos a Cristo donde anteriormente no Le veíamos, por la sencilla razón de que Él es el tema principal, no solamente en la carta a los Hebreos, sino de toda la Escritura (2ª Ti. 3:15-17). Y si Cristo es el tema central de la Biblia, su resurrección es el acontecimiento central del tiempo. El Cristo resucitado, ensalzado y glorificado es el centro único alrededor del cual giran todos los pensamientos, promesas y propósitos de Dios (Fil. 2:9-11).

Además, es necesario tener presente que en el pueblo del Señor hay creyentes maduros en la fe para que puedan instruir a otros y les hagan comparar sus enseñanzas con las mismas Escrituras, «para ver si estas cosas son así» (Hch. 17:11).

A la luz de una correcta perspectiva bíblica vemos, pues, que en la Epístola a los Hebreos se enseña la verdad concerniente al sacerdocio del Señor Jesús por medio de la exposición de textos del

Antiguo Testamento que hacen referencia a esta cuestión doctrinal, incluyendo el significado de tipos, como en este caso es el de Melquisedec. Asimismo, hemos visto que él era rey de Salem, y sabemos que Cristo reinará un día en Jerusalén. Recordemos también que el Salmo 110 habla tanto de su reinado como de su sacerdocio.

Por lo tanto, aunque todavía no vemos «que todas las cosas han sido sujetadas a él», es porque Él aún no reina como está profetizado (1ª Co. 15:27-28). Pero cuando tenga lugar su segunda venida, entonces «todo ojo le verá, y los que le traspasaron» (Ap. 1:7). Y lo que nos anima a los creyentes en nuestro peregrinar es Su ofrenda perfecta y Su sacerdocio ahora presente en el Lugar Santísimo, en el mismo Cielo, para representarnos ante Dios (He. 2:8; 9:12, 24, 28).

Ahora bien, «todo sumo sacerdote tomado de entre los hombres es constituido a favor de los hombres en lo que a Dios se refiere» (He. 5:1), y puesto que un sacerdote estaba constituido para presentar ofrendas y sacrificios, en este mismo carácter era necesario que también Cristo «tenga algo que ofrecer» (He. 8:3). Y así lo hizo al ofrecerse «a sí mismo sin mancha a Dios» (He. 9:14). De esta manera, el Señor Jesús fue al mismo tiempo: *altar*, *sacrificio* y *sacerdote*, quitando de en medio el pecado por el sacrificio de Sí mismo (He. 9:26).

Así como Aarón entraba una vez al año en el lugar santísimo del tabernáculo terrenal para hacer expiación por los pecados del pueblo, Cristo entró una sola vez para siempre en el verdadero Lugar Santísimo, en el mismo Cielo, «habiendo obtenido eterna redención» (He. 9:12). Por eso los creyentes podemos descansar ahora en Él y en Su obra consumada a nuestro favor.

Aunque el continuo sacerdocio de Cristo nos muestra que Él se ofreció por nosotros sólo una vez y que Su sacrificio fue aceptado por el Padre, ¿significa que ha cesado por ello de ser nuestro Sumo Sacerdote? Por supuesto que sólo pensar en tal cosa sería una blasfemia. ¡No, y rotundamente no! Justamente en esto se destaca la notable figura de Melquisedec como tipo. Vez tras vez leemos: «Tú eres sacerdote para siempre, según el orden de Melquisedec» (He. 5:6; 7:17,21, etc.). Sacrificio suficiente y sacerdocio permanente. Y notemos que las palabras que preceden son: «Juró el Señor, y no se arrepentirá».

A la luz de estas declaraciones observamos, pues, lo siguiente:

a) Que Cristo es Sacerdote.

b) Es Sacerdote eternamente.

c) Su sacerdocio es según el orden de Melquisedec.

d) Fue ordenado por un juramento de Dios.

e) Dios jamás se arrepentirá de haberlo constituido.

Cristo, por tanto, es Sacerdote para siempre.

Aarón murió y Eleazar ocupó su lugar. El sacerdocio aarónico continuaría porque sus descendientes tomaron sus vestiduras y ataviaban a sus hijos con ellas. Pero como todos morían, no podían quitar los pecados ni ofrecer un sacrificio perfecto (Nm. 20:22-29; He. 7:19, 23; 10:11).

De ahí que era, pues, necesario un sacerdocio y un sacrificio que no fuesen transitorios como los del orden de Aarón, que fue temporal, sino uno según el orden de Melquisedec que fuera sacerdote eternamente y su sacrificio perpetuo. Así se entiende ahora por qué debía levantarse un sacerdote que no tuviese «principio de días, ni fin de vida», o sea, que fuera «desde el siglo y hasta el siglo» (Sal. 90:2; He. 7:3).

Es cierto que Melquisedec era un ser humano, pero no se registra ni su genealogía, ni su origen, ni su muerte. Y es precisamente este silencio el que le señala como tipo del Sempiterno Sacerdote, el Señor Jesús, por cuya «vida indestructible» y su «sacerdocio inmutable», «puede también salvar perpetuamente a los que por él se acercan a Dios, viviendo siempre para interceder por ellos» (He. 7:16, 24-25).

Nuestro Sumo Sacerdote, Cristo Jesús, que se dio a Sí mismo por nosotros y por quien Dios nos ha recibido, nunca nos abandonará. Su sacrificio jamás será repetido, pero su continua intercesión y el valor de sus méritos ante el Padre hace que toda bendición descienda sobre nosotros. Y al igual que Melquisedec se interpuso entre Abraham y Sodoma (figura del mundo), y le confortó con «pan y vino», así nuestro bendito Salvador intercede ante Dios por nosotros (He. 7:25); nos separa del mundo por su Espíritu (Ef. 1:13-14); y con la eficacia de su virtud sustentadora nos alimenta espiritualmente (1ª Co. 11:23-26). El pan y el vino que Melquisedec ofreció a Abraham en refrigerio de comunión nos lleva el pensamiento al pan y vino de la cena del Señor que se toma en memoria del sacrificio ya consumado en la cruz (Lc. 22:15-20).

En la medida que estemos ocupados en las cosas del Señor, las «recompensas» que ofrece el mundo perderán su valor, y nuestros corazones exclamarán: «¿A quién tengo yo en los cielos sino a ti? Y fuera de ti nada deseo en la tierra» (Sal. 73:25).

Cristo es Sacerdote por el juramento de Dios. «Nadie toma para sí esta honra», leemos en He. 5:4. Y aunque Aarón fue hecho sacerdote por la instrumentalidad de Moisés, y lo mismo su sucesor, la honra venía de Dios. Ya hemos visto que Melquisedec aparece como «sacerdote del Dios Altísimo»; nada sabemos de las manos humanas que le vistieron y lo consagraron como tal; nada sabemos tampoco de dónde, ni cuándo, ni cómo fue ordenado al sacerdocio. Todo lo que sabemos es que fue obra de Dios. Así también es con Cristo (He. 5:5-6).

Los sacerdotes de la línea aarónica no eran constituidos por juramento, ni tampoco leemos que Melquisedec lo fuese (He. 7:20-21, 28). El Hijo de Dios, sin embargo, es Sumo Sacerdote por el llamado de Dios y por su juramento, lo que significa que Dios jamás cambiará sus propósitos (He. 7: 21).

RECAPITULACIÓN

Cuando ya estamos casi concluyendo este estudio sobre Melquisedec y su tipología mesiánica, sería provechoso hacer una recapitulación y recordar que este personaje fue:

1. *Una persona real.* Melquisedec no era un personaje ficticio. Existió y vivió literalmente en Salem, donde fue rey, y aunque pudo tener sucesores, no sabemos de ellos; excepto que en tiempos de Josué hubo en Jerusalén un rey cuyo nombre era Adonisedec (Jos. 10:1-27). La terminación *sedec* significa «justicia», y *adon* = «señor», por lo que el nombre completo quiere decir: «señor de justicia». Pero ese rey estaba *en contra* del Señor y de su pueblo. Asimismo, las palabras «justicia» y «paz» aparecen unidas a Jerusalén, y esto como hecho histórico. La fe de los hijos de Dios no se apoya sobre mitos o leyendas, sino en hechos reales (Tit. 1:1).

2. *Una persona singular.* Melquisedec fue un personaje *único*, no sólo por ser rey, sino porque simultáneamente era sacerdote del Dios Altísimo. Y, como ya se ha dicho, nadie, ni antes ni después de él, entre las personas comunes, reunió ambas funciones o títulos. Uno de los reyes de Judá, Uzías, quiso hacerlo; pero Dios le hirió con lepra como castigo a su osadía (2º Cr. 26:16-23). Cualquier rey, aunque fuese de Judá, sólo podía acercarse a Dios por medio de sacrificios ofrecidos por un sacerdote. Solamente éste podía entrar en el templo para oficiar.

Y no deja de ser sumamente interesante recordar que aunque David, el rey que luchó y poseyó Jerusalén, preparándola para la edificación del templo de Jehová, y en cierto sentido devolviéndole los nombres de «justicia» y «paz», él no fue el verdadero sucesor de la dinastía sacerdotal de Melquisedec, sino que lo sería el Señor Jesucristo.

3. *Una persona típica.* Es de profunda importancia para el creyente de hoy pensar que ese gran personaje era solamente *tipo* de Uno más grande que él. El mismo Señor Jesucristo, hablando de Sí mismo, dijo: «...y he aquí más que Salomón en este lugar» (Mt. 12:42), lo que equivale a decir: «Uno mayor que Melquisedec está aquí» (He. 7:4, 7). Y a Melquisedec, después de su encuentro con Abraham, ya no se le vuelve a mencionar hasta el Salmo 110, pasaje que se refiere proféticamente al Señor Jesús, y donde lo vemos como Rey y Sacerdote.

Este salmo, de claro contenido mesiánico, ha tenido un cumplimiento parcial:

a) El v. 1 concuerda con He. 1:3; 8:1.

b) El v. 4 también ha sido cumplido, ya que «tenemos tal sumo sacerdote» en los cielos, concordando igualmente con He. 8:1.

c) El Señor Jesús está ahora con el Padre, sentado «a la diestra del trono de la Majestad en los cielos», y será también Sacerdote sobre su trono (Zac. 6:12-13; Ap. 3:21). Entonces el Salmo 110 se habrá cumplido en su totalidad. Mientras estamos aguardando el «hasta que» del v. 1, los creyentes hallamos consuelo y paz en la seguridad de que tenemos el «sumo sacerdote que nos convenía», quien puede suplir como Pontífice nuestra necesidad (He.7:25-27), y Quien, habiéndose ofrecido al Padre como ofrenda y sacrificio para consumar completa satisfacción de las exigencias de la justicia de Dios, está a su diestra intercediendo a favor de los redimidos en virtud de la eficacia de su preciosa sangre. Y, lo que es de gran trascendencia, esta obra sacerdotal jamás podrá frustrarse, porque como hemos leído: «Juró el Señor, y no se arrepentirá: Tú eres sacerdote para siempre, según el orden de Melquisedec» (He.7:21).

Melquisedec: un nombre original. Por su nombre, «Rey de justicia»; por su dominio, «Rey de paz». Y este orden es, a la vez, significativo y necesario.

La justicia siempre precede a la paz. Sin justicia no puede haber paz. El apóstol Pablo corrobora este orden cuando escribe en Ro. 5:1: «Justificados, pues, por la fe, tenemos paz para con Dios por medio de nuestro Señor Jesucristo». Y de nuevo leemos en Ro.14:17: «porque el reino de Dios no es comida ni bebida, sino justicia, paz y gozo en el Espíritu Santo».

Siempre el mismo orden: primero, la justicia; luego, la paz.

Bien puede decirse que toda la vida es una búsqueda de la paz. Y lo irónico es ver cómo la humanidad se aniquila a sí misma porque persiste en buscar la paz en un orden equivocado, olvidando que la justicia debe ir en primer lugar.

Mientras no haya justicia, no podrá haber paz nunca.

Melquisedec: un personaje típico que nos ilustra esta gran verdad y que, en resumen, nos proporciona para nuestras vidas la siguiente máxima saturada de espíritu bíblico:

«Para poder llevar la paz de Dios a los demás, tenemos que poseer su justicia; porque siendo pregoneros de justicia podremos mostrar su paz».

5.

EL HOMBRE
QUE DIOS GUIÓ

V. *ISAAC*. El hijo de Abraham y Sara. Cuando Dios dio la promesa de que Sara tendría un hijo, Abraham, incapaz de creerlo, se echó a reír (Gn. 17:15-19). Más tarde, al oír la misma promesa dada por uno de los enviados de Jehová (el Ángel del Señor), Sara se rió también con incredulidad (Gn. 18:9-15). Después del nacimiento del niño, reconoció gozosa que Dios le había dado motivos para reírse, tanto a ella como a sus amigas, pero ahora con risa de alegría (Gn. 21:6). Como recuerdo de estos acontecimientos y obedeciendo la indicación de Dios, Abraham lo llamó *Yishaq* (Isaac), cuyo nombre parece estar relacionado con el verbo *sahaq*, que significa *risa*, y *sehoq* = «reírse», o *tishaq* = «él se ríe»; o sea, cosa-objeto de risa, porque luego se alegró en su espíritu cuando se cumplió lo que el Señor le había prometido. Aunque algunos lexicólogos han querido ver que Isaac es la forma apocopada del nombre teóforo *Yishaq-el* = «Dios se ríe» (es decir: Dios es benévolo). Seguimos las indicaciones de Braulin y de David Burt.

Abraham es un ejemplo de la impaciencia humana (Gn.16:1-4). En contraste, destaca la misericordia y la paciencia de Dios (Gn.17:16). El Señor reafirma su promesa en Gn. 18:11-14, y los rasgos tipológicos de Isaac, como prefigura del Mesías, son verdaderamente impresionantes.

1. UN HIJO MUY ESPECIAL

1. *Isaac fue especial porque era el hijo de la promesa y el heredero legítimo.* Esto nos habla de la universalidad de los propósitos de Dios: Gn. 12:1-3; Gá. 3:7-9.

– Cristo es el Mesías prometido por Dios a través de sus oráculos: Lc. 24:27 y 44.

2. *Isaac fue especial porque nació milagrosamente.*

a) Su nacimiento se anunció con anticipación por Dios: Gn. 17:15-19.

b) Su nacimiento tuvo lugar en condiciones sobrenaturales: Gn. 17:17.

c) Le fue dado el nombre de Isaac por Dios antes de su nacimiento: Gn. 17:19.

– Cristo nació milagrosamente.

a) Su nacimiento fue anunciado anticipadamente por Dios: Mt. 1:22-23; Lc 1:26-33.

b) Su nacimiento fue sobrenatural: Lc. 1:34-35; Mt. 1:18-20.

c) Le fue dado el nombre de Jesús por Dios antes de nacer: Mt. 1:21; Lc. 1:31

3. *Isaac era especial porque era un hijo deseado y muy amado.*

a) Fue el hijo anhelado: «...e hizo Abraham gran banquete el día que fue destetado Isaac» (Gn. 21:8).

b) Fue el deleite de su Padre: «tu hijo [...] Isaac [...] a quien amas» (Gn. 22:2). En el hebreo se percibe mejor el énfasis, y podría leerse así: «Toma ahora a ese hijo de ti, a ese único de ti, al que tú amas, a ese Isaac, tu risa» (Matthew Henry).

c) Legítimamente era el hijo único: «...tu hijo, tu único» (Gn. 22:2, 12, 15). El término hebreo es *yahid*, en el sentido de *unigénito* («solitario» en Sal. 68:6), significando en relación con Isaac: «único en su clase y diferente a los demás».

– Cristo es el deleite de su padre.

a) Es el Hijo muy amado: Mt. 3:17, Jn. 3:35.

b) Es el Deseado de todas las naciones: Hag. 2:7; Mal. 3:1. «El Deseado» como «los tesoros de las naciones» es el Mesías. «Mi mensajero» es Juan el Bautista; «el ángel del pacto» es Cristo en sus dos venidas, pero especialmente con respecto a los eventos que seguirán a su regreso a esta tierra (Scofield).

c) Es el Unigénito del Padre: Jn. 1:14, 18; 3:16. En el Nuevo Testamento se traduce la equivalencia del adjetivo *yahid* por el término griego *monogenes*, en el mismo sentido que «unigénito» y que aplicado a Cristo significa literalmente: «único en su especie y diferente a toda cosa creada».

2. UN SACRIFICIO ESPECIAL

«Toma ahora tu hijo, tu único, Isaac, a quien amas, y vete a tierra de Moriah, y ofrécelo allí en holocausto sobre uno de los montes que yo te diré» (Gn. 22:2). Este mandato de Dios significaba una auténtica prueba para Abraham, porque ¿qué era lo que más le importaba en su vida? Su único hijo, a quien amaba. Sin embargo, notemos su disponibilidad: «Heme aquí» (v. 1). Caminó durante unos 70 km; tres días (v. 4) era tiempo suficiente para reflexionar en lo que implicaba tal sacrificio. Y Abraham llegó al lugar que Dios le había indicado.

Se cree que Moriah, en un sentido genérico, se refiere a todas las montañas de Jerusalén. Moriah reaparece solamente en 2° Cr. 3:1, donde se lo identifica con la colina del mismo nombre como el lugar en que Dios detuvo la plaga de Jerusalén y sobre la que se edificó el templo durante el reinado de Salomón, donde estuvo ubicada el arca del pacto. En términos del Nuevo Testamento está situado en las inmediaciones del monte de la Calavera, nombre que bien pudo haberse dado a una ligera elevación con la forma de la parte superior de un cráneo, y en el que fue crucificado el Señor Jesús. El monte de Moriah se extiende hacia el norte de Jerusalén, cerca de sus murallas, pero fuera del recinto de la ciudad, donde tuvieron lugar muchas ejecuciones en los tiempos del Nuevo Testamento, por lo que es muy posible que Jesús muriese en el mismo monte de Moriah, cumpliéndose así en Cristo la tipología del «sacrificio» de Isaac.

El nombre hebreo *Moriyyah* parece que significa «Jehová proveerá», y algunos lo hacen derivar de *moreh* = «sacerdote» o «adivino», y a su vez de *yarah* = «enseñar»; aunque mejor, quizá, de *mareh* = «de la visión», posiblemente tal vez por la visión de Gn. 22:11-12,15-18. Moriah viene en forma de participio del verbo *raáh* = «ver», y de *yah*, abreviación de Yahvéh (Jehová). Es introducido en el hebreo por la partícula copulativa *ha* = «el», que en su función de artículo definido significaría entonces aquí: «el lugar donde Jehová fue visto».

a) *Isaac fue presentado a Dios como una ofrenda.* Es evidente que la orden dada por Dios a Abraham de ofrecer a su hijo en sacrificio suponía un conflicto entre la obediencia y la esperanza, porque en este caso la víctima era un ser humano, y esto era algo único por parte de Dios: Lv. 18:21; Gn. 22:2, 6, 8, 10.

El padre presenta a su hijo en holocausto. La ofrenda de Isaac era un cuadro profético de la muerte de Cristo. El hijo lleva sobre sí la leña para el sacrificio, lo que inevitablemente nos hace pensar en el detalle registrado en Jn. 19:17: «cargando su cruz». Pero el fuego y el cuchillo están en manos del padre (Gn. 22:7). Asimismo, la víctima y el oferente caminando ambos juntos (v. 8) trae también a nuestra mente la profecía que se expresa en Is. 53:7, 10, y el hecho apunta al Calvario.

b) *Cristo fue presentado a Dios en ofrenda por el pecado*: He. 9:14; 10:10, 14; Ef. 5:2; Fil. 2:8; Ro. 3:25; 8:32. El mismo verbo «rehusaste», traducido «escatimó» en Ro. 8:32, es usado en la Septuaginta griega para Gn. 22:12. En el sacrificio de Cristo se destacan dos aspectos importantes: Cristo fue *dado* por Dios, y Cristo se *ofreció* a Sí mismo, entregándose voluntariamente a la muerte sobre el altar del Calvario, a fin de cumplir con perfecta obediencia la voluntad del Padre. (Véanse también los siguientes textos: Jn. 3:16; 10:15,17-18; Hch. 2:23; Ro. 4:25; Gá. 1:4; He. 5:8; 10:7; 2ª Ti. 2:16; Tit. 2:14; 1ª Jn. 4:9.)

Notemos las palabras que pronunciara el Señor Jesús desde la cruz, apropiándose para Sí la oración del Salmo 22, según aparecen registradas en Mt. 27:46, porque presentan algunos detalles interesantes.

«Dios mío, Dios mío»: Todavía sigue siendo su Dios; su confianza en Dios se mantiene. En Moriah, Abraham seguía siendo el padre de Isaac, y éste se mantuvo sumiso a él cuando fue atado sobre el altar del sacrificio, así como Cristo «se humilló a sí mismo, haciéndose obediente hasta la muerte» (Fil. 2:8).

Literalmente: «¿Para qué me dejaste desamparado?». Comenta Lacueva al respecto: «El verbo está en aoristo, indicando que la acción ya pasó. No se trata del abandono físico, sino del desamparo moral. Dios está allí. El Padre no ha podido marcharse del Gólgota porque está en todas partes, pero le ha vuelto la cara al otro lado a Jesucristo». Dios estaba con Cristo en el Gólgota, así como Abraham estaba con Isaac en Moriah.

c) *Isaac fue levantado de la muerte en figura*: Gn. 22:5; He. 11:17-19. En la mente de Abraham, Isaac estuvo como muerto tres días (Gn. 22:4), y fue devuelto a su padre por una resurrección «en sentido figurado». Es así, pues, como Isaac fue resucitado en figura.

Como dice Derek Kidner: «La frase "volveremos a vosotros" no son meras palabras: expresa la convicción de Abraham en vista de la promesa: *en Isaac te será llamada descendencia* (Gn. 21:12), lo que revela que esperaba que Isaac resucitaría; en adelante lo consideraría como retornado de la muerte».

Un comentarista ha sugerido que Isaac fue devuelto de la muerte dos veces: de la matriz muerta de su madre y del altar de piedra de su padre.

d) *Cristo fue levantado realmente de entre los muertos*: Is. 53:10; Hch. 2:29-32; 13:29-31; 1ª Co. 15:3-8. Jesucristo es el gran Antitipo de todas las tipologías que le prefiguraban proféticamente en el Antiguo Testamento y que le señalaban como el Mesías prometido a Israel, y como tal cumplió en su totalidad este tipo personificado en Isaac, muriendo verdaderamente en nuestro lugar cuando se ofreció en sustitución del pecador, sufriendo el castigo de Dios por nosotros, y siendo finalmente restituido al Padre mediante una auténtica resurrección al tercer día de su muerte.

3. UNA PROVISIÓN ESPECIAL

El Dios de Abraham sería inmortalizado en el nombre de aquel lugar. Podría decirse con propiedad que el significado de su nombre, «Jehová proveerá», se convertiría en el lema de toda su vida. La intervención divina sería para él una experiencia que le marcaría para siempre. La provisión de Dios se hallaba preparada y estaba aguardando el momento propicio.

a) *Dios proveyó de un carnero para el holocausto en sustitución de Isaac*: Gn. 22:7-8,13-14. Dios no permitió la consumación de un sacrificio humano (vs. 10-12), e Isaac fue salvado por una ofrenda cruenta que constituyó un sacrificio verdadero: una víctima que fue un sustituto «en lugar de su hijo» (v. 13). Aquí tenemos, pues, los inicios de los sacrificios cruentos de animales en sustitución de una víctima humana, y lo que en este episodio está explícito aparece bien expresado posteriormente por el ritual de Lv. 1:1-5.

Aquella intervención providencial del Ángel de Jehová fue fruto de una fe inquebrantable en la provisión de Dios: Gn. 22:8, 14. *Yahvéh Yiréh* = «Jehová verá» o «proveerá»: es parte del nombre de Dios. «Proveer» es un significado secundario del simple verbo «ver», como en 2° S. 16:1. Ambos sentidos probablemente coexisten en las palabras dichas por Abraham en Gn. 22:14: «En el monte de Jehová será provisto» o «en el monte Dios es visto» (o «Dios aparece»).

Asimismo, la provisión de Dios en Moriah corroboró el carácter y la fidelidad del Señor: Gn. 22:11-12, 15-18. Es curioso que las palabras que integran la frase del v. 8: «Dios proveerá para él», están compuestas por las iniciales hebreas *alef, yod, lámed*, que acrósticamente forman el término *ayl* = «carnero», que aparece en el v. 13.

b) *Cristo es el Cordero provisto por Dios desde antes de la fundación del mundo y destinado de antemano para ser sacrificado en sustitución del pecador:* Jn. 1:29, 36; Hch. 2:23; 1ª P. 1:18-20. «Consumado es», clamó Jesús en la cruz (Jn. 19:30). La expresión original del texto griego es: *tetélestai,* tercera persona singular del perfecto de indicativo medio-pasivo del verbo *teleo,* significando cancelado y finiquito; literalmente: «Ha sido consumado». De ahí que este término se estampaba en el último pagaré de un contrato de compraventa para indicar que el pago de la deuda había sido llevado a cabo totalmente. Observemos que tiene la misma raíz que nuestras palabras castellanas *telé*fono, *tele*grama, *tele*scopio, *tele*visión, etc. *Tele* quiere decir: *de lejos;* de manera que aquí significa algo proyectado a través de todas las edades del mundo, de modo que los hombres de todos los tiempos pudieran ser salvos en virtud del sacrificio vicario del Cordero de Dios, «el que *quita* (en el sentido de *llevarse consigo*) el pecado del mundo».

4. UNA ESPOSA ESPECIAL

a) *Isaac se casó con una mujer tomada de entre una sociedad pagana:* Gn. 24:3-4, 37-38, 53, 61, 65 y 67.

D. Ernesto Trenchard, en su erudito comentario al libro de Génesis, escribe lo siguiente: «Era necesario que el pueblo escogido fuese separado de las naciones idólatras, y sobre todo de aquéllas donde crecía la maldad de los amorreos hasta el punto de que habían de ser destruidos en tiempos de Josué. Por lo que podemos deducir, los familiares de Abraham todavía residentes en Harán (alta Mesopotamia) guardaban el conocimiento de Yahvéh (24:50), a pesar de haber adoptado algunas de las prácticas idolátricas de los arameos (véanse los idolillos o *terafim* de Raquel en 31:19, 30-35). Una mujer procedente del seno de la familia residente en Harán, con su conocimiento de Dios, aunque no hubiese compartido las experiencias de Abraham y su familia a lo largo de muchos años, podía ser una esposa y una madre de la descendencia espe-

El hombre que Dios guió

rada mucho más adecuada que cualquier hitita o cananea». (Nota adicional del autor: Pero según los textos del Nuzu, s. xv a. C., parece que el poseedor de aquellos *terafim* o *elohai* –«dioses»– tenía derecho a la herencia familiar. Por eso los retenía Raquel.)

Abraham era el hombre escogido para ser padre del pueblo judío, elegido por Dios para traer su revelación al mundo. Por esto lo sacó de entre su parentela idólatra de Ur de los Caldeos (Gn. 12:1-3). Para que se cumpliese la promesa divina necesitaba casar a Isaac, y tenía que hacerlo con una muchacha originaria de la misma tierra pagana de donde Abraham fue separado, aunque emparentada con él por vínculos familiares, pues Rebeca era resobrina de Abraham y prima segunda de Isaac (Gn. 24:15, 24, 47); una forastera que, conociendo los ideales religiosos del clan patriarcal, fundado en las promesas de Dios, fuese alejada del entorno social idólatrico en el que vivía, y esto es lo que Isaac haría al casarse con ella, con lo que se evitaría también que Isaac cayera en la tentación de volver a Mesopotamia, pues parece que Abraham temía que, si su hijo regresaba a aquel ámbito de paganismo, nunca volvería a la tierra prometida (vs. 5-8).

La muerte de Sara apremió a Abraham a buscar una esposa para su único heredero, Isaac, no de entre las mujeres oriundas de Canaán, sino tomándola de Harán y de su propia familia, una hija de sus parientes arameos, descendientes de Sem, a fin de propagar la verdadera religión en la tierra, de acuerdo con el propósito divino. El precepto de contraer matrimonio solamente dentro del pueblo de Dios habría de mantenerse en todo el Antiguo y el Nuevo Testamentos (Dt. 7:3-4; 1º R. 11:4; Esd. 9; 1ª Co. 7:39; 2ª Co. 6:14).

Es así, por tanto, cómo Rebeca, siendo apartada del ambiente de una sociedad idólatra por su unión con Isaac, se convierte de esta manera en figura de la Iglesia, la esposa mística de Cristo. Su nombre significa: «una cuerda con nudo corredizo», o sea, «un lazo», indicando que era una mujer de belleza atractiva y cautivadora (Gn. 24:16).

b) *Cristo está tomando Esposa para Sí de entre las naciones gentiles*: Hch. 15:14; Ro. 8:14; 1ª Ts. 4:16-17. Véase la hermosura gloriosa de la Iglesia como Esposa de Cristo: Sal. 45:9-15; 2ª Co. 11:2; Ef. 5:26-27; 1:4. Cristo, como antitipo de Isaac, espera a su Novia, la Iglesia, y le prepara un lugar (Gn. 24:67 con Jn. 14:2-3).

5. UN SIERVO ESPECIAL

No se da en Gn. 24 el nombre del viejo siervo de Abraham (la palabra hebrea *zaqén*, traducida *anciano*, no se refiere a su edad, sino a la dignidad de su cargo), pero por la referencia de 15:2-3 se supone que era Eliezer, natural de Damasco. Debido a los muchos años que llevaba al servicio de Abraham, había llegado a ser el hombre de confianza del patriarca, su mayordomo o administrador de sus bienes, pues el criado más antiguo de la casa era el que manejaba todas las posesiones del amo a quien servía.

a) *Eliezer fue enviado por Abraham con el encargo de buscar una esposa para Isaac*: Gn. 24:2-4, 12-14, 26-27, 34-44. El criado de Abraham estaba ansioso de servir a su señor y, bajo la dirección de Dios (vs. 7 y 40), cumplió la misión que su amo le había encomendado. Notemos que el siervo del patriarca presentó a Rebeca y a su familia muestras de lo que había contado acerca de las riquezas de su señor, las joyas de su obsequio (vs. 35 y 53). Eliezer, cuyo nombre hebreo significa *Dios es mi ayuda*, viene a ser emblema del Espíritu Santo.

b) *El Espíritu Santo ha sido enviado por Dios a este mundo con la misión especial de llamar a las almas a la fe en Cristo y proveer así una esposa mística para el Señor Jesús*: Jn. 14:16-17; 16:13-15. Es para este propósito que Él está ahora reuniendo a la Iglesia. Recordemos que uno de los nombres dado al Espíritu Santo es *Parákletos*, término griego que significa: «uno llamado al lado de otro para ser su ayudador» (Jn. 14:16).

La intención del Espíritu Santo es glorificar a Cristo, no llamar la atención sobre Sí mismo (Jn. 16:14), de la misma manera que

EL HOMBRE QUE DIOS GUIÓ

vemos como Eliezer habla con la doncella acerca del hijo de Abraham, sin que se mencione su nombre en todo este cap. 24 de Gn.

El Espíritu Santo es una de las tres personas de la Trinidad –la familia divina– que otorga dones a la Iglesia para servir eficazmente (1ª Co. 12: 4-7, 11), así como Eliezer ofreció dones a Rebeca de los bienes de Abraham.

6. UN ENCUENTRO ESPECIAL

El futuro encuentro de la Iglesia con su Señor, que se cumplirá cuando se manifieste la segunda venida de Cristo, constituye un poderoso incentivo para una vida cristiana consecuente (Tit. 2:13; 1ª Jn. 2:28; 3:2-3). El glorioso retorno de Cristo, que la Iglesia debe esperar y anhelar ardientemente, será el gran acontecimiento que habrá de eclipsar a todos los demás (2ª P. 1:19; 3:9-13).

a) *Isaac no vio el rostro de Rebeca hasta después de haberla tomado por esposa*: Gn. 24:65. Rebeca se cubrió el rostro con un velo. El velo era un símbolo de compromiso matrimonial. Según las antiguas costumbres orientales –aún vigentes entre beduinos y en el moderno Islam–, el velo no ha de quitarse hasta después del casamiento, por lo que el novio no puede ver a su novia hasta haberse unido a ella en matrimonio (v. 67).

b) *La Iglesia, como Esposa de Cristo, no verá el rostro de su Amado hasta que tenga lugar el encuentro de ella con el Esposo Celestial en el momento de consumarse las bodas del Cordero*: 1ª P. 1:8; 2ª Co. 4:14; 1ª Ts. 4:16-17; 2ª Co. 11:2.

7. UNA BENDICIÓN ESPECIAL

Dios había ratificado su promesa a Abraham, y por primera vez promete con juramento (Gn. 22:15-18). Ésta es la única ocasión en la que Dios jura en su relación con los patriarcas, lo que indica la gran importancia del evento. Fue Dios quien como Elohim habló la primera vez (v. 1). Pero ahora habla por segunda vez como el Ángel de Jehová (v. 15), el Cristo preencarnado. Vemos aquí que el ser a quien se llamaba «el ángel de Jehová» es nombrado «Jehová» en el v. 16, siendo identificado así con Dios mismo.

Y esta ratificación de la promesa divina fue hecha como resultado de un acto de obediencia (v. 16). Obedecer es hallar una nueva seguridad. De ahí la confirmación de la promesa en el v. 17. Y nótese que los efectos serían universales, porque Dios no es un Dios local (v. 18). Asimismo, la promesa con juramento es reiterada nuevamente, en Isaac (Gn. 26:1-5), la misma promesa que Abraham había recibido y que se ha cumplido ampliamente tanto en el sentido literal como espiritual.

La prosperidad material de Abraham, sus cuantiosas riquezas adquiridas a lo largo de su vida, que constituirían un valioso patrimonio para Isaac, todo ello formaba parte de la bendición especial de Dios (Gn. 13:2; Pr. 8: 21; 10:22; Dt. 8:18; 1º Cr. 29:11-12).

a) *Isaac fue el heredero de su padre y beneficiario de todos sus bienes*: Gn. 24:35-36; 25:5.

b) *Cristo es el Heredero de su Padre*: Jn. 3:35; Col. 1:15-16 (gr. v. 15: *protótokos, primogénito = heredero*); He. 1:2.

c) *Los redimidos somos coherederos con Cristo*: Ro. 8:17; Ef. 3:6.

6.

EL HOMBRE
QUE DIOS USÓ

VI. *JOSÉ.* El undécimo hijo del patriarca Jacob y primogénito de Raquel (Gn. 30:22-24). Su historia ocupa los Capítulos 37, 39-50 del libro de Génesis. Su nombre hebreo, *Yosef,* tiene la fonética de una forma verbal que significa: «él (Dios) eleva». El escritor sagrado juega aquí con el nombre y las dos etimologías, no dando la raíz de la palabra, sino la razón por la que el nombre fue dado. Éste viene de *asaf* = «quitar», «sacar» («Dios ha *quitado* mi oprobio» o «Dios ha *sacado* mi afrenta»), y de *yasaf* = «añadir» o «reunir» («que me *añada* Jehová otro hijo»). De ahí que el nombre José significa literalmente «aumento» o «añadidura», pero con el sentido de «quiera Él (Dios) añadir» o «que Jehová añada»; es decir: Dios aumenta. Como apuntaba D. Samuel Vila, la vida de José es, sin duda, la narración histórica más amplia y admirable del Antiguo Testamento. El Espíritu Santo condujo los acontecimientos de José y de su pueblo, pero lo hizo de tal manera que al mismo tiempo fuera un tipo del futuro Mesías. Son en verdad admirables las singulares semejanzas que se nos muestran al respecto, sobre todo sabiendo que los sucesos en torno a José ocurrieron en los antiguos tiempos patriarcales. Ello puede ser considerado una buena prueba tanto de la inspiración de la Biblia como de la divinidad de Cristo y su futuro reino mesiánico, según tendremos ocasión de comprobar.

En efecto, la interesante y tierna historia de José adquiere una proyección de profundo valor histórico, espiritual y profético, porque simbólicamente nos es presentado como una notable prefigura del Hijo de Dios. Los rasgos tipológicos, en este sentido, son también sorprendentes. Observaremos, pues, a continuación, varios peculiares paralelismos entre este personaje de la edad patriarcal y nuestro Señor Jesucristo, o sea, entre el tipo y el Antitipo.

Para ello nos hemos permitido seleccionar algunas de esas semejanzas recopiladas a tal fin, tomadas y adaptadas de las notas homiléticas publicadas por nuestros amados hermanos H. G. Braunlin y Edwin Kirk. Creemos que sus respectivos editores, la Casa Unida de Publicaciones, S.A. y «Pensamientos de la Palabra de Dios», no nos lo van a reprochar. Consideremos:

1. JOSÉ, DESDE UNA PERSPECTIVA BIOGRÁFICA: FIGURA DE CRISTO

a) En el nacimiento de José hubo intervención divina y milagrosa: Gn. 30:22-24

b) Se prefiguraba así el nacimiento sobrenatural de Cristo, quien fue de «la simiente de la mujer» (Gn. 3:15; Gá. 4:4), y cuya venida tendría como objeto «llevar muchos hijos a la gloria»: He. 2:10.

a) José fue un hijo amado por su padre: Gn. 37:3.

b) Cristo es el «Hijo Unigénito» amado por su Padre: Mt. 3:17; 17:5; Jn. 3:35; 5:20; 17:24.

a) En su rechazamiento, José fue aborrecido por sus hermanos: Gn. 37: 4-5, 8, 11.

b) Cristo fue menospreciado por sus hermanos de raza: Mt. 27:18; Jn. 1:12; 5:18; 6:41; 15:25.

a) José fue rechazado cuando fue enviado a sus hermanos: Gn. 37:12-14.

b) Cristo descendió del seno del Padre con el propósito de buscar a sus hermanos, las ovejas perdidas de la casa de Israel: He. 10:7; Mr. 12:6; Lc. 9:10.

a) En la manera como José fue rechazado, vemos que sus hermanos «no podían hablarle pacíficamente»: Gn. 37:4. En su desprecio, tres veces leemos que «le aborrecían», una vez que «le tenían envidia», y que «se sentaron a comer pan» (v. 25), mientras él estaba en la cisterna sin poder escapar (v. 22).

b) A Cristo le negaron *tres veces*: Mt. 26:69-75; y cuando estaba en la cruz, los soldados «sentados le guardaban allí»: Mt. 27:36.

a) A José le fue anunciada su futura dignidad: Gn. 37:5-11.

b) A Cristo le fue anunciada su gloriosa posición futura: Lc. 1:31-32; Mt. 24:30; 25:31-34; 26:64.

a) José anhelaba el bienestar de sus hermanos: Gn. 37:15-17.

b) Cristo anhelaba el bienestar de sus hermanos hebreos: Sal. 40:6-10; He. 10:5-9.

a) Los hermanos de José conspiraron contra él: Gn. 37:18.

b) Cristo fue objeto de la conspiración de sus hermanos judíos: Mt. 27:1; Jn. 11:53.

a) José fue vendido por sus hermanos: Gn. 37:25-28.

b) Cristo fue traicionado y vendido por uno de los suyos: Mt. 26: 14-16.

a) José fue reconocido justo por el jefe de la cárcel, y por ello éste depositó su confianza en él: Gn. 39:21-23.

b) Jesús fue reconocido justo por Pilato, su mujer y el centurión: Mt. 27:19, 24; Lc. 23:14-15, 22; Jn. 18:38; Lc. 23:47.

a) José anunció mensaje de vida y de muerte a otros encarcelados: Gn. 39:20; 40:5-22.

b) Cristo proclamó mensaje de vida y de muerte a los condenados por el pecado: Is. 61:1; Lc. 4:16-21; Jn. 3:16-18, 36.

a) A José le maltrataron sus hermanos y fue víctima de un intento de muerte deliberada: Gn. 37:20, 23, 26.

b) Jesús fue maltratado por los suyos y su muerte fue deliberada: Mt. 26:3-4; 27:20-26; Lc. 23:13, 18, 21, 23-25, 35; Jn. 11:53; 19:6-7, 15-16.

a) José fue echado en una cisterna vacía: Gn. 37:22, 24.

b) El cuerpo de Cristo fue puesto en un sepulcro nuevo: Jn. 19:40-42.

a) José fue sacado de la cisterna: Gn. 37:28.

b) Cristo fue levantado de la tumba: Mt. 28:6; Hch. 13:30.

a) En su previsión y provisión, José fue sustentador del pueblo: Gn. 41:47-57.

b) Cristo es el gran Sustentador de su pueblo: Is. 55:1-3; Jn. 3:35; 6:35; He. 2:10-15.

2. JOSÉ, DESDE LA PERSPECTIVA DE SU HUMILLACIÓN: TIPO DEL MESÍAS SUFRIENTE

Ningún otro pasaje describe con tanta exactitud «los sufrimientos de Cristo, y las glorias que vendrían tras ellos» (1ª P. 1:11).

a) José vino a ser un siervo: Gn. 39:1-6.

b) Cristo era el Siervo perfecto: Is. 53:10; Mr. 10:45; Jn. 8:29; Hch. 10:38; Fil. 2:5-7.

a) José fue tentado por la esposa de Potifar, pero salió vencedor del intento de seducción: Gn. 39:7-12.

b) Cristo fue sometido a tentación por el diablo, y salió victorioso de la prueba: Mt. 4:1-11.

a) A José le condenaron injustamente y no se defendió de las falsas acusaciones: Gn. 39:13-20; 40:15.

b) Jesús fue acusado también falsamente y tampoco se defendió ante sus acusadores: Sal. 35:11; Is. 53:7; Mt. 26:59-63; 27:12-14.

a) José fue hecho prisionero, pero ganó honra: Gn. 39:20-21.

b) Cristo fue apresado, pero obtuvo honor: Is. 53:8; Mr. 15:39; Hch. 2:36.

a) José soportó con paciencia sus aflicciones antes de ser elevado a un lugar de prominencia en Egipto: Gn. 41:40-43.

b) Cristo soportó pacientemente sus sufrimientos antes de ser ascendido en gloria: Mr. 16:19; Lc. 22:69; Sal. 110:1; He. 1:3.

a) José fue encarcelado con *dos* delincuentes: Gn. 40:1-4, 20-22. Uno de ellos fue ejecutado, y el otro perdonado y restaurado a su oficio.

b) Cristo fue crucificado entre *dos* malhechores: Lc. 23:32-33, 39-43. El uno fue condenado, y el otro, salvo.

a) José fue olvidado por el hombre que le debía más gratitud: Gn. 40: 23. Cada vez que el copero presentaba la copa a Faraón, debería haberse acordado de su bienhechor hebreo.

b) Cristo ha sido olvidado e ignorado por su propio pueblo, a pesar de haber instituido una conmemoración para que se le recordase: 1ª Co. 11: 25; He. 2:10; 12:3.

a) José fue liberado por Dios y dignificado: Gn. 41:14, 40-41; Hch. 7:9-10.

b) Cristo fue liberado por Dios y exaltado: Hch. 2:32-33; 5: 30-31.

3. JOSÉ, DESDE LA PERSPECTVA DE SU EXALTACIÓN: FIGURA DEL CRISTO GLORIFICADO

Como dice Braunlin: «Después de sus padecimientos, José fue sacado de la prisión (Gn. 41:14) y exaltado al trono de Egipto. Estas experiencias son un tipo de la presente posición y obra de nuestro Señor Jesucristo en su ascensión y exaltación».

a) José fue ascendido en dignidad, y puesto en el trono de otro: Gn. 41:40.

b) Cristo fue dignificado y ha sido establecido en el trono de su Padre: Mt. 28:18; Fil. 2:9; He. 8:1; Ap. 3:21; 5:13; 22:1.

a) José recibió gloria de Egipto: Gn. 41:41-44; 45:13.

b) Cristo recibe gloria del cielo: Jn. 17:5, 24; Fil. 2:10; He. 2:9; 1ª P. 1:21.

a) José recibió como esposa a una mujer del pueblo gentil: Gn. 41:45.

b) Cristo está tomando una esposa mística de entre las naciones gentiles: Hch. 15:14; Ef. 5:23-27; Ap. 21:9.

a) José vino a ser un salvador para el mundo de su época: Gn. 41:45 (*Safnat-pa'néah* = «salvador del mundo» o «hombre-alimento de la vida»), 55-57; 47:23-27.

b) Cristo es el único Salvador del mundo y el verdadero «pan de la vida»: Jn. 4:42; Hch. 4:12; 5:31; Ap. 5:9; Jn. 6:35, 48, 51.

a) José tuvo suficientes recursos para alimentar a todos: Gn. 41:47-49.

b) Cristo tiene abundancia de recursos para salvar a todos: Ro. 10:12; Ef. 2:4-7; 3:20; He. 7:25 (lit.: «puede salvar hasta lo entero», es decir, *completamente*).

a) Los gentiles fueron bendecidos antes que Israel, pues los beneficios de José se extendieron por todo Egipto: Gn. 41:46; 47:20.

b) Los beneficios de la obra de Cristo se han extendido por todo el mundo, alcanzando primeramente a los gentiles: Lc. 24:47; Hch. 1:8; 9:15; 11:18; 13:46-48; 15:7, 14.

a) José perdonó generosamente a los culpables: Gn. 45.

b) Cristo ofrece perdón generoso a los pecadores: Mr. 1:14-15; Lc. 1:77; Hch. 5:31; 10:43; 13:38; 26:18; Ef. 1:7.

a) José probó a sus hermanos antes de ensalzarlos: Gn. 42:8-20, 25-28, 35; 43:18-22; 44.

b) Lo mismo hace Cristo con los suyos: Jn. 6:6; Ro. 5:3-4; 1ª Ts. 2:4; Stg. 1:2-3; 1ª P. 1:6-7; Ap. 2:10.

Hagamos nuestras las siguientes reflexiones aportadas por D. Samuel Vila, quien haciendo referencia al hecho de que ambos, José y Cristo, prueban a sus hermanos, decía que es muy sabio el procedimiento por más que momentáneamente nos duela. Lo reconocemos en el caso de José porque podemos ver el plan terminado, pero así será también con nosotros. Notemos los objetivos de la prueba:

1. Quiso hacerles sentir su pecado. Asegurarse de que reconocían su culpabilidad y estaban arrepentidos. ¿No es esto lo que hace hoy nuestro Señor? (Véase Mr. 1:15 y Lc. 13:5.) Dios no puede perdonar a un corazón no arrepentido. El perdón requiere arrepentimiento: Lc. 17:3-4.

2. Quiso probar y desarrollar su amor al padre por medio de pruebas muy ingeniosas. Al pedirles a Benjamín y al pretender re-

tenerlo, cuando Judá, intercediendo por su hermano menor, dijo: «El joven no puede dejar a su padre, porque si lo dejare, su padre morirá… Porque ¿cómo volveré yo a mi padre sin el joven? No podré, por no ver el mal que sobrevendrá a mi padre». José se regocijaba. El discurso de Judá, con motivo de la copa hallada en el costal de Benjamín, le dejó convencido y conmovido; por eso les perdonó y ensalzó.

Cristo nos prueba también. Las aflicciones que nos sobrevienen para probar la calidad de nuestra fe son la antesala de nuestra gloria futura (Ro. 8:18; 2ª Co. 4:17). Cuando el Señor oye a un creyente decir: «Primero morir antes que ofender a Dios», ve que Su victoria moral es completa en tal alma; puede entonces glorificarla.

3. Quiso probar su codicia al devolverles el dinero. Recordemos que «raíz de todos los males es el amor al dinero». Dios nos prueba también para ver si somos buenos mayordomos. Quiere saber si le robamos o le devolvemos con amor la parte proporcional de lo que nos da y que en derecho le pertenece (1ª Co. 16:2; 2ª Co. 9:7).

4. Finalmente les prueba en cuanto a su amor fraternal. En el banquete, aumentando la parte de Benjamín; luego poniendo la copa en su costal. Aun después de haberse manifestado a ellos, teme en cuanto a la medida de su fraternidad. «No riñáis por el camino», les dice. Sabía quizá que ésta era su costumbre cuando andaban juntos.

Cristo nos hace la misma recomendación en Jn. 15:17, como hermanos suyos, amados, que vamos al cielo, pues sabe que aún hay peligro de que riñamos en el camino por innumerables fruslerías.

a) José trajo a sus hermanos al país de su gloria: Gn. 45:18-20; 47: 11-12.

b) Cristo hará lo mismo con nosotros: Jn. 14:2-3; 17:24; 1ª Ts. 4:13-18.

4. LOS HERMANOS DE JOSÉ, DESDE LA PERSPECTIVA HISTÓRICA: TIPO DE ISRAEL EN SU PRESENTE Y FUTURO

a) Los hermanos de José le aborrecieron y rechazaron: Gn. 37:4, 18,24.

b) La nación de Israel aborreció y rechazó a Cristo: Jn. 15:25; 11:53; Mt. 27:35.

a) Los hermanos de José ignoraron su exaltación: Gn. 42:5-8.

b) La dignidad mesiánica del Señor Jesús es ignorada por Israel: Ro. 11:7-8, 25; 2ª Co. 3:14-15.

a) Los hermanos de José fueron preservados por él: Gn. 42:19; 44:1; 45:5.

b) La nación de Israel está siendo preservada por Cristo: Sal. 121:4; Mt. 24:34 (*geneá* = «raza»: la raza judía que como nación sobrevive milagrosamente); Ro. 11:26-29 (al original del v. 26 no dice *holos*, entero, sino *pas*, distributivo: un número suficiente que habla de una conversión a escala nacional); 2ª Co. 3:16.

a) Los hermanos de José fueron llevados al arrepentimiento por medio de le aflicción: Gn. 42:7, 14-17, 21.

b) El pueblo de Israel será movido al arrepentimiento a través del sufrimiento: Dt. 28:63-66; Os. 5:14-15; Mt. 24:21-22.

a) José, finalmente, se dio a conocer a sus hermanos cuando tuvo lugar el segundo encuentro con ellos: Gn. 45:1-5.

b) Cristo, finalmente, se manifestará a la nación de Israel cuando tenga lugar su segunda venida: Zac. 12:10; 13:6; 14:4; Ap. 1:7.

a) Los hermanos de José fueron altamente favorecidos y usados por él: Gn. 45:9-13; 47:4-6, 11-12.

b) La nación de Israel será especialmente favorecida y usada por el Señor: Is. 66:18-20; Ez. 36:9-11, 33-36.

a) Los hermanos de José se postraron delante de él: Gn. 50:18.

b) El pueblo de Israel, y todos las naciones del mundo, se arrodillarán en adoración ante Cristo: Sal. 22:27-29; Lc. 1:32-33; Fil. 2:9-11.

5. EL REINADO DE JOSÉ, DESDE UNA PROYECCIÓN PROFÉTICA: FIGURA DEL MILENIO

«Milenio» es una palabra procedente del latín *mille* = mil, y *annus* = año. Como escribe D. Fco. Lacueva:

«Significa, pues, un período de tiempo de mil años, y su sentido teológico está basado en Ap. 20:2-7 (gr. *khília éte*, ocurre seis veces en dichos vv.). Será un tiempo de bendiciones, ya que Satanás estará atado y, por tanto, el Evangelio será predicado sin obstáculos. El Señor Jesús reinará sin oposición, rigiendo a las naciones *con vara de hierro* (Sal. 2:9; 110:2, 5) [...] El premilenarismo, en general, admite el Milenio como un período literal de mil años, durante los cuales el Señor Jesucristo, y sus santos con Él, reinarán sobre la tierra en completa paz y prosperidad...».

La creencia en un Milenio terrenal no es una invención de los exegetas modernos. ¿Cuál fue el sentir común de los primeros escritores eclesiásticos acerca del Milenio? El testimonio general de los milenaristas de los primeros siglos va desde Papías, discípulo del apóstol Juan (quien cita a su favor a gran número de los apóstoles), Clemente de Roma, Bernabé, Hermas, Ignacio de Antioquía y Policarpo de Esmirna, todos los cuales vivieron en la segunda mitad del siglo I y la primera mitad del II. En pleno siglo II, Justino Mártir, Melitón de Sardis, Hegesipo, Taciano, Ireneo de Lyon y Tertuliano de Cartago. En el siglo III, Cipriano de Cartago, Cómodo, Nepote, Victorino, Metodio de Olimpo y el gran apologista Lactancio. En los dos primeros siglos de la Iglesia, todos los escritores eclesiásticos defendieron el premilenarismo, es decir, la creencia en un futuro Milenio literal sobre la tierra.

Transcribimos, por último, el siguiente comentario devocional que nuestro hermano E. Kirk hace en su opúsculo titulado: *José, un hijo amado*, y que, sobre el tema del Milenio prefigurado en el reinado de José, dice así:

«Si juzgamos las condiciones existentes en Gosén como simbólicas de las bendiciones mileniales –pues siguieron a la restauración de Israel: condiciones de paz y comunión con el antes *rechazado*–, tenemos una figura del trato del Señor con los *pueblos*. Se alimentaba, sostenía y preservaba a los egipcios, pero no «en gracia». Debían *comprarlo* todo, dando su dinero, su ganado, sus campos y finalmente sus mismas personas. Llegaron así a ser *completa posesión de José*, bajo Faraón».

Así sucederá cuando Israel more en su tierra como pueblo salvado y el Señor reine sobre ellos. También los gentiles recibirán bendición, pero entonces serán *completa posesión* de Cristo Jesús, el Señor de gloria (Sal. 2). Aun el orden de los actos de Dios por José predice lo que Él hará por mediación de su Hijo.

1. Primeramente los egipcios (gentiles) son bendecidos, como pueblo libre, por medio de José.

2. Luego, los hijos de Israel, alcanzan plenitud de paz y bendición como resultado de su reconciliación con José.

3. De nuevo los egipcios (gentiles) son beneficiados por José, pero no ya como pueblo libre.

Podemos trazar este divino plan profético en las Escrituras, en líneas generales, desde que el Señor Jesús fue rechazado. La Iglesia se compone de gentiles en su mayoría, por cuya causa aún se detienen ciertos juicios. Cuando la Iglesia haya sido *arrebatada,* Israel *nacerá de nuevo,* y en las naciones, que habrán sido castigadas con el juicio de Dios, reinará la paz.

Asimismo, a la luz de Gn. 47:11-12, vemos que se proveyó hogar y pan, gratuita y abundantemente, para esa familia escogida. Figura de la Iglesia de Cristo y también de una iglesia local. Porque ésta la componen personas reconciliadas, que ahora dependen únicamente de Cristo, quien no se avergüenza de llamarlas *hermanos.* Forman una verdadera familia, y la asamblea local es su *hogar,* lo que muestra el cuidado de Dios por los suyos hoy.

7.

EL HOMBRE
QUE DIOS ENVIÓ

VII. *MOISÉS*. El gran caudillo, libertador de la esclavitud de su pueblo, legislador de los hebreos, hombre de estado y profeta; descendiente de la tribu de Leví, escogida para el sacerdocio (Éx. 2:1-2), de la familia de Coat y de la casa de Amram (Éx. 6:18,20). Su madre se llamaba Jocabed (*Yokébed* = «Jehová es gloria» o «glorioso»).

En hebreo su nombre es *Moshèh* = «sacado de». Pero la raíz egipcia es *ms'(w)*, de *mosu* o *mesu*, que significa «hijo» o «niño». La hija de Faraón dio el nombre de «hijo» a aquel niño que había sacado de las aguas. La ley egipcia exigía que el prohijado fuera tenido por hijo natural de la princesa, lo que promovía su accesión a la corona.

Por lo tanto, la etimología del nombre de Moisés juega con la palabra hebrea *masàh*, cuyo significado es «extraer» o «rescatar», y con una supuesta etimología egipcia, a la que ya aludía Flavio Josefo, pues según dice el mencionado historiador judío: «los egipcios llaman al agua *mo* (en copto, *mou*) e *yses* a los salvados de las aguas».

En la tradición popular, el nombre era muy ajustado al personaje que nos ocupa, por cuanto Moisés, como líder, habría de *sacar* a su pueblo de la oscuridad del yugo de Egipto. De la misma manera que Cristo, como nuestro gran Libertador, habría de sacarnos (esto es, rescatarnos) de la esclavitud del pecado, dándonos completa liberación y vida.

Asimismo, el hecho de que el legislador de Israel fuese llamado también con un nombre que incluía, a su vez, una raíz egipcia, era un feliz augurio para el mundo gentil, anticipando la llegada de aquel día en que se iba a decir: «Bendito el pueblo mío Egipto» (Is. 19:25). Y su educación en la corte egipcia era prenda del cumplimiento de tal promesa: «Reyes serán tus ayos, y sus reinas tus nodrizas» (Is. 49:23) (Matthew Henry).

Seguiremos aquí las sugerencias expositivas de H.G. Braunlin, en su libro *Tesoros de la Biblia*, de donde entresacaremos los rasgos típicos más sobresalientes y significativos que describen a Moisés como figura del Mesías prometido a Israel.

1. MOISÉS, EL LÍDER DE ISRAEL: TIPO DE CRISTO COMO LIBERTADOR

En Hch. 3:22-23 y He. 3:1-6 vemos claramente que Moisés prefiguraba a nuestro Señor Jesucristo.

a) Moisés nació cuando Israel estaba gobernado por un rey opresor: Éx. 1:8-11, 13-14.

b) Cristo vino al mundo cuando Israel se hallaba bajo el yugo de un rey opresor: Mt. 2:1-3. Herodes el Grande, hijo de un idumeo llamado Antípater, fue declarado, por el Senado de Roma, rey de los judíos, y ayudado por las armas romanas estableció su autoridad en Jerusalén. Así fue como «el cetro fue quitado de Judá» (Gn. 49:10), una señal de que la llegada del Mesías estaba cerca.

a) Moisés estuvo escondido por tres meses en algún aposento oculto de la casa, siendo librado así de la muerte: Éx. 1:16, 22; 2:2-6.

b) Cristo fue librado de la muerte y, en su infancia, tuvo que ser escondido por sus padres, quienes se vieron obligados a huir con el niño a Egipto, en obediencia al mandato que les dio un ángel del Señor: Mt. 2:13-21.

a) Moisés fue rechazado por su pueblo Israel: Éx. 2:14; Hch. 7:23-29.

b) Cristo fue rechazado por su pueblo Israel: Jn. 1:11; Lc. 19:14.

a) Moisés liberó a su pueblo: Éx. 2:11; 3:7-10; 14:21-31; Hch. 7:23, 35; He. 11:25-29.

b) Cristo fue el Libertador de su pueblo, y liberará a Israel en el futuro: Mt. 1:21; 15:24; Jn. 8:36; Mt. 24:31; Ro. 11:26; 15:8.

a) Moisés había dejado la tierra de Israel, pues su familia se encontraba ubicada en Egipto (Éx. 1:1), y habitando él entre los gentiles se casó con una mujer extranjera: Éx. 2:15, 21; Hch. 7:29.

b) Cristo dejó Israel y está formando su Iglesia de entre todas las naciones: Jn. 16:28; Hch. 1:9; 9:15; 13:46-47; 15:14.

a) Moisés hizo señales prodigiosas de juicio sobre los enemigos de Israel: Éx. 7:20-21; 8:6, 16-17, 24; 9:3, 6-10, 23-25; 10:21-22; 12:29-30; 14:26-28.

b) Cristo hará grandes señales de juicio sobre los enemigos de Israel y de Dios: Zac. 12:2-4, 9; 14:3, 12; 2ª Ts. 1:7-10; Ap. 6; 8; 9; 14:14-20; 16; 19:11-21.

a) Moisés volvió por segunda vez a Egipto: Éx. 3:7-10; 4:18-20; Hch. 7: 34-36.

b) Cristo vendrá por segunda vez al mundo: Hch. 1:11; He. 9:28.

2. MOISÉS, EL PORTAVOZ DE DIOS: FIGURA DE CRISTO COMO PROFETA

En Dt. 18:15 y Hch. 3:22-23 se declara que Moisés no sólo tipificaba al Señor Jesucristo como Libertador de su pueblo, sino también como Profeta de Dios.

a) Moisés fue enviado por Dios como profeta: Éx. 3:10, 12, 15; 4:12.

b) Cristo, como Profeta, fue enviado por Dios: Dt. 18:15, 18-19; Jn. 5:43; 8:42; 10:36; Hch. 7:37.

a) Moisés habló la palabra de Dios como profeta: Éx. 4:12; 6:29; 24:12; Hch. 7:39.

b) Cristo, como Profeta, habló la palabra de Dios: Jn. 7:17; 8:28; 12:49-50; 14:10; 17:8; 6:63, 68.

a) Moisés ejecutó milagros, por el poder de Dios, que evidencia-
ban su autoridad como profeta: Éx. 4:1-9; 8:19.

b) Cristo, como Profeta, realizó milagros que le acreditaban:
Jn. 2:10: 3:2; 5:36; 12:37; 20:30-31; 21:25.

a) Moisés anunció los juicios sobre Egipto como profeta: Éx. 7:15-
21; 8:1-2; 9:1-3, 13-15.

b) Cristo, como Profeta, predijo el juicio venidero sobre el mundo: Mt. 13:40-42; 24:3, 21; Hch. 17:31; 24:25; He. 10:26-27;
Ap. 14:7.

a) Moisés reveló el camino de salvación como profeta: Éx. 12:21-
23; Nm. 21:6-9.

b) Cristo, como Profeta, reveló el camino de salvación: Jn. 3:14-17;
5:24; 10:9; Hch. 4:12.

ANEXO

También resultan interesantes los siguientes detalles adicionales:

– Israel salió de Egipto; Jesús salió de Egipto (Os. 11:1; Mt.
2:19-21).

– Israel fue bautizado en el mar Rojo después de salir de Egipto
(1ª Co. 10:2); Jesús fue bautizado en el río Jordán después de
salir de Egipto.

– Israel, después del paso del mar Rojo, fue llevado a un desierto lleno de pruebas y tentaciones; Jesús, después de su
bautismo, es llevado al desierto para ser tentado.

8.

EL ÁNGEL DE JEHOVÁ: EL MESÍAS PREENCARNADO

1. DEFINICIÓN DEL TÉRMINO *ÁNGEL*

Ángel, en hebreo *mal'ak*, y en griego *aggelos*, tienen ambos sustantivos el significado de *mensajero*. El término «ángel», en su sentido literal, sugiere más bien la idea de *oficio*, y no de la naturaleza del mensajero. Procede de una raíz hebrea que significa *trabajar, hacer una obra*, y de ahí que «ángel» se usa para expresar el concepto de *enviado*, designando a un mensajero, heraldo, profeta, sacerdote, y también a los seres espirituales que son mencionados constantemente en las Escrituras tanto como mensajeros de Dios, portadores de buenas nuevas, o como ejecutores de los juicios de Dios (He. 1:7).

Cuando la Biblia se escribió era tan común que algún ser superior fuese divinamente enviado a los hombres como mensajero que, con el transcurso del tiempo, tales seres fueron llamados «ángeles». Así, pues, el término «mensajero» hay que entenderlo como término general en este sentido.

1º Reyes 19:2 y 5. En el v. 2 se menciona a un mensajero que fue enviado al profeta Elías, y la palabra hebrea usada en el original es *mal'ak*. Asimismo, en el v. 5 se habla de un ángel, y el vocablo empleado es también *mal'ak*.

En 2º Reyes 5:10 se hace referencia a otro mensajero, y el término hebreo es igualmente *mal'ak*.

Y en Proverbios 13:17 se habla dos veces de un mismo mensajero así nombrado; pero en el primer caso se usa *mal'ak*, y luego se dice «*syr*», que viene de una raíz que significa «enviado». Como se trata aquí de un paralelismo poético, por eso se cambia el vocablo. Y, por tanto, siendo *syr* sinónimo de mensajero al igual que *mal'ak*, se expresa con ambos términos la misma idea. Así, pues, vemos cómo la palabra para *mensajero* es, en hebreo, el mismo vocablo que se emplea para *ángel*: *mal'ak*.

Ahora bien, el término *Ángel de Jehová* se encuentra frecuentemente en el Antiguo Testamento con relación a Dios asumiendo la forma de un ángel y tomando apariencia de varón, esto es, manifestándose en la persona del Hijo de Dios, el Cristo preencarnado. El Ángel del Señor es el *Mal'ak Yahwéh* o *Enviado de Jehová*, título divino, pues otras veces es denominado como *Mal'ak Elohim*, el *Enviado de Dios*, y es sinónimo de un doble de Jehová, por cuanto supone la presencia directa del propio Yahvéh, bajo forma humana.

Así el Enviado de Jehová, que aparece como siendo idéntico al mismo Jehová, mantenía el contacto sobrenatural del Dios personal y trascendente con su pueblo, porque Dios el Padre, en sus manifestaciones visibles, siempre habla por medio de Dios el Hijo, ya que el Hijo de Dios es el Verbo del Padre, su Lógos, la Palabra como expresión exhaustiva del Padre (Ap. 1:8, 11; 22:12-13. Es como si dijera: «Yo soy el diccionario completo de la verdad de Dios»).

A este respecto resulta harto expresivo el pasaje de Génesis 15:1: «Después de estas cosas vino la *palabra de Jehová* a Abram en visión». Frase usada cuando va acompañada de una revelación para anunciar un mensaje profético. Pero ésta es la primera vez que Dios se presenta revelándose a Sí mismo mediante una voz audible acompañada de una apariencia personal suya, su Palabra viva. Algunos eruditos piensan que la frase *devár Yahwéh* o *dabhar Yahwéh*, que aquí se traduce «palabra de Jehová», significa lo mismo que las palabras *Theos en ho Lógos* de Jn. 1:1 = «Dios era la Palabra». (El sustantivo griego *lógos* se deriva del verbo *légo = decir, hablar*). En esta ocasión, Dios tomó a Abram despierto y conversó con Él, otorgándole una aparición de la presencia sensible de su divina Palabra. (Compárese con Éx. 23:20-21 y Jn. 1:18.)

En efecto, el Ángel de Jehová, apareciendo algunas veces como un ángel o aun como un hombre, lleva las marcas de la Deidad y posee sus atributos, porque no es otro que el Señor Jesucristo mismo. No es algún ser distinto de la persona de Dios. Filón de Alejandría ya opinaba que ese Ángel de Jehová era el Verbo, el Hijo de Dios, que gobierna el mundo. Algunos santos padres y teólogos han visto también en Él a la segunda Persona de la Trinidad Divina.

Sin embargo, otros pretenden que con el vocablo «ángel», usado para indicar la manifestación sensible con que Jehová se aparecía, se intenta significar simplemente a un ángel, en el propio sentido de la palabra, como representante de Jehová, pues todo ángel que Dios envía a ejecutar sus órdenes pudiera ser llamado un ángel del Señor. Pero esta idea, a nuestro juicio, debe ser enteramente desechada en relación con el Ángel de Jehová si consideramos el peso de las evidencias escriturísticas que prueban con suma claridad la realidad del hecho histórico de que el Verbo de Dios aparecía en persona antes de su encarnación.

Y es por esto por lo que el término «ángel» se aplica al Ángel de Jehová refiriéndose a las apariciones de Cristo en el Antiguo Testamento en la forma de un ángel y como mensajero de Dios a los hombres. De ahí que dicho término pertenece sólo a Dios y se use en conexión con las manifestaciones divinas en la tierra, y por tal motivo no hay razón para incluirlo en las huestes angélicas. El contraste entre Cristo, quien era el Ángel de Jehová, y los seres angélicos, se presenta en He. 1:4-14. A la luz de este pasaje y de otros testimonios que ofrece la Biblia, vemos que el misterioso ser llamado «el Ángel de Jehová» es de un orden a la vez totalmente distinto y uno con Dios. Distinto en cuanto a persona, pero igual en cuanto a Dios.

Así, pues, «ángel» –como ya se ha dicho– significa «mensajero», y mensajero es quien trae un mensaje. No obstante, aun los mismos rabinos judíos admiten que este Ángel de Jehová se identifica con el propio Jehová, siendo a la vez un mensajero de Jehová (Dr. J. H. Hertz, rabino judío, en *Pentateuch and Haphtarahs*, Londres, Soncino Press, 1960). Es el enviado especial de Dios, el embajador nato de Dios: el Mesías preencarnado.

Es importante observar que la expresión plena *Mal'ak Yahwéh* es literalmente, según el original, «ÁNGEL YAHVÉH», lo que parece indicar que Jehová es el nombre de ese Ángel y, por tanto, era el nombre que asumía Dios cuando se identificaba a Sí mismo como Ángel Divino: «He aquí yo envío mi *Ángel* delante de ti [...] porque mi NOMBRE está en él» (Éx. 23:20-21).

Pero el finado Dr. McCaul, en sus *Notes on Kimchi's Commentary on Zechariah*, se opone a la opinión ocasionalmente propuesta de que debería traducirse como «el Ángel Jehová», y llega a la conclusión de que la traducción correcta es «el Ángel de Jehová». En tal caso, si esto fuere así, significa que los términos «Ángel» y «Jehová» estarían regulados o definidos por la misma estructura del régimen gramatical que rige en la frase original de Gn. 1:2: *ruah Elohim* = «Espíritu Dios», que quiere decir: «Espíritu de Dios»; y lo mismo vemos en el texto griego de Mt. 3:16: *pneuma Theou* = «Espíritu Dios», significando también: «Espíritu de Dios». (Véanse los comentarios argumentativos citados por Robert Baker Girdlestone, en *Sinónimos del Antiguo Testamento*, págs. 49-51, Editorial Clie.)

2. IGUALDAD ENTRE JEHOVÁ Y EL ÁNGEL DE JEHOVÁ

Sin embargo, esto no altera el hecho de que en algunos casos hay una notable igualdad entre Jehová y el Agente que ejecutaba los propósitos divinos, puesto que el Ángel de Jehová aparece claramente identificado con Jehová mismo. Por lo tanto, ¿a qué otra conclusión podemos llegar, sino que Él era el mismo Dios?

Es así como en tantos otros ejemplos que hallamos en textos del Antiguo Testamento se da una amplia indicación de que este Mensajero era, de hecho, el propio Jehová mostrándose visiblemente. La misma trascendencia de Dios se revelaba, manifestándose sensiblemente en tales casos, y de esta manera se comunicaba personalmente con los hombres como el Ángel de Jehová, quien –insistimos en el énfasis dada su relevante importancia– era Cristo en su estado preencarnado, porque Él es el único miembro de la familia de la Trinidad que se presenta en forma corporal como varón (Éx. 3:2, 4 con Hch. 7: 30; Éx. 19:18-20 y Nm. 34:5-6 con Hch. 7:38).

Notemos las siguientes peculiaridades que son harto iluminadoras:

a) El Ángel de Jehová revela la faz de Dios: Gn. 32:30. El sustantivo hebreo *Peniel* o *Penuel* significa: «rostro de Elohim».

b) En el Ángel de Jehová está el nombre de Jehová: Éx. 23:21. Cuando la Biblia habla del nombre de Dios, no se está refiriendo a una «etiqueta» o a un «apellido» que se nombre, ni consiste en dar a conocer su grafía en una combinación de letras que se hacen audibles o legibles, sino que la palabra «nombre», tal como es empleada en el mundo hebreo, y conforme al estilo semita, equivale a expresar la naturaleza y el carácter de la persona que lleva ese nombre, representando a la persona misma. (Lit. *bekirbo*, significando: «íntimamente, esencialmente, mi nombre está en él».)

c) La presencia del Ángel de Jehová equivale a la presencia divina de Jehová: Éx. 32:34; 33:14; Is. 63:9.

De todo ello se puede llegar a la conclusión de que el Ángel de Jehová era una verdadera *Cristofanía* o aparición de Dios en la persona del Verbo preencarnado.

Y esta interpretación está en consonancia con Miqueas 5:2, un texto muy controvertido entre los exegetas, pero que sin duda es eminentemente mesiánico, porque muestra la divinidad esencial del Mesías:

«Pero tú, Belén Efrata, pequeña para estar entre las familias de Judá, de ti me saldrá el que será Señor en Israel; y sus salidas son desde el principio, desde los días de la eternidad». Este versículo profetiza acerca de Alguien que un día aparecería en Belén Efrata, pero que «sus salidas son desde el principio, desde los días de la eternidad». Belén (en hebreo *beth-léjem*) significa «casa del pan», muy apropiado para que allí naciese «el pan de la vida» (Jn. 6:35).

Y ¿qué significa tan misteriosa declaración acerca de «sus salidas»? Tales salidas ¿no podrían significar que se refieren a manifestaciones o apariciones visibles de la segunda Persona de la Trinidad Divina en la tierra? Porque la revelación de Dios por el Verbo no fue únicamente su nacimiento en Belén, sino que esta profecía de Miqueas parece venir a declarar también su presencia sensible entre los hombres en la persona del Ángel de Jehová.

Efectivamente. Cedemos ahora la palabra al Dr. Fco. Lacueva, quien siguiendo este misma línea exegética contribuyó con una valiosa aportación aclaratoria en una de sus disertaciones de estudio bíblico:

«El hebreo *motsaotaim*, del verbo *yatsá* (salir), puede traducirse por "salidas", que es su sentido primario y directo, pudiendo significar también "orígenes", en un sentido secundario. Pero voy a demostrar que "orígenes" quiere decir aquí "salidas". Etimológicamente, *origo*, en el sentido de *orior* (salir), oriente, el lugar del horizonte por donde sale el sol en los días equinocciales; *orion* en latín: "por donde se sale". Y lo que en realidad quiere significar la frase es: "y sus salidas son desde tiempos antiguos, desde los días de antaño". Esto dice el original. Que no se trata aquí del origen del Hijo de Dios del seno del Padre, se demuestra de dos maneras.

»*Primera*, porque la fraseología da a entender que hubo un comienzo de salidas. ¿Cuándo? En el tiempo, no desde la eternidad.

Desde la eternidad el Hijo de Dios no salió a anunciar, sino que procedía eternamente del Padre. Pero si quisiera decir esto con referencia a la generación eterna del Hijo, no diría "orígenes". No hay más que un origen en el Hijo. Diría: "su origen es eterno". Y se acabó.
»Segunda, porque el hebreo tiene palabras suficientes para decirlo con claridad. Lo que quiere significar, por tanto, que este Hijo de Dios fue el gran Mensajero de Jehová desde tiempos muy antiguos y como tal tuvo múltiples salidas. Al estar en plural da a entender claramente que las salidas del Mesías han sido varias: en la creación, en sus apariciones a los patriarcas y, después, en muchas otras ocasiones.

»La idea, pues, de la eternidad del Mesías está subyacente al texto sagrado, pero la intención primordial del texto no es ocuparse de ese punto teológico, sino de sus múltiples *salidas desde antiguo*».

El Dr. Loraine Boettner dice: «A la luz del Nuevo Testamento, este Ángel de Jehová que aparece en los tiempos del Antiguo Testamento, que habla como Jehová, que ejerce su poder, que recibe adoración, y tiene autoridad para perdonar pecados, no puede ser sino el Señor Jesucristo, quien, al igual que ese Ángel:

»a) Procede del Padre: Jn. 16:28.
»b) Habla por el Padre: Jn. 3:34; 14:24.
»c) Ejerce el poder del Padre: Mt. 28:18.
»d) Perdona pecados: Mt. 9:2, 6. (Compárese con Éx. 23:20-21.)
»e) Recibe adoración: Mt. 14:33; Jn. 9:38.

»Si este Ángel no fuese Cristo, entonces la pregunta: ¿quién era ese misterioso personaje, ese ángel?, no tendría respuesta».

A) EL ÁNGEL DE JEHOVÁ Y AGAR: GÉNESIS 16

En este capítulo es la primera vez que aparece el Ángel de Jehová para hablar personalmente con Agar, sierva de Sarai (Sarah), a cuyo encuentro sale el Cristo preencarnado, como se suele llamar, el gran Mensajero de Jehová que en el curso de la historia bíblica va a salir muchas veces, aunque sólo vamos a citar algunos casos como ilustración de la tesis teológica que hemos estado exponiendo en los párrafos anteriores.

En los vs. 7, 9, 10 y 11 se menciona cuatro veces esta aparición, que es llamada «el Ángel de Jehová»; pero en el v. 13 se le llama «Jehová... que con ella hablaba», y Moisés hace ahora la siguiente declaración: «Tú eres Dios *de ver*» (como dice el hebreo). Este sería, para Agar, el nombre de Dios por siempre. «¿No he visto también aquí al que me ve?», dice ella. Como lo expresaban los antiguos: «Dios es todo ojo», porque Él todo lo ve.

Y a continuación se añade: «Por lo cual llamó al pozo: *Beer-lahay-roí* = Pozo del que vive y me ve». No se trataba, pues, de un ángel común, porque su lenguaje y sus atributos no son los de un mero ángel, sino que ese Ángel del Señor es claramente identificado con Dios.

B) EL ÁNGEL DE JEHOVÁ Y ABRAHAM: GÉNESIS 18

Nuevamente, ahora en este episodio, leemos de otra maravillosa aparición de Dios, segundo lugar en que sale el Ángel de Jehová. En el v. 1 se dice: «Después se le apareció Jehová en el encinar de Mamre». Desde el v. 2 en adelante se habla de tres varones que estuvieron con Abraham. Uno de ellos era el Ángel de Jehová; los otros dos eran probablemente ángeles de escolta.

En el v. 3 vemos que Abraham, habiendo salido corriendo de la puerta de su tienda para recibir a los tres varones, se postró en tierra y se dirigió a uno de ellos llamándole «mi Señor». Cuando el visitante era una persona común, el dueño de la casa simplemente se levantaba; pero si era persona de rango superior, la costumbre de saludar al modo oriental era avanzar un poco hacia el extranjero y, después de hacer una profunda reverencia, volverse y conducirlo a la tienda, poniendo un brazo alrededor de su cintura, o dándole palmadas en el hombro, mientras caminaban, para asegurarle una cordial bienvenida.

Sin embargo, como ya hemos visto, el patriarca se dirige a uno solo de los tres varones llamándole *Adonay*, forma plural de *Adon* con sufijo plural de primera persona, significando: «Señor mío». Este vocablo, como es muy bien sabido por todo estudiante del idioma hebreo, es uno de los nombres divinos que se aplica frecuente y exclusivamente a Dios para designarle como Señor. En labios de Abraham supondría que había desde el principio reconocido a Dios bajo la forma humana, lo que así parece exigirlo el paralelismo con los vs. 27, 30-32.

Leamos también los vs. 10 al 14. Por esta declaración se desprende con diáfana claridad que quien estaba hablando era el Señor Dios. De ahí que en el v. 25 se nos diga que Abraham se dirige a Él llamándole: «El Juez de toda la tierra». Y en el último versículo de este capítulo se dice: «Y Jehová se fue, luego que acabó de hablar a Abraham». Así que de estos hechos sacamos la conclusión de que uno de los seres sobrenaturales que aparecieron con el propósito de comunicarse con Abraham era una de las divinas personas, lo que demuestra la posibilidad de que esa Persona pudiera revestirse de forma humana cuando la ocasión se presentase.

Recordemos que dos de aquellos varones fueron enviados a Sodoma, mientras que el otro se quedó con Abraham, y de este uno se dice que era el Ángel de Jehová, pues eso es lo que indica el v. 22. Pero inmediatamente después, y a la luz de todo el contexto, es obvio que aparece como siendo el propio Jehová. Comenta Fco. Lacueva:

«Esto quiere decir que aun en el Antiguo Testamento, siempre que se dice *el Ángel de Jehová*, y entra éste en escena, aunque después diga ya *Jehová* en el resto de la porción, es siempre el Hijo preencarnado el que se está poniendo en comunicación con la persona, con el grupo o con quienes sean los interlocutores. Pero se le llama Jehová. Y se intercambian los nombres de tal manera que al Ángel de Jehová se le llama también Jehová, lo que quiere decir que es tan Jehová como el Padre. El que examine bien la Biblia verá como hay esta duplicación de Jehová.

«En Gn. 18:13 vemos que aquí está hablando el Ángel de Jehová, y los vs. 14 y 19 nos dan esta característica de que ese Ángel de Jehová es Jehová. En el v. 17 se dice que está hablando Jehová. Pero volvamos a leer ahora el v. 19 y sigamos con el v. 20. Obsérvese como se repite una y otra vez Jehová, y queda clarísimo que era el Ángel de Jehová, porque de lo contrario no hubiera aparecido en forma humana, que es lo que se llama *teofanía*, y en forma de ángel, que es lo que se llama *angelofanía*, que en realidad es esto lo que significa.

»Teofanía quiere decir una aparición de Dios; angelofanía es una aparición de un ángel. Pero cuando va con artículo y se dice el Ángel de Jehová, siempre, sin excepción, es lo que se llama el Mesías o el Cristo preencarnado, el Hijo de Dios que se iba a hacer hombre en un tiempo futuro, en un día determinado (Gá. 4:4)». Hasta aquí el comentario explicativo del Sr. Lacueva.

En el Ángel de Jehová vemos, pues, una *Cristofanía*. Y esto proyecta una clara luz exegética que permite una mejor comprensión del texto de Gn. 2:7: «Entonces Jehová Dios formó al hombre del polvo de la tierra». Hay quienes admiten este pasaje de un modo literal, sugiriendo que el Ser Supremo invisible pudo asumir esa forma visible llamada *teofanía mesiánica*, sublime fenómeno que se repitió varias veces en el curso de la historia bíblica y que, de acuerdo con las declaraciones del Nuevo Testamento, tenemos toda razón para atribuirlo a la persona del Verbo (Jn. 1:18). Según esta interpretación del relato bíblico, que no tiene nada de inverosímil, la persona divina del Verbo intervino en el origen del hombre, y lleva a cabo una creación especial directamente del polvo de la tierra. (Jn. 1:3; Col. 1:16; He. 1:2).

Veamos también Gn. 22:11-12. En el v. 11 se dice: «Entonces el Ángel de Jehová le dio voces desde el cielo»; pero en el v. 12, este Ángel se llama Dios a Sí mismo, cuando le dice a Abraham: «porque yo conozco que temes a *Dios*, por cuanto no *me rehusaste* a tu hijo».

C) EL ÁNGEL DE JEHOVÁ Y JACOB: GÉNESIS 32

Pasemos ahora a este capítulo, que es otro de los pasajes más impresionantes de la Biblia, pues aquí tenemos el relato de la famosa lucha entablada entre Jacob y un misterioso varón. Es digno de notarse que el texto no dice que Jacob luchó con un varón, como pudiera parecer, sino que *un varón luchó con Jacob*. Y como haciendo eco de este singular combate, se alude al mismo en Os. 12:3-5, donde leemos: «Venció al ángel (*o tuvo poder con Dios*, según una versión inglesa), y prevaleció; lloró, y le rogó; en Bet-el *nos halló, y allí habló con nosotros*». ¿Cuántos estuvieron presentes en aquella lucha? El empleo del plural es fácil de entender si se comprende que quien «nos halló, y allí habló con nosotros» era Dios en la persona del Ángel de Jehová. (Comparar con Gn. 28: 10-22.)

Una vez más, como un ángel en forma de hombre, se presenta ahora el Ángel de Jehová ante Jacob para luchar con Él, y este varón misterioso es Jehová, o sea, el Ángel de Jehová, como lo dice claramente aquí: es el Mesías en su estado preencarnado el que está luchando con Jacob; se trata, por tanto, del Verbo eterno, una personificación visible del Hijo Divino, el Ángel del Pacto. Y, evidentemente, se libró una lucha física cuerpo a cuerpo, en la que la derrota de Jacob se convirtió en su gloria, porque –¡sublime paradoja!– *siendo vencido por Dios, se vence a Dios*.

El combate se prolonga, y ante la súplica de bendición por parte de Jacob, el Ángel del Señor le pregunta por su nombre, para que al contestar confesara su carácter y reconociera su naturaleza: *Ya-aqob*, que incluye la idea de «suplantador»; es como si dijera: «Yo soy el Suplantador, porque nací suplantador y suplanté a mi hermano».

Tal como Dios reemplazó el nombre de Abram por el de Abraham, sustituye ahora el nombre de Jacob por el de *Yisra-el*, por el que se conocería a todos los hebreos en lo sucesivo como pueblo (v. 28). El nuevo nombre significa «príncipe de Dios» o, mejor, «el que lucha con Dios» o, aun, «Dios lucha», es decir: «Dios es fuerte, vence o lucha».

Y el v. 30 nos da la identidad de este Vencedor sobrehumano: *Peni-el*, esto es, «el rostro de Dios», porque: «Vi a Dios cara a cara». Jacob sabía que no estaba luchando con cualquiera; se dio cuenta de que luchaba con un Ser sobrenatural divino.

En Gn. 48:15-16 leemos que Jacob «bendijo a José, diciendo: El Dios en cuya presencia anduvieron mis padres Abraham e Isaac [...] el Ángel que me liberta de todo mal, bendiga a estos jóvenes». El Dios de Abraham, de Isaac y de Jacob, es Jehová, y a Él, Jacob lo llamó «el Ángel».

En Is. 63: 9, el Ángel de Jehová es llamado «el ángel de su faz», y «el ángel del pacto» en Mal. 3:1, o sea, otra vez el propio Señor Jesucristo preencarnado, quien bien puede llamarse «el Ángel del rostro de Jehová», no sólo porque es «la fiel representación de su ser real» (He. 1:3, RV 1977), sino también por ser la manifestación en carne del Dios invisible (Jn. 14:9; 1ª Ti. 3:16; 1ª Jn. 4:2).

D) EL ÁNGEL DE JEHOVÁ Y MOISÉS: ÉXODO 3

En el v. 2 se dice: «Y se le apareció el Ángel de Jehová en una llama de fuego en medio de una zarza». Aquí, el que se aparece a Moisés, es llamado «el Ángel de Jehová». Pero en el v. 4 se encuentra esta declaración: «Viendo Jehová que él iba a ver, lo llamó Dios de en medio de la zarza, y dijo: ¡Moisés, Moisés!». Vemos como, aquí, el Enviado del Señor es llamado por ambos nombres: «Jehová» y «Dios».

Y la identificación del Ángel de Jehová con el Señor Dios queda confirmada por el hecho de que este Mensajero del Señor, hablando de su aparición a Moisés, dice en el v. 6: «Yo soy el Dios de tu padre, Dios de Abraham, Dios de Isaac, y Dios de Jacob». La evidencia adquiere más peso en favor de tal concepto cuando se añade seguidamente que: «Entonces Moisés cubrió su rostro, porque tuvo miedo de *mirar a Dios*». Y otra vez, ahora en el v. 7, el Ángel del Señor vuelve a ser llamado Jehová.

Así que este Ángel de Jehová va a hablar todo el tiempo como *Jehová*. Por lo tanto, no hay que perder de vista el v. 2 cuando llegamos al v. 14: «Y respondió Dios a Moisés: YO SOY EL QUE SOY. Y dijo: Así dirás a los hijos de Israel: YO SOY me envió a vosotros». Digámoslo en palabras del profesor Lacueva, que hacemos nuestras:

«Yo creo que la mayoría de los que leen este versículo (el 14), piensan que el que está hablando es el Padre. Y no es así. El Padre siempre le habla (a Moisés) por medio del Hijo, porque el Hijo es el revelador del Padre, es el Lógos, el Verbo del Padre, y el Padre sólo tiene una Palabra. De manera que cuando Dios responde a Moisés y le dice: *YO SOY EL QUE SOY*, quien está hablando es el Ángel de Jehová, porque Él es siempre el interlocutor de toda la porción absolutamente».

Asimismo, en Éx. 19:18-20 leemos que Jehová descendió sobre el monte Sinaí para hablar con Moisés y darle la Ley destinada a los hebreos. Pero en Hch. 7:38, Esteban dice en su discurso que fue «el Ángel» quien habló con Moisés en el monte Sinaí y le dio «palabras de vida» para transmitirlas al pueblo. De modo que se deduce con toda claridad que era el Ángel de Jehová el que descendió al Sinaí para hablar con Moisés: fue el Hijo preencarnado quien le dio los oráculos divinos contenidos en la Ley.

E) EL ÁNGEL DE JEHOVÁ Y GEDEÓN: JUECES 6

En los vs. 11-12 se lee que «el Ángel de Jehová» se apareció a Gedeón, uno de los jueces de Israel; y en los vs. 13 y 15, Gedeón se dirige al Ángel llamándole «Señor mío». Pero en los vs. 14 y 16 se le llama «Jehová». Otra vez es llamado «el Ángel de Jehová» en los vs. 21-22, y «Señor Jehová», mientras que en el v. 20 se le llama «el Ángel de Dios». Pero en los vs. 23 y 25 vuelve a ser llamado «Jehová», y en los vs. 36, 39-40 se le llama «Dios».

Aunque el Ángel desapareció de la vista de Gedeón (v. 21), sin embargo Dios continuaba conversando con Él, ya fuera con voz audible o por inspiración secreta en su corazón. Como secuencias adicionales importantes compárense, por vía de paralelismo, los vs. 12, 22-23 con Gn. 32:30 y Jue. 13:21-22: el Ángel de Jehová = Jehová Dios.

F) EL ÁNGEL DE JEHOVÁ Y LOS PADRES DE SANSÓN: JUECES 13

En esta extraordinaria porción vemos que el Ángel de Jehová se muestra también como Dios, y de una manera tan evidente que, incluso en el nombre y todo lo demás que se dice de Él, se ve sin asomo de duda que es el Hijo de Dios en su estado preencarnado. En el v. 3 leemos que el Ángel de Jehová se apareció a la mujer de Manoa, y le hace la promesa de que, aun siendo ella estéril, concebiría y daría a luz un hijo que iba a ser nazareo: vs. 4-5. Se dice ahora en el v. 8 que Manoa oró a Jehová, y aquí vemos que aquel varón de Dios que se menciona en el v. 6 es el Ángel de Jehová. Así que Manoa está dirigiéndose a Dios como a otra persona: v. 9.

Pero sigamos con nuestra lectura en los vs. 16-18. Manoa le ha preguntado a este Ángel cómo se llamaba. Y veamos ahora lo que le respondió el Ángel de Jehová: «¿Por qué me preguntas por mi nombre, que es *admirable*?». Admirable significa *maravilloso*, *inefable*, que no se puede nombrar. Por eso le dice el Ángel de Jehová que no puede revelarle su nombre. Ahora bien, ¿dónde sale este nombre aplicado al Mesías? En la profecía de Is. 9:6: «...y se llamará su nombre *Admirable* consejero».

En el v. 19 se lee que el Ángel hizo un milagro ante los ojos de Manoa y de su mujer. Y ¿cuál fue ese milagro? El propio Ángel de Jehová subiendo en la llama del altar del sacrificio hacia el cielo: v. 20. Y entonces supieron que habían visto una aparición de Dios: v. 22.

¿No era este milagro un anuncio profético de que el Señor Jesucristo se iba a ofrecer en holocausto? Porque subir en la llama del sacrificio es subir en el holocausto. Y el sacrificio de Cristo fue holocausto. *Holocausto* es una palabra griega que quiere decir: «todo quemado»; de *holos* = entero, y *kaustos* = quemar o cauterizar. Porque el sacerdote, después de extraer la sangre de la víctima, quemaba todo el animal sobre el altar (Lv. 1:9 y 13). Pero el término se aplicaba también a toda clase de ofrendas, y era sinónimo de *consagrado* o dedicación completa a Dios (Lv. 6:9).

El vocablo hebreo para holocausto es *olah* = lo que sube, simbolizando la subida del alma hacia Dios en adoración. Como dice el Gran Rabino Hertz: «Comporta la idea de la sumisión del adorador a la voluntad de Dios en su forma más perfecta, del mismo modo que el animal era colocado sobre el altar para ser quemado entero». De ahí, pues, la idea de sacrificio de consagración por parta del oferente (Ro. 12:1).

De modo que «todo quemado» es el primer sacrificio que hay en el libro de Levítico. En el capítulo 1 se comienza por ese sacrificio. Así que el Ángel de Jehová *subió* en la llama del holocausto para anunciar, en esta forma, que un día el Mesías sería sacrificado y *subiría* al cielo.

G) EL ÁNGEL DE JEHOVÁ Y EL SUMO SACERDOTE JOSUÉ: ZACARÍAS 3

He aquí otro de los pasajes más preciosos también. Este capítulo 3 es el capítulo de la *justificación* (vs. 4-5), y por lo tanto nos habla de Cristo (Ro. 3:24-26; 1ª Co. 1:30), de la misma manera que el capítulo 4 es el capítulo de la *unción* (vs. 6 y 14), y por ello nos habla del Espíritu Santo (1ª Jn. 2:20, 27).

El relato del cap. 3 de Zac. comienza con la aparición del Ángel de Jehová al sumo sacerdote Yehoshuá, que estaba vestido de ropas sucias en representación del pecado y como llevando la iniquidad suya y de su pueblo Israel: vs. 1 y 3. Esas vestiduras viles eran señal de duelo, que implicaba en tal caso el reconocimiento de los pecados. Jehová hace de Juez aquí. A la mano derecha de Josué, que es la mano del poder, se halla Satanás, el calumniador, el acusador, quien –como siempre– actúa de fiscal. Y el Ángel de Jehová está presente en calidad de defensor, del mismo modo que Jesucristo es nuestro Abogado (1ª Jn. 2:1).

Hace notar Feinberg que «la mano derecha es la posición de costumbre del demandante en una litigación (Sal. 109:6), pero es también el lugar del defensor (Sal. 109:31)». Satanás es nombrado en el hebreo *Hassatán* (Satán con artículo: «el Satanás»), que significa: «el adversario». Es posible que el nombre original de Satanás fuese *Shatán*, del verbo *shut* = recorrer de una parte a otra (Job 1:7; 2:2) (Matthew Henry).

Notemos lo que dice Zac. 3:2: «Y dijo Jehová a Satanás: Jehová te reprenda, oh Satanás». Es muy notable aquí este desdoblamiento de Jehová. ¿Quién es ese Jehová que dice en este lugar: «Jehová te reprenda»? Es otro Jehová o, mejor dicho, otro que también es Jehová. Y el Ángel de Jehová está diciendo, del otro Jehová, que es el Padre: «Jehová te reprenda». Comparémoslo con los vs. 6-7. Éste es uno de los textos clásicos para demostrar que el Hijo también es Jehová Dios.

Bueno será tener en cuenta que el propio Señor Jesucristo se identifica a Sí mismo con el único Dios vivo y verdadero (Jn. 10:30, 33; 17:3; 1ª Jn. 5:20), y de ahí que igualmente a Él, en su estado pre-encarnado, se le atribuye el epíteto de Jehová. Así que la afirmación de la deidad del Mesías es insoslayable (Fco. Lacueva).

Para una mejor dilucidación de esta importante verdad doctrinal, invitamos al lector a consultar las siguientes referencias bíblicas afines, entre otras, que conciernen al Ángel de Jehová, y que corroboran este aspecto de su persona como Ser divino:

– Gn. 19:24.
– Éx. 33:14-15, 19; 34:5-6.
– Dt. 9:10.
– 2º S. 24:15-16.
– 1º Cr. 21:15-16.
– Zac. 1:8, 11-12; 10:12.
– Mal. 3:1 con He. 7:22; 8:6 y 12:24.

APÉNDICE

1. EL VERBO DIVINO

Juan, en su Evangelio, nos revela la deidad del Verbo: «En el principio era el Verbo [...] y el Verbo era Dios...; el unigénito Hijo» (o «el unigénito Dios»): Jn. 1:1,14,18. El Hijo de Dios es llamado aquí *Lógos* = Verbo. Sólo el Dios Hombre («y el Verbo se hizo carne») pudo revelar plenamente a Dios, y en una forma que los hombres pudieran comprenderlo («el que me ha visto a mí, ha visto al Padre»: Jn. 14:9). Así, también, el Ángel de Jehová se identificó con Dios mismo, y en sus intervenciones actuó como una manifestación del Verbo preexistente y preencarnado.

La genética humana puede ayudarnos a entender la igualdad de naturaleza divina entre Dios el Padre y Dios el Hijo Unigénito. Según nos explica un comentarista: «La célula germinal, en la procreación, no se divide propiamente, sino que se *duplica*, y esta célula, que es una doble de la primera, recoge todos los elementos hereditarios de importancia que existen en la primera, y de este modo la segunda célula viene a ser una *semejante* a la germinal. Por este hecho biológico, el hijo es de la *misma naturaleza* del padre y una viva imagen de Él. Una de las maravillas de la vida consiste en la *identidad*, la igualdad del *generante* con aquello que se *engendra* en el seno materno».

Así el Verbo, siendo Dios, tiene la misma naturaleza de Dios y es «la impronta exacta de la realidad sustancial de Él» (He. 1:3).

Ahora bien, el término griego *monogenes* = unigénito, aplicado al Hijo, no significa creado ni engendrado, sino que viene de *mono* = uno, único, singular, y *genes*, de *ginomai* = ser, existir; por tanto, *monogenes* significa: único en su clase, único en su género, único en su especie y diferente a toda cosa creada. (Véase *Vocabulary of the*

Greek New Testament, de Moulton y Milligan.) Unigénito, como único engendrado, sería *monogennes*, con dos *nys* o «enes». Pero *monogenes*, además de su sentido literal de «único en su clase», había perdido este sentido físico y había llegado a adquirir el sentido especial de «único amado» o «especialmente amado».

2. LA PALABRA PERSONIFICADA

A. T. Robertson dice que los Targums usan libremente *Memra* = Palabra, como una personificación de Dios. (También se usa *Dabhar* como equivalente a *Lógos*). En la literatura judía recibe el nombre de Targum la versión del Antiguo Testamento en arameo.

La personificación de la Sabiduría de Dios es común en los libros sapienciales del Antiguo Testamento, como en Proverbios 8:22-30. Robertson cita al profesor J. Rendel Harris, quien arguye que puesto que Pablo llama a Jesús «poder de Dios, y sabiduría de Dios» (1ª Co. 1:24), y puesto que en Lucas 11:49 la Sabiduría de Dios está personificada, no necesitamos sorprendernos de que Juan use el término *Lógos*. En verdad arguye, con bastante plausibilidad, que el uso del término «Sabiduría» en Proverbios 8:22-30 fue lo que sugirió a Juan el uso de *Lógos* en Juan 1:1-18.

Aclararemos aquí que en Pr. 8:22 aparece el verbo hebreo *qâh-nâh*, que significa: tener, obtener, poseer, adquirir, escoger, no «crear», porque la Sabiduría de Dios es, ciertamente, inseparable de Dios e inherente a Él. Por tanto, en este pasaje se indica que, desde el principio, la Sabiduría estaba con Dios desde toda la eternidad.

El único lugar donde la raíz *qâh-nâh* podría traducirse por «crear», es Gn. 14:19, 22: «creador de los cielos y de la tierra»; pero, también en este caso, «poseedor» cabe mejor dentro del contexto. Y aun en aquellos textos donde pudiera admitirse el sentido de «crear», no lo requieren necesariamente. En otros casos, sería imposible traducir el término *qâh-nâh* como «crear»: Pr. 4:5 («adquirir»); 23:23 («comprar»).

Por su uso general, hay que traducir siempre este verbo con palabras relacionadas con el concepto de adquirir, o poseer por haber adquirido. (Véase igualmente Gn. 4:1: *qâh-nâh* = adquirir.) Por otra parte, los sustantivos derivados de dicho verbo acentúan aún más la idea de posesión.

3. LA PALABRA EN LOS TARGUMS

Algunos teólogos se refieren a la Palabra designándola como «palabra hipostática», porque dicen que ella aparece como hipóstasis personificada de un *ser divino*, sobre todo si tenemos en consideración la deidad esencial y la personalidad propia del Verbo y del Ángel de Jehová. En los Targums, las expresiones antropomórficas referidas a Dios en hebreo son suavizadas o suprimidas. Al describir la relación de Dios con el mundo, su reverencia por Dios induce a los escritores de los Targums a emplear términos sustitutivos para referirse a la Deidad, tales como:

Memra = Palabra.

Dahbar o *Debura* = Verbo.

Kabód = Gloria.

Shekhinah (en arameo *Shekinta*) = Presencia.

Así *Memra* y *Dahbar* vinieron a ser sustitutos del nombre divino, como personificación poética destinada a evitar el antropomorfismo. El poder de la Palabra de Jehová es, pues, una fuerza activa o elemento dinámico que sale de Dios mismo para cumplir Su voluntad y obtener resultados:

– Sal. 33:4, 6, 19, 21: «Porque toda la obra de la Dahbar del Señor es hecha con fidelidad [...] Por el aliento de su boca (podría ser una alusión al Verbo de Jn. 1:1) [...] Para librar sus almas de la muerte, y para darles vida [...] Porque en su santo Nombre hemos confiado».

– Sal. 107:20: La Palabra de Jehová personificada como si fuera un ángel enviado para ejecutar Su voluntad.

– Sal. 147:15: La Palabra de Jehová enviada a la tierra y corriendo cual mensajero veloz para cumplir Sus órdenes divinas.
– Is. 55:10-11: La Palabra de Jehová desplegando su acción para consumar sus propósitos.

Pasemos ahora a los Targums.

a) *Targum Neofiti*

– Gn. 1:16-17: «Y la Palabra del Señor hizo las dos luminarias mayores [...] Y la Gloria del Señor las puso en la expansión de los cielos». Gn. 2:2-3: «Y en el día séptimo la Palabra del Señor completó la obra que había hecho [...] Y la Gloria del Señor bendijo el día séptimo y lo santificó».

b) *Targum de Onqelos*

– Gn. 3:8: «Y oyeron la voz de la Memra del Señor».
– Gn. 3:9: «Y la Memra del Señor llamó al hombre».
– Gn. 7:16: «Y la Memra del Señor le cerró la puerta».
– Gn. 17:2: «Y estableceré el pacto entre mi Memra y tú».
– Gn. 18:1: «Y después la Memra del Señor apareció a Abraham».
– Gn. 19:24: «Entonces la Memra del Señor hizo llover azufre y fuego».
– Gn. 21:20: «Y la Memra del Señor estaba con el muchacho».
– Gn. 28:21: «Entonces la Memra del Señor será mi Dios».
– Gn. 39:23: «Porque la Memra del Señor estaba con José».
– Éx. 3:12: «Vé, porque mi Memra será tu sostén».
– Éx. 19:17: «...para recibir a (o «ir al encuentro de») la Memra de Dios».
– Nm. 23:21: «La Memra del Señor su Dios es su ayudador, y la Shekhinah de su rey está en medio de ellos».
– Dt. 3:2: «Pero la Memra del Señor me dijo...».
– Dt. 4:24: «Porque la Memra del Señor tu Dios es fuego consumidor».
– Dt. 8:3: «...no sólo de pan se sostiene el hombre, sino que vive de la Memra que sale de delante del Señor».
– Dt. 33:3: «Con poder los sacó de Egipto, fueron guiados bajo tu nube, viajaron según tu Memra», según paráfrasis libre del targumista.

c) *Targum de Jerusalén*

Aquí el targumista usa el término *Debura* (de *Dahbar* = Palabra, como equivalente a *Lógos*) en sustitución del nombre divino.

– Gn. 1:1: «En el principio la Debura (o «ha-Dahbar») del Señor creó los cielos y la tierra».

– Éx. 31:13: «...para que sepáis que yo soy la Debura del Señor que os santifico».

– Nm. 7:89: «...para hablar con la Debura del Señor».

– Dt. 9:3: «...que es la Debura del Señor tu Dios el que pasa delante de ti».

– Dt. 33:27: «La eterna Debura del Señor es tu refugio».

– Is. 48:13: «Por mi Debura he fundado la tierra, y por mi poder he suspendido los cielos».

Por lo tanto, vemos por las Escrituras que el ser celestial designado como el Ángel de Jehová es de una clase totalmente distinta de los ángeles que Dios enviaba a ejecutar sus órdenes. Este misterioso personaje siendo a la vez distinto y uno con Dios mismo (pues su persona parece confundirse con la de Dios), era la Palabra preencarnada, la segunda Persona divina de la Trinidad, esto es, una verdadera Cristofanía, y en sus intervenciones como tal actuaba a favor del pueblo de Israel y de algunos individuos en especial: «El Ángel de Jehová (el Mesías preencarnado) acampa alrededor de los que le temen, y los defiende» (Sal. 34:7).

De manera que allí donde se usaban los Targums, los judíos estaban acostumbrados a identificar al *Lógos* de Dios con Jehová mismo, puesto que observaban tan literalmente el mandamiento de no tomar el nombre de Dios en vano, que, en su escrupuloso intento de evitar el uso del nombre divino, lo sustituían por perífrasis muy reverentes, siendo una de ellas el vocablo arameo *Memra* (Palabra) para referirse a una personificación del mismo Jehová.

Es iluminadora, al respecto, la siguiente reflexión que hace Charles R. Marsh: «Dios habla ciertamente a los hombres. Habla a través de su palabra, como lo hago yo. ¿Dónde estaban mis palabras antes de que salieran de mi boca? En mi cerebro o en mis pensamientos; pero si abrís mi cabeza, no las encontraréis allí. De una manera misteriosa, yo y mi palabra somos lo mismo. Haga lo que haga mi palabra, ya sea molestarte, ya agradarte, puedes decir que lo hago *yo*. Así también, cuanto hace la Palabra de Dios lo hace el mismo Dios». (Jn. 1:1-4, 14, 18).

Por lo tanto, «la palabra puede verse como lo que está dentro de una persona cuando se refiere a su pensamiento o a su razón; o también puede ser la palabra que sale de la persona, es decir, la expresión de su pensamiento cuando éste se transforma en lo que la persona dice» (Philip W. Comfort).

De ahí que, siendo la palabra expresada lo que la persona es, pues sin persona no hay palabra, Juan escribe en el original: «y Dios era el Verbo», lo que podría literalmente traducirse como: «y la Palabra era Dios mismo», dado el hipérbaton de énfasis del original.

Dios el Padre siempre ha sido Padre porque el Hijo (su Verbo) siempre ha sido Hijo. Y en relación con el Verbo (la Palabra) de Dios, Agustín de Hipona nos aporta también este clarificador comentario:

«La palabra que te hablo a ti, viene de mi corazón. Sale de mí y llega a ti, y si la recibes te ilumina y ella mora contigo; pero no me deja a mí por haber llegado a ti. De esta manera, el Verbo viene del Padre, pero no deja de ser parte del Padre... Pudo quedar en el Padre y venir a nosotros... ¿De qué te admiras? Te estoy hablando de Dios, Dios era el Verbo» (*Sermón CXIX*; y Andrew Jukes, en *The Names of God in Holy Scripture*).

Asimismo, Rodelo Wilson, en su libro *Investigando la Trinidad* (Editorial Clie), agrega: «La palabra que procede de nosotros es algo inmaterial y por lo tanto no se tiene que dividir, y puede estar en todos y en todo lugar. El apóstol Juan, entonces, nos da a entender que el Verbo está siempre en el Padre o hacia el Padre, pero a la vez nos comunica a todos nosotros la mente y la voluntad del Padre, pues por medio de palabras comunicamos».

SEGUNDA PARTE

CRISTOLOGÍA DEL TABERNÁCULO

A MODO DE PREÁMBULO

En esta sección que dedicamos a un análisis expositivo de la tipología mesiánica reflejada en el Tabernáculo levantado en el desierto, pretendemos aportar una modesta contribución para profundizar en el estudio de los símbolos cristológicos que contenía esa rudimentaria construcción, en su forma y estructura, y lo hacemos con objeto de que al adentrarnos en ello nos permita adquirir un mayor conocimiento de su significado espiritual y un mejor entendimiento de las riquezas del plan de Dios revelado en las Escrituras (Éx. 25:8-9, 40; 26; 39:42; Luc. 24:27, 44). Siete veces se dice en el capítulo 40 del libro de Éxodo: «como Jehová había mandado a Moisés». Y después leemos que «la gloria de Jehová llenó el tabernáculo».

Cada detalle del Tabernáculo fue dispuesto conteniendo elocuentes enseñanzas: sus materiales, sus medidas, sus piezas de mobiliario, sus utensilios, sus colores, etc.; todo fue diseñado divinamente para nuestra instrucción y a fin de que podamos contemplar, por vía tipológica, la hermosura de la persona y la obra del Mesías. Una vez más vemos, y ahora en el Tabernáculo, «que Cristo es el todo, y en todos» (Col. 3:11). Escribe el Rev. A. B. Simpson:

«El Tabernáculo es el más grandioso de todos los tipos de Cristo en el Antiguo Testamento. Es toda una gran lección objetiva de verdades espirituales. En su maravilloso mobiliario, sacerdocio y culto, vemos muy vivamente, como en ninguna otra parte, la gloria y la gracia de Jesús, y los privilegios de sus redimidos. Y, tal como en el plano del arquitecto podemos entender las disposiciones del futuro edificio mejor que viendo el edificio mismo sin el plano, así con este modelo venido del monte (Sinaí) podemos entender mejor que en ninguna otra forma ese glorioso templo, del cual es Cristo la piedra angular, y nosotros también, como piedras vivas, somos edificados en Él *como casa espiritual y un sacerdocio santo, para ofrecer sacrificios espirituales aceptables a Dios por medio de Jesucristo*» (2ª P. 2:5).

El Tabernáculo del Testimonio era un templo o santuario portátil provisional, donde el Señor se encontraba con su pueblo, cuya construcción fue ordenada conforme al modelo dado por Dios mismo a Moisés en el monte Sinaí, y que acompañó a los israelitas durante su peregrinación a través del desierto, quedando finalmente instalado en la Tierra Prometida hasta el establecimiento del reino en paz bajo Salomón. Su importancia está marcada por la cantidad de capítulos que se le dedican en el libro de Éxodo, del 25 al 31, constituyendo las referencias al mismo una tercera parte del libro. La construcción del Tabernáculo empieza en Éx. 36:8 y llega hasta el cap. 39. Y con su inauguración y consagración en el cap. 40 se cierra el Éxodo.

El objetivo del Santuario terrenal era vital: permitir que el Señor morara en medio de su pueblo para recibir sus peticiones y darles respuesta (Éx. 25:8, 22), y procurar a los hombres pecadores un medio de comunión con el Dios Santo (Éx. 29:42-46). Y así era con Cristo y es con su Iglesia (Mt. 1:23; 2ª Co. 6:16). En el Tabernáculo se reproducían la imagen y la sombra del Santuario Celestial (He. 8:2, 4-5; 9:8, 11, 23-24). La Epístola a los Hebreos confirma que el santuario hecho por mano del hombre era «imitación (o *copia*) del verdadero», establecido por el Señor en el cielo.

Por otra parte, el Tabernáculo de Reunión mencionado en Éx. 33:7-11, era una tienda también provisional en la que el Señor se encontraba con sus siervos (Éx. 34:34-35), y allí, según parece, Moisés administraba justicia y sometía a consideración los casos más graves. Recordemos que las cuestiones bajo litigio eran presentadas siempre ante el Señor: Éx. 18:13, 15, 21-26; 21:6; 22:9. Y dicha tienda era destinada como lugar de reunión porque Dios se encontraba allí con su pueblo en la persona del mediador Moisés. Según nos dice un comentarista:

«Pero en relación con este llamado también Tabernáculo de la Congregación, que se desconoce de qué tienda se trataba, y que parece haber sido el centro de administración del campamento israelita porque en dicho lugar se encontraban Dios y Moisés, se discierne que no era el Tabernáculo del Testimonio descrito en el Sinaí, pues no se parece en nada al anterior mencionado en Éx. 26. En el Tabernáculo de Reunión no estaba el arca, ni era servido por sacerdotes. Josué se cuidaba de esta tienda (Éx. 33:11), y no Aarón, como así fue el caso para el Tabernáculo propio (Dt. 10:6). La nube descendía sobre esa tienda cuando Moisés entraba en ella para consultar a Dios (Éx. 33:9). En cambio, la nube permanecía sobre el Tabernáculo, y el mismo Moisés no podía entrar en él (Éx. 40:34-35, 38)». Y concluye nuestro comentarista:

«Es posible, pues, que haya una cierta confusión por parte del lector, por cuanto tanto el Tabernáculo propio como el posterior reciben el nombre de «Tabernáculo de la Congregación» o «Tabernáculo de Reunión», y de ahí que es preciso tener cuidado en la lectura para distinguir entre ambos. Notemos, asimismo, que a fin de señalar la diferencia se usan dos palabras distintas en el hebreo para designar estas dos construcciones: el Tabernáculo es llamado *miskhán* = habitación, mientras que el Tabernáculo de Reunión es nombrado *ohel* = tienda, términos que claramente indican el simbolismo de que había un modo especial en que el Señor estaba presente en medio de su pueblo, Israel, y ambos eran un símbolo de tal hecho (Éx. 33:7 en la versión de La Biblia de las Américas). Conviene aclarar, por tanto, que el Señor no se encontraba realmente confinado dentro del Tabernáculo, puesto que Él habita en la eternidad, como declara Salomón en 2° Cr. 6:18» (Véase también Is: 57:15). Pero en el Tabernáculo sólo se manifestaba su presencia esporádicamente.

Ahora bien, la tipología del Tabernáculo nos lleva a Jn. 1:14: «y el Verbo se hizo carne, y fijó tabernáculo entre nosotros» (traducción literal). Este pasaje no afirma que el Verbo Divino fuera convertido en carne o que simplemente se revistiera de naturaleza humana. Siguiendo a A. T. Robertson, diremos que «debe notarse la ausencia del artículo con el predicado sustantivo griego *sarx* (carne), de modo que no puede significar: *la carne vino a ser la Palabra*. La preexistencia del Verbo ya ha sido llanamente declarada y argumentada (Jn. 1:1). Juan no está diciendo aquí que el Verbo entrara en un hombre, o morara en un hombre, o llenara a un hombre». Juan solamente expresa que el Verbo llegó a ser persona (He. 2:14; 7:14); es decir, entró en un modo de existencia humana, y en este sentido podía afirmarse su verdadera humanidad personal. Por lo tanto, este término, «carne», es una declaración que viene a indicar la naturaleza humana en su aspecto visible, o sea, es como si Juan hubiera dicho: «El Verbo llegó a ser hombre».

El verbo traducido «habitó» es *eskénosen* en el griego, y significa, literalmente: «levantó su tienda», «acampó bajo tienda», «moró en tabernáculo»; o, en otras palabras: «y el Verbo se hizo hombre, y *tabernaculeó* entre nosotros». En la aparición del Verbo encarnado, la naturaleza humana con que se cubrió vino a ser su santa tienda (2ª Co. 5:1, 4; 2ª P. 1:13-14), y esto en cumplimiento de la promesa de Dios de que moraría entre su pueblo: Éx. 25:8; 29:45. En los textos citados, Pablo emplea la expresión «tienda de campaña» (gr. *skenous* y *skenei*) para referirse al cuerpo como «morada terrenal», de igual manera que Juan usa el vocablo «*eskénosen*» -de la misma raíz- con el sentido de «tabernáculo», aplicándolo a la encarnación del Verbo; y Pedro, a su vez, al referirse también a su cuerpo, utiliza los términos griegos *skenómati* y *skenómatos*, nombres sustantivos derivados de «eskénoma», que en su significado tiene las acepciones de habitación, casa, morada, campamento, cuartel, cuerpo.

Esto es, como dice Matthew Henry, de la misma manera que el Arca de la Alianza, sobre la que reposaba la presencia de Dios (la *shekhináh*, cuyo parecido con el *eskénosen* de Jn. 1:14 es notable), velaba dicha presencia al mismo tiempo que la revelaba, así también el *Immanuel* o «Dios con nosotros», plantó también su tienda de campaña en medio de nosotros, haciéndose de esta forma compañero nuestro de peregrinación por el desierto de esta vida. El Hijo de Dios se hizo hombre sin dejar de ser Dios, del mismo modo que un hombre puede hacerse ingeniero sin dejar de ser hombre. Y así como *la Palabra de Dios vive y permanece para siempre* (1ª P. 1:23), igualmente también el Verbo de Dios, una vez hecho hombre, permanecerá para siempre Dios-Hombre. Y así como los judíos debían ir a la puerta del Tabernáculo para implorar desde allí la bendición y la propiciación de Dios, así nosotros podemos *acercarnos con toda confianza al trono de la gracia* (He. 4:16), una vez que nuestro gran Sumo Sacerdote hizo propiciación por nosotros en la Cruz.

De manera que la misma Persona divina que en el principio estaba con Dios, y que era Dios (Jn. 1:1), se encarnó en virtud de la obra del Espíritu Santo en el seno de la virgen María, «y acampó entre nosotros», como expresa el original. En Ap. 7:15 vemos también que el Señor, en el cielo, se digna y se complace en manifestar su presencia en íntima comunión con sus redimidos; literalmente: «El que está sentado sobre el trono tabernaculeará sobre ellos». Otra vez más este término está estrechamente unido a la «shekhináh» de la presencia visible y gloriosa de Dios en el Tabernáculo del desierto, cuyo antitipo es el Mesías encarnado.

Así, pues, aquel Santuario levantado en el desierto, y el Templo judío después, con todo su contenido material, señalaban hacia esta apoteósica manifestación de Dios en carne para habitar entre los suyos; de este modo fue como Cristo vino a ser la plena manifestación de la presencia de Dios en medio de su pueblo (1ª Ti. 3:16). Por esto el Tabernáculo, en su proyección tipológica, abarca también aplicaciones trascendentales que se extienden a la Iglesia y al creyente individualmente.

1.

EL TABERNÁCULO
COMO PROYECTO DE DIOS
ÉXODO 25:8-9, 40

Comencemos desde el principio para descubrir las verdades espirituales del propósito de Dios: He. 7:11-22; 10:1-3. Algunos hermanos nos habían preguntado a veces si para nosotros resultan válidas algunas de las enseñanzas que surgen del Antiguo Testamento, puesto que sólo contienen *sombras* o *tipos* que presentan aspectos que *casi* no se entienden. Y hasta cierto punto es comprensible que se hable así; pero cuando se ha estudiado el Tabernáculo se entiende mucho mejor la obra de Cristo descrita en los libros del Nuevo Testamento. No hemos de olvidar que *todo* el contenido de la Biblia es Palabra de Dios, y que la Palabra de Dios es provechosa y útil en su totalidad (ls. 55:11; 2ª Ti. 3:16-17), pues fue escrita para nuestra instrucción (1ª Co. 10:11), y, por tanto, ningún *tipo* está sin su correspondiente *antitipo*, y ninguna *sombra* sin su pertinente *realidad*; de manera que el estudio del Tabernáculo nos enseña y muestra la realidad de las cosas celestiales, probando –además– que Cristo existía antes de que fuese manifestado en la tierra: He. 9:9, 11, 23-24.

Notemos la riqueza profética que contiene la declaración de ls. 55:11. Así como la lluvia y la nieve no vuelven al cielo, sino que riegan la tierra para que dé fruto material (v. 10), así ocurre también con la palabra de Dios: no vuelve al cielo de vacío, sino que riega el alma para que produzca fruto espiritual. Comenta atinadamente Trenchard: «En primer lugar, aquí *la palabra* equivale al decreto divino en cuanto a la bendición de Israel, pero todos los términos pueden aplicarse igualmente al mensaje del Evangelio, que resulta en la gloria y la bendición de la Iglesia». Y de ahí que este v. 11 se proyecta proféticamente a la *Palabra personificada*: la venida de Cristo, el Verbo de Dios, a la tierra, como el rocío del cielo (Os. 14:5), no sería en vano, sino que cumpliría el propósito para el que Dios se ha complacido en enviarla.

– «Mi palabra que *sale* de mi boca»: Jn. 8:42; 17:8.

– «No *volverá* a mí vacía»: Jn. 16:28; Jn. 17:4.

– «Será prosperada en aquello para que la *envié*»: Jn. 5:24; Sal. 107:20.

En cierta ocasión, unos griegos que visitaban Jerusalén, se acercaron a un discípulo del Maestro que tenía nombre gentil, Felipe, y le dijeron: «Señor, quisiéramos ver a Jesús» (Jn. 12:21). Tal debería ser nuestro deseo al adentrarnos en el estudio del Tabernáculo (Sal. 40:7; Jn. 5:39). Dios el Padre, que habita en los cielos y en luz inaccesible (Sal. 123:1; 1ª Ti. 6:16), y para quien el cielo es su trono y la tierra el estrado de sus pies (Hch. 7:49), se dignó morar entre su pueblo en la tierra (Hch. 7:46-47). Dios el Hijo –el Verbo hecho carne– habitó entre los hombres, y vieron su gloria, gloria como del unigénito del Padre, lleno de gracia y de verdad (Jn. 1:14). Y Dios el Espíritu Santo mora en el creyente (Ro. 8: 11; 1ª Co. 6:19).

Un día histórico el Señor Jesucristo vino al mundo a buscar y a salvar lo que se había perdido (Lc. 19:10). Un Dios que es amor no podría permitir que se perdiera alguien a quien Él ama (Jn. 3:16). Dios, en virtud de su obra de justicia consumada en la Cruz, ha bloqueado todos los caminos que conducen al infierno, a fin de impedir la perdición del pecador arrepentido. La soberanía de Dios se manifiesta en salvar lo que estaba perdido, no en condenar lo que se podía salvar (Ez. 18:23; 33:11; Jn. 3:17; 1ª Ti. 2:4; 4:10; Tit. 2:11; 2ª P. 3:9). Y un día glorioso el Señor Jesucristo volverá para recoger en el aire a todos los que son de Él, y así estaremos siempre con el Señor (1ª Ts. 4:16-17).

Ahora bien, dos requisitos básicos son necesarios en relación con la presencia de Dios en medio de los suyos: la obediencia a su Palabra y la santificación (separación). Estas dos cosas se observan a la perfección en la vida admirable de nuestro Salvador (Fil. 2:8; He. 7:26). Dios estaba con Él (Hch. 10:38). Y Dios, en su gracia y bondad, ha hecho amplia provisión para sus redimidos, señalándonos el camino que hay que seguir para que podamos perseverar en esos dos requisitos fundamentales (Jn. 17:17; 2ª Ti. 3:16-17) La obediencia y la santificación siempre resultan en bendición para nuestra vida consagrada al Señor.

Recordemos que la palabra *santificar* significa *poner aparte*, esto es, el proceso de separarse de lo común o inmundo para el servicio divino. Dios está singularmente separado de toda la creación; pero, por medio de la cruz de Cristo, se ha abierto para nosotros un camino a su presencia, simbolizado por el Lugar Santísimo del Tabernáculo (He. 10:19-22). El Dios inaccesible se ha hecho a Sí mismo accesible por medio de Cristo (Jn. 1:18; 17:3). Los cristianos somos llamados a ser como Aquel que nos santificó (Nm. 15:40; 1ª P. 1:15-16). Y este requisito envuelve siempre tanto una separación de todo lo que es pecaminoso como una consagración completa a Dios (Ro. 12:1).

Profundizando en el estudio del Tabernáculo y de todo lo que con él se relaciona, uno queda impresionado por el cuidado divino puesto de manifiesto aun en los detalles que a simple vista parecen insignificantes. Todo el proyecto del Tabernáculo fue diseñado por Dios mismo, y de ahí que podemos apreciar un orden singularmente evidenciado y distinguir una exactitud matemática en todo lo que concierne a su construcción y mobiliario. En términos generales, el Tabernáculo ofrece una triple proyección tipológica:

– Nos habla de Cristo y es figura de las cosas celestiales: He. 9:23.
– Es figura de la Iglesia como morada de Dios en el Espíritu: Ef. 2:22.

– Es figura del creyente individual, cuyo cuerpo es templo del Espíritu Santo: 1ª Co. 3:16; 6:19.

1. ¿A QUIÉN FUE DADO EL TABERNÁCULO?

a) A un pueblo *elegido* por Dios: Dt. 7:6-8 con Ef. 1:4 y 1ª P. 1:2. El preconocimiento (gr. *prognosis*) o conocimiento anticipado que posee Dios es un aspecto de su omnisciencia (Gn. 18:19; Éx. 3:19; Jer. 1:5; Hch. 2:23; Ro. 8:29). Solamente son salvos quienes creen (Jn. 3:18, 36). Dios acepta a todos los que aceptan a su Hijo: Jn. 6:40 y 45.

b) A un pueblo *traído* a Dios: Éx. 19:4 con Ef. 2:12-13, 18-19.

c) A un pueblo *redimido* que pudo entonar el canto de redención: Éx. 15:2; Dt. 7:8 con Tit. 2:14 y Ap. 5:9.

d) A un pueblo *cobijado* por la sangre: Éx. 12:12-13, 22-23 con Mt. 26:28; 1ª Co. 5:7 y 1ª Jn. 1:7, 9.

e) A un pueblo *santificado*: Éx. 19:10 con Jn. 17:19; 1ª Co. 1:2; y 6:11.

f) A un pueblo *llamado* a un elevado destino: Éx. 19:5-6 con Ef. 3: 10 y 1ª P. 2:9.

2. ¿CUÁNDO FUE DADO EL TABERNÁCULO?

Después de que los hijos de Israel fueran elegidos, traídos, redimidos, cobijados, santificados y llamados: Éx. 3:17; 6:6-8 con Gá. 4: 4-5 y 1ª P. 1:18-20. Dios nos ha rescatado por amor y nos ha redimido para ser sus hijos. El preconocimiento de Dios involucra su gracia manifestada en la elección, puesto que Él conoce anticipadamente el ejercicio de la fe que permite al creyente apropiarse de la salvación (Ef. 2:8). La soberanía de Dios no elimina el libre albedrío del hombre, y el libre albedrío del hombre no diluye la soberanía de Dios (Jer. 5:3; 1ª P. 2:16).

3. ¿POR QUÉ FUE DADO EL TABERNÁCULO?

a) Porque el deseo de Dios era morar con los hombres: Éx. 25:8. En Proverbios 8:22-25, 27, 30-31 aparece la Sabiduría de Dios personificada como si fuera una persona estando junto a Él, cuando Dios estaba creando el universo, tipificando al Cristo eterno (1ª Co. 1:24, 30). Esa porción que hemos citado del libro de Proverbios, termina con esta declaración tan solemne del v. 31, que dice: «Y mi deleite (era estar) con los hijos de los hombres». El comentario que hace el Sr. Lacueva sobre dicho texto es de alto valor teológico: «El Hijo de Dios estaba deseando encarnarse y padecer por nosotros, de una forma tan ansiosa que quería estar con nosotras para revelar a Dios al mundo, en su tierra, en su pueblo, y a la vez ser Él quien había de manifestar a Dios de una manera plena y ofrecerse en sacrificio por nosotros para que la raza humana tuviese posibilidad de salvación)».

b) Para enseñar a los hombres la santidad de Dios: Éx. 26:15-25. Las paredes del Tabernáculo separaban a Dios de los hombres e impedían poder contemplar la presencia divina que representativamente moraba en aquel santuario. Y en un sentido espiritual esto tiene su aplicación en nuestra propia experiencia como creyentes (1ª Ti. 6:16; 1ª P. 1:7-8; 1ª Jn. 4:20).

c) Para enseñar a los hombres su pecaminosidad y corrupción. Aquellas paredes excluían a los hombres de la santa presencia divina. Solamente los sacerdotes podían acercarse al Dios Santo a través del camino indicado por Él. Y también esto encuentra su aplicación en los creyentes (1ª P. 2:9-10; Ap. 5:10). Nuestro sacerdocio espiritual, establecido por Dios sobre la base del ministerio sacerdotal de Cristo, nos permite tener libre acceso a la presencia de Dios (He. 4:16). Aquí hallamos la garantía de que podemos «acercarnos confiadamente al trono de la gracia».

d) Para mostrarnos cuál era el plan divino: He. 9:11-22. El único método para acceder a Dios es por medio de la sangre. Así el Tabernáculo, típicamente, presentaba una visión anticipada de la obra de Cristo en la cruz y señalaba la inmensidad de las glorias que vendrían después.

4. TÉRMINOS QUE DESCRIBÍAN LA PRESENCIA DE DIOS

Por todo cuanto hemos expuesto vemos, pues, que el propósito del Tabernáculo era de suma importancia para Israel, porque venía a ser un «santuario» donde Dios manifestaría su presencia en medio de su pueblo, y sería el punto de contacto y el medio de intercomunicación entre el cielo y la tierra (Éx. 29:42-46; Nm. 7:89). Este santuario era llamado «Tabernáculo del Testimonio» porque contenía, entre otros objetos, las dos tablas de la Ley que estaban en el arca. Esas tablas se llamaban «el testimonio» (Éx. 25:16; 31:18; 34:29). Asimismo se deduce que había una interrelación entre las formas bajo las cuales se manifestaba en el Antiguo Testamento la presencia divina (teofanías) y el Tabernáculo. Los términos hebreos usados por los hagiógrafos para describir tales manifestaciones, son cuatro; todos ellos notablemente expresivos y significativos.

– *Panay* (o *panim*), que se traduce «rostro» o «presencia»: Éx. 33:14-16. Con este vocablo se describe una de las hipóstasis de Dios mismo, por lo que «mi rostro» se tiene que entender por el propio Dios, significando: «Yo mismo iré contigo». En Is. 63:9, Jehová es llamado «el Ángel del Rostro». La expresión «ángel de su faz» significa el «Ángel de su Presencia».

– *Kabód* = gloria: Éx. 33:18-23. La gloria de Jehová es también el mismo Jehová, dando el sentido de peso ontológico que tiene el sustantivo *kabód*. La palabra «gloria» procede de una raíz que significa «desvelar» o «aparecer», como una luz brillante o un fuego ardiente debido al resplandor de la presencia divina. De ahí que la gloria del Señor estaba envuelta en una nube (la *shekhináh*) para proteger la vista de la persona que contemplaba la visión. «Por tanto, la gloria, a la vez que revela a Dios, lo oculta. Revela lo suficiente para confirmar la fe de los hombres, y oculta lo suficiente para estimular su reverencia y avivar su devoción» (Page H. Kelley).

Pero el término hebreo que corresponde a «gloria» implica primitivamente una idea de *peso*, de gravedad; de ahí la expresión paulina en 2ª Co. 4:17, donde aparecen juntos los dos conceptos: «un [...] eterno peso de gloria». Lo que tiene peso tiene, para el semita, importancia y valor. Así, pues, gloria es aquello que otorga peso, honor y dignidad al individuo. Cuando se aplica a Dios se refiere a la revelación o manifestación de su poder y santidad. Como dice también Robert J. Sheehan: «El salmista afirma que los cielos declaran la gloria de Dios (Sal. 19:1). El término hebreo que utiliza para *gloria* conlleva la idea de *peso*. El peso de una cosa es a menudo un factor de su trascendencia... El peso da importancia a las cosas. Los cielos declaran el *peso* de Dios; proclaman su trascendencia. Por qué es Dios importante es algo que debe ser visible». Así que la gloria de Dios, como siendo su ornamento, es el resplandor que emana de su persona, el aura cegadora de todas sus perfecciones, comparable a un fuego abrasador (Éx. 24:17). Y Cristo es la gloria de Dios. En Fil. 2:6 la idea es: «siendo la gloria de Dios», como en Nm. 12:8: «y veré la gloria de Jehová». Decía Lutero: «Jesús no podía manifestarse en forma de Dios sin ser Dios». (Véanse también 2ª Co. 4:6; He. 1:3 y Hch. 7:55, donde el texto original indica que la gloria de Dios estaba constituida por estar Jesús a la diestra de Dios.)

– *Mal'ak Yahwéh* = Ángel de Jehová (o *Mal'ak Elohim* = Ángel de Dios). En todo el Antiguo Testamento se presenta a Dios como residiendo en el cielo, pero teniendo encuentros con el hombre por medio de intermediarios, principalmente a través del Ángel del Señor (Éx. 32:34; 33:2). Ya nos hemos referido ampliamente a las *Cristofanías* y su carácter divino. Por eso no insistiremos aquí en este aspecto.

– *Shem* = nombre: Éx. 23:20-21 con Hch. 5:41. Recuérdese que en la mentalidad semítica el nombre es una especificación de lo que se es: expresa un carácter o manifestación de lo que es quien lo lleva. Tener buen nombre o fama depende de cómo se califique ese nombre. Por esto «el *Nombre* que está sobre todo nombre» (Fil. 2:9) se refiere a Dios mismo. Como se ha dicho en otro lugar, *ha-shem* = el Nombre, se usa entre los judíos en sustitución reverente de *Yahwéh*.

Por lo tanto, según hemos visto, la mayoría de los conceptos relacionados con la presencia de Dios son presentados como «rostro», «gloria», «Ángel de Jehová» y «nombre». Y la suma de todos ellos se encuentra en el Tabernáculo, porque desde allí hablaba el Señor con los hijos de Israel (Éx. 29:42-46) y se revelaba la *Shekhináh*, la nube de la manifestación gloriosa del Señor (Éx. 14:24; Lv. 16:2). Y tal como hace notar Kelley al referirse a Éx. 33:7-11, donde se menciona la Tienda de Reunión a la que también Moisés acudía cuando necesitaba recibir un oráculo del Señor: «Los verbos en esta sección llevan el imperfecto seguido por el perfecto con la conjunción *waw*, lo que describe acciones que no fueron realizadas una sola vez, sino que tuvieron lugar repetidamente».

Asimismo observemos, además, que todos aquellos que experimentaron un encuentro con el Señor recibieron algo de la gloria de su presencia: Israel y Moisés ante el Tabernáculo (Éx. 40:34-35), y Salomón en la dedicación del Templo (1º R. 8:11). La expresión «hablar cara a cara» se trata de un hebraísmo que significa «*hablar directamente*», sin intermediarios.

2.

LOS MATERIALES DEL TABERNÁCULO Y LOS OBREROS

ÉXODO 25:1-7; 31:1-6; 35:4-10, 30-35

Una vez más reiteramos aquí el hecho capital de que Dios mismo fue diseñador, arquitecto e ingeniero mecánico en la construcción del Tabernáculo y su mobiliario o utensilios. El Señor mostró el modelo divino a Moisés desde la nube de gloria y le mandó que lo siguiera cuidadosamente. Dios es entronizado y manifestado en Sinaí, pero Israel no ha de quedarse allí para siempre. Debe apresurar su camino hacia Canaán, y Dios irá con él; y a medida que avanza, Dios morará entre su pueblo. Así el Señor ordena a los hijos de Israel que se levante en medio de ellos un palacio real como cámara Suya. Aquí se le llama «santuario» (Éx. 25:8). El Santuario (heb. *miqdás*) es un lugar santo; pero en el v. 9 es llamado «tabernáculo» (heb. *miskhán*), y es un lugar de morada o habitación. De él se dice en Jer. 17:12: «Trono de gloria, excelso desde el principio, es el lugar de nuestro santuario». Y como ceremonial, en consonancia con las demás instituciones de aquella dispensación, que consistían en ordenanzas carnales (He. 9:10), de ahí que se le llame «santuario terrenal» o «mundano» (gr. *kosmikón*) en He. 9:1. Allí manifestó el Señor su presencia entre los suyos, en señal o prenda de su estancia divina en una morada terrenal para representar la habitación de Dios con su pueblo, a fin de expresar la verdad de que Dios realmente se encuentra con los suyos, y para que, mientras tenían dicho santuario en medio de ellos, el pueblo no volviese a preguntar jamás: «¿Está Jehová en medio de nosotros o no?».

Muchas son las palabras que se emplean para describir la alegría del pueblo restaurado al dar generosamente sus ofrendas para el Tabernáculo y al Señor del Tabernáculo. Él desea voluntarios de corazón y dados a la liberalidad (Éx. 35:5, 21-22, 29). La palabra «movió» (Éx. 36:2) o «impulsó», significa «levantar»: corazones *levantados* y «sabios» (36:1). En hebreo se usa el término *terumah* = elevación, de la raíz *rum* = alzar, alusivo al rito con que una parte de determinadas ofrendas era separada de los bienes propios y levantada delante de la presencia de Dios en ofrecimiento a Él. Tanto ofrendar como trabajar era para el Señor (Éx. 35:21). Y todo don para Él debe salir del corazón. Nótese que siete veces se hace referencia al corazón en Éxodo 35. La ofrenda que en Éx. 25:2 se menciona como *terumah* tiene el significado de «ofrenda levantada en alto» porque al presentarla a Dios era alzada para ser colocada sobre su altar.

1. LOS MATERIALES

Algunos comentaristas hacen notar que para el uso del santuario había objetos de oro, plata y bronce (Éx. 25:3); pero no de hierro, por ser éste un metal de guerra, y este santuario había de ser casa de paz. Así Cristo es nuestra paz (Ef. 2:14; Col. 1:20).

a) El *consejo divino decretado sobre el Mesías*: Hch. 2:23; 4:28. Cada circunstancia es incorporada al decreto divino (Gn. 50:20; 1º R. 12:15; Hch. 3:17-18; 13:27). De ahí que la voluntad humana no puede frustrar los designios soberanos de Dios.

– Oro (heb. *zahab*, oro lustroso y resplandeciente, como implica la palabra, y que puede significar propiamente «oro labrado»): deidad de Cristo y su gloria divina en su manifestación: Éx. 25:10-12; 1° R. 6:21-22; Sal. 24:7-10; 1ª Co. 2:7-8. (El oro purísimo es designado *zahab tahor*).

– Plata (heb. *keseph*, de la raíz *casaph*, pálido, descolorido o blanco; así llamada por causa de su muy bien conocido color): redención: Éx. 26:19; 38:25. Todo el Tabernáculo descansaba sobre plata, con excepción de las cortinas de la puerta, que era el camino de acceso a Dios. Fue así como la plata recibió su significado simbólico de redención, porque las basas fueron hechas con el dinero del rescate entregado por los israelitas. Y en virtud de la obra redentora de Cristo, Él es nuestro medio de acceso a Dios. (Scofield). Comparar con Éx. 30:13-16 y Nm. 3:44-51.

– Bronce (heb. *nechosheth*, que como aleación que combinaba cobre y estaño se podía pulimentar hasta llegar a ser sumamente resplandeciente, manteniendo su brillantez por un tiempo considerable): juicio: Éx. 27:1-11. El bronce simboliza la justicia divina manifestada en juicio, como en el altar de bronce y en la serpiente de bronce (Nm. 21:6-9; Jn. 3:14-15). Y es que la redención no solamente revela la misericordia de Dios, sino que también vindica su justicia en el acto de mostrar dicha misericordia (Scofield). Compárese con Ro. 3:21-26.

b) *Emanuel: el Mesías Divino en su tabernáculo humano:* Mt. 1:23; Jn. 1:14.

Los cuatro colores mencionados en Éx. 25:4 fueron usados para las cortinas, el velo, las vestiduras sacerdotales y la puerta del atrio.

– Jacinto (heb. *tekeleth*, hilo de color violeta o azul oscuro): color celeste. Cristo es celestial en naturaleza y origen, pues siendo «el unigénito Hijo, que está en el seno del Padre» (Jn. 1:18), Él vino del cielo: Jn. 3:13; 6:33, 38, 41-42, 50-51; 14:3. (Nótese la declaración de su omnipresencia comparando Jn. 3:13 con 14:3.)

– Púrpura (heb. *'argaman*, hilo de color rojo oscuro; designa la púrpura propiamente dicha, cuya sustancia se extraía de las conquillas de una especie de moluscos pertenecientes a la familia de los *murex*: el *Murex brandaris* y el *Murex trunculus*, muy abundantes en el Mediterráneo, y de los cuales se suponía que procedía la púrpura tiriana: Jue. 8:26; Pr. 31: 22): color de realeza. Cristo vino de la línea dinástica real de David (Lc. 1:31-32). Así Cristo fue ofrecido como Rey, y aunque habiendo sido desechado como tal, Él es Rey de reyes y Señor de señores: Mt. 2:2; 21:4-5, 9; Ap. 19:11-16.

– Carmesí (heb. *tolacath schani*, cuyo término original significa «gusano», por lo que la Vulgata Latina traduce *coccumque bis tinctum*, en alusión al producto de una materia colorante que se sacaba de un insecto, el *Lecanium ilicis*, que anida en una especie de encina en Asia Menor; los árabes lo llaman *harmes*, de donde deriva «carmesí»): color de sangre. Cristo sufrió como Salvador: Jn. 4:42; He. 12:2; 1ª P. 1:11.

– Lino fino (heb. shesh, probablemente del egipcio *sens*, porque puesto que *shesh* significa «seis» los rabinos suponen que se refiere a la tela de un lino primoroso que se tejía en Egipto, por cuanto seis dobleces formaban un hilo): color de pureza. Aquí simboliza la vida santa de Cristo, pues Él fue inmaculado: Is. 53:9; Jn. 8:46; 2ª Co. 5:21; He. 4:15; 1ª P. 2:22. El lino fino es comúnmente un tipo de la justicia personal (Ap. 19:8), y en las cortinas del atrio (Éx. 27:9; 38:9) representa la clase de justicia que Dios demanda de aquellos que confiando en su propia justicia humana se atreven a acercarse a Él. Hablando en términos simbólicos puede decirse que Dios colocó las cortinas del atrio en Lc. 10:25-28. La justicia práctica que Dios demanda en la Ley impide la entrada del hombre a su presencia y excluye a todo ser humano de la gloria divina por su incapacidad natural para cumplir las exigencias santas de Dios (Ro. 3:19-20; 10:3-5). El único medio de acceso al atrio era la puerta (Éx. 27:16). Y la única puerta de acceso a Dios es Cristo: Jn. 10:9; He. 10:19 (Scofield).

c) *El sacrificio del Mesías*: 1ª Co. 5:7; He. 9:26.

– Pelo de cabras (en hebreo simplemente izzim = cabras, pero usado aquí elípticamente por pelo de cabras; en distintas partes de Asia Menor abundan las cabras de pelo largo y, en algunos casos, casi tan fino como la seda; esos pelos son los que se emplean habitualmente entre beduinos para tejer hilos y telas fuertes, que servían para confeccionar tiendas, y se utilizaban admirablemente para recubrir la tienda por su calidad impermeable a la lluvia): expiación (Ro. 3:21-23; 1ª Co. 1:30).

– Pieles de carneros teñidas de rojo (literalmente, «pieles de carneros enrojecidos»; es un hecho confirmado por muchos escritores y viajeros de la antigüedad que, en Oriente, a menudo se encuentran ovejas que tienen vellones rojos o de color violeta-rojizo): sangre derramada para la expiación de los pecados (Is. 53:5-6; Ro. 3:24-26; He. 9:12, 14, 22). El perdón de Dios sólo es posible mediante el sacrificio de Cristo. La sangre de Cristo vertida en el Calvario constituye el principio vital que hace válida la expiación (Mt. 26:28).

– Pieles de tejones (heb. *oroth techashim*, cuyo término original, *tahash*, es de sentido dudoso y ha producido gran confusión a los críticos y comentaristas; Bochart, por ejemplo, sustenta la opinión de que aquí no se hace referencia a un animal específico, sino a un color azul oscuro; otros, no obstante, suponen que podría ser una alusión a alguna clase de pez o de mamífero acuático, como la foca o la marsopa, un cetáceo parecido al delfín, o bien, comparando el término con una raíz etimológica árabe, la llamada vaca marina, como el dugongo o el manatí, del orden de los sirénidos, mamíferos acuáticos herbívoros, que abundan en el Mar Rojo, y se trataría, por tanto, de pieles que en egipcio significaría «cuero» –Éx. 25:5; 26:14; Nm. 4:6, 25, Biblia de Jerusalén–, que servían para hacer escudos y sandalias; pero hay quienes, siguiendo la literatura talmúdica y apoyándose en antiguas traducciones, como la Versión Caldea, sugieren que este término podría referirse a una especie hoy desconocida de tejones, cuyas pieles parecen ser totalmente adecuadas para el propósito con que fueron usadas, y que, aunque no eran oriundos de Oriente, eran considerados animales impuros): sin atractivo, despreciado y desechado (Is. 53:2-3).

– Maderas de acacias (o «madera de shittim», de *shittah*: Is. 41:19 y Jl. 3:16; se sabe que esta clase de arbusto, una especie de acacia de la familia mimosáceas, aún hoy crece en la península de Sinaí, abundaba en Egipto y Palestina, y también en los desiertos de Arabia, el mismo lugar donde estuvo Moisés cuando edificó el Tabernáculo; por tratarse de una madera muy apreciada por su ligereza, dureza, resistencia y durabilidad, siendo virtualmente incorruptible, servía muy apropiadamente para la construcción del santuario y su mobiliario): humanidad perfecta del Salvador, quien, como dicha madera, sería cortado (Is. 53:8; Dn. 9:26); pero permanecería incorruptible (Is. 53:10; Hch. 2:30-31; Ro. 6:9).

d) *El Espíritu dado por el Mesías*: Jn. 14:26 comparado con 15:26 y 16:7. Notemos que existe una relación íntima entre el Espíritu Santo, el Padre y el Hijo. Nuestro Señor dice que el Espíritu Santo es un Ser a quien *el Padre enviaría* en el nombre del Hijo, que el Espíritu procede del Padre, y que *había de ser enviado por el Hijo*. Las siguientes palabras son de un antiguo Credo: «En esta Trinidad ninguna de las Personas fue antes o después que otra, y ninguna es inferior o superior a otra. Tal como es el Padre, así es el Hijo y así el Espíritu Santo». En todo lo que concierne a la salvación, las tres personas de la Trinidad cooperan igualmente. El Dios Trino es quien dijo: «Hagamos»; y el Dios Trino es quien dice: «Salvemos» (Ryrie).

– Aceite para el alumbrado: la iluminación del Espíritu (Jn. 14: 26; 16:13; 1ª Co. 2:10). Cristo es el revelador de Dios: Jn. 1:18; 1ª Ti. 3:16; He. 1:3).

- Especias para el aceite de la unción: sellados con el Espíritu (Ef. 1:13; 4:30; 1ª Jn. 2:20, 27). Cristo es el ungido de Dios: 1º S. 2:10; Lc. 2:28; 4:16; Hch. 4:26-27; 10:36; He. 1:9.
- Incienso aromático (sahumerio): adoración (Jn. 4:24; Ef. 5:2; 2ª Co. 2:14-15; Ap. 14:7). Cristo es adorado como Dios: Mt. 2:11; 14:33; 28:9; Lc. 24:52; Jn. 5:23; 9:38; He. 1:6; Ap. 5:12-13.

e) *La intercesión del Mesías*: Zac. 3:1; Ro. 8:34; 1ª Jn. 2:1.
- Piedras de ónice (heb. *shosham* = uña, piedra que tiene el color de la uña humana, de donde deriva su nombre; formaba parte de las piedras preciosas que llevaba el sumo sacerdote sobre el pecho y las hombros, y que simbolizaban las doce tribus de Israel para representarlas en intercesión ante Dios: Éx. 28:4, 9-12, 15, 29-30; «piedras memoriales», o sea, para que hagan que el Señor se acuerde de las doce tribus): Cristo es nuestro intercesor que media entre Dios y nosotros: Jn. 17:9, 20; 1ª Ti. 2:5; He. 7:25; 12:24.
- Piedras de engaste (o «piedras para llenar», piedras labradas de tal modo que podían incrustarse en el oro del pectoral, y en las que fueron grabados los nombres de los hijos de Israel: Éx. 28:17-21; esas piedras representaban también a Israel, que así era llevado continuamente delante de la presencia de Dios; el pectoral contenía el *Urim* y *Tumim*, instrumento revelatorio que servía para consultar al Señor, y por eso es llamado «pectoral de *el juicio*», es decir, en referencia al procedimiento que igualmente servía para juzgar, por medio de oráculos, a los hijos de Israel): Cristo es nuestro representante, quien sostiene constantemente a todo su pueblo ante Dios, y así somos llevados sobre los hombros de su fortaleza (Ex. 28:12) y sobre su corazón de amor (Ex. 28:29-30): Jn. 10:3, 14; He. 9:24; Ap. 3:5.

f) *Los sufrimientos del Mesías*: Fil. 2:8; He. 2:9; 12:2. Para que Cristo pudiera ser nuestro representante, mediador e intercesor se requería que pasara por los sufrimientos de la Cruz, porque allí llevó a cabo su sacrificio vicario y experimentó una muerte expiatoria a favor de sus redimidos, ocupando nuestro lugar como sustituto del pecador al cargar sobre Sí con nuestras iniquidades, y a fin de poder ascender a la presencia del Padre para ser glorificado y ejercer sus funciones sumosacerdotales por nosotros. De ahí que los sufrimientos de Cristo estaban tipificados en los materiales y utensilios del Tabernáculo, y todo ello se cumpliría en la obra redentora consumada en el Calvario y en sus resultados. Recapitulemos, pues, la simbología representada en los materiales que ya han sido descritos y considerados a la luz de los textos que hemos mencionado, y que tan claramente mostraban en su proyección profética los sufrimientos del Salvador:

– Sufrimiento por medio de la muerte: las pieles o cueros (Is. 53:7).
– Sufrimiento mediante acciones violentas: las especias aromáticas debían ser molidas y pulverizadas (Is. 53:5).
– Sufrimiento por instrumentos cortantes: las maderas y las piedras preciosas (Is. 53:8: la vida del Mesías sería cortada).
– Sufrimiento por el fuego purificador: el oro, la plata y el bronce debían pasar por el fuego para refinarlos (Tit. 2:14; 1ª P. 1:7; He. 1:3; 9:14).

Y es que todo trabajo implica sufrimiento porque requiere realizar un esfuerzo que en ocasiones supone llevar a cabo una labor que se desempeña bajo condiciones muy adversas. Esto es lo que significa en el griego el vocablo *kópon*, usado en Ap. 2:2: «Yo conozco [...] tu duro *trabajo*»; este término expresa la idea de labor agobiante, trabajo fatigoso que causa sufrimiento. Así Dios demanda de nuestra consagración a Él una labor que cuesta sacrificio: «[...] que presentéis vuestros cuerpos como sacrificio vivo» (Ro.12:1). Las coronas se moldean en el crisol.

2. LOS ARTÍFICES

a) *¿Quiénes suministraron los materiales para la erección del Tabernáculo?* Éx. 25:2; 35:22-29. Aquí vemos que los materiales de construcción fueron aportados por los hijos de Israel, por todo varón que diere voluntariamente de corazón (ningún oro ajeno era usado para Dios), los príncipes y las mujeres. Y trajeron mucho más de lo que se necesitaba para la obra (Éx. 36:5); comparemos con 2ª Co. 8:12: «Porque si primero hay la voluntad dispuesta, será acepta (la ofrenda) según lo que uno tiene, no según lo que no tiene».

b) *¿Quiénes hicieron la obra?* Éx. 31:1-6. Además de la liberalidad en dar las ofrendas, hacía falta dirección. Por lo tanto, Dios usó hombres capacitados en todo arte para proyectar diseños, artífices que habían sido dotados por Él con dones especiales para que asumiesen la responsabilidad de Su obra (Éx. 35:31-33). Así los obreros que participarían en la construcción del Tabernáculo tenían que ser enseñados por aquellos que fueron llamados por el Señor y preparados para ejecutar el trabajo. Vemos, pues, que contribuyeron en la tarea de levantar el Santuario:

– «Todo sabio de corazón» (Éx. 35:10).
– Los dos responsables llenos del Espíritu de Dios y de sabiduría de corazón: Bezaleel y Aholiab (Éx. 35:30-31, 34-35).
– «Todas las mujeres sabias de corazón» (Ex. 35:25-26). Y en Éx. 38:8 leemos: «También hizo la fuente de bronce y su base de bronce, de los espejos de las mujeres». Alfred Edersheim cita el siguiente comentario: «Hay una tradición judía de que las mujeres habían contribuido con sus riquezas para el Tabernáculo, pero que rehusaron hacerlo para hacer el becerro de oro, cosa que se deduce del relato en Ex. 32:2 comparado con el versículo 3».

Pero las mujeres no solamente se desprendían de sus pertenencias personales con objeto de proveer para la obra del

Señor, sino que también participaban en el servicio del Tabernáculo y luego del Templo, porque a la mujer le era permitido hacer voto de consagración (Nm. 6:2; 1º Cr. 25:5-6). Y Éx. 38:8 hace referencia a «las mujeres que *velaban* a la puerta del tabernáculo de reunión». El término traducido «velaban» significa «servían», pues es la misma palabra usada para el ministerio de los levitas. Literalmente: «las mujeres-veladoras de milicia sagrada (o «las milicias femeninas») que prestaban servicio a la entrada de la tienda de reunión».

c) *¿Qué prefiguraban Bezaleel y Aholiab?*
– Podemos ver en Bezaleel al Señor Jesús tipificado, y ello por las siguientes razones:
  ❑ Su nombre significa «bajo la sombra de Dios» (Éx. 31:2; Is. 49:2). La doble función de la Palabra de Dios, salvadora y condenadora, aparece entendida en este texto de Isaías (comp. con Jn. 12:48 y He. 4:12) como una espada en su vaina o una flecha en su aljaba; así el Mesías, antes de aparecer, estaba oculto en Dios, preparado para manifestarse en el momento que Dios lo considerase oportuno (Heingstenberg); también estaba protegido siempre por Dios, como la flecha por la aljaba, y cubierto con la sombra de Su mano.
  ❑ Era de la tribu de Judá, tribu real de la que descendería el Mesías; era la primera tribu en el orden de la marcha (Éx. 31:2; Nm. 10:14; He. 7:14).
  ❑ Fue llamado por su nombre (Éx. 31:2; Is. 49:1). El Mesías, como el Israel ideal (Is. 49:3), expone el objeto de su misión, su rechazo por parte de los judíos (Is. 49:4-5), y su triunfo final (Is. 49:6-7) que alcanza a los gentiles (Jamieson-Fausset). «El Señor Jesús y el remanente fiel de Israel se presentan aquí unidos. Lo que se dice es la verdad tocante a ambos» (Scofield). El «siervo» de Is. 49:5 no puede ser Israel, ya que es enviado a Jacob e Israel (v. 7). Aquí se

anuncian las humillaciones y glorificación del Siervo de Jehová, esto es, el Mesías.

❑ Fue llenado del Espíritu de Dios (Éx. 31:3; Is. 11:2; 61:1).
❑ Fue designado «para trabajar en toda clase de labor» (Éx. 31:3-5; Ef. 2:10; Tit. 2:14). Es en virtud de la obra consumada por Cristo que vino a existir la Iglesia «para morada de Dios en el Espíritu» (Ef. 2:22).

– Pero Bezaleel tenía también sus colaboradores: Aholiab fue «puesto con él» por Dios mismo (Éx. 31:6). ¡Qué privilegio el suyo! Su nombre significa «tienda del padre», lo que permite aplicarnos la bendición de Is. 33:20; era de la tribu de Dan, que formaba la *última* división en el orden de la marcha, cerrando la retaguardia de las tribus asociadas (Nm. 10:25), y su posición en el área del Tabernáculo ocupaba el lugar más alejado al norte del campamento (Nm. 2:25). Dice E. F. Blattner: «Así el Señor nos enseña que puede escoger sus vasos de cualquier parte. Él llamó a un apóstol educado a los pies de Gamaliel, y a otro de la barca de pescadores en el lago de Galilea». Aholiab, como ayudador de Bezaleel, viene a ser figura representativa del Espíritu Santo (Jn. 14:16, 26; 16:7, 13-15; Hch. 2:33).

El Espíritu Santo es el Artífice Divino enviado para *edificar* lo que Dios ha determinado que sea una «casa espiritual y sacerdocio santo, para ofrecer sacrificios espirituales, agradables a Dios por medio de Jesucristo» (1ª P. 2:5) El modelo era celestial, según fue mostrado a Moisés en el monte (He. 8:5), y de acuerdo con el mismo trabajaron Bezaleel y Aholiab hasta terminarlo, y al ser erigido por Moisés «la gloria del Señor llenó el tabernáculo» (Éx. 40:33-35). Así Dios ha revelado un diseño para su pueblo en la era presente, y ha dejado claras instrucciones en cuanto a la edificación de Su obra (Ef. 2:20-22; 4:11-16). En Mr. 16:20 leemos: «Y ellos, saliendo, predicaron en todas partes, obrando el Señor con ellos». Y así continuará la obra del Señor hasta alcanzar al último escogido, y entonces Él «verá el fruto de la aflicción de su alma, y quedará satisfecho» (Is. 53:11).

d) *Características de los obreros.* Hagamos un resumen de sus particularidades:

– Tenían que ser enseñados por Bezaleel y Aholiab, así como los creyentes serían instruidos por el Espíritu Santo: Éx. 35:34; Jn. 14:26.

– Fueron dotados de sabiduría: Éx. 36:1; 1ª Co. 2:7; Stg. 1:5; 3:17.

– Trabajaron por amor, como debiéramos hacerlo nosotros: Éx. 36:2; 2ª Co. 5:14-15.

– Llevaron a cabo la obra según el modelo dado por Dios: Éx. 25:9; 31:6; 2ª Ti. 2:21, 24-25.

– Aportaron todo material abundantemente y de sus bienes propios: Éx. 35:22-29; 36:3-7; 2ª Ti. 2:15.

– Llevaron toda la obra a Moisés para su aprobación, así como nuestras obras serán juzgadas por Cristo: Éx. 39:32-33; 1ª Co. 3:8-15.

– Moisés bendijo a los artífices: Éx. 39:43; 1ª Co. 4:5; 2ª Co. 10:18.

– Moisés levantó el Tabernáculo; nadie más conocía el modelo que Dios le había dado: Éx. 40:18-19, 33. Y así también Cristo, mediante la obra de su Espíritu, es quien *siempre* edifica su Iglesia, pues solamente lo puede hacer Él: Mt. 16:18, «y yo [...] *continuaré edificando* (indicativo futuro progresivo activo) mi iglesia»; Hch. 2:47, literalmente, «y el Señor seguía *añadiendo* (imperfecto activo) cada día a los que *iban siendo salvos*» (participio presente pasivo).

3.

EL CAMPAMENTO
DE ISRAEL Y LA NUBE
DE LA PRESENCIA DIVINA

Los capítulos 1 al 10 del libro de Números relatan los hechos acaecidos en el Sinaí poco antes de la partida del pueblo israelita hacia Cades, y en ellos se especifican determinadas ordenanzas y censos relativos a las diversas tribus. Dios manda hacer el censo de toda la comunidad de Israel según sus clanes familiares. Pero ya de entrada es interesante notar que en el cap. 1º de Nm. encontramos la declaración de la genealogía del pueblo (vs. 2, 16-19). En el mundo antiguo no existía una científica inspección demográfica. Por lo tanto, parece que uno de los fines del censo era proveer una lista militar de aquellos elegibles para el servicio cuando las tribus fueran llamadas a la guerra. Se trataba de organizar un cuerpo de defensa y adiestrarlo debidamente para cuando tuvieran que enfrentarse a otros pueblos enemigos. No olvidemos que los cristianos estamos involucrados en una contienda espiritual (Ef. 6:10-18; 1ª Ti. 6:12; 2ª Ti. 2:3).

Pero, además, el recuento ordenado por Dios obedecía también a otras razones: «Mostrar el cumplimiento de la promesa hecha a Abraham, de que Dios multiplicaría su descendencia extraordinariamente (Gn. 13:16); insinuar el cuidado singular con que Dios mismo iba a guiar y proteger a su pueblo Israel, ya que Dios es llamado el *Pastor de Israel* (Sal. 80:1), y los pastores siempre llevan la cuenta del número de sus ovejas...; establecer diferencia entre los genuinos israelitas y la gran multitud de toda clase de gentes que había entre ellos; y su mejor distribución en distintos grupos o distritos, a fin de facilitar la administración de la justicia y organizar la marcha a través del desierto» (Matthew Henry).

Es importante la gran lección espiritual que se desprende de este registro genealógico: debemos conocer nuestra verdadera filiación como hijos de Dios que somos. Compárense Jn. 3:5; Ro. 8:14, 16; Gá. 3:26-29; Stg. 1:18; 1ª P. 1:23; 1ª Jn. 3:1-2. Ésta es la genealogía del cristiano, nacido de arriba (Gá. 4:26; He. 12:22), y podemos comprobar así que nuestra filiación se remonta directamente a un Cristo resucitado y elevado a la gloria. Tal es el privilegio de la genealogía espiritual del creyente en Cristo. Nuestra filiación es celestial. Nuestro árbol genealógico tiene sus raíces en el suelo de la nueva creación. Y, por tanto, la muerte jamás podrá truncar esa genealogía, pues es la resurrección la que la ha formado: Col. 3:1; 2ª Co. 5:17; Ro. 8:35-39 (C. H. M.).

Cada varón tenía que declarar su genealogía, empezando por Rubén y terminando por Neftalí (Nm. 1:20-28, 43). Y así también nosotros debemos dar a conocer nuestra nueva filiación y vivir conforme a ella: Jn. 1:12-13; Ro. 6:2, 4; Col. 1:10; 2:6; 1ª Jn. 2:6.

1. EL CAMPAMENTO EN REPOSO: NÚMEROS 2 Y 3

Cuando el campamento estaba estacionado, el Tabernáculo siempre se hallaba en el centro, con las tribus israelitas formando un cuadrado interior (sacerdotes y levitas) y exterior (tribus seculares) a su alrededor. El lugar que ocupaba la congregación era hacia el oriente, fuera del atrio. Y la posición del Tabernáculo determinaba el puesto de cada tribu. Esta distribución convencional obedecía a la idea de presentar a Dios como centro de su pueblo; de ahí que dicha ubicación del Santuario simbolizaba la presencia del Señor en medio de Israel. Y, al levantar el campamento para ponerse en movimiento y emprender la marcha, durante la jornada tenía que observarse el mismo orden descrito (Nm. 2:34), ocupando el centro de la columna los levitas con el Tabernáculo bajo la dirección de los sacerdotes. Pero se debía prestar atención especial a los levitas (Nm. 1:47-53; 2:33).

Veamos cómo se fijaron las tribus:

a) Al Oriente: Nm. 2:2-3. Judá y su Bandera. Este: Nm. 3:38.

b) Al Mediodía: Nm. 2:10. Rubén y su Bandera. Sur: Nm. 3:29.

c) Al Occidente: Nm. 2:18. Efraín y su Bandera. Oeste: Nm. 3:23.

d) Al Septentrión: Nm. 2:25. Dan y su Bandera. Norte: Nm. 3:35.

Ahora bien, estos cuatro puntos cardinales sugieren la universalidad de la obra salvífica del Mesías, pues aun cuando la revelación divina vino a través de Israel (Ro. 3:2), en cambio la salvación se extendería al mundo entero para alcanzar a toda la humanidad (Gn. 12:2-3; Jn. 4:22). Notemos el siguiente acróstico griego:

«*A*natolé»: Este.

«*D*usis»: Oeste.

«*Á*rktos»: Norte.

«*M*esembría»: Sur.

Obsérvese cómo las letras iniciales componen el nombre de *Adán*, representante del género humano. «Todos saben que en él tienen origen todas las gentes, y que las cuatro letras de su nombre significan, en el lenguaje griego, los cuatro puntos cardinales. En griego, los cuatro puntos cardinales, norte, sur, este y oeste, empiezan cada uno por una de las letras de este nombre: Adán. En griego, las palabras que expresan estas cuatro partes del mundo son las siguientes: *anatolé, dusis, árktos* y *mesembría*. Si se colocan estos cuatro vocablos en línea vertical unos debajo de otros, la reunión de sus iniciales forman el nombre de Adán» (Agustín de Hipona). Y recordemos que Cristo es «*el postrer Adán*» (Ro. 5:14; 1ª Co. 15:45), que nació de la tribu de Judá y abrió el camino a la presencia de Dios: He. 2:10; 7:14; 10:19-20.

Además de declarar su genealogía, cada varón debía luchar junto a su bandera (heb. *degel* = estandarte): Nm. 1:52; 2:2, 34. «No se sabe con certeza cómo se distinguían entre sí estos estandartes. Según el Talmud, en la enseña de cada tribu figuraba un emblema pictórico; así, en la de Judá figuraba un león; en la de Rubén, un hombre; en la de José (Efraín), un buey; y en la de Dan, un águila, con lo que los animales de la visión de Ezequiel corresponderían a los de estas enseñas» (Matthew Henry). Véase Ez. 1:5-6 y 10.

La Iglesia del Señor es una iglesia militante, y el estandarte de nuestra milicia es Cristo: Éx. 17:15 (heb. *Yahwéh-nissí* = Jehová es mi estandarte); Sal. 34:7 (heb. *Mal'ak Yahwéh*, una referencia al Cristo preencarnado); Sal. 60:4; Fil. 2:1-5. Cristo es, pues, nuestra Bandera que debemos siempre enarbolar para librar las batallas del Señor contra las huestes del mal. Es lamentable que haya tantos creyentes que profesan pertenecer a la Iglesia de Dios y combaten bajo otras enseñas. «Los hijos de Israel acamparán cada uno junto a su bandera, según sus escuadrones.» Y debiera ser así también en todo el ejército de la Iglesia del Señor. Que no haya ningún otro estandarte que no sea el nombre de Cristo, glorificado en el Nombre que es sobre todo nombre y que habrá de ser eternamente exaltado en el vasto universo de Dios: Fil. 2:9-11.

2. LA NUBE DE LA GLORIA DIVINA: ÉXODO 40:34-38

La nube y la gloria de Jehová son dos términos que se corresponden por paralelismo; es decir, que la nube (heb. *he-anan*) era la gloria de Dios sensibilizada; era la señal visible de la presencia divina en medio de un pueblo redimido y la evidencia del favor del Señor hacia ellos. Al ponerse en movimiento o permanecer quieta, la nube determinaba la partida del pueblo o la detención de su marcha. Es la manera más explícita de decir que Dios, representado por la nube, era quien conducía a su pueblo. Por medio de la nube el Señor daba sus órdenes de avanzar o de permanecer estables (Éx. 13:21-22; 14:19-20; Nm. 9:15-23; 10:12, 34). Y con este signo sensible Dios mostraba que tomaba posesión del Tabernáculo y que lo convertía en sede suya. La nube seguiría siendo símbolo de la presencia divina en el Templo de Salomón (1° R. 8:10-11). Nótese que la nube de gloria descendió después de haberse refugiado el pueblo israelita bajo la sangre del cordero pascual (Éx. 12:13, 22-23).

Todas estas secuencias tienen una proyección y aplicación didácticas de carácter doctrinal. La nube se nos presenta como figura representativa del Espíritu Santo que está ahora permanentemente con nosotros, después de haber sido redimidos «con la sangre preciosa de Cristo, como de un cordero sin mancha y sin contaminación» (1ª P. 1:18-20; Jn. 1:29; Mr. 1:8). Dios el Padre formó el plan de la salvación: Tit. 3:4; Dios el Hijo lo cumplió: Tit. 3:6; Dios el Espíritu Santo lo aplica: Tit. 3:5. Cristo y el Espíritu Santo obran conjuntamente: Éx. 14:19 (el Ángel de Jehová y la nube); Jn. 14:16 («*otro* Consolador», lit. «otro de la misma clase»); Jn. 16:7 («os lo enviaré»); Gá. 4:6; Fil. 1:19; 1ª P. 1:11. Así vemos, pues, que el Señor primeramente nos redimió por su sangre, que es nuestro refugio (Ef. 1:7; Hch. 20:28); y luego nos selló con el Espíritu Santo (Ef. 1:13; 4:30).

3. LECCIONES ESPIRITUALES DE LA NUBE GLORIOSA

Varias cosas, a cuál más interesante, se nos dicen acerca de esta nube, por cuanto ella no era un simple vapor condensado, sino un símbolo de la refulgente *Shekhinah*, representativa de la gloriosa presencia del Señor entre su pueblo. Consideremos:

a) Por medio de la nube, Dios se manifestaba a Israel: Éx. 13:21; Dt. 1:33; Nm. 11:25; 12:5; 14:14.

– El Espíritu Santo hace realidad la presencia del Señor en nosotros: Jn. 14:17; Ro. 8:9; 1ª Co. 3:16; 6:19; 2ª Co. 3:17-18 («Porque el Señor es el Espíritu»).

b) La nube guiaba a Israel y controlaba los movimientos del pueblo: Éx. 13:21; 40:36; Nm. 9:17-23; Neh. 9:12; Sal. 78:14.

– El Espíritu Santo nos guía: Jn. 16:13; Pr. 3:6; Ro. 8:14; Gá. 5:18.

c) La nube alumbraba a Israel: Éx. 13:21; 14:20; Sal. 78:14; 105:39.

– El Espíritu Santo nos ilumina: Sal. 34:5; 2ª Co. 3:17; 4:6; Jn. 16:13; Ef. 1:17-18 (lit. «habiendo sido iluminados los ojos de vuestro corazón»); 5:14 (recuérdese que Cristo actúa juntamente con el Espíritu).

d) La nube protegía a Israel: Éx. 14:19-20, 24; Sal. 105:39.

– El Espíritu Santo nos protege haciéndonos andar en Él y permanecer bajo Su santa unción: Gá. 5:16-17; 1ª Jn. 2:20, 27; 5:18 (comparar con Ro. 8:31 y He. 13:6).

e) La nube estaba en medio de Israel: Éx. 25:8; 40:17, 33-38.

– El Señor y su Espíritu están en medio de la Iglesia: Mt. 28:20; Ap. 1:12-13, 20; 2ª Co. 3:17 (lit. «el Señor el Espíritu es»). El Señor en medio para disciplinar o enjuiciar (Mt. 18:20).

f) La nube permanecía con Israel: Éx. 13:22; Neh. 9:19-20.

– El Señor y su Espíritu están siempre con nosotros: Mt. 28:20; Jn. 14:16-17 (la idea que expresa el original es: «para que habite continuamente con vosotros hasta la eternidad», y «porque junto a vosotros permanece y en vosotros estará»; comparar con Is. 51:12); He. 13:5.

g) La nube se quedó con el pueblo de Israel hasta que entraron en la tierra prometida: Éx. 40:38; Is. 4:5. Mientras la nube permanecía con ellos, sabían que el Señor estaba a su favor para dirigirles, enseñarles y bendecirles.

– El Espíritu Santo hace lo mismo, y Él no dejará a la Iglesia «hasta la redención de la posesión adquirida»: Ef. 1:14; 4:30. Pero entretanto y mientras dure la presente dispensación: Jn. 14:18; 16:13 (lit. «él os conducirá por el camino que lleva hacia toda la verdad»).

Así, pues, la nube resplandeciente mostraba a los israelitas la gloria del Señor. Gloria nos habla de reputación, nombradía, tributo, honor, esplendor, dignidad o respeto como un estado inherente a la persona misma. La gloria de Dios se manifiesta, de manera especial, en su perfección moral o santidad y en su poder y omnipotencia.

Tenemos en Éxodo 33:18-23 unas solemnes declaraciones que presentan una doble proyección: la manifestación de la nube luminosa que conducía al pueblo de Israel, y el rostro de Dios como sinónimo de la persona misma.

Vemos, por tanto, que la gloria de Jehová era la manifestación que Dios hacía de Sí mismo en las teofanías como su presencia visible por medio del Ángel de Jehová.

Es importante recordar que *Kabód* = Gloria es uno de los nombres de Dios: «[...] el que es la Gloria de Israel no mentirá, ni se arrepentirá, porque no es hombre para que se arrepienta» (1º S. 15:29; 1º Cr. 29:11).

4.

EL ATRIO
Y SU ESTRUCTURA

ÉXODO 27:9-19; 38:9-20

El Tabernáculo estaba dentro de una cerca que lo rodeaba como una especie de pared formada por cortinas (heb. *yericot*, es decir, velos, tapices o grandes telas) de lino fino torcido, que constituían el Atrio (patio), cuyas medidas eran de 100 codos de longitud, por 50 de anchura y 5 de altura, lo que implicaba un total de 280 codos, quedando 20 para la Puerta. La palabra «atrio» se deriva de un vocablo hebreo que significa «valla» o «empalizada», traducido también «aldea», como lo indican el nombre *Hazerot* (Nm. 12:16) y el prefijo *Hazar* (Jos. 15:27-28). Este Atrio era exclusivamente israelita; había muchos pueblos alrededor, pero sólo Israel era «*el pueblo*» de Dios. Los términos «redil» (Jn. 10:16) y «patio» (Ap. 11:2) tienen connotación judaica. Vemos, pues, que era peculiar privilegio de todos los israelitas entrar al Atrio hasta la Puerta del Tabernáculo, y acercarse a Dios por medio del sacerdocio y sacrificios por Él establecidos. Pero hoy, el camino de acceso a Dios está abierto y se incluye a todo creyente en el «real sacerdocio», pues por Cristo «tenemos entrada por un mismo Espíritu al Padre» (1ª P. 2:9 y Ef. 2:18). En toda la estructura del Atrio veremos simbolizada, una vez más, la obra del Señor Jesucristo.

1. LAS CORTINAS DEL ATRIO: ÉXODO 27:9; 38:9

Estas cortinas de lino estaban sostenidas por 60 columnas de bronce, que a su vez descansaban sobre otras tantas basas del mismo metal, junto con sus correspondientes estacas para estabilizar dichas columnas, que al igual que las estacas del Tabernáculo eran también de bronce; pero los capiteles que coronaban las columnas y sus molduras para unirlas entre sí eran de plata. Las molduras eran unas varas conexivas que enlazaban una cabeza de columna con otra, y servían para colgar de ellas las cortinas, uniendo así con plata todas las columnas en derredor del Atrio. Todo ello nos habla de consistencia y unidad. En cambio, los corchetes que unían entre sí las cortinas del Tabernáculo eran de oro. (Éx. 26:6; 27:17, 19; 36:13; 38:17, 19-20).

El lino fino (hecho de lino seco) simbolizaba tanto la justicia divina como la justificación y rectitud personal de los santos (Ro. 3:24; 10:4; Ap. 19:8). La justicia rodea la presencia de Dios, porque Él es absolutamente Santo. De ahí que el pecador no puede acercarse sin más a Dios. La santidad de Dios es como una barrera que no le permite al hombre entrar por sí mismo a la presencia del Señor. Esto nos enseña que, por tanto, es necesaria la justicia perfecta de Dios para poder tener acceso a Él (Ro. 3:22-26; 10:3).

Y así aprendemos lo siguiente:
– ¿Cómo ve Dios nuestra justicia? Is. 64:6; Ro. 3:23; 1ª Co. 2:9, 14.
– ¿Cómo manifiesta Dios su justicia? Ro. 3:20-28.

Las cortinas del Atrio tenían doble función: daban habitación a Dios y excluían al hombre. Dios demanda del hombre una justicia de la que éste carece, motivo por el cual está fuera de la presencia del Señor. Por eso se nos da a conocer nuestra necesidad de justicia para acercarnos a Dios (Mt. 5:20), y de ahí que el primer requisito es apropiarnos de «la justicia de Dios por medio de la fe en Jesucristo» (Ro. 3:22). El extranjero que se acercara al Tabernáculo sería sentenciado a la pena capital (Nm. 3:38). La lección que se desprende de ello es clara: la justicia de Dios condena a todos los que no aceptan a Cristo (Jn. 3:18,36; 1ª Jn. 5:11-12). Fuera de Cristo no hay sino condenación para el hombre.

Recordemos que la palabra hebrea traducida «lino» tiene relación con el vocablo «seis», como ya se explicó. La semilla de lino, examinada microscópicamente, presenta seis divisiones. «Seis días trabajarás, y harás *toda* tu obra», decía la Ley (Éx. 20:9); pero solamente Uno –el Hijo de Dios– cumplió la Ley, y sobre la base de la justicia consumada atrajo a Sí a sus redimidos (Jn. 12:32) y nos ha unido a Él para hacer Su obra a través de nosotros (Sal. 90:16-17; Ef. 2:10), y esto mediante la justicia que nos es aplicada. En palabras de Martín Lutero: «Tú eres mi pecado; yo soy tu justicia. Has tomado lo que no era tuyo, y me has dado lo que no era mío». (2ª Co. 5:21). Sólo Cristo es el camino de acceso al Padre (Jn. 14:6; Sal. 86:11).

2. LOS COMPONENTES DEL ATRIO: ÉXODO 27:10-17

Como observa Edwin Kirk al referirse a los soportes del Atrio, la palabra hebrea traducida «basa» significa «fuerza», y se relaciona con «Adonay» (véase 1º R. 3:10), uno de los nombres de Dios que denota señorío y soberanía absoluta, y se aplica al Mesías en su carácter de Rey Divino en el Salmo 110. El número 60 (divisible en 5 x 12) sugiere gracia suficiente para el pueblo de Dios. 5 es el número de la gracia, y 12 es un número perfecto que se encuentra como múltiplo en todo lo que tiene que ver con gobierno, significando *perfección gubernamental*. El vocablo «columna» significa algo estable y permanente, y el hecho de que estaban erguidas enfatiza la idea de *poder*. Cuatro de estas columnas sostenían la Puerta del Atrio (de la que luego nos ocuparemos). 4 es el número de la creación material, pues señala la amplitud del mundo en sus cuatro puntos cardinales. Tanto la palabra *waw* (sexta letra del alfabeto hebreo), que equivale a nuestra conjunción «y» y está traducida «ganchos» en la Versión Moderna (Éx. 27:17; 38:10), lo mismo que los vocablos «capiteles» (cabeza) y «cubiertas» (revestimiento o corona), dan la idea de *unión*. Y como se sugiere que ciertas «varas conexivas» unían columna con columna (véase Éx. 38:17 V. M.), queda reforzado el pensamiento de «unión». Así que todo el Atrio venía a ser en su conjunto una *unidad*. Y al considerar también que el término «moldura» significa «deleitarse», «amar», «desear» y «querer» (véase Dt. 7:7-8; Sal. 91:14 e Is. 38:17) trae a nuestra mente «el amor, que es el vínculo perfecto» (Col. 3:14).

Tenemos aquí, pues, un triple énfasis en cuanto a la Redención:
– Los «ganchos» *sosteniendo*.
– Las «molduras» *uniendo*.
– Las «cubiertas de los capiteles» *coronando*.
«Porque en Jehová hay misericordia, y abundante redención con él» (Sal. 130:7).

a) *Las columnas y las basas de bronce*: Éx. 27:10-15. Si el lino blanco habla de la rectitud de Dios, comparando Nm. 21:8-9 con Jn. 3:14 y 12:31-33 entendemos el significado simbólico del bronce como la manifestación de la justicia divina derramada en juicio sobre el pecado (Ro. 3:25; 1ª P. 2:24). Es muy significativo que el lino (justicia de Dios) estaba sujeto al bronce (juicio de Dios), y que ambos se hallaban unidos a las molduras de plata (redención).
– La justicia de Dios excluye al incrédulo: Mt. 25:31-33,46; Jn. 3: 36; 2ª Ts. 2:12.
– La justicia de Dios cobija al creyente: Jn. 3:16; 6:39; 10:28-29; 17:11-12.
– La justicia de Dios es perfecta: Éx. 27:18. Las paredes del Atrio eran demasiado altas, lo que impedía mirar por encima de ellas. Esto indicaba que la justicia divina es demasiado alta para el hombre, está muy por encima de la justicia humana, y que el incrédulo no puede ver ni comprender a Dios: 1ª Co. 2:14; 2ª Co. 4:3-4.

De esta manera se enseñaba a quienes se encontraban fuera del Atrio que por sí mismos no podían entrar al lugar donde se manifestaba la presencia de Dios; pero a la vez, el Atrio protegía a los que se hallaban dentro de su recinto. Así la vida santa del Señor Jesucristo, mostrando lo que debería ser la rectitud del hombre, lo excluye cuando ese hombre está fuera de la justicia de Dios; pero todo pecador que se halla cobijado bajo la protección de la justicia divina tiene la seguridad de las promesas de Dios: Ap. 19:8.

«Las vestiduras son en la Biblia –comenta Scofield– un símbolo de justicia. En el sentido ético de lo que es malo, ellas simbolizan la justicia propia (por ej. Is. 64:6; véase Fil. 3:6-8, lo mejor que el hombre moral y religioso puede hacer bajo la ley). En el sentido ético de lo que es bueno, las vestiduras simbolizan *la justicia de Dios* [...] *para todos los que creen* (Ro. 3:21-22)». La justicia de Dios significa que «Cristo mismo, quien satisfizo completamente en nuestro lugar y a favor nuestro todas las demandas de la ley y quien, por medio del acto de Dios llamado imputación (Lv. 25:50; Ro. 4:22-25; Stg. 2:23), *nos ha sido hecho* [...] *justificación* (1ª Co. 1:30), a los que creemos en Él». Y Bunyan dice: «El creyente en Cristo se halla ahora protegido por una justicia tan completa y bendita que en ella no puede hallar defecto ni disminución alguna la ley del Monte de Sinaí. Esto es lo que se llama la justicia de Dios por fe». (Comp. Ro. 3:26; 4:6; 10:4; 2ª Co. 5:21; Fil. 3:9.)

Así vemos a la luz de las Escrituras que la justificación del pecador y la justicia divina se hallan inseparablemente unidas en la obra salvífica de Dios. «El pecador creyente es justificado porque Cristo, habiendo llevado los pecados en la cruz, ha sido hecho la *justicia* de Dios para todos los que en Él confían. La justificación se origina en la gracia (Ro. 3:24; Tit. 3:4-5); se efectúa mediante la obra redentora y propiciatoria de Cristo, quien ha vindicado la ley (Ro. 3:25-26; 5:9); se recibe por la fe, no por obras (Ro. 3:28-31; 4:5; 5:1; Gá. 2:16; 3: 8, 24); y puede definirse como el acto jurídico de Dios por medio del cual Él, con base en su justicia, declara justo al que cree en Jesucristo» (Scofield). Véase Ro. 8:31-34.

De modo que las columnas del Atrio –según la exposición que hace Blattner– no solamente hablan de Cristo, sino también de su pueblo, y nos muestran la seguridad, estabilidad, unidad y responsabilidad de los creyentes.

❏ *Seguridad*. La justicia de Dios ha sido plenamente satisfecha, y las columnas erigidas sobre basas de bronce simbolizan al creyente, edificado sobre la obra perfecta de Cristo: Ef. 2:20; Col. 2:7. El fundamento está puesto (1ª Co. 3:11), y sobre este Fundamento los creyentes estamos seguros, pues lo que nos separaba de Dios era nuestro pecado, pero en virtud de la muerte expiatoria de Cristo hemos sido restaurados a la comunión con Dios, y ahora nuestro cántico es el que se expresa en el Sal. 30:4 y Ap. 5:9-10.

❏ *Estabilidad*: Nm. 3:37. Aquí se hace referencia a las estacas y cuerdas que servían para sostener las cortinas del Atrio y darles firmeza. Así también el creyente tiene sus estacas, que son las promesas de Dios, que darán estabilidad a su experiencia cristiana. He aquí algunas de esas estacas: Jn. 10:28-30; Ro. 14:4; Ef. 6:10-11; Col. 3:3.

❏ *Unidad*: Éx. 27:17. La Versión Moderna traduce: «Todas las columnas para el atrio alrededor serán unidas con varas conexivas de plata». (Léase también Éx. 30:16 con 38:10, 25, 28-29.) La plata de la expiación ofrendada por los contribuyentes israelitas unió aquellas 60 columnas. Así igualmente la obra redentora de Cristo une a los creyentes en Él: 1ª Co. 12:12-13, 27. (Compárese con Ro. 12:5 y Ef. 2:12-16.)

❏ *Responsabilidad*. ¿De qué se componía la pared del Atrio? De cortinas confeccionadas con lino fino, que habla de Cristo como el Hombre perfecto. Ahora bien, las columnas no se mostraban a sí mismas; solamente sostenían y manifestaban el lino que las cubría. De la misma manera el creyente tiene la responsabilidad de revelar a Cristo en su propia vida, y así viene a ser como una columna: 2ª Co. 4:10-11; 1ª Ti. 3:15. La responsabilidad de la Iglesia es permanecer separada del mundo y manifestar a Cristo: Jn. 17: 16; 2ª Co. 2:14-15; Ef. 3:10-11.

b) *Los capiteles y las molduras de plata:* Éx. 27:10-11, 17; 38:10-12, 17, 19. Como ya vimos en anteriores apartados, tenemos aquí la plata simbolizando la redención, puesto que las basas del Tabernáculo fueron hechas con el dinero de la expiación entregado por los israelitas y aportado para el servicio del Santuario (Éx. 26:19, 21, 25; 30:11-16; 38:24-31; Nm. 3:44-51). Así aprendemos que la integridad de Dios (*lino blanco*) descansa establecida sobre la base de su justicia porque Él es Justo: Sal. 119:137; 145:17; Ro. 3:25. Su rectitud se muestra teniendo su fundamento en el juicio de la cruz (*bronce*) que sostiene la santidad de Dios. Y la justicia divina es manifestada como resultado de la obra redentora llevada a cabo en la cruz (*plata*): Ro. 1:17; 3:24. Resulta interesante notar que cuando el Tabernáculo quedó dispuesto para ser levantado, las basas de plata fueron colocadas primero, lo que habla de redención consumada: precio pagado (Jn. 19: 30). Todo lo expuesto, como venimos estudiando, nos ofrece una clara ilustración que enfatiza tres aspectos importantes de la obra de Cristo. Según hemos explicado:

– El lino nos habla de la *justicia* de Dios: Ro. 3:21-22; 2ª Co. 5:21.
– El bronce unido con la plata nos habla de *sustitución*: Is. 53:5-6, 11-12.
– La plata nos habla de *redención*: Mt. 20:28; Jn. 10:11, 15.

De esta manera vemos la cerca que rodeaba el Tabernáculo unida por varas de plata, en columnas y basas de bronce, formando una unidad compacta y estable que daba consistencia a la estructura por su solidez. Y todo ello nos muestra otros aspectos de Cristo y sus redimidos:

❑ Cristo como *Columna*, permanente y poderoso: Mt. 28:18; He. 13:8; Ap. 1: 8 (gr. *ho pantokrátor*, que literalmente quiere decir «el *Todogobernante*»).

El creyente edificado sobre este fundamento: 1ª Co. 3:11.

❑ Cristo como *Moldura*, deleitoso, amado y deseado: Cnt. 6:3; 7:10; Hag. 2:7. «Sí, *ven*, Señor Jesús» (Ap. 22:20). El creyente descansa seguro sobre la obra redentora del Amado: Ef. 1:3-7.

❑ Cristo como *Capitel*, coronado en calidad de Rey: Hch. 2:36; Fil. 2:9-11; Ap. 19:13, 16.

El creyente participando de Sus promesas reales: Ap. 5:10. De modo que el Atrio nos ilustra las bendiciones que se derivan del hecho de estar en Cristo (2ª Co. 5:17). No nos extraña, pues, lo que David dijera de los atrios del Señor: Sal. 65:4; 84:10.

Pero no podemos detenernos aquí. Debemos seguir adelante para ver por dónde entrar.

3. LA PUERTA DEL ATRIO Y SU CORTINA: ÉXODO 27:16; 38:18-19.

El Tabernáculo y su Atrio tenía *tres* entradas. Recordemos que el plan salvífico de Dios es obra de las tres Personas divinas de la Trinidad. El *Padre* eligiendo a los que bendeciría y dando dones para el servicio de la Iglesia: Ef. 1:3-6; 1ª Co. 12:28; Ro. 12:3-8. El *Hijo* efectuando la redención por su sangre derramada y otorgando dones para la edificación del cuerpo de Cristo: Ef. 1:7-12; 4:7-8, 11-12. El *Espíritu Santo* obrando soberanamente en cada «vaso de misericordia» y concediendo dones para el servicio, la edificación y el ministerio de la Iglesia: Ef. 1:13-14; 1ª Co. 12:7-11; Ro. 9:23. El Padre *escoge*; el Hijo *redime*; y el Espíritu Santo *sella*. ¿Para qué? «Para alabanza de su gloria» y para «engrandecer al Señor y exaltar su nombre» (Sal. 34:3).

Una entrada era la Puerta del Atrio por la que podía pasar todo israelita. Esta puerta tenía una altura mayor que la del hombre, posiblemente para indicar que la justicia divina es superior a la nuestra y, por tanto, nunca podremos superarla con nuestras obras humanas; pero su anchura probablemente para sugerir el inmenso amor de Dios hacia el mundo y lo fácil que es obtener la salvación (Jn. 3:16), mostrando así cuán abundante es la misericordia divina y cuán amplia su gracia ofrecida a los pecadores. Sin embargo, dicha puerta era baja en comparación con la Puerta del Tabernáculo, lo que viene a representar la humildad que es necesaria por parte de quien entre.

Otra entrada era la entrada propiamente dicha, llamada la Puerta del Tabernáculo (Éx. 26:36; 36:37). A esta cortina puede llamársele el «primer velo», puesto que se la colocaría en la puerta de entrada al Tabernáculo, reservada únicamente para los sacerdotes, y que daba acceso al Lugar Santo (heb. *ha-qodes*). La Puerta del Tabernáculo tenía dos veces la altura de la del Atrio, pero en comparación era más angosta. La Puerta del Atrio era para todos, pues el Evangelio de la gracia de Dios es para todo el mundo, y de ahí que su entrada era ancha. Sin embargo, la Puerta del Tabernáculo, siendo figura del Cristo que nos introduce a la comunión con Dios, nos habla de servicio sacerdotal; la vocación se vuelve más alta para los que desean ser sacerdotes de Cristo y vivir en íntima comunión con Él. Pero a la vez, los privilegios y bendiciones de la comunión con Dios son solamente para su pueblo redimido y consagrado, y por consiguiente la puerta es estrecha.

El tercer acceso era el Velo, llamado «el segundo velo» en He. 9:3, por cuya entrada pasaba el sumo sacerdote una vez al año y que conducía al Lugar Santísimo (heb. *qodes ha-qodosim*). Este velo separaba el Lugar Santo del Lugar Santísimo, dentro del cual nadie podía entrar, sino sólo el sumo sacerdote en una sola ocasión: el día anual de la expiación. «Dando el Espíritu Santo a entender con esto que aún no se había manifestado el camino al Lugar Santísimo, entre tanto que la primera parte del tabernáculo estuviese en pie» (He. 9:8). El Lugar Santísimo nos habla del cielo y de Cristo en la gloria, prefigurado por el Arca del Pacto colocada en este aposento (Éx. 26:33; He. 9:24). No olvidemos que el Señor Jesús retiene la forma de Hombre en la presencia del Padre (Hch. 7:55-56).

De manera que en su significado espiritual y simbólico vemos el Tabernáculo como tipo de Cristo, como figura de la Iglesia, y como representación del Cielo mismo y la gloria que nos espera en nuestro traslado al otro lado del velo (Lc. 23:43; Ap. 2:7).

Ahora bien, había dos factores comunes en aquellas entradas: sus cortinas estaban hechas del mismo material y con idéntico estilo (Éx. 26:31, 36; 27:16). En Éx. 26:36 y 27:16 se dice «obra de *recamador*» (heb. *raqam*, indicando un bordado similar a los que se hacen en nuestros tapices); en Éx. 26:31 «obra *primorosa*» (heb. *chosheb*, lit. «labor de pensador»). La igualdad en material y estilo nos enseña, típicamente, que Cristo es el único camino que conduce a Dios (Jn. 14:6; He. 10:19). Y el hecho de que hubo sólo una puerta para entrar al Atrio nos habla de Cristo como la única Puerta a la vida eterna (Jn. 10:1, 7, 9). Esto nos hace entender que saber que hay una puerta, ese conocimiento, no es suficiente; creer en su existencia no salva a nadie. Hay que entrar por la Puerta de la Vida. El hombre, por naturaleza, está afuera. Pero Cristo vino a llevarnos al Padre. Él es la Puerta de acceso a Dios.

Notemos, asimismo, que en el ancho del Atrio, la parte del Este, estaba ubicada la Puerta (Éx. 38:13-15). A la tribu de Judá, de la que nacería el Mesías, se le ordenó poner sus tiendas también al Oriente (Nm. 2:2-3). Y, como todos sabemos, el lado oriental está relacionado con la aurora. Por lo tanto, lo primero que alumbraba la luz del sol era la Puerta, bañándola con su resplandor y dando brillantez a los colores de su cortina, con lo que se señalaba el camino de entrada al Atrio a todo el pueblo. Israel, en el desierto, tuvo sólo un camino a Dios. No había acceso por ninguna otra parte.

Quien entrase al Atrio tenía que hacerlo a plena luz del sol, y nadie podía esconderse de esa luz. El Este, hacia donde estaba orientada la Puerta, nos hace pensar en las palabras proféticas de Malaquías y Zacarías (véase Mal. 4:2 y Lc. 1:78-79). De este modo Dios señalaba la Luz y la Puerta, que es Cristo: Sal. 27:1; 36:9; Jn. 8:12; 9:5; 10:9. Así nosotros, para ir al Padre, tuvimos que pasar por esta Puerta, pues no hay otra (Jn. 14:6; Hch. 4:12). Notemos ahora:

a) *La cortina multicolor de la Puerta:* Éx. 27:16-17. Las cortinas del Atrio eran todas blancas (Éx. 27:9); pero la cortina de la Puerta tenía cuatro colores diferentes: las mismas tonalidades que las cubiertas del Tabernáculo (Éx. 26:1), cuya simbología policromática ya ha sido explicada. Tal como se mencionó:

– *Azul,* color celestial: Cristo procede del cielo y es Dios: Jn. 1:1, 14; 3:13; 8:23; 17:5.

– *Púrpura,* color de majestad: Cristo es Rey Eterno: Mt. 21:4-5, 9; Jn. 18:33-37; He. 1:8-9; Ap. 15:3; 19:16. (Obsérvese que esta tonalidad ocupaba el lugar medio en el orden de la descripción de los colores, sugiriendo que Su realeza se hallaba velada.)

– *Carmesí,* color de sacrificio: Cristo fue el Siervo sufriente y es Salvador: Is. 53:12; Mr. 10:45; Lc. 19:10; 22:20; Jn. 4:42. (Recordemos que «carmesí» deriva de una palabra que significa «gusano» y así se traduce en el Salmo 22:6 con referencia profética al Señor en la cruz, pues ciertos gusanos eran molidos para obtener el tinte carmesí, y ¿acaso no fue el Señor «*molido*» por nuestros pecados? Is. 53:5).

– *Blanco,* color de pureza: simbolizaba la humanidad inmaculada de Cristo y nos habla de su justicia perfecta porque Él es Santo: Mr. 1:11; 15:14; Lc. 23:41, 47; Jn. 8:46; 18:38; Hch. 3:14; Ap. 15:4.

¿Qué pasaría si alguien intentara quitar alguno de esos colores?

❑ Sin el color azul: Cristo no sería del cielo y no se mostraría en su Deidad.

❑ Si faltara el color púrpura: Cristo no sería el Ungido de Dios y no podría aparecer proclamando su realeza mesiánica.

❑ Sin el color carmesí: Cristo no se manifestaría en su misión redentora y no sería el Salvador del mundo.

❑ Si faltara el color blanco: Cristo no se revelaría en su santidad y justicia, y por tanto también habría necesitado ser redimido.

b) *Las columnas que sostenían la cortina de la Puerta:* Éx. 38:18-19. «Esta cortina, como las demás colgaduras, estaba fijada, por medio de corchetes de plata y varas conexivas de plata, a cuatro columnas que descansaban sobre sus basas de bronce y que estaban coronadas de capiteles de plata. Todos estos detalles son muy instructivos», nos dice A. Rossel.

En efecto, una puerta con cuatro columnas, y unidas por varas de plata, era una nueva manera de recalcarnos que Cristo es el único medio por el cual el hombre puede acercarse a Dios. Las cuatro columnas de la Puerta del Atrio, y la cortina bordada con cuatro colores, nos sugieren los cuatro Evangelios, en los que Cristo es presentado al mundo.

– Mateo nos lo describe como el Rey Mesiánico ungido por Dios (púrpura).
– Marcos nos lo presenta como el Siervo fiel en su humillación (carmesí).
– Lucas nos lo describe como el Hijo del Hombre sin pecado (blanco).
– Juan nos lo presenta como el Hijo Unigénito de Dios (azul).

Todos estos distintos caracteres tienen su plena manifestación única en la gloriosa persona de Cristo.

Las basas de bronce sobre las que se apoyaban las columnas, y sus capiteles de plata, nos permiten recordar otra vez el juicio de nuestros pecados sobre Cristo y la redención consumada en la cruz para que pudiéramos tener acceso a Dios (He. 9:22; 1ª P. 1:18-19; 2:22, 24; 3:18).

En cambio, las cinco columnas de la Puerta del Tabernáculo mismo, es decir, el Lugar Santo donde todo habla de Cristo y su Iglesia en comunión con Él (1ª P. 2:5), traen a nuestra mente a los cinco escritores de las Epístolas del Nuevo Testamento: Pablo, Santiago, Pedro, Juan y Judas. Mediante éstas los hagiógrafos ministraron doctrinalmente a la Iglesia (1ª Co. 14:37; 2ª P. 3:15-16).

Una lección más aprendemos a la luz de Lc. 1:9-10: «Y toda la multitud del pueblo estaba *fuera* orando», o sea, en el patio frente al Templo propio. El lugar de encuentro con Dios era afuera. Israel adoraba desde lejos, y solamente por mediación de sacerdotes. Por eso Zacarías entró en el santuario, según la norma establecida por Dios, para quemar el incienso, símbolo hermoso de las oraciones que hablan de la aceptabilidad de la adoración ofrecida al Señor. Pero nosotros estamos *dentro* del redil de Cristo, y por Su sangre derramada adoramos, junto con otros, en el Lugar Santísimo (Jn. 10:9, 16; Ef. 2:11-18; He. 10:19-20).

Es en verdad muy sustancioso el comentario que nos ofrece A. Rossel. He aquí sus palabras:

«Este Tabernáculo terrenal estaba formado por tres partes: el Atrio, el Lugar Santo, y el Lugar Santísimo. La descripción que de ellas nos da la Escritura comienza por el Arca –trono de Dios– ubicada en el Lugar Santísimo; seguidamente nos presenta el Lugar Santo y los objetos que se hallaban en él, para terminar por el Atrio, con el Altar del holocausto. Ese fue el camino recorrido por nuestro adorable Salvador, Hijo de Dios, quien descendió de la gloria suprema y se humilló hasta la muerte, y muerte de cruz, de la cual el Altar de bronce era figura. Allí, en la cruz, vemos a Dios ejerciendo su justicia inexorable respecto al pecado y de los pecados que cometemos; pero al mismo tiempo le vemos como Dios salvador, lleno de gracia y amor, quien justifica por la sangre de la cruz a todo aquel que cree y recibe a Jesús como su Salvador personal. A la inversa, el camino del adorador comienza en el Altar de bronce para desembocar en el Lugar Santísimo».

Así que los creyentes en Cristo estamos:

❑ *Firmes* bajo Su gracia: Ro. 6:11, 14.

❑ *Amparados* por Su justicia: Ro. 3:24-26.

❑ *Redimidos* por Su sangre: Hch. 20:28; Col. 1:12-14.

❑ *Guardados* por Su poder: Jn. 10:27-29.

Pasemos ahora a estudiar la tipología del Altar de bronce que estaba en el recinto del Atrio.

5.

EL ALTAR
DEL HOLOCAUSTO

ÉXODO 27:1-8; 38:1-7

Al entrar por la Puerta del Atrio, ¿qué era lo que se veía en primer término? El Altar de bronce. En ese Altar erigido para ofrecer sacrificios vemos como Dios halló la manera de poder perdonar los pecados del pueblo sin menoscabo de Su justicia. La posición del Altar, ocupando el primer lugar en el recinto del Atrio, nos enseña que las demandas y los derechos de Dios han de ser satisfechos antes de poder gozar de la comunión con Él, y nos ayuda a entender el amor de Dios y su ira santa. Todos los sacrificios eran presentados sobre dicho Altar, donde la justicia y la paz de Dios se besaban, y la misericordia y la verdad se encontraban (Lv. 17:8-9; Sal. 85:10).

La palabra «altar», sinónimo de sacrificio, significa «mesa (o "estructura") levantada». Pero el vocablo hebreo no lleva la idea de altura, sino de la inmolación de las víctimas que eran *levantadas* y puestas encima de un altar. En aquel lugar específico se derramaba la sangre de los sacrificios. Así se tipificaba la muerte redentora del Mesías, la expiación hecha por el Señor Jesucristo cuando fue LEVANTADO en la cruz (Lv. 1:8-9; Jn. 3:14-15; 12:32-33; Ef. 5:2). En el Sacrificio consumado sobre el Altar de la Cruz, Dios puede glorificarse a Sí mismo; allí podemos contemplar Su bondad hacia el pecador que es salvo, y la severidad justa hacia la Víctima que llevó nuestros pecados.

Nos hacen notar los comentaristas que se menciona el Altar en veinticinco libros del Antiguo Testamento y en siete del Nuevo

Testamento. Se le describe como «el altar», «el altar de bronce», «el altar del holocausto», «el altar del Señor tu Dios», y «tu altar». Altar y sacrificios eran los medios provistos por Dios para que los pecadores pudieran acercarse a Él. Y hoy el único medio es Cristo (Sal. 73:28; He. 7:19, 25). Los altares de aquel entonces podían ser de tierra o de piedras enteras sin labrar y no trabajadas con utensilios de hierro para no profanarlas (Éx. 20:24-26; Jos. 8:30-31). Todo esto es muy significativo y contiene preciosas enseñanzas.

La tierra nos habla de *humillación*, y nos recuerda al *postrer Adán* en su humanidad (Fil. 2:7-8) y su nacimiento virginal, pues el primer Adán, siendo tipo de Cristo, nació del polvo de una tierra aún virgen (Gn. 2:7; Ro. 5:14; 1ª Co. 15:47). El suelo materno del que fue sacado no había sido abierto todavía por el arado. Adán fue formado de la arcilla virgen por las manos de Dios. Y Cristo nació de una mujer virgen como el polvo terrestre del que fue tomado el primer hombre; el cuerpo humano de Jesús fue formado en el regazo materno de María por el Espíritu Santo (Mt. 1:18, 20; Lc. 1:35).

Adán tuvo a Dios por padre, y una tierra virgen por madre; Cristo fue engendrado en el seno de María virgen, pero tuvo a Dios por Padre. Ambos –Adán y Cristo– eran hijos de Dios (Lc. 3: 38); pero *el postrer Adán* en un sentido diferente y singular: Él es el Hijo *Unigénito* de Dios («[...] el segundo hombre, que es el Señor, es del cielo»: 1ª Co. 15:47; 1ª Jn. 4:9).

Asimismo, resulta interesante observar que, en el libro de Jueces, Dios permitió dos veces que Su altar fuese una roca natural, como nos hace notar E. Kirk (6:20-21; 13:19-20). De ambos salió fuego, y en el segundo caso el Ángel del Señor ascendió al cielo en la llama del altar. La piedra de aquella peña natural, que no necesitaba «labrarse» ni debía ser «trabajada» artificialmente, venía a ser figura del mismo Señor en su impecabilidad y perfección (1ª P. 2:4).

Ahora bien, el notable comentarista Matthew Henry nos informa de que los rabinos explican el simbolismo del *altar* haciendo que cada letra de la palabra hebrea *mzbj* (*mizbeaj* = altar), sea el comienzo de las cuatro palabras:

«*m*ajaylah» = perdón,

«*z*acoth» = gratitud humilde y contrita

«*b*erakhah» = bendición, y

«*j*ayyim» = vidas.

Así el altar apuntaba hacia la *vida*, y hacia las cosas que permanecen para siempre: verdad, justicia y santidad (comparar con la tríada de Ef. 5:9 y Tit. 2:12).

Siguiendo el bosquejo desarrollado por H. G. Braunlin, que nosotros hemos adaptado y complementado con nuestras propias aportaciones de investigación, consideremos las valiosas enseñanzas tipológicas que se desprenden del Altar del holocausto.

1. LA UBICACIÓN DEL ALTAR: LA NECESIDAD DE LA MUERTE DE CRISTO: ÉXODO 40:6, 29; LV. 4:7; LC. 9:22; JN. 3:14

El lugar donde estaba situado el Altar de bronce era a la Puerta del Tabernáculo, y era, por tanto, el primer objeto que se presentaba ante la vista de los israelitas; de modo que al entrar por la única Puerta del Atrio para acercarse a Dios, se encontraban con el Altar delante de sí, por lo que era accesible a todo el pueblo. No había otro acceso al Señor sino por medio de un sacrificio. Tal sacrificio, que proféticamente apuntaba al de Cristo, es necesario *antes* que la adoración o el servicio (1ª Co. 15:3; Ef. 2:13; He. 9:22; Jn. 14:6: «nadie viene al Padre, sino por mí»).

La posición del Altar delante de la Puerta del Tabernáculo constituía, pues, un detalle significativo. Recordemos las palabras que Dios dirigió a Caín: «Si obras bien, ¿acaso no es cierto que será levantado tu semblante? Y si no hicieres bien, he aquí la ofrenda elevada por el pecado *yace* a la puerta» (Gn. 4:7, sentido literal). El término «yace» podría sugerir, quizá, un animal como ofrenda para expiación. Parece que su hermano Abel ya había aprendido que el camino de acceso al Señor debía ser a través del derramamiento de la sangre de un sacrificio (Gn. 4:4; He. 11:4). Y mediante la ofrenda expiatoria de Cristo (He. 10:10) se ha cumplido en nosotros la realidad expresada en Ef. 2:13, «porque Él es nuestra paz» (v. 14).

El Altar fue el único lugar donde Dios se encontraba con Israel para reconciliación. Una víctima inocente era consumida allí para que no lo fuera el pecador. «El sacrificio por el pecado era quemado fuera del campamento, pero la grosura se quemaba en el Altar de bronce, y la sangre era llevada por el sacerdote una vez al año al Lugar Santísimo: Ex. 29:11-14; Lv. 4:12, 16-21; 16:14-19, 27». (Blattner). Así este ceremonial nos enseña que la cruz es el único lugar donde el Señor puede reunirse con los pecadores salvos y reconciliados con Él (He. 9:12; Ro. 5:10-11; 2ª Co. 5:18-19). Esto nos revela la naturaleza singular de la muerte de Cristo. Fue en la cruz donde el Inocente pagó la deuda del culpable, y una vez pagada la deuda, el pecador no puede ser juzgado después de haber confiado en Cristo, pues nuestros pecados ya fueron juzgados en Él (Jn. 5:24; Ro. 5:9; 8:1: «ninguna condenación hay para los que están en Cristo Jesús»; 1ª Ts. 1:10; 1ª P. 3:18).

Las palabras «reconciliación» y «expiación» están íntimamente relacionadas entre sí. El vocablo traducido «reconciliar» en Lv. 8:15 (heb. *kaphar* = cubrir) es traducido por «expiación» en Éx. 29:33 (heb. *kaphar* = cubrir). Y citando Éx. 29:36-37, Kirk hace esta reflexión: Nótese –dice nuestro comentarista– el proceso de preparación: «*Purificarás* el altar [...] y lo *ungirás* para *santificarlo*. Por siete días harás *expiación* por el altar, y lo *santificarás*». Y este *ungimiento* era séptuplo. Cuando *todo* se efectuó según el mandamiento divino, el Altar se convirtió en «un altar santísimo» (Éx. 40:10), y fue *dedicado* (Nm. 7:10-11, 88). Lo repetimos: todo esto nos presenta al Señor Jesús; no en el sentido de que Él necesitara limpieza alguna, porque Cristo es el Inmaculado Hijo de Dios, y Él estaba libre de pecado y era sin defecto; pero hacía falta un Altar purificado para representar a nuestro bendito Salvador (Ef. 5:2; Lv. 1:9, 13, 17; 1ª P. 3:15). Además, ni los sacerdotes ni los levitas recibieron ninguna heredad o porción: Dios era ambas cosas para ellos, y sus necesidades diarias eran suplidas gracias a las provisiones que por permisión divina podían tomar del Altar (Nm. 18:20; Lv. 10:12-15). Actualmente «tenemos un *altar*» (He. 13:10): Cristo es este ALTAR y el único Sacrificio ofrecido una vez para siempre; y de ese Altar los redimidos tenemos derecho a comer, porque el Señor es la porción y el alimento de su pueblo (Sal. 16:5; 1ª Co. 9:13; Jn. 6:33, 35, 48, 50-51, 53-57, 63).

2. LA FORMA DEL ALTAR Y SUS MATERIALES: EL ALCANCE DE LA MUERTE DE CRISTO: ÉXODO 27:1-2,8: «SERÁ CUADRADO [...] DE MADERA DE ACACIA [...] LO CUBRIRÁS DE BRONCE [...] LO HARÁS HUECO, DE TABLAS»

a) Era cuadrado, lo que indicaba igualdad y estabilidad. Esto nos habla de Cristo manifestando universalmente su obra de redención en los cuatro ángulos de la tierra y actuando en igualdad con Dios para consumar una salvación que estaría al alcance de todos (Jn. 5:17, 19, 21, 23; Mt. 28:19; Mr. 16:15; Lc. 24:47; Hch. 1:8; 1ª Jn. 2:2). La salvación ofrecida por Dios llega a todo el mundo: la cruz señala hacia todas las direcciones (Sal. 103:11-12; Jn. 3:16; Ef. 3:18). La enseñanza tipológica del Altar del holocausto es clara: desde que el pecador acude a la cruz, es salvo y está santificado; su salvación permanece estable en Cristo.

b) Era hueco y estaba formado por cuatro tablas que se apoyaban en un enrejado de bronce de obra de rejilla, colocado dentro (vs. 4 y 5); sobre aquel enrejado se encendía el fuego y se ponían los sacrificios. Blattner nos hace ver la relación del Altar con el

Propiciatorio situado en el Lugar Santísimo: «El enrejado de bronce del Altar estaba levantado al mismo nivel que el Propiciatorio. Como el Altar habla de justicia y juicio, y el Propiciatorio habla de misericordia, el hecho de estar al mismo nivel nos enseña que la misericordia y la justicia de Dios son iguales. No puede haber misericordia sin satisfacer la justicia por medio del sacrificio».

c) Se construyó con maderas de acacia (*shittim*), o sea, material procedente de la tierra; esta madera era de gran durabilidad, por lo que dicha característica viene a ser un símbolo adecuado de la humanidad del Hijo de Dios, sin pecado ni corrupción, y de su sacrificio (Sal. 1:3; Is. 53:2, 8; Sal. 16:10; Ro. 6:9).

d) Fue recubierto de bronce, símbolo de juicio. El bronce daba consistencia a la estructura del Altar, lo que nos habla de la fortaleza divina y la resistencia permanente manifestadas en Cristo para poder soportar el juicio de Dios sobre el pecado (Sal. 16:8; Is. 53:4, 10; Zac. 13:7; Mt. 26:39; 1ª Ti. 2:5-6). Vemos así que el Dios justo no perdonó a su propio Hijo a fin de podernos perdonar a nosotros (Ro. 8:32; 2ª Co. 5:21). Precisamente por esto Cristo se hizo carne al humanarse el Verbo Divino (madera: Jn. 1:14; Gá. 4:4): para que Él pudiera ser juzgado por nuestros pecados (bronce: He. 10:5-7).

Ahora bien, ¿por qué fue hecho de madera un altar en el que, como luego veremos, ardía el fuego constantemente? Ya dijimos que la acacia o *shittim* era una madera muy resistente, y de ahí que esta cualidad que se da en ella sirve para hacernos recordar que, teniendo que haber aparecido carbonizada y desfigurada, representaba al Mesías que sería objeto de la ira divina (Is. 14:52; 53:2); pero al estar esa madera revestida de bronce, que la protegía interior y exteriormente, se convierte en figura de la justicia de Dios ante el pecado y de Su santidad frente al pecador. «El bronce resiste las ardientes llamas que todo lo consumen, y vale decir que es una imagen de la manera en que nuestro Señor Jesús sufrió el ardor de la cólera de Dios, voluntariamente y con entera sumisión, pero también con una determinación única y una perseverancia sin parangón» (Rossel).

Por lo tanto, el metal nos habla de juicio y santidad, y la madera de sacrificio. Por eso al igual que lo primero que podía verse al entrar por la Puerta del Atrio era el Altar de bronce, así también lo primero que vimos en el principio de nuestra entrada a la vida cristiana fue el sacrificio de Jesucristo (He. 9:14). Dios, en su justicia, aceptó tal Sacrificio, siendo glorificado en él (Col. 1:20-22; He. 6:16-20). De modo que los cuatro lados del Altar corresponden a cuatro aspectos de la Redención:

– *Propiciación.* Acción que apacigua la ira de Dios, a fin de que su justicia y santidad sean satisfechas y pueda perdonar el pecado; por medio de la muerte de Cristo se hace propiciación para cubrir el pecado del hombre y para manifestar la justicia divina, habiendo llevado Cristo la culpa por la ley violada; esta fase tiene que ver solamente con la gracia de Dios: Ro. 3:24-26; 1ª Jn. 2:2.

– *Sustitución.* En el día de la Expiación, cuyo ceremonial vemos descrito en Levítico 16, encontramos ilustrada la lección de lo que significaba esta acción: Aarón colocaba las manos sobre la cabeza del macho cabrío y confesaba los pecados del pueblo; así Cristo llevó la culpabilidad del hombre ocupando nuestro lugar en la cruz: Is. 53:4-6; Jn. 1:29; 1ª P. 2:24.

– *Reconciliación.* Es un cambio en la relación entre Dios y el hombre que se produce mediante la obra redentora de Cristo; la enemistad entre Dios y el hombre pecador fue anulada por la muerte de Cristo, porque el pecado que nos separaba de Dios fue expiado en el sacrificio de la cruz, y así la culpa es perdonada y el hombre se reconcilia con Dios por la fe: Hch. 10:43; Ro. 5:10; 2ª Co. 5:18-20; Col. 1:20.

– *Rescate.* El vocablo «redención» contiene tanto la idea de la liberación de la esclavitud del pecado como del precio del rescate; la muerte de Cristo fue el precio de nuestra redención: Él vino a rescatarnos y el precio ha sido pagado; su obra redentora está completada y es definitiva, por cuanto Cristo nos ha librado de la pena que merecíamos y nos libra del dominio del pecado: Mt. 20:28; Hch. 20:28; Gá. 3:13; 4:5; Ef. 1:1; 1ª Ti. 2:6; 1ª P. 1:18-19; Ro. 6:14, 18, 22; 8:2. El término «redimir» (gr. *exagoráse* = rescatar) significa «comprar y sacar fuera del mercado» de una vez por todas, para que jamás, por ninguna circunstancia, se pueda volver al estado de esclavitud y a fin de que aquel que ha sido redimido nunca pueda ser puesto otra vez en venta.

3. LAS DIMENSIONES DEL ALTAR Y SUS CUERNOS: LA SUFICIENCIA DE LA MUERTE DE CRISTO: ÉXODO 27:1-2

El Altar de bronce era el objeto más grande de los muebles del Tabernáculo; su tamaño era de tales proporciones que se dice que todos los demás objetos podrían haber cabido dentro. Y esto nos sugiere que el sacrificio de Cristo es suficiente para nuestra salvación, mostrándonos por añadidura que todas las bendiciones que nosotros recibimos como creyentes están comprendidas en la muerte de Cristo (Ro. 8:28-39; Ef. 1:3-14).

a) *El significado de las medidas.* El número 5 predominaba en el Tabernáculo, y es el número que habla del favor divino manifestado a los indignos; ese favor inmerecido que Dios otorga a los tales es el que conocemos como *gracia*: Ro. 3:24. La palabra aquí traducida «gratuitamente» (gr. *doreán* = gratis) vuelve a aparecer en Jn. 15:25, y se traduce «sin causa» (lit. «me odiaron sin motivo»). Así que podríamos leer Ro. 3:24 de esta manera: «justificados sin motivo por su gracia». El mismo concepto de favor gratuito vemos en Lc. 2:14, donde el vocablo que indica «buena voluntad» (gr. *eudokías* = de *Su* buena voluntad) significa «la abundancia de las misericordias de Dios para con todos los hijos de su gracia»; literalmente la idea que expresa dicho término debería ser traducida así: «paz a los hombres que gozan de la gracia de Dios» (o «que son objeto de la benevolencia divina»). La promesa es que aquellos que conocen la gracia de Dios, y viven bajo Su buena voluntad, tendrán paz.

Es digno de mencionarse también que cuando Dios cambió el nombre de Abram por el de Abraham (Gn. 17:5), la modificación fue hecha de manera muy significativa al introducir en medio de su nombre la *quinta* letra del alfabeto hebreo, la *he*, el símbolo del número 5, antes de la última radical, y así «Abram» se convertía en «AbraHam». Abram (o Ab-iram), que significaba «mi Padre (esto es, Dios) es excelso» (o «enaltecido por Dios su Padre»), sería ahora Abraham, cuya identificación etimológica se asocia por la asonancia entre *raham* y *rab-hamón* (heb. *ab* = padre; *hamón* = muchedumbre), significando «padre de gentes». Algunos han supuesto que «Abraham» es una contracción de *ab-rab-hamón* = padre de multitudes, o sea, el padre de numerosos pueblos o naciones (Gn. 17:2, 4, 6; Ro. 4:11-12, 16-18). Y todo esto fue por *gracia*; gracia que vemos simbolizada por la letra *he* intercalada en el nombre de Abraham.

Pero el número 5, cuando se aplica al ser humano en relación con su naturaleza carnal, simboliza su flaqueza y debilidad. Uno de los nombres que se usa en hebreo para designar al hombre es el sustantivo *enowsh*, que señala la insignificancia o inferioridad del ser humano (Sal. 8:4), así como se habla igualmente de la ineficacia del sacerdocio transitorio levítico, mostrando la inutilidad del sistema sacerdotal aarónico «a causa de su debilidad» (He. 7:11-12, 18-19). Desde el punto de mira del hombre profano pudiera parecer que Cristo fue crucificado en debilidad (2ª Co. 13:3-4); sin embargo, en contraste con la debilidad del sumo sacerdote (He. 5:1-3), Cristo se dejó clavar en la cruz merced al poder de su amor divino (1ª Jn. 4:9-10).

El número 3 está asociado con la Deidad, porque son tres personas en un solo Dios. Pero aquí aparece conectado con el Altar, y por tanto es símbolo de la resurrección de Cristo después de su sacrificio en la cruz (Mr. 10:33-34; Jn. 2:19-22; 1ª Co. 15:3-4).

b) *El significado de los cuernos.* De los cuatro ángulos superiores del Altar salían otras tantas prominencias revestidas de bronce, en forma de cuernos (heb. *qarnot*), que eran parte esencial de él y constituían un mismo cuerpo con su estructura. Tales cuernos simbolizaban la fuerza (Dt. 33:17; Mi. 4:13) y ello nos habla del poder de la muerte de Cristo en su alcance universal (los cuatro puntos cardinales del mundo). Vemos ese poder manifestándose en Su resurrección victoriosa de entre los muertos (1º S. 2:10; Lc. 1:49, 69; Mt. 24:30; Ef. 1:19-21; Ap. 1:8, 18; 2:8), y, asimismo, dichos cuernos sugieren también el poder de la resurrección de Cristo obrando en nosotros (Fil. 3:10; Jn. 11:25; 1ª Co. 1:18, 24; 6:14; Ef. 1:19; 2:2, 5; Col. 3:1; 1ª P. 1:3; He. 2:18).

Por todo lo cual notemos los resultados del poder de la muerte de Cristo:

– En relación con el universo físico: Ro. 8:21; Col. 1:20.

– En relación con la raza humana: Ro. 5:10; Col. 1:21-22.

– En relación con el pecado del mundo: Ro. 3:25-26; He. 9:26; 1ª Jn. 2:2; 4:10, 14.

– En relación con el dominio de Satanás: Jn. 12:31-32; 16:9-10; 1ª Co. 15:24; Col. 1:13; 2:10, 15;

He. 2:14; Ap. 12:9-11.

– En relación con el imperio de la muerte: 1ª Co. 15:53-57; He. 2:15; Ap. 21:4.

Veamos ahora las siguientes enseñanzas que se desprenden de los cuernos del Altar:

❑ Los cuernos apuntaban hacia arriba, a Dios: Mr. 1:11; Jn. 3:13; Col. 3:2.

❑ Los cuernos señalaban que el hombre estaba abajo y, por tanto, afuera: Jn. 3:31; 8:23.

❑ Los cuernos eran usados para atar en ellos a la víctima propiciatoria, y así el Señor Jesús, por su amor hacia los pecadores, sería atado al Altar de la Cruz en obediencia a la voluntad de Dios: Sal. 118:26-27; He. 10:5-10.

❏ Los cuernos eran rociados con la sangre del sacrificio por el sacerdote, y allí encontraban refugio los culpables, pues éstos podían asirse de ellos para eludir el castigo, ya que el Altar era considerado como lugar de gracia y protección para el pecador, señalando una salvación consumada: Éx. 21:14; 29:12; 1º R. 1:50; 2:28; Jn. 17:4; 19:30; He. 7:25.

4. EL FUEGO DEL ALTAR Y LAS CENIZAS DEL SACRIFICIO: LA EFICACIA PERDURABLE DE LA MUERTE DE CRISTO: ÉXODO 29:14, 38-39, 42-43; LEVÍTICO 4:12; 6:9-13; 9:23-24

Diariamente, tanto por la mañana como por la tarde, eran ofrecidos los corderos en holocausto sobre el Altar; de manera que durante todo el día podía verse la ofrenda quemándose y la puerta abierta. Del mismo modo, el sacrificio de Cristo es siempre recordado por Dios y no pierde su valor ante Él; de ahí que la virtud de la muerte redentora del Cordero de Dios, inmolado por los pecados del mundo, permanece inalterable a favor de sus redimidos perpetuamente. Por lo tanto, esto no da pie a significar que el sacrificio cruento de Cristo debiera ser repetido, sino que el fuego ardiendo continuamente en el Altar habla de la eficacia eterna de la ofrenda que Cristo hizo de Sí mismo (1ª Co. 11:26; He. 1:3; 10:10-14).

Y aquí tenemos un detalle importantísimo. La frase de He. 10:12, «se *sentó* a la *diestra* de Dios», es una metáfora que indica el lugar de honor y autoridad que actualmente ocupa el Cristo glorificado en el Cielo, ya que Dios, siendo Espíritu purísimo (Jn. 4:24), no tiene mano diestra ni siniestra; pero, además, con esta expresión simbólica se da a entender la consumación de Su sacrificio, realizado de una vez por todas en el Calvario, por cuanto el gesto de estar sentado denota que ha cesado de ofrecerse en sacrificio (He. 10:18), pues el oferente debía permanecer de pie mientras oficiaba como sacerdote sacrificante, y sólo podía sentarse fuera ya del Santuario, cuando estaba acabada la ceremonia. Sin embargo, en Ap. 5:6, aparece el Cordero «*en pie como degollado*» (lit.), es decir, vivo, pero con las señales de haber sido sacrificado. «Estar en pie» es, por otro lado, la postura que simboliza a Cristo en su actual ministerio sacerdotal de intercesión. Aunque no se explicite dicha postura en He. 7:25, es altamente significativo que, en la expresión paralela de Ro. 8:34, aparezca el verbo «estar» en vez de «sentarse» (Lacueva).

Véase, en contraste, Mal. 1:11 (heb. *minhah* = ofrenda incruenta), comparándolo con He. 13:15 y Ro. 12:1; éste es el sacrificio de consagración que debemos ofrecer cada día y en todo lugar los creyentes.

Consideremos ahora el alcance de la eficacia de la muerte de Cristo:

– En relación con toda la humanidad: Is. 53:6; Jn. 1:29; 2ª Co. 5:19; 1ª Ti. 2:6; He. 2:9.

– En relación con los pecadores: Ro. 5:6-11; 1ª Ti. 1:15-16; 1ª P. 3:18.

– En relación con la Iglesia: Hch. 20:28; Ef. 3:10; 5:25-27; 1ª Ti. 4:10.

– En relación con nuestro destino futuro: Ef. 1:3; 2:6; 1ª P. 1:4; 2ª P. 3:13; Ap. 5:10; 20:4,6; 21:1-3; 22:3,5: «y sus siervos le servirán [...] y reinarán por los siglos de los siglos».

La eficacia de la muerte de Cristo está al alcance de cada individuo que quiera beneficiarse de la gracia salvífica que Dios ofrece al mundo (1ª Jn. 4:9). El general Booth dijo en cierta ocasión: «Amigos, Jesucristo derramó su preciosa sangre para pagar el precio de la salvación, y compró de Dios salvación suficiente para ofrecer a todos». Por otra parte, Israel veía las cenizas sacadas «fuera del campamento», y esto era una prueba de que fueron aceptados por Dios. Así la resurrección de Cristo es una evidencia de nuestra justificación (Ro. 4:25; He. 13:10-14) y una garantía de que «nos hizo aceptos en el Amado» (Ef. 1:6).

Dios nos aceptó en su Hijo, haciéndonos uno con Él. Literalmente: «para alabanza de la gloria de su gracia, con la que nos agració (o "con la que nos colmó de favores") en el Amado». Las cenizas del sacrificio testificaban simbólicamente de nuestra aceptación en Cristo. Es decir, Dios nos ha prodigado a manos llenas su gracia, especialmente de aceptación, por medio del Señor Jesucristo. Los creyentes hemos sido abundantemente agraciados en Él; agraciar significa llenar el alma de la gracia divina.

5. LA CUBIERTA DEL ALTAR: LA GLORIA VELADA DE CRISTO: NÚMEROS 4:13-14; HEBREOS 10:20

Cuando el campamento debía ponerse en marcha para trasladarse de lugar, el Altar era cubierto por un paño de púrpura y con pieles de tejones extendidas por encima. «No se hace mención del fuego sagrado; pero como, por mandato divino, tenía que guardarse siempre encendido, habría sido transferido a una vasija o brasero bajo la cubierta, y llevado por los portadores especiales» (Jamieson-Fausset).

Aquí tenemos, pues, la tela de púrpura como símbolo de realeza. Todos recordamos que la última visión que tuvo el mundo en su contemplación del Señor Jesús fue cuando le crucificaron como «Rey de los judíos» (Jn. 19:19-22). Y solamente los creyentes sabemos que la próxima visión que el mundo tendrá de Cristo será cuando Él vuelva como «Rey de reyes y Señor de señores» (Lc. 13:35; Mt. 26:64; Ap. 1:7; 19:11-16).

Pero entre tanto que el Señor viene, vemos su gloria cubierta bajo un símbolo de rechazamiento: los cueros de tejones; la gloria de su realeza mesiánica permanece velada a los ojos de un mundo incrédulo y como testimonio de que fue «despreciado y desechado entre los hombres» (Is. 53:2-3; Mt. 27:20, 26; Hch. 3:13-14). En efecto, Cristo tuvo que pasar por la débil y doliente carne de

su humanidad, que como un velo cubría la gloria de su divinidad
(He. 5:7; 2ª Co. 13:4).

6. ALTARES SIN GRADAS: LA CONDESCENDENCIA DE CRISTO: ÉXODO 20:24-26

La vía del sacrificio sería el camino del hombre hacia Dios. Pero
no se ofrecían sacrificios sobre la tierra porque el Señor la había
maldecido por causa del pecado del hombre (Gn. 3:17). De ahí
que los altares que Dios mandó erigir «conforme al diseño» eran
estructuras «elevadas», o sea, levantadas por encima de la tierra.
Recordemos que la palabra «altar» viene de *altus* = alto, aunque el
término hebreo *mizbeah*, de *zabach*, significa también «sacrificar»,
«inmolar», es decir, un lugar para el sacrificio. Un sacrificio que
era levantado encima del altar.

Y en relación con aquellos altares no podemos ignorar un último detalle altamente significativo: en ellos no había gradas o pelda-
ños de piedra por los que se subiera. Esto nos enseña que el hombre
no puede subir a Dios con su justicia humana sin exponerse al juicio (Is. 64:6; Job 25:4; Sal. 143:2; Ro. 3:20; Gá. 2:16). Es Dios quien
desciende hasta el hombre (Éx. 33:9; Hab. 3:13; Tit. 3:5-7).

Vemos la misma condescendencia divina manifestada por Cristo
en su encarnación, cuando como Hijo de Dios asumió naturaleza humana (Jn. 1:14; 1ª Ti. 3:16). En Zac. 9:9 leemos: «he aquí tu rey *vendrá a ti*»; desde la eternidad Él decide tomar la iniciativa y viene a
nosotros para traer salvación a su pueblo (Jer. 23:5-6; Mt. 1:21; 21:4-5).
Y también se muestra esa condescendencia con respecto a nuestra
elección para servicio: «No me elegisteis vosotros, sino que *yo os ele-
gí*, y os designé para que vosotros vayáis y llevéis fruto» (Jn. 15:16).

Resumiendo: el Altar de bronce era:
– Un lugar que implicaba derramamiento de sangre.
– Un lugar que hablaba de sacrificio aceptado por Dios.

– Un lugar donde la víctima propiciatoria debía soportar el juicio de Dios.
– Un lugar construido con madera procedente de la tierra y recubierta de bronce: el pecador necesitado de ayuda divina.
– Un lugar de estructura cuadrada y, por tanto, estable: la perdurabilidad de la obra salvífica.
– Un lugar que ofrecía seguridad: protección para el pecador.
– Un lugar de condescendencia por parte de Dios.

Y todo ello vuelve a señalarnos al Señor Jesucristo:

❑ Él se ofreció a Sí mismo y dio su sangre por nosotros: Mt. 26:28.
❑ Él fue ofrenda, sacrificio y aroma fragante: Ef. 5:2 (Éx. 29:18).
❑ Él es potencia de Dios: 1ª Co. 1:24.
❑ Él es poderoso para salvar: He. 7:25.
❑ Él es la Palabra hecha carne: Jn. 1:14; Ro. 1:3.
❑ Él fue atado al Altar de la Cruz: Sal. 118:21-27.
❑ Él es nuestro Altar: He. 9:11-14; 13:10-14.

6.

LA FUENTE
DEL LAVATORIO

ÉXODO 30:17-21; 38:8; 40:30-32; LEVÍTICO 8:11

Como unas diez veces aparece la palabra traducida «fuente» en esta sección de la Escritura para describir un receptáculo hueco o gran cuenco con capacidad para poder contener bastante agua; y aquí vemos que la fuente que se menciona estaba asentada sobre una base que la sostenía, lo que sugiere la idea de algo *firme* y *estable* (Sal. 89:2; 119:89). Pero a diferencia de los demás muebles del Tabernáculo, ninguna explicación se da acerca de la forma de dicho recipiente, ni nada se nos dice en cuanto a su tamaño y peso; el hecho de que no están registradas sus dimensiones quizá sea para enseñarnos que la gracia de Dios es *sin medida.* Tampoco hay instrucción alguna referente al modo de trasladar tal utensilio durante la marcha de un lugar a otro.

Sin embargo, en 2º Cr. 6:13 se habla de un «estrado» o púlpito que tenía las mismas dimensiones que el Altar del holocausto (Éx. 27:1), y es interesante notar que este vocablo («estrado») es el mismo que en Éx. 30:18 se traduce «fuente». El término hebreo para «fuente» es aquí *kiyor*, significando «lugar de lavamiento», y se usa para indicar cualquier vasija o depósito de tamaño grande, como una especie de pila que se utilizaba para lavar las manos y los pies; aunque a veces significa «caldero» (1º S. 2:14). Y parece que el agua con que llenaban la fuente se obtenía de la que manaba de la roca golpeada por Moisés en Horeb (Éx. 17:6; Jn. 19:34; 1° Co. 10:4).

Ahora bien, en 2° Cr. 4:2-6 se dice que la enorme vasija llamada «mar de fundición», que Salomón había hecho construir y que, al igual que el «estrado», formaba parte del mobiliario del Templo, correspondía, en su empleo, a la fuente; ese «mar de metal fundido» era redondo, y el pie sustentador en que se apoyaba era cuadrado. Podemos, pues, suponer que la fuente era también circular y su base cuadrada.

Además, la base conectaba la fuente con la tierra, pero al mismo tiempo la mantenía elevada sobre ella, enseñándonos (como sugiere Blattner) que estaba relacionada con el andar terrenal de un pueblo que tiene su ciudadanía en el Cielo (Fil. 3:20; He. 12:22-23).

Por otra parte, el agua para el lavatorio ceremonial era importante. «La imagen del agua es universalmente familiar y representa uno de los elementos más necesarios en el mundo físico. Sin ella no se podría mantener la vida ni un solo momento. Y así la hallamos en la Biblia como uno de los más importantes símbolos de cosas espirituales. Es figura de vida abundante y de poder. Allí en el Edén había cuatro ríos que regaban el jardín, y sin duda eran tipos de la gracia con que había de ser suplida la humanidad» (Simpson). Véanse Gn. 2:10-14; Sal. 46:4; Ap. 22:1-2.

En efecto, aquel río de Edén, que según leemos en el relato sagrado se dividía en otros cuatro ríos o brazos (lit. «cabezas»), es figura del Evangelio que tiene su origen en Dios. Los nombres de esos cuatro ramales o canales eran:

– *Pisón* = derrame, libertad.
– *Gihón* = que hace irrupción: salto o cascada, brotante, plenitud.
– *Hidekel* (Tigris) = flecha: que va con rapidez, correntoso.
– *Éufrates* (heb. *Perat*) = copioso: fertilidad, dulzura.

Y cada uno de estos significados los alcanzamos en Cristo.

1. LA COMPOSICIÓN DE LA FUENTE Y SU BASE: ÉXODO 30:18; 38:8

Ambas partes eran de bronce, que como recordaremos es símbolo de juicio. Ya vimos que el Altar, hecho del mismo material, nos enseñaba que el pecado era juzgado en el *pecador*, quien para poder obtener redención debía ser sustituido por la víctima propiciatoria que como tipo profético apuntaba al Cristo que ocuparía nuestro lugar asumiendo sobre Sí el juicio que merecíamos, y Él pudo hacerlo en virtud de su muerte vicaria (2ª Co. 5:21; Gá. 1:4). Pero la Fuente nos enseña que el pecado es juzgado en el *creyente* con fines disciplinarios y para retribución de nuestras obras (1ª Co. 3:13-15; 5:3-5; 11:31-32; 2ª Co. 5:10). Aunque nuestros pecados han sido ya expiados (He. 10:17), toda obra tiene que llegar a juicio para recompensa o pérdida de la misma.

El Altar hablaba simbólicamente de la obra de Cristo completamente terminada (Jn. 19:30). Pero la Fuente habla de la provisión ilimitada para todas nuestras necesidades, a fin de que podamos disfrutar de la entera plenitud de vida que Dios comunica al creyente en Cristo (Jn. 10:10; 1ª Jn. 5:11-12).

El Altar nos enseñó lo que haría Cristo ofreciéndose a Dios en sacrificio (He. 9:14). Pero la fuente nos enseña lo que hace en nosotros el Espíritu Santo juntamente con la Palabra de Dios (Sal. 1:2-3; 1ª Co. 6:11; Ef. 5:26). Ante la Fuente de bronce nos hallamos lavados, santificados, justificados y aceptos por la sangre de Cristo. El andar en luz y la limpieza son condiciones necesarias para mantener la comunión con Dios y con los hermanos (1ª Jn. 1:7; Pr. 4:18). De ahí que como «hijos de luz» debemos mostrar «el fruto de la luz» (Ef. 5:8-9).

2. LA PROCEDENCIA DEL MATERIAL DE LA FUENTE: ÉXODO 38:8.

¿De dónde se obtuvo el metal para construir la Fuente? De las mujeres israelitas que velaban permanentemente a la puerta del Tabernáculo, quienes se desprendieron de sus espejos de bronce bruñido y los donaron voluntariamente para servicio de la obra, expresando así su consagración y demostrando su amor por el Santuario de Dios, dejándonos ejemplo de su espíritu de sacrificio. Aquí tenemos, pues, la Fuente como si fuera un gran espejo formado de espejos.

«Aquellas muchachas solteras que consideraban un sagrado privilegio ser guardianas del santo recinto, siendo al mismo tiempo portadoras al pueblo de las ceremonias que allí se ejercían, dieron primero sus espejos y más tarde se dieron a sí mismas. Pero en esta época de mayor claridad y conocimiento espiritual, el orden es inverso: 2ª Co. 8:5» (S. Vila).

Aquel receptáculo construido con metal pulido que podía reflejar el rostro de las personas, y que tan útil era para mostrar a los sacerdotes su suciedad, representaba la heroica abnegación de unas cuantas jóvenes que, manteniendo una conducta digna y entusiasta, contribuyeron a la formación de la Fuente aportando lo más valioso que tenían para Dios, renunciando a sí mismas y manifestando que el servicio para el Señor prevalecía sobre la vanidad femenina. Cuando ellas fueron llamadas para ejercer su sagrado oficio, encontraron sus espejos favoritos convertidos en aquella preciosa fuente de metal. No habían sido mezclados con otros materiales, sino que se hallaban allí a su vista, en un constante uso para la honra y gloria de Dios. Y con el mismo espíritu de fervor debemos también nosotros darnos al Señor hasta «desgastarnos del todo», según indica el original griego de 2ª Co. 12:15, o como lo expresa tan gráficamente nuestro término castellano: *desvivirse* = gastar la vida (en el servicio de Dios).

De manera que la Fuente nos presenta en figura a Cristo, quien en su acción purificadora nos limpia de toda contaminación del pecado (Jn. 13:5-10; 1ª Co. 1:2; He. 10:21-22); y los espejos con el agua nos hablan de la Palabra de Dios limpiando (Sal. 12:6; 119:9) y de la unción del Espíritu para santificar (Lv. 8:10-11). El agua denota la Palabra escrita (Jn. 17:17; He. 4:12; Stg. 1:22-25). Pero la fuente señala a Cristo como la Palabra viviente (Dt. 18:18-19; Jn. 12:47-50).

3. LA FUNCIÓN DE LA FUENTE: ÉXODO 30:19-21

Es muy significativo que después de haber oficiado en el Altar, ningún sacerdote podía entrar en el lugar santo del Tabernáculo sin antes haberse lavado las manos y los pies en la fuente, a fin de estar limpio para servir en el Santuario. De este modo era conservada la idea de la santidad de Dios y de la purificación que Él demandaba de sus oficiantes. El Altar tenía que ver con los pecadores. Pero la Fuente era para los sacerdotes y tenía que ver con su separación para entrar en el Santuario y poder adorar. Así, la Fuente nos habla del proceso de la gracia santificante de Dios obrando en la separación de sus hijos con objeto de prepararnos para una vida de servicio. La enseñanza espiritual para nosotros es que llegamos a la santificación después de pasar por la Cruz.

Veamos ahora dos aspectos interesantes que aparecen en relación con la ceremonia del lavamiento de los sacerdotes:

Éxodo 40:30-32 no dice que Moisés, Aarón y sus hijos colocaran sus manos ni pusieran sus pies dentro de la Fuente, sino que ellos tomaban agua de ésta para lavarse. Y lo mismo ocurre en la obra de nuestra salvación (Ap. 22:17), pues como comenta el Dr. Lacueva: «En la Cruz del Calvario, Dios abrió para nosotros las fuentes de la salvación (Is. 12:3). Pero ahora es preciso que cada uno de nosotros vayamos a las aguas (Is. 55:1; Ap. 21:6) elevando nuestros ojos, por fe, al Crucificado (Jn. 3:14-15), para hacer nuestra la salvación obtenida por Cristo».

Luego –según nos hace notar Blattner– cuando Aarón y sus hijos, en el día de su consagración para el sacerdocio, fueron llevados a la puerta del Tabernáculo, allí fueron lavados enteramente por Moisés (Éx. 29:4; 40:12; Lv. 8: 6). Es decir, otra persona tenía que lavarlos; no podían hacerlo ellos mismos. Y esta ceremonia fue realizada una sola vez, no se repitió nunca. Esto simbolizaba la salvación que obtendríamos de una vez para siempre, y está de acuerdo con Tito 3:4-7.

Asimismo –siguiendo ahora a Braunlin– vemos también cómo en su función la Fuente nos muestra dos fases en el proceso de aquel lavaje ritual: y éstas vienen a complementar lo dicho.

a) *Lavamiento completo: Regeneración*: Éxodo 29:4. Éste era el primer paso en la consagración sacerdotal. La palabra «lavarás» significa aquí «lavar totalmente», como en Jn. 13:10: «lavado enteramente». En hebreo, el vocablo traducido por «bañar» es *rachatz*, y a veces *tabal* = mojar. En griego, y con el mismo sentido, tenemos los términos *loúo* y *bápto*, que significan «bañarse», «sumergirse». Esto habla de limpieza completa en el creyente que ha sido regenerado (Jn. 3:5,7; 15:3; Tit. 3:5; 1ª P. 1:23).

b) *Lavamiento constante: Santificación*: Éxodo 30:19. El segundo paso en la consagración de los sacerdotes consistía en que, una vez lavado todo su cuerpo, necesitaban solamente lavar sus manos y sus pies siempre que entraban al Tabernáculo para la adoración o para ofrecer sacrificios en el ejercicio de su servicio sacerdotal. Hallándonos «agraciados en el Amado» (Ef. 1:6) y aceptos por la sangre del sacrificio del Altar de la Cruz, nada más se necesita para ser libres del pecado que nos condenaba, pues ahora tenemos una posición perfecta y estable delante de Dios (He. 10:10, 14). Pero para nuestra preparación espiritual, en nuestro peregrinar terrenal, mucho nos falta aún... Todavía no hemos llegado al hogar celestial. Hay muchas pruebas que soportar, muchos lazos del diablo de los que debemos zafarnos, y muchas victorias que ganar.

La palabra usada en el original de Éx. 30:19, «lavarán», es un término diferente, significando un lavamiento parcial, o sea, aplicado sólo a partes del cuerpo, como en Jn. 13:5-14, donde Cristo hace la misma distinción entre «bañarse» y «lavarse». El vocablo hebreo es *nazah* = rociar, y en griego *nípto* o *raíno* = asperjar. Y esto halla su aplicación espiritual en nosotros en el proceso de nuestra santificación continua (Jn. 13:10: «lavarse»; Ef. 5:26; 2ª Co. 7:1).

4. LA DISPOSICIÓN DE LA FUENTE: ÉXODO 30:18

La Fuente estaba en el Atrio, entre el Altar del holocausto y la puerta del Tabernáculo. Nuestro pecado fue expiado por Cristo en el Altar de la Cruz. Pero ahora debe haber limpieza antes de que nosotros entremos a la presencia de Dios para adorarle y servirle (Sal. 24:3-4; 26:6; Is. 52:11; Jn. 13:8; 1ª Co. 6:11). Aun siendo creyentes, a menudo nos manchamos (1ª Jn. 1: 8, 10). Por eso Dios nos ha dado un recurso purificador y santificador: su Palabra, prefigurada por el agua de la Fuente, como dice Rossel. Y así la Palabra está a nuestra disposición para poder discernir todo lo que es incompatible con la santidad divina y a fin de no caer bajo juicio de muerte por nuestra negligencia (Éx. 30:20-21; 1ª Co. 11:30).

Estando bajo la dispensación de la Ley, en tiempos del Antiguo Testamento, la muerte se nos presenta como símbolo de comunión interrumpida: «se lavarán con agua, para que no mueran», según hemos leído. Pero en esta época de Gracia, bajo la que nos hallamos hoy, si el creyente no quiere ser limpiado por la Palabra, su vida terrenal puede ser acortada (Jn. 15:2; 1ª Co. 5:5).

La sangre de Cristo, esto es, su sacrificio aplicado mediante la conversión, quita la culpa y evita la condenación (Ro. 3:24-25; Ef. 1:7); pero queda el germen, la naturaleza pecaminosa, el «viejo hombre» (Ef. 4:22), productor de pecado, y por ello estamos expuestos a ensuciarnos constantemente con el pecado que nos rodea o asedia (He. 12:1). De ahí que debemos mirarnos en el espejo de la Palabra de Dios para percatarnos de nuestra suciedad moral (Stg. 1:23). Aquí Santiago compara la Sagrada Escritura a un espejo. El espejo refleja los rasgos de la persona misma, y así la Palabra de Dios muestra las imperfecciones espirituales del creyente.

Pero –como decía el Sr. Vila– podemos también mirarnos en el gran espejo formado por el sacrificio de algunas vidas consagradas al Señor desde tiempos antiguos. «Por tanto, nosotros también, teniendo puesta en derredor nuestro una tan grande nube de testigos [...] corramos con paciencia la lucha que nos es propuesta» (He. 12:1). Léase todo el capítulo 11 de la Epístola a los Hebreos. Y esto sin olvidar que nosotros somos igualmente espejo para otros (Ro. 12:1 y 1ª Ti. 4:12); espejos que no pueden evitar, porque viven y se mueven alrededor nuestro, los que nos llamamos hijos de Dios.

A la luz de cuanto hemos comentado, reconsideremos:
– La sangre de Cristo nos libra de la pena del pecado: Mt. 20:28; 26:28; He. 9:28; 1ª P. 1:18-19; 1ª Jn. 1:7; Ap. 1:5; 5:9.
– La Palabra de Dios nos juzga y limpia nuestro camino para guiarnos: Sal. 119:9, 105; Jn. 12:48; 15:3; 1ª Co. 11:30; 1ª P. 4:17.
– La Palabra de Dios no adula, sino que nos muestra tal como somos: Stg. 1:22-24; 1ª Co. 13:10 («lo perfecto» = gr. «lo completo y definitivo», es decir, las Escrituras completadas, según se indica en el contexto: v. 12, pues ahora podemos conocer o comprender cabalmente la totalidad de la revelación escrita, la cual nos escudriña y a la vez somos conocidos por ella: «entonces –cuando dispongamos de la revelación divina completada– conoceré perfectamente conforme también he sido conocido perfectamente», por cuanto Dios nos conoce completamente y nos revela nuestra verdadera condición a través de su Palabra); comparar Éx. 17:6 y Nm. 20:21 con 1ª Co. 10:4. Recordemos que del costado de Cristo salió san-

gre y agua: Jn. 19:34: «sangre» (*altar*: sacrificio redentor); «agua» (*fuente*: acción purificadora).

- La Palabra de Dios tiene sus propias credenciales: 2a Ti. 3:14-17; He. 4:12; 1ª P. 1:23-25; 2ª P. 1:19-21.
- La Palabra de Dios es reveladora y dinámica: Jn. 6:63, 68; 8:51; 12:49-50; 17:8; He. 11:3; 2ª P. 3:5; Ap. 1:1-3.
- La Palabra de Dios es para usarla: Mt. 4:4,7, 10; Ro. 1:16; 10:8-9; Ef. 5:26; 6:17; He. 6:5.

En conclusión: nuestra limpieza espiritual es prioritaria y de absoluta necesidad. Dejarnos juzgar por la Palabra y la obediencia a ella son requisitos imprescindibles para que nuestras vidas sean bendecidas y podamos ser útiles (Jn. 15:2-3, 7-8, 16). Al igual que el sacerdote tenía que lavarse o morir, así nosotros también tenemos que guardarnos limpios, o nuestra vida espiritual no prosperará nunca. Recordémoslo: no fueron dadas las medidas de la fuente, como tampoco hay límite a nuestra necesidad de purificación (1ª Jn. 1:9). Y así tenemos a nuestra disposición el recurso de una acción santificadora continua (Jn. 15:3; 17:17).

7.

LAS TABLAS DORADAS DEL TABERNÁCULO

ÉXODO 26:15-30; 36:20-34

Las tablas descritas aquí pertenecían al armazón y formaban propiamente el Tabernáculo (Éx. 39:33), donde Dios «habitaba» en medio de su pueblo (Éx. 25:8). Pero actualmente Él habita en su Iglesia (2ª Co. 6:16). El Tabernáculo estaba, pues, constituido por 48 tablas de madera todas iguales, recubiertas de oro, las cuales se hallaban unidas por tres grupos de cinco barras de madera, también revestidas de oro, que se extendían a lo largo de los tres lados del Tabernáculo. Cuatro de estos travesaños pasaban por anillos, igualmente de oro, afuera de las tablas y, por tanto, eran visibles desde el exterior; pero el quinto travesaño, que era la barra central que se encontraba en medio de las tablas de un extremo a otro, no podía verse desde afuera.

Asimismo, dichas tablas estaban distribuidas en el siguiente orden: 20 en el costado que daba hacia el lado del Neguev, al sur; 20 en el lado que daba al norte, y 8 orientadas hacia la parte occidental, de esta manera: 6 en la parte posterior, cuyos extremos –como dice el texto– miraban al occidente; y, además, una tabla suplementaria estaba colocada en cada uno de los dos ángulos, o sea, otras dos tablas complementarias, unidas desde abajo y perfectamente ajustadas por arriba con un gozne o argolla, lo que hacía un total de 8 tablas para la parte occidental.

Ahora bien, cada una de las 48 tablas, que medían respectivamente 10 codos de longitud por 1 codo y medio de anchura, estaba fijada por dos «espigas» o «quicios», mediante los cuales cada tabla estaba conectada sobre dos basas de plata; en total eran 96 basas: dos para cada una de las 48 tablas.

En opinión de Ryrie: «Al parecer las paredes del Tabernáculo no eran sólidas, sino que estaban construidas como un enrejado que permitía que la belleza de las cortinas de tela se viera desde el interior». Cuando nos adentramos a considerar el significado espiritual de cada elemento de esta estructura, nos sentimos sobrecogidos de admiración. Pasemos, pues, a desglosar ahora las enseñanzas tipológicas que se desprenden de las tablas que formaban el armazón del Tabernáculo.

1. LA PROCEDENCIA DE LAS TABLAS

Las tablas que estructuraban las paredes de aquella tienda representan a los creyentes fieles del pueblo de Dios, y por lo mismo el Santuario terrenal habla en tal sentido figurativo de la Iglesia del Señor en su peregrinar por este mundo, además de su tipología cristológica. La madera de esas tablas provenía de la tierra, de una clase especial de árbol, muy resistente y casi incorruptible, la acacia (heb. *shittim* o *shittah*). Braunlin dice: «Como la madera tipifica la humanidad de Cristo, también tipifica nuestra humanidad; cortada, despojada de su follaje natural» (Dn. 4:14; Lc. 3:9; Fil. 3:7-9).

Dichas tablas fueron antes árboles de hermosa apariencia, sustentados por la tierra; pero al ser cortados de su lugar de origen y separados de su raíz o tronco natural, dejaron de pertenecer a la tierra, perdiendo su vida. Despojados de sus ramas, aquellos árboles fueron aserrados y convertidos en tablas; «su nueva condición era estar en la tierra, pero no de la tierra, lo que ofrece un cuadro de los elegidos de Dios y del misericordioso trato de Dios con ellos» (Kirk). Jn. 17:11, 16; Ro. 3:19, 22.

Al parecer esta clase de árbol tenía espinas, lo que nos recuerda la maldición (Gn. 3:17-18; Gá. 3:10). Y siendo la única clase de madera adecuadamente disponible para el fin a la que fue destinada, nos recuerda también al Señor Jesús como el único medio disponible de salvación (Is. 53:2; Mt. 27:29; Gá. 3:13).

Además, el hecho de que las tablas fueran todas iguales nos enseña la igualdad de todos delante de Dios (Ro. 8:29; Ef. 4:13) y nos habla de que la Iglesia está siendo formada por individuos creyentes, todos viniendo a ser «uno en Cristo Jesús» (Gá. 3:28; Jn. 17:21-22; Ef. 2:15-16; 1ª P. 2:5).

2. LA NUEVA FORMA DE LAS TABLAS

Su nueva forma fue labrada por Bezaleel, quien las había alisado y pulimentado (Éx. 31:1-5; 38:22). Y como ya vimos, él es figura del Espíritu Santo obrando en nosotros y labrando nuestra nueva vida (Éx. 35:34-35; 36:1; comparado con Ro. 2:11; 1ª Co. 2:10; 6:10-11 y 2ª Ts. 2:13). Recordemos: no somos llamados a trabajar para Dios, sino a dejar que Él trabaje en nosotros para que seamos «hechos conformes a la imagen de su Hijo» (Ro. 8:29). Dejemos trabajar a Dios.

Pero notemos: no había espinas en la nueva forma de la madera, y así ahora «no hay ya espinas, pues el Señor Jesús quitó toda maldición de su pueblo al llevar el juicio» sobre Sí (Kirk). Y añade Blattner: «Nosotros también, en nuestro estado natural, somos como los árboles de la tierra [...] Pero Dios tiene que arrancarnos (Job 19:10; Ef. 2:4-10) y despojarnos de lo que es natural (He. 12:11). Somos Su hechura (Ef. 2:10)». En efecto, desgajados de la tierra a la que por naturaleza nos hallábamos arraigados, ahora ya no pertenecemos a este mundo en virtud de que gozamos, por gracia, de una nueva posición (Jn. 17:14).

Por otra parte, recordemos que Bezaleel usó a muchos colaboradores, así como igualmente el Espíritu Santo lo hace ahora (1ª Co. 3:9-10; 2ª Co. 3:5-6; 5:5).

Anteriormente mencionamos el número de tablas confeccionadas, y según comentaba Kirk: «Eran 48 en total, o sea, la multiplicación de 12 x 4, lo que nos recuerda no sólo a las 12 tribus, sino también a la Iglesia: los 12 apóstoles y los redimidos de los cuatro cabos de la tierra (Ap. 5:9). El número 8 (Éx. 26:25) habla de resurrección, pues debían *estar derechas* (v. 15), es decir, colocadas *verticalmente* (Versión Moderna)». No olvidemos que el Señor Jesucristo resucitó de entre los muertos al octavo día, esto es, el día después que seguía al séptimo (Mt. 28:1).

Pero el número 8 nos habla también de la nueva creación introducida por el poder de la resurrección de Cristo (Col. 3:1; 2ª Co. 5:17: «De modo que si alguno está en Cristo, nueva *creación* es»). Cristo es creador de una nueva humanidad. Y explica Bullinguer que, en hebreo, el número 8 es *sh'moneh*, de la raíz *shah'meyn* = hacer grueso, cubrir con grosura, sobreabundar. Como participio significa «uno que abunda en fuerza»; como nombre es «fertilidad sobreabundante», «aceite». De manera que como numeral era el número de una nueva serie, además de ser el octavo, y de ahí que es el número sobreabundante. Así Cristo, con su resurrección, trajo vida en plenitud para sus redimidos (Jn. 10:10, 28).

3. EL REVESTIMIENTO DE LAS TABLAS

Aunque trabajada y pulimentada, la madera de las tablas quedaba oculta bajo una cobertura de oro, que es como decir que estaba cubierta por el mismo dinero de la expiación. Pero aquí se trata de oro ordinario, porque, como dice S. Bartina, el texto distingue el oro ordinario (*zahab*) del oro puro (*zahab tahor*). El primero era una aleación. Por tanto, «cubrirás de oro» (Ex. 26:29) puede significar: dorado o guarnecido (recubierto) de oro. El oro puro y fino fue para los objetos del *Sancta Sanctorum*.

El oro es símbolo de la divinidad y de la gloria revelada: los querubines del propiciatorio eran de oro (Ex. 25:18; He. 9:5). Las tablas de madera revestidas de oro simbolizan, pues, a Cristo en su doble naturaleza: humana y divina. Así Dios también nos cubre con su justicia divina, por cuanto al reconciliarnos con Él somos hechos justicia de Dios en Cristo (Is. 61:10; 2ª Co. 5:20-21) y hace «aceptos en el Amado» a todos los creyentes que componemos su Iglesia (Ef. 1:6), llegando «a ser participantes de la naturaleza divina», ya que estando en Cristo somos cubiertos por el oro de su justicia (2ª P. 1:4; Ro. 3:24; Ef. 2:22; 1ª P. 2:5).

Asimismo, los adornos de oro del vestido de bodas de la hija del rey, que tipológicamente describe la relación de Cristo con su Iglesia, y proféticamente habla de la gloria de la Iglesia durante el Milenio (Sal. 45:10-15), simbolizan también la justicia divina que nos es imputada. Es así como sólo el ojo de Dios ve toda la hermosura de sus redimidos (1ª Co. 1:26-30; Gá. 3:26-27; Col. 1:27; 3:4), lo que viene a constituir un poderoso incentivo para vivir reflejando las glorias de la belleza moral de Cristo en nuestra vida diaria (1ª P. 1:15-16).

4. EL FUNDAMENTO DE LAS TABLAS

Cada tabla, como dice nuestro texto, descansaba sobre basas de plata (Ex. 26:19-21, 25), símbolo de redención, y tipificando de este modo la dependencia de cada creyente salvo, pues sabemos que las basas no procedían de las ofrendas voluntarias del pueblo, sino que fueron hechas del dinero de la redención (Ex. 30:12-16; 38:25-27).

Nótese que cada persona fue tomada del censo ordenado por Dios e incluida en el cómputo, y todas ellas fueron evaluadas igualmente (Ro. 3:22; 10:12). Así los méritos de la obra redentora de nuestro Salvador forma la base de toda bendición (1ª Co. 6:20;

Gá. 1:4; Ef. 2:6; He. 4:18-19; 1ª P. 1:18-19). Y de esta manera Dios ve a todos los creyentes en Cristo: vivificados, justificados y levantados a una nueva posición por gracia, descansando sobre el único Fundamento, «el cual es Jesucristo», y unidos divinamente y convertidos en morada de Dios (1ª Co. 3:11, 16; 2ª Ti. 2:19).

Observemos ahora lo siguiente: «*dos* basas debajo de cada tabla» (Ex. 26:21, 25). ¿Por qué este detalle? Para entender esta figura de redención debemos volver a Ex 30:11-16. Y hagamos nuestras aquí las palabras del hno. Kirk: «Toda enumeración debía acompañarse de una *ofrenda* por parte de cada persona, una moneda de plata de *medio siclo*, llamada *bekah*. Y, en consecuencia, dos personas estaban representadas por un siclo (el siclo del rescate: v. 13), importante lección en cuanto a *comunión*. No es menos interesante el hecho de que la plata era un medio de adquisición. Ellos eran (y nosotros somos) *pueblo adquirido*. Dios estableció *una suma*; ni el rico debía aportar más, ni el pobre menos; *todos* estamos a un nivel común ante Él». Porque, efectivamente, con respecto a la salvación tanto vale el rico como el pobre delante de Dios (He. 10:14; 1ª P. 2:9).

Además, en las dos basas *de* plata nos es presentada la redención en dos aspectos: somos redimidos de este presente siglo malo y *del* poder del enemigo; pero al ser redimidos, lo somos *para* Dios y *para* su gloria (E. Payne).

5. LA ESTABILIDAD DE LAS TABLAS

Las tablas no descansaban sobre la arena del desierto, sino que cada tabla necesitaba dos quicios, los cuales, introducidos en las basas de plata, mantenían encajadas dichas tablas, quedando así fuertemente afirmadas (Ex. 26:17, 19). La palabra traducida «espigas» es un término hebreo que significa literalmente «manos», de la misma raíz que «alabar», y es el vocablo común para «dar gracias». Pero aquí expresa la idea de agarrar o sujetar. Por medio de estos quicios cada tabla estaba conectada sobre sus correspondientes basas de plata.

Las espigas en las basas hablan de la fe en la sangre de Cristo, enseñándonos que cada uno debe echar mano de la salvación (Ro. 3:24-26; 1ª Ti. 6:19). Pero ambas «manos» colocadas en la plata de la redención hablan, también, de la doble virtud de la expiación obrada por Cristo:

- En relación con Dios: satisfizo todas las exigencias divinas a fin de poder reconciliar completamente con Él todas las cosas: Col. 1:20; 2ª Co. 5:19.
- En relación con el hombre: un conocimiento divino de este hecho satisface la conciencia humana: He. 9:14; 1ª Jn. 1:7.

Y así la obra eficaz de Cristo otorga firmeza al creyente (Ro. 5:1-2; 2ª Co. 1:24).

6. LA UNIDAD DE LAS TABLAS

Las tablas se mantenían unidas mediante cinco barras de la misma clase de madera y recubiertas igualmente de oro, las cuales ajustaban las tres partes de la pared; cuatro de dichas barras –como ya explicamos según dice el texto– pasaban por anillos también de oro y que estaban colocados en las tablas (Ex. 26:26-29; 40:18). Así Cristo mantiene la unidad de los creyentes (Ro. 12:5; Ef. 2:21-22; 4:3-7, 16), porque Él es «quien sustenta todas las cosas» y «todas las cosas permanecen unidas en Él» (He. 1:3; Col. 1:17).

Las cuatro barras visibles desde afuera representan el cuádruple testimonio público de la Iglesia, lo cual concuerda con Hch. 2:42: la doctrina de los apóstoles, la comunión unos con otros, el partimiento del pan y las oraciones.

El travesaño central invisible a ojos humanos, que pasaba por en medio de las tablas (Ex. 26:28), viene a ser una adecuada imagen de Cristo morando en cada creyente por el Espíritu Santo, quien lleva a cabo su obra de unidad entre ellos (Gá. 2:20; Ef. 3:17; 1ª Co. 3:16-17; 12:13). De ahí que es deber de todo creyente esforzarse «en guardar la unidad del Espíritu» (Ef. 4:3-7), porque estando los creyentes unidos en Cristo formamos un solo templo de Dios en la tierra: somos la *shekhinah* del Señor mientras la Iglesia esté aquí abajo. Asimismo, la totalidad de las cinco barras nos enseña otra lección: representan la organización de la Iglesia, los cinco dones ministeriales que son mencionados en Ef. 4:11: apóstoles, profetas, evangelistas, pastores y maestros. Los dones de apóstol y profeta permanecen vigentes a través de las páginas de la Escritura, y juntamente con los otros tres ejercen una función didáctica, pues los creyentes somos edificados sobre el fundamento de sus enseñanzas (Ef. 2:20; 4:12).

7. EL PERFECTO AJUSTE DE LAS TABLAS

La madera de *shittim* tuvo que ser sometida a los golpes violentos del hacha, pasar por la acción cortante de la sierra y puesta bajo un proceso de cepillado para que, desprendidas de toda aspereza, las tablas pudiesen encajar perfectamente entre sí, y esto nos recuerda las pruebas que debemos soportar como cristianos, pues la tribulación momentánea actúa como un vínculo aglutinante que contribuye a nuestra adaptabilidad y ajuste en la vida cristiana (Hch. 14:22; Ro. 5:3; 2ª Co. 4:17; Stg. 1:2-3, 12; 1ª P. 1:6-7; 4:12-13).

Pero, además, cada tabla fue afirmada por arriba y por abajo para que no hubiera fisuras o huecos ni quedasen espacios de separación entre ellas (Ex. 26:24; 36:29). La aplicación espiritual para nosotros aparece en Ef. 4:16: «todo el cuerpo bien coordinado y coligado entre sí mediante toda juntura». (Véase también Col. 2:19.)

Ya consideramos el hecho de que en la parte inferior de las tablas se colocaron basas de plata para asegurar su estabilidad; sin embargo, las uniones efectuadas por la parte superior eran mediante anillos de oro, símbolo del amor de Dios que desde arriba nos une.

Así, colocado en lo alto, el anillo habla de eternidad, y el oro es figura de divinidad, todo lo cual nos dice que el extremo celestial está más allá de nuestro alcance (Sal. 119:18, 27; Ro. 8:38-39; Col. 3:2-3).

Pero la redención terrenal hace apto para la gloria divina al que cree y confía en la obra de Cristo. De ahí, pues, que vemos el extremo terrenal descansando sobre la plata (1ª P. 1:18-21).

8. LA COLOCACIÓN DE LAS TABLAS

Cada tabla fue adaptada y puesta en su lugar correspondiente por Moisés (Ex. 40:18). Recordemos que Moisés, elegido por Dios para ser el instrumento de la liberación de Su pueblo, era también un tipo de Cristo. Y así sólo el Señor puede añadir los salvos a su Iglesia y poner cada miembro del cuerpo en el sitio que le corresponde (Hch. 2:41, 47; 5:14; 11:24; 16:5; 1ª Co. 12:12-14).

Nosotros igualmente, como aquellas tablas, hemos tenido que ser alisados y limpiados para quedar libres de toda inmundicia (Jn. 15:3; 1ª Co. 6:11; 2ª Co. 7:1, 11), a fin de ser colocados en el lugar donde el Señor quiera ponernos, ocupando así el puesto que Él nos haya asignado en su cuerpo (1ª Co. 12:18, 27), y permanecer de este modo en dicho cuerpo «estando bien ajustado y unido por la cohesión que los ligamentos proveen» (Ef. 4:16, La Biblia de las Américas).

RECAPITULACIÓN

Hagamos ahora un resumen de los aspectos más destacados que nos presentan el cuadro del redimido, según hemos estudiado:

a) Arrancado de la tierra por la fe: Gn. 12:1; He. 11:8; Jn. 17:16.

b) Una nueva condición adquirida por la gracia: Hch. 15:11; Ro. 3:24; Tit. 3:7; 1ª Jn. 3:1-2.

c) Sometido a un proceso de continua pulimentación por el Espíritu Santo: 2ª Co. 4:16; Ef. 4:22-24; Col. 3:9-10; Tit. 3:5-6.

d) Cubierto con una nueva hermosura por el oro de la naturaleza divina: 2ª P. 1:3-4; He. 12:10.

e) Descansando sobre un nuevo fundamento por la plata de la redención: 1ª Co. 3:11; 2ª Ti. 2:19; Ef. 1:7; Col. 1:14.

Y a través de estos aspectos somos contemplados continuamente por Dios. Pero añadamos tres consideraciones más como conclusión:

– Aparte del pueblo elegido de Dios, nadie podía estar incluido en el padrón ordenado por Él (Ex. 38:25-26). Así sólo los redimidos, escogidos en Cristo, tenemos nuestros nombres escritos en el libro de la vida: Ef. 1:4; Fil. 4:3; He. 12:23; Ap. 3:5; 13:8; 20:15; 21:27.

– La palabra «pasare» en el original de Ex. 30:14 (lit.: «todo el que pase a los contados», o sea, cualquiera que pasare por la cuenta del censo) sugiere un rebaño de ovejas pasando bajo el cayado del pastor al ser contadas. Así el Buen Pastor nos conoce por nuestro nombre y cuida de nosotros: Jn. 10:3-4, 14-16.

– De toda la plata reunida, 100 talentos fueron separados para igual número de basas (Éx. 38:27). Es decir, una medida exacta: ni uno más ni uno menos. Así la medida divina es igual para todos, sin discriminación de personas: Lv. 17:11; Hch. 10:34-36.

8.

LAS CUBIERTAS
DEL TABERNÁCULO
Y SU PUERTA

ÉXODO 26 Y 36

Tenemos ya levantado el armazón del Tabernáculo. Recordemos que en hebreo es *ha-miskhán*, de *shakhán* = habitar, por lo que literalmente significa *morada* o *habitación*. Recuérdese también que el Santuario (*miqdas*) era un lugar santo, pero el Tabernáculo (*miskhán*) era un lugar de morada, una mansión. Y, como vimos, era una estructura formada por tablas de *shittim* (o acacia nilótica), revestidas de oro. Quien viera entonces aquel armazón estaría contemplando una casa dorada, sin techumbre, cuya puerta de entrada era una cortina. Vamos ahora, pues, a colocar el techado, y así llegamos a las cortinas que cubrían por encima esta santa morada.

Citamos la siguiente nota de Braunlin: «El lugar cubierto por cortinas de lino se llamó *Tabernáculo* (*miskhán*); las cortinas de pelo de cabra para cubierta (techo) fue llamado *Tienda* (*ohel*); y el doble techo de cueros de carnero y de tejón se llamó Cubierta. (Comp. Nm. 3:25 y 4:25)». Pero recordemos que el término *ohel* se aplicaba también al Tabernáculo de Reunión.

Encontramos en los capítulos indicados que la Tienda tenía cuatro cubiertas formadas por dos cortinas y dos cubiertas. «Una de las cubiertas fue hecha de cueros de tejones, y la otra de cueros de carneros teñidos de rojo. Debajo de éstas se encontraban las dos cortinas, una hecha de pelo de cabras, y la otra de lino torcido» (Blattner).

Las cortinas y cubiertas del Tabernáculo, que formaban la morada de Dios, eran figura y tipo de nuestro Señor Jesucristo, pues cada una de éstas muestra simbólicamente alguna característica de la obra redentora del Mesías, ya que en su conjunto nos habla muy claramente de Aquel que es nuestra cobertura perfecta, porque Él cubrió nuestro pecado (Sal. 32:1-2; Ro. 4:6-8).

1. LAS CORTINAS DEL TABERNÁCULO Y LA CUBIERTA DE LA TIENDA: EX. 26:1-13; 36:8-18

Como siguen explicando nuestros comentaristas, las cortinas (heb. *yericot* = velos, tapices o grandes telas) de lino que constituían la cubierta interior, llamada propiamente el Tabernáculo, formaban un techo sobre el espacio cerrado por las tablas del Santuario, y cubrían así interiormente dichas tablas por tres lados; la parte de enfrente se cerraba con un cortinaje que colgaba, separadamente, de los otros tres lados.

Ahora bien, nótese que el orden en que los colores son mencionados aquí es diferente del de los otros lugares, pues en tanto que, para las cortinas de las entradas y para el velo, el azul se menciona en primer término, vemos que para la cubierta del Tabernáculo es nombrado, en primer lugar, el lino fino. Este detalle nos presenta la obra de Cristo abarcando el pasado, el presente y el futuro.

a) *Primera cubierta: la cortina de lino torcido:* Ex. 26:1-6; 36:8-13. «En estas diez cortinas de lino fino había obra recamada en los mismos colores que hallamos en la puerta del Atrio, es decir, azul, púrpura y carmesí; solamente que en estas cortinas se dejaban ver por los diferentes colores las figuras de querubines, cosa que no hallamos en las cortinas de la puerta» (Payne). Estudiemos el significado de esta primera cubierta, así como el de los demás colores bordados en el lino.

- Lino torcido: *pasado*. Nos habla del carácter inmaculado del Señor, pues el lino fino del Tabernáculo, donde «habitaba» Dios, prefiguraba al Cristo sin pecado, el Hijo de Dios hecho carne, morando entre nosotros, y en quien la gloria del Padre habitó (Jn. 1:14; 14:9-10; Col. 1:15; 2:9; He. 1:3; 2ª Co. 4:6; He. 7:26; 9:14; 1ª P. 2:22). El lino seco y batido sugiere, además, la muerte de Cristo, quien es el fundamento de nuestra justicia (1ª P. 1:18-19; Ap. 1:5; 1ª Co. 1:30; 2ª Co. 5:21; Fil. 3:9). Pero las cortinas de dicha cubierta representan también a los creyentes tal como somos vistos en Cristo: «agraciados en el Amado» y salvos para siempre, y todo ello en virtud de la obra perfecta que nuestro bendito Salvador consumó en el pasado (Ef. 1:6; 1ª Co. 6:11; 15:2; He. 7:25; Ap. 19:8).

- Azul: *presente*. Aquí tenemos el origen celestial de Cristo y su gloriosa divinidad. ¿Qué hace Cristo ahora? Está edificando su Iglesia, está ejerciendo su función de Mediador entre Dios y los hombres, y en su actual ministerio sacerdotal está intercediendo a la diestra de Dios por los suyos (Mt. 16:18; 1ª Ti. 2:5; He. 12:24; Jn. 17:9, 20; Ro. 8:34; He. 7:25; 9:24; 10:12).

- Púrpura: *futuro*. La realeza de Cristo velada. La manifestación de Cristo como Rey es todavía futura (Sal. 2; 45; 110; Is. 9:6; Lc. 1:32). Es interesante notar una vez más que el lugar que ocupaba este color en el orden registrado era en medio, lo que sugiere que la majestad del Mesías divino se halla oculta por ahora a los ojos del mundo (Mt. 2:2; Jn. 18:33-37).

- Carmesí: *futuro*. La soberanía de Cristo revelada. Cristo como Salvador, pero aquí con una proyección que abarca la culminación y el triunfo de su obra salvífica, apuntando hacia la gloria venidera de su reinado como «Rey de reyes y Señor de señores» (Jer. 46:18; Zac. 14:9; 1ª Ti. 6:14-15; Ap. 19:11-16).

❑ *Los querubines de la cubierta*. Los querubines de obra primorosa, hechos del mismo material que las cortinas, indicaban la presencia divina (Sal. 80: 1). «Los querubines entretejidos en esta cubierta tienen un particular significado. Cuando Moisés, Aarón y los hijos de éste entraban en el Santuario y levantaban los ojos, veían estas reproducciones de seres celestiales. En este contexto no es difícil advertir que esos querubines, en relación con la asamblea, expresan una intención divina, a saber: Ef. 3:10-11» (Rossel). La enseñanza para nosotros es que debemos conducirnos de manera consecuente con nuestra fe, porque las huestes angélicas de Dios nos contemplan y observan permanentemente nuestro andar.

❑ *Las cortinas y sus medidas*. Vemos *dos* grupos de *cinco* cortinas unidas entre sí, y las *diez* formando una cubierta. Las cortinas unidas una con la otra formaban «una sola Habitación» (Ex. 26:6 y 36:13, Versión Moderna). Así la unión con Cristo es la única base para la unidad de Su pueblo, pues Él nos ha unido para formar un solo cuerpo, y esta obra de unidad atribuye toda la gloria a Aquel que es la cabeza del cuerpo (Jn. 17:21-22; Col. 1:18). Por tanto tenemos aquí: 10 = responsabilidad: Cristo asumió toda responsabilidad delante de Dios y ante el hombre (Hch. 2:22-24; He. 10:5-10); 5 = el poder de la gracia soberana de Dios obrando en cosas pequeñas para usarlas; 2 = comunión, recordándonos que ahora judíos y gentiles son *uno en Cristo* (Ef. 2:12-16). Pero notemos también las medidas que se nos dan: veintiocho codos de longitud (4 x 7 = 28) y cuatro codos de anchura: 4 = universalidad (no confundir con universalismo); 7 = perfección. Cristo cubriendo completamente a sus redimidos de toda la tierra (Ap. 5:9).

❑ *Las lazadas y sus corchetes*. Cincuenta lazadas (heb. *lula'ot*) de azul unían las cortinas entre sí, y cincuenta corchetes de oro las enlazaban unas con otras, de tal manera que diera la apariencia de ser una sola cortina y el conjunto formara una sola cubierta: la primera. Ahora bien, 50 es el número de la liberación y el reposo (jubileo), lo que nos habla de nuestra posición y condición: la unidad celestial que tenemos en Cristo, unidos y sentados «en los lugares celestiales con Cristo Jesús» (Mt. 11:28-29; He. 4:9; Col. 1:13; Ef. 1:10; 2:6). Y esto nos hace recordar, además, Pentecostés, que significa «quincuagésimo día». Pentecostés recibe, pues, su nombre de *pentekonta* = cincuenta. La fiesta de Pentecostés se celebraba cincuenta días después de la Pascua judía. Y cincuenta días después de la resurrección de Cristo, «cuando llegó el día de Pentecostés», descendió el Espíritu Santo sobre los discípulos que estaban congregados en el aposento alto, marcando este evento el comienzo de la Iglesia (Lv. 23:15-21 con Hch. 2:1-4). Pero los cincuenta corchetes de oro nos enseña también que las múltiples actividades de Cristo estaban unidas en un solo propósito: glorificar a Dios Padre (Jn. 13:31-32; 17:1,4). Y éste debe ser igualmente nuestro propósito prioritario como hijos de Dios, estando ya sentados con Cristo en los lugares celestiales (Ro. 15:6; 1ª Co. 6:20; Ef. 2:6).

Imaginemos la escena. El sumo sacerdote hebreo entraba en el complejo interior del Tabernáculo y veía a su alrededor una pared de oro. Si miraba hacia abajo, contemplaba la tierra árida del desierto; si miraba hacia arriba, veía una semblanza del cielo: una cortina de cuatro colores: azul, púrpura, carmesí y el blanco del lino. Y toda esta amalgama de tonalidades le anunciaba que se encontraba en el lugar donde se manifestaba el Señor. ¡Era como estar en el cielo de Dios! Y así es con nosotros (Ef. 2:6; He. 10:19-22).

b) *Segunda cubierta: la cortina de pelo de cabra*: Ex. 26:7-13; 36:14-18. Esta segunda cubierta, como la anterior, constaba también de dos piezas: seis cortinas a un lado y cinco al otro; la parte sobrante colgaba de suerte que caía «hacia el frente de la parte delantera de la tienda» (literal de Ex. 26:9), y la otra mitad en la parte posterior. El conjunto de ambas piezas, que constituían las once cortinas llamadas propiamente la *Tienda* (*ohel*, término traducido *cubierta* en Éx. 26:7,11, y *tienda* en los vs. 12-14 y en 40:19), estaban encima del Tabernáculo y lo cubrían, protegiéndolo contra toda suciedad del exterior; formaban una cubierta mayor que la de las cortinas de lino y llegaban hasta el suelo, escondiendo de este modo las telas preciosas del complejo interior.

En palabras de Payne: «La juntura hecha por los corchetes, tanto en el Tabernáculo de lino fino como en la Tienda de pelo de cabras, caía justamente por encima de donde se colgaba el Velo que separaba el Santuario del Lugar Santísimo. La cortina de pelo de cabras, que era la que excedía en anchura a la cortina de lino fino, caía delante del Tabernáculo, y los dos codos que tenía más de largo, caían uno a cada lado del Tabernáculo, cubriéndolo por completo».

Recordemos que se sacrificaron machos cabríos como ofrenda por el pecado (Lv. 9:15; 16:9), y de ahí que el pelo de cabra (vestimenta de los profetas) se usara para confeccionar estas cortinas, que simbolizaban el sacrificio de Cristo y hablan de separación para Dios: Cristo *separado* del pecado, pero *hecho pecado* para poder ser la ofrenda por nuestros pecados (Is. 53:10; Hch. 3:15; Ro. 5:9; He. 9:28; 10:17; 2ª Co. 5:21).

Sigue diciendo el citado comentarista: «Estas hermosas cortinas tenían sus medidas exactas, enseñándonos el valor y aprecio en que Dios tenía a lo que representaban [...] En muchos versículos tenemos las palabras *tabernáculo del testimonio*, donde debe decir *tienda de la congregación*, pues indican el lugar de encuentro entre Dios y su pueblo. La palabra *testimonio*, y no *congregación*, está bien en Números 9:15 y en algún otro versículo. La verdad espiritual presentada por esta Tienda de pelo de cabras que cubría el Tabernáculo, entendemos ser Jesucristo, en quien el creyente tiene un feliz encuentro con Dios [...] Como la cabra era la víctima especial de expiación de pecado, su pelo debe recordarnos la obra de expiación de todos nuestros pecados que hizo Jesucristo».

Y no menos interesante es el comentario que aporta Blattner. «Estas cortinas de pelo de cabra –dice– se componían de once tiras (una más que las de la cortina de lino torcido). La tira extra colgaba sobre la puerta del Tabernáculo, de modo que el que entraba la veía y podía recordar la expiación hecha, por cuyo mérito tenía él libre entrada el Lugar Santo. Esta tira *extra* nos hace pensar en la frase *mucho más* que ocurre cuatro veces en la Epístola a los Romanos, cap. 5 (vs. 9-10, 15 y 17). Quiere decir que cuando Cristo murió, Dios fue más glorificado en su muerte de lo que había sido deshonrado por el pecado; y el creyente gana más por la muerte de Cristo de lo que perdió por el pecado de Adán. Diez mandamientos violados, pero *once* tiras nos dicen que la expiación ha sido amplia y alcanza para *mucho más* que las consecuencias del pecado.»

– *Las medidas de estas cortinas y sus broches.* Lo mismo que las cortinas interiores, éstas formaban dos cuerpos unidos mediante cincuenta lazadas y cincuenta corchetes de metal (aquí no de oro, sino de bronce), otro detalle singular como veremos. De esta manera, pues, juntadas las cinco cortinas a las otras seis, constituían un total de once y componían una cubierta completa para la parte superior, posterior y costados del Tabernáculo, formando así un todo, o sea, una sola Tienda. Notemos ahora:

❑ «Diez y uno insinuaría una reunión más *Uno*: el Señor en medio de los suyos (Ex. 25:8; Mt. 28:20). Además, los números 5 y 6 hablan de gracia y justicia, respectivamente» (Kirk). Ciertamente, la gracia divina suple la insuficiencia de la justicia humana.

❑ Treinta codos de longitud (3 x 10 = 30): la perfección de la obra divina (Jn. 19:30; Ef. 4:12; He. 10:14). «Cristo tenía 30 años al comenzar su ministerio: Lc. 3:23; José, su tipo, era de la misma edad cuando fue presentado delante de Faraón: Gn. 41:46: David también cuando comenzó a reinar: 2º S. 5:4» (Bullinguer).

❑ Cuatro codos de anchura: el número 4 habla del nuevo orden divino abarcando los cuatro ángulos de la tierra (Ap. 5:9; 7:9).

❑ Cincuenta corchetes de bronce (el mismo metal que hallamos en el Atrio). Si recordamos que el bronce es figura de juicio divino, entenderemos que esa cortina o cubierta representaba proféticamente la obra de Aquel que «cuando vino el cumplimiento del tiempo» soportó la ira justa de Dios en lugar del pecador (Nm. 28:15; Is. 53:4-6; Gá. 4:4-5).

❑ Además, el pelo de cabra y el bronce nos dicen también que la única unidad que Dios aprueba es la de la justicia (bronce) y la santidad (pelo de cabra), esto es, separación del pecado, porque Cristo llevó a cabo un sacrificio expiatorio absoluto e irrepetible (He. 9:24-26); y en la cruz ambas cosas –justicia y santidad– vienen a ser una cobertura para todo creyente que confía en la obra de Cristo (Sal. 85:2; Ro. 4:7).

Recordemos, asimismo, que en el Antiguo Testamento la palabra «expiación» se usa para traducir los términos hebreos que significan «cubierta» o «cubrir». El verbo *kaphar* (que, de la raíz *kfr*, expresa la idea de hacer expiación, o reconciliación: Ex. 30:16) tiene literalmente el sentido de *cubrir, cancelar* o *borrar*. (En Gn. 6:14 se traduce «brea», y en 32:20, «apaciguar»). Es decir, que tanto el sustantivo como el verbo de este término parecen estar estrechamente relacionados con dicha raíz, significando entonces cubrir el pecado del hombre o anular la acusación en contra de una persona por medio del derramamiento de sangre (Ro. 5:9-11; Ef. 1:7; Col. 1:20-22; He. 9:22).

Las ofrendas levíticas podían «cubrir» los pecados de Israel hasta la cruz y en anticipación de la cruz, pero no tenían el poder de «quitarlos» (He. 10:4). Éstos son «los pecados pasados» («cubiertos» temporalmente por las ofrendas levíticas) que Dios «en su paciencia» había «pasado por alto» (Ro. 3:25). Por este acto de pasar por alto aquellos pecados, la justicia de Dios no fue vindicada sino hasta que Jesucristo fue puesto «como propiciación» en la cruz. Estrictamente hablando, fue en la cruz y no en las ofrendas levíticas que la expiación se efectuó. Los sacrificios del Antiguo Testamento eran un tipo de la cruz y «la sombra» (He. 10:1) de la realidad que había de manifestarse en Cristo (Scofield).

2. LAS CUBIERTAS SIN MEDIDAS: EX. 26:14; 36:19

Continuamos viendo el resto de las cortinas de la Tienda que formaban la cobertura que cubría la parte superior del Tabernáculo. Sigamos considerando:

c) *Tercera cubierta: pieles de carneros teñidas de rojo*: Ex. 26:14a; 36:19a.

Estos cueros son llamados «cubierta», palabra que expresa la idea de ocultar o esconder a los ojos de alguien. Cubrían así la hermosura de lo que había debajo de la vista del hombre, no de la vista de Dios. Dichas pieles o cueros solamente podían usarse como tales cuando los animales a los que pertenecieron habían sido sacrificados. Sugieren, por tanto, sustitución y sacrificio. Esas pieles estaban «curtidas en rojo», color de sangre; «sangre» proviene de una raíz hebrea que significa «rojo».

El carnero era el animal que fue escogido por Dios como víctima que debía ser sacrificada con motivo de la consagración de los sacerdotes (Ex. 29:15, 19, 26, 33). Esta cubierta habla, pues, de la consagración de Cristo ofreciendo su vida hasta la muerte (Fil. 2:8), lo que nos enseña que únicamente por la sangre de Cristo derramada en la cruz (Mat. 26:28) podíamos obtener «la cubierta» para nosotros: Gn. 22:13; Mr. 8:31; Ro. 3:24; 5:6, 8; Gá. 2:20; He.12: 2-3; 1ª P. 3:18.

Además, tanto la palabra «cabra» como el vocablo «carnero», vienen de la raíz de un verbo hebreo que significa «poder», lo que bien se corresponde con He. 2:18; 7:25; Jud. 24.

Pero esa cubierta nos hace ver también la completa dedicación con que los redimidos debemos consagrarnos al Señor: 2ª Co. 5:15; Ef. 5:2.

d) *Cuarta cubierta: pieles de tejones*: Ex. 26:14b; 36:19b. Era una cortina exterior, llamada igualmente «cubierta», que iba encima, siendo la única que se veía desde la parte de afuera, junto con el velo de entrada al Lugar Santo. Estos cueros de tejones no estaban curtidos, sino que eran de tosca apariencia, es decir, carecían de atractivo; por su aspecto desagradable no mostraban la hermosura interior del Santuario. Pero tenían una cosa: eran famosos por su resistencia y presentaban condiciones especiales para adaptarse a cualquier clima dada su impermeabilidad, pues la lluvia y el polvo no podían traspasarlos. Y en todos estos detalles o características encontramos lecciones enriquecedoras.

«Para ver las cortinas y sus bordados, el oro de las tablas y los diversos objetos del Lugar Santo y del Lugar Santísimo, era preciso penetrar en el Santuario. Desde el exterior sólo se veía esta cubierta da pieles de tejones. Así era Cristo en este mundo: para descubrir sus distintas glorias era necesaria la fe que discernía en Él al Hijo de Dios. Pero, para los demás, no había parecer en Él, ni hermosura para desearle (Is. 53:2)», comenta Rossel. De ahí que la cubierta de cueros de tejones nos enseña lo que era Cristo según la opinión de las gentes y habla de su humillación (Is. 53:3; Fil. 2:8).

«Las Sagradas Escrituras habían anunciado que el Mesías, en su primera venida, debía ser despreciado y desechado entre los hombres, como en efecto lo fue, a pesar de que iba haciendo el bien a todos los necesitados del pueblo» (Payne).

Pero como dice Blattner: «La cubierta exterior era tan necesaria como la hermosa cortina interior. La humillación de Cristo era tan necesaria como su gloria [...] Recordemos que la gloria moró dentro». (Ex. 40:34-35).

En su estado de humillación el Señor fue menospreciado y no revelaba su gloria; sin embargo, un día será reconocido y entonces su gloria se mostrará visiblemente: «Tus ojos contemplarán al Rey en su hermosura» (Is. 33:17; Jn. 1:10-11; 1ª Co. 1:23-24; Col. 2:2-3).

Asimismo, el mundo nada ve de atractivo en el pueblo de Dios. El creyente ha sido siempre aborrecido y perseguido por causa del Nombre, y está sometido a constantes burlas a consecuencia de su testimonio (Mt. 10:22, 24-25; Jn. 15:18-19; Hch. 5:41; 1ª Jn. 3:1).

Por eso el autor de Hebreos exhorta a la Iglesia a servir al Señor por este mismo camino de humillación, llevando Su vituperio (He. 13:12-13). Pero Dios ve la hermosura interior, y en ella encuentra su delicia (1º S. 16:7; Cnt. 1:5; 1ª Co. 1:26-29). Así también el mundo verá en nosotros, si permanecemos fieles al Señor, algún reflejo de esta belleza espiritual.

La peculiaridad de resistencia que tenían tales cueros –como hemos mencionado– y la condición de impermeabilidad de dicha cubierta, nos habla del carácter inflexible de Cristo hacia el pecado y de su impecabilidad. Él estaba impermeabilizado contra el mundo y el pecado (Lc. 4:1-13).

Resumiendo: *Cuatro* clases de telas –según hemos visto– resguardaban el Tabernáculo: dos grupos de *cortinas* y dos *cubiertas*; así como tenemos *cuatro* Evangelios y las puertas de perlas de la Jerusalén Celestial, orientadas hacia los cuatro puntos cardinales (Ap. 21:12-13, 21). Y todo este conjunto de cortinas y cubiertas constituye una preciosa alusión a la obra de Cristo a favor de su pueblo, tomado de los cuatro extremos del mundo (Mt. 24:31; Lc. 13:29). En Ap. 5:9 se menciona también el cuádruplo origen de los redimidos: «Digno eres de tomar el libro y de abrir sus sellos; porque tú fuiste inmolado, y con tu sangre nos has redimido para Dios de todo linaje y lengua y pueblo y nación».

– Ausencia de medidas. Aquí encontramos algo curioso: no se mencionan las dimensiones de estas dos cubiertas, aunque posiblemente cubrían por completo la Tienda. Payne dice al respecto: «No se da la medida de estas dos cubiertas, pero se deja entender que la de cueros de tejones era mayor que la de cueros de carneros, en cuanto que la exterior debía cubrir la que estaba debajo; como también la cortina de pelo de cabras era mayor que la de lino fino que estaba debajo de todo. Tampoco se dice nada de juntura por medio de lazadas y corchetes en las dos cubiertas de cueros, como hallamos en las dos cortinas, y se entiende que iban sin esta juntura especial».

Ahora bien, sabiendo que Dios había dado dimensiones precisas para los demás objetos del Tabernáculo, ¿qué propósito tenía este extraño silencio respecto a las medidas de las cubiertas? Tal vez porque las medidas aquí sugerirían limitación. Por lo tanto, teniendo en cuenta que todo en el Tabernáculo habla de Cristo y sus redimidos, el hecho de omitirse las dimensiones de dichas cubiertas indica, probablemente, varias cosas, tales como por ejemplo:

❑ Que el amor de Dios es insondable y no podemos medir las profundidades de la consagración y muerte de Cristo (Ro. 11:33; Ef. 3:8).

❑ Que la trascendencia y eficacia de la obra propiciatoria de Cristo tampoco tiene límites (Jn. 1:29; He. 10:5-10; 1ª Jn. 1:7, 9; 2:2).

❑ Que esta primera cubierta de pieles de carneros nos muestra el objeto de la encarnación del Hijo de Dios: su muerte en la cruz como ofrenda voluntaria (Lv. 1:3-9; He. 10:7, 10, 12, 14). La lección para nosotros es que los creyentes en Cristo debemos consagrarnos al Señor como «ofrenda viviente», en servicio de adoración espiritual (Ro. 12:1-2).

❑ Que la humillación de Cristo no puede tampoco ser medida. Está más allá del alcance de nuestra comprensión (1ª Co. 2:11, 14). Esto es lo que nos enseña la segunda cubierta de pieles de tejones; y su aplicación para nosotros la vemos en He. 13:13.

❑ Que los redimidos formamos «una gran *multitud*», que «nadie podía *contar*», pero «cuyos nombres están en el libro de la vida», escogidos desde «antes de la fundación del mundo», para ser un «pueblo adquirido por Dios», rescatado y purificado «para Sí mismo», un pueblo que «sea posesión exclusiva» de Dios y de Cristo, y «celoso de buenas obras» (Ap. 7:9; Fil. 4:3; Ef. 1:4; 1ª P. 2:9; Tit. 2:14).

3. LA PUERTA DE LA TIENDA: ÉX. 26:36-37; 36:37-38

Al hablar de las entradas que tenía el Tabernáculo pasamos de sorpresa en sorpresa cuando consideramos la enseñanza espiritual de este estudio. Uno de los factores que era común a los tres accesos es que sus cortinas, en las que vemos la misma cantidad de tela pero con diferencia de medidas, fueron confeccionadas con los mismos materiales, colores y artificios. Ya nos hemos referido al significado simbólico de los colores de esas cortinas: azul, púrpura y carmesí, predominando el lino fino, que como signo de justicia era la base de todas ellas, y las cuales en figura mostraban proféticamente los distintos aspectos del carácter perfecto del Hijo de Dios que se hizo hombre y tomó forma de siervo.

Pero otro detalle adicional que descubrimos al considerar el conjunto de tonalidades de las cortinas que constituían las susodichas entradas es que «el púrpura es un color formado de azul y carmesí, y como siempre se hallaba entre esos otros dos colores, evitaba un contraste fuerte, y hacía, como en el arco iris, que todos se mezclasen. Así la mirada de uno que los contemplaba pasaría de un color a otro sin percibirse del notable contraste» (Payne). Seguramente entenderemos mejor esta peculiaridad si, a la luz de Hebreos 10:1-18, nos percatamos de que el sacrificio sangriento del Mesías (carmesí) contrasta grandemente con su carácter santo (lino), su origen celestial (azul) y su dignidad real (púrpura).

Ahora bien, la primera cosa que contemplamos después de pasar mas allá de la Fuente del Lavatorio, que estaba dentro del Atrio, a la entrada (Éx. 30:18), es la Puerta (cortina) de la Tienda, que como sabemos daba acceso al recinto llamado el Lugar Santo, y era un lugar de servicio donde entraban todos los días el sumo sacerdote y sus hijos para ministrar los oficios cúlticos ordenados por el Señor. Así también, mediante la obra de Cristo, todo creyente tiene ahora el privilegio de poder presentarse ante Dios y ofrecer sacrificios espirituales, porque estamos sentados en los lugares celestiales por la fe en Cristo (Ef. 2:6; 1ª P. 2:5). Los privilegios y las bendiciones de la casa de Dios son tan sólo para los *sacerdotes*. Y todos los que somos cristianos verdaderos formamos este sacerdocio santo.

En efecto, el santuario terrenal era tipo del santuario celestial, en el que Cristo es Sumo Sacerdote y sacrificio (He. 8:5; 9:23-24; 10:19-22). Notemos la sustanciosa explicación que nos ofrece John Ritchie al respecto: «Los Lugares Santos hechos de mano son figuras de los verdaderos cielos. El sacerdote de Israel, aceptado por medio de los sacrificios ofrecidos en el altar, limpiado por el agua de la fuente y ungido con el aceite santo, es figura de un creyente acepto en el Amado, limpiado por el lavamiento de la regeneración y por la palabra de Dios, ungido del Espíritu Santo, y así hecho apto para acercarse a Dios. La sangre de Jesús es el título del derecho, la purificación diaria por la Palabra es la condición, y el Espíritu de Dios es el poder para desempeñar las funciones de nuestra vocación sacerdotal».

(Véanse Ef. 1:6; Tit. 3:5; Ef. 5:26; 2ª Co. 1:21-23; 1ª Jn. 2:20, 27.)

Y haciendo alusión al simbolismo espiritual de esta Puerta, dice Rossel: «Ahora estamos, pues, ante esta hermosa morada, frente a una cortina que tiene los mismos colores que la de la puerta (del Atrio). Ella nos presenta nuevamente las glorias morales y oficiales de la persona de Cristo. Esta cortina impide la entrada a todo aquel que *no es de Cristo* (Ro. 8:9) y se abre ante quien Le pertenece. Cristo es *el camino* (Jn. 14:6). Por Él *tenemos entrada por un mismo Espíritu al Padre* (Ef 2:18)».

Asimismo resulta también enriquecedor el comentario que aporta Payne y que transcribimos a continuación: «La cortina que había a la entrada del Tabernáculo es designada en el hebreo por la misma palabra, *masach*, que designa la cortina que había a la puerta del Atrio; se halla mencionada dieciséis veces en el libro del Éxodo, y en trece de estos casos el original de Valera la traduce *pabellón*, y en las otras tres, *velo*. En las versiones que tenemos en uso hay más variedad de palabras, lo que es de lamentar. La palabra hebrea *masach* expresa la idea de *protección* y *defensa*. De modo que no solamente es Jesucristo el camino, o la entrada a Dios, sino que es luego el protector de todos los que acuden a Él en busca de refugio.

«Un apreciado amigo –sigue explicando nuestro autor en su exposición– nos ha sugerido otra idea, la de *abrigar*, *esconder*, y cita en su apoyo 2º Samuel 17:19, donde la misma palabra se halla traducida en castellano *manta*. Sin duda tiene razón, sin que por ello se destruya en nada la idea de protección y defensa que se halla en la raíz de donde se deriva la palabra *masach*, de lo que hay varios ejemplos. La idea de esconder las cosas santas del Tabernáculo de personas movidas de curiosidad para atisbar, sin deseo de entrar por el pabellón, nos es muy aceptable. Y en confirmación de la verdad espiritual podemos citar unas palabras de Jesucristo cuando dice: «El que quiera hacer la voluntad de Dios, *conocerá* si la doctrina es de Dios, o si yo hablo por mi propia cuenta». Pruebas muchas hay de que, si uno no quiere someterse a esta sencilla condición, las verdades espirituales de Dios le serán ocultas». (Jn. 7:17; Lc. 10:21).

Hay más lecciones acerca de esta Puerta. Es interesante notar la siguiente diferencia: la cortina de la Puerta del Atrio colgaba sobre *cuatro* columnas de bronce, mientras que aquí las *cinco* columnas son de madera de *shittim*, cubiertas de oro, con sus capiteles igualmente de oro, y sin embargo las basas no eran de plata, como las de las tablas del Tabernáculo, sino de bronce. ¿Qué enseñanzas espirituales encontramos aquí?

– El número *5*, como símbolo de la maravillosa gracia divina que nos recuerda que no había nada en nosotros que nos hiciera merecedores del favor de Dios, habla de la gracia de Cristo: Hch. 15:11; Ro. 5:15; Ef. 4:32: lit. «en gracia perdonándoos unos a otros, como Dios también en gracia os perdonó a vosotros en Cristo».

– La madera de acacia sugiere la humanidad de Cristo. Esto nos recuerda que mientras adoramos no debemos olvidar que el Santo Hijo de Dios se encarnó en un cuerpo humano, del que nunca se despojará: Mr. 16:19; Hch. 7:55-56.

– El oro habla de Su divinidad: Ro. 9:5; He. 1:8.

– El bronce es figura de juicio, lo que nos recuerda que Cristo llevó el juicio del pecado por nosotros: Él dio su vida junto con su sangre que derramó en la cruz por nuestros pecados: Zac. 13:6; Jn. 10:11; 1ª Jn. 3:16.

Pero aún se desprenden otras lecciones:

❑ Como hemos visto, tales puertas eran simples cortinas. Cortinas que podían ser apartadas fácilmente. No obstante, nadie osaba penetrar por ellas. Una mano invisible, santa y poderosa detenía a quien quisiera entrar sin la aprobación del Señor. Sólo los sacerdotes tenían acceso a los Lugares Santos (He. 9:6-7). Y, sin embargo, esto nos recuerda que el más débil, humilde e indefenso creyente puede echar a un lado la cortina y entrar, porque por la fe en Cristo, y dada nuestra posición sacerdotal, podemos acercarnos a Dios y ser bienvenidos por pura gracia: He. 4:16; 7:25; 10:19,22.

❑ En Levítico 10:1-2 tenemos un ejemplo de quienes se atreven a desafiar a Dios. Al no obedecerle, Dios no permitió que Nodab y Abiú, hijos de Aarón, introdujeran su propio culto, un culto carnal que fue ajeno a lo prescrito por Él. «Cumplir un deber santo de manera equivocada altera su naturaleza y lo convierte en pecado». (Thomas Boston). La enseñanza para nosotros es que el Señor ha levantado un cerco alrededor de sus cosas santas (de ahí las paredes del Tabernáculo y sus puertas) y no permite que se ensucien, lo que nos recuerda la prioridad de nuestra santidad para que Dios y Cristo sean santificados y glorificados en nosotros: Lv. 10:3; Jn. 17:10,19; Ro. 6:19; He. 12:14; 1ª P. 3:15: lit. «santificad a Cristo como Señor en vuestros corazones».

❑ Para contemplar al «Rey de la gloria» (Sal. 24:7-10), que se apareció a todo el pueblo y llenaba el Tabernáculo (Lv. 9:23; Éx. 40:34), es necesario primeramente ver a Aquel que es «el Camino» y «la Puerta», porque en Él descubrimos al «Señor de la gloria» crucificado: Hch. 24:14,22; Jn. 10:9; Hch. 7:2 con Jn. 17:5 y 1ª Co. 2:8.

Aplicación práctica. Podríamos añadir también que las cinco columnas que había en la entrada del Santuario no dejan de ser un ejemplo para cada uno de nosotros, pues hablan de que debemos mostrarnos como columnas en la Iglesia del Señor para mantener firme la verdad divina (Gá. 2:9; 1ª Ti. 2: 15; Jud. 3; Ap. 3:12). ¡Ojalá tuviésemos hoy en nuestra vida de testimonio la misma poderosa influencia que vemos en aquellos primeros cristianos predicando con autoridad!: Hch. 4:31, 33; 6:10; 9:27, 29.

9.

EL LUGAR SANTO
Y SU MOBILIARIO

ÉXODO 26:30-37; 36:35-38; HEBREOS 9: 1-8

Ahora ya tenemos levantada la casa terrenal con su techo. Ya se colocaron las tablas forradas de oro... Ya se pusieron las cortinas y las cubiertas... Ya se colocó la puerta. Todo ello formando el Tabernáculo (*miskhán* = morada) que Dios había pedido para habitar en medio de su pueblo (Éx. 25:8). Y aquí vemos el Lugar Santo, un lugar de privilegio y servicio donde solamente podían entrar los sacerdotes para ministrar (He. 9:6), pues los israelitas traían sus ofrendas al Altar del Holocausto y no podían pasar de allí. La congregación de Israel tenía acceso al Atrio, pero les estaba prohibido penetrar dentro de los sagrados recintos de la Tienda. Sin embargo, el interior del Tabernáculo era un lugar de bendición sólo reservado a los sacerdotes, quienes tenían permitido el acceso a fin de ejercer sus funciones, y por eso es aquí donde encontramos los utensilios para cumplir los oficios del culto. Así, solamente los creyentes de esta dispensación, habiendo sido redimidos y santificados, tenemos este privilegio de entrar a la presencia del Señor como «sacerdotes de Dios» (Ef. 2:18-19; He. 10:19-22).

Ahora bien, recordemos:

Que el Altar a la puerta del Tabernáculo era un símbolo de la cruz de Cristo, donde Él, como verdadera Víctima expiatoria, sería ofrecido por nuestros pecados (1ª Jn. 2:2).

Que la Tienda (*ohel*) estaba dividida en dos distintos compartimientos, los cuales diferían en tamaño y nombre. El primero y más grande de éstos es llamado «el Lugar Santo» (*Ha-Qodes*), siendo nombrado como «el primer tabernáculo» en He. 9:6, que quedaba en la parte oriental, y medía 20 codos de largo por 10 de ancho y 10 de alto; dicho aposento representaba en figura «los lugares celestiales» donde los creyentes que formamos la Iglesia estamos sentados por la fe en Cristo (Ef. 2:6), y de ahí que este recinto nos habla de servicio y adoración (1ª P. 2:5; Ap. 1:6; 5:8-10). «Dios no solamente salva a los pecadores, sino que hace de ellos adoradores.» (Blattner).

Que el segundo compartimiento es llamado «el Lugar Santísimo» (*Qodes Ha-Qodosim*) o «el Santuario» (*miqdash*), que quedaba en la parte occidental, y tenía la misma altura y anchura del Lugar Santo, es decir, 10 codos, siendo su longitud también de 10 codos, formando así un cubo perfecto como la Jerusalén Celestial descrita en Ap. 21:16; la enseñanza figurativa de dicho recinto señalaba, pues, el Cielo (He. 6:18-20).

Prosiguiendo, repasemos las lecciones aprendidas:

– En relación con Israel, solamente Aarón y sus hijos, de la tribu de Leví, eran los sacerdotes (Éx. 28:1; Nm. 3:5-10). Es decir, que para poder ser sacerdote era necesario haber nacido en esa familia y pertenecer a dicha tribu.

– En relación con la Iglesia, nadie, por nacimiento natural, tiene derecho a un sacerdocio espiritual (Ro. 3:23; Ef. 2:12). Pero en virtud del nuevo nacimiento, todos podemos ser ahora hijos de Dios y sacerdotes (Jn. 1:12-13; Ef. 2:13; 1ª P. 2:9).

– En relación con Israel, los israelitas eran aceptados por los sacrificios del Altar del Holocausto, limpiados por el agua de la Fuente del Lavatorio, y ungidos con el aceite de la Unción santa (Éx. 30:25-30).

– Pero en relación con la Iglesia, los creyentes somos hechos «aceptos en el Amado», limpiados por la regeneración y la Palabra de

Dios, y ungidos con el Espíritu Santo. Así tenemos que el título de derecho a todo esto es la sangre de Cristo; la condición para ello es ser purificados por la Palabra; y el poder para desempeñar nuestra vocación es el Espíritu Santo (He. 10:17-25).

En otras palabras: En la esfera terrenal, prefigurada por el Atrio exterior, vemos que Dios obró dos cosas: la justificación por medio del Altar, y la santificación mediante la Fuente. Pero en la esfera celestial, tipificada por la parte interior del Tabernáculo, Dios obra de otra manera. ¿Qué había en el Lugar Santo? (Éx. 26:35; He. 9:1-2).

❑ La Mesa de los Panes de la Proposición, que nos habla de vida (alimento): Éx. 40:22.

❑ El Candelero de Oro, que nos habla de luz: Éx. 40:24.

❑ El Altar del Incienso, que nos habla de adoración: Éx. 40:26.

Pero en el Cielo están la vida, la luz y la adoración perfectas. ¿Qué había en el Lugar Santísimo? (Éx. 26:33-34). Allí estaba el Arca de la Alianza con su Propiciatorio y los Querubines. La Gloria de Dios y la Gracia de Dios reflejadas en el Trono (1ª Ti. 6:13-16; Ap. 4).

Así que, en figura, nos trasladamos de la tierra, representada por el Atrio, y pasamos a estar en el Cielo, representado por el interior del Tabernáculo (He. 9:3-7), en cuyos recintos santos vemos que todo, o estaba cubierto de oro o era de oro purísimo. De manera que, echando a un lado la incredulidad y habiendo aceptado nuestro puesto en la gracia de Cristo, estamos provistos de alimento, iluminación, y lugar y medios de culto para ejercer nuestro servicio y adoración.

1. LA MESA Y LOS PANES DE LA PROPOSICIÓN:
ÉX. 25:23-30; 37:10-16

Dice G. André, en su comentario sobre el Tabernáculo, que «se ha comparado el Altar de bronce con la *conversión*; la Fuente de bronce con la *confesión*; y el Lugar Santo con la *comunión*». Ya hemos mencionado que en ese sagrado aposento había tres muebles: la Mesa del Pan de la Proposición, el Candelero de Oro y el Altar del Incienso. Tomándolos en el mismo orden en que los hallamos en Éxodo 37:10-29, comenzamos con la Mesa para los panes, la cual nos habla de *compañerismo*, pues el Lugar Santo nos presenta el privilegio del servicio sacerdotal, que ahora concierne a todos aquellos que conocen al Señor Jesucristo como su Salvador, nacidos de nuevo, hechos hijos de Dios y constituidos una familia de sacerdotes para ofrecer sacrificios de alabanza (Jn. 1:12; 1ª P. 2:5; He. 13:15).

Y así vemos:

a) *La Mesa de la Proposición*: Nm. 4:7. Para decirlo con palabras de Kirk: «La posición de la Mesa en el Lugar Santo era fuera del Velo, a la derecha del santo recinto, hacia el lado norte y enfrente del Candelero, que estaba al lado sur de la cortina. El Altar de Oro ocupaba el mismo centro, directamente delante del Velo (Éx. 40:22-26). Todo esto habla del Señor Jesús y, como la Mesa tenía exactamente la misma altura que el Arca, sugiere que Cristo debe ser reconocido como Sustituto antes que como Sustentador, pues Aquel que salva también preservará la vida eterna. Lo que daba nombre a esta Mesa –los Panes de la Proposición– contiene una gran riqueza de enseñanzas». De ello tendremos ocasión de ocuparnos.

De ahí, por tanto, que la Mesa dorada, con la «porción memorial del pan» (Lv. 24:7, versión La Biblia de las Américas), simboliza compañerismo o participación. Es importante observar que se menciona primeramente la Mesa antes que el Altar, como si Dios quisiera poner ante nosotros, en primer lugar, no nuestro servicio, sino el mueble que sugiere comunión y amistad. Primero, el Señor establece su comunión con nosotros; después viene el servicio (Jn. 15:4-5, 7-8; 1ª Co. 10:16-17; 1ª Jn. 1:3; Jn. 12:2-3). Comunión para servir.

Es evidente que, si buscamos con discernimiento, encontraremos la persona del Señor Jesús en toda la Palabra. Decía un creyente: «Si no has hallado a Cristo en esta página de la Biblia, es que has leído mal». Recordemos las palabras de nuestro Señor en Jn. 5:39: «Escudriñad las Escrituras [...]; ellas son las que dan testimonio de mí». Y así es posible ver cómo la Mesa era una figura de Cristo llevando a su pueblo ante Dios, a la vez que los materiales de su construcción tipifican la doble naturaleza del Mesías, y se muestra además por qué podemos tener compañerismo con Dios. Consideremos:

– *La naturaleza humana de Cristo* (Éx. 25:23). La Mesa fue hecha de madera de acacia, que simboliza humanidad, y es prefigura del Hijo de Dios como hombre (He. 2:14). Después de resucitar, Cristo salió de la tumba con su cuerpo humano (Lc. 24:39-40). Cuando ascendió al cielo, volvió al Padre con su propio cuerpo (Lc. 24:50-51). En su función de Mediador actúa a través de su cuerpo físico (1ª Ti. 2:5). Y cuando tenga lugar su segunda venida, regresará a la tierra con el mismo cuerpo (Hch. 1:9-11; Mt. 24:30). Por lo tanto, el compañerismo con Dios es posible porque Cristo asumió naturaleza humana (Ro. 1:3; He. 2:9).

Recordemos que algunas especies de acacia pueden crecer en tierras muy áridas, se cubren de espinas, producen goma arábiga que brota del árbol cuando éste es horadado o se le practica una profunda incisión (sugiriéndonos una vez más que la sangre de Cristo es el precio de la redención), y su madera es tan resistente que casi está a prueba de podredumbre, cuya peculiar característica señala también la humanidad incorruptible del Señor (Is. 53:2; Gn. 3:18; Jn. 19:2, 34; He. 9:7, 12, 16; Hch. 2:24-31).

– *La naturaleza divina de Cristo* (Éx. 25:24). La Mesa fue cubierta de oro, que simboliza deidad, y nos muestra a Cristo como Dios (Jn. 1:1, 14; 5:18; 10:33). Para restaurarnos al compañerismo con Dios el Padre, era necesaria la perfección de las dos naturalezas en el Mesías, la humana y la divina, pues solamente Cristo, como el Hombre-Dios, puede responder a ambos: a Dios y al hombre (Job 9:2-3, 19, 32-33).

– *La presente posición de Cristo* (Éx. 25:23-24). La Mesa estaba circundada por una cornisa de oro con un borde accesorio a su alrededor, y después había otra cornisa áurea también circunferencialmente en torno a dicha moldura accesoria. La palabra traducida aquí por «moldura» (heb. *misqéreth*) significa «espacio cerrado», «un cerco». Y en el Salmo 18:45 vemos que el mismo vocablo es traducido por «encierros», significando «fortalezas». El borde de este mueble –como dice Truman– sugiere la exclusión de la Mesa de todo lo que no era compatible con la gloria de Dios. Pero debemos añadir que igualmente nos habla de la seguridad de los creyentes en virtud de la suficiencia de la obra de Cristo.

En efecto, ¿para qué esas cornisas y moldura que *coronaban* aquella Mesa ubicada en el Lugar Santo? Primeramente porque nos presenta al Mesías «coronado de gloria y de honra» (He. 2:7-9). Y luego porque no sólo servían para dar estabilidad y solidez al objeto, sino también para que no cayera nada de esa Mesa. Sobre ella se colocaban los Panes de la Proposición, en número de doce (Éx. 25:30; Lv. 24:5). Dichas estructuras adicionales que circundaban el mueble impedían, pues, que esos panes cayesen durante su transporte cuando el pueblo se hallaba viajando por el desierto. Así los panes, manteniéndose seguros en su lugar, estaban bien protegidos mientras los israelitas caminaban hacia Canaán.

Debajo de la Mesa, a sus cuatro esquinas, había cuatro anillos (o argollas) de oro, y por estas anillas pasaban varas de la misma madera y revestidas igualmente de oro, las cuales se utilizaban para transportar dicho objeto (Éx. 25:26-28). Asimismo, la Mesa se apoyaba firmemente en cuatro patas, reforzadas a la mitad por los listones horizontales adornados con las cornisas áureas y su correspondiente moldura. Todos estos detalles tienen también sus lecciones espirituales. Notemos:

Es por medio del Cristo glorificado que podemos tener compañerismo con Dios (He. 8:1-2; 9:24; 10:12-13). Y, además, el Señor no solamente hizo provisión para guardarnos en la posición privilegiada en que Él nos ha puesto, lo que nos habla de la seguridad de todos los que confiamos en la obra perfecta de Cristo, sino que igualmente ha hecho provisión para que nosotros estuviéramos guardados en comunión permanente (Jn. 10:27-29; Ro. 5:10-11; 8:38-39; He. 7:25; 1ª Jn. 1:7; Jud. 24). Véase también Juan. 17:12.

Obsérvese, por otra parte, que no había nada entre la Mesa y los Panes. ¿Qué nos sugiere esto? (Jn. 19:30; Ro. 4:4-5; 10:3-4; 1ª Co. 3:11; Gá. 1:8-9; 5:4; Ef. 2:8-9). Nada puede añadirse a la gracia salvífica de Dios.

b) *El Pan del Santuario*: (Éx. 25:30; Lv. 24:5-9. «Los Panes de la Proposición consistían en doce panes sin levadura, elaborados con flor de harina amasada, cocidos y probablemente (como sugiere la palabra «torta») eran delgados y redondos. Debían ser colocados en dos hileras de seis cada una y reemplazados cada sábado por doce panes nuevos. Sobre cada hilera se ponía incienso limpio (como la ofrenda vegetal), el cual, sometido al fuego, era ofrecido al Señor, aunque el pan, que era santo, era comido por Aarón y sus hijos en el Lugar Santo.» (Kirk).

¿Qué representaba el Pan? Típicamente habla del sacrificio de Cristo (Jn. 12:23-24). Pero examinemos sus varios nombres:

– «Pan de la Proposición» (heb. *lékhem panim*, lit. «panes de los rostros»: Éx. 35:13; 39:36), esto es, «pan de la presencia de Dios», porque como dice el Señor, eran puestos *lephanai*, «delante de mi cara», lo mismo que la similar expresión «el ángel de su faz» (Is. 63:9) significa «el Ángel de su Presencia» (Clarke-Endersheim). Y ese nombre dado al pan sugiere dos cosas: Que Cristo intercede por su pueblo ante la presencia de Dios (Jn. 17:9, 20; Ro, 8:39; He. 7:24-25), y que los creyentes estamos siempre delante de Dios (2ª Co. 2:17; 12:19).

– «Pan continuo» o «perpetuo» (Nm. 4:7). O sea, renovado cada fin de semana. Y esto habla de la constante necesidad de Cristo para nuestra continua renovación (He. 1:11-12; Ro. 12:2; 2ª Co. 4:16; Col. 3:10). Los creyentes existimos continuamente porque tenemos vida eterna por nuestra posición en Cristo (2ª Co. 5:17; 1ª Jn. 5:11-13).

– «Pan sagrado» (1° S. 21:4). Sin levadura, es decir: los creyentes somos porción santa en Cristo, consagrados para servirle (Dt. 32:9; 1ª Co. 1:2; 5:6-8; He. 10:10).

– «Pan de Dios» (Lv. 21:21-22; Nm. 28:2), lo que parece incluir todas las ofrendas. Se designa así al Señor Jesús en Jn. 6:33 (comp. con Lm. 3:24: «Jehová es mi porción»).

La enseñanza que se desprende para nosotros nos la expone Kirk, diciendo lo siguiente: «Aparte de que el conjunto de doce panes habla del amor de Dios y su provisión para las doce tribus, los dos grupos de seis, uno frente a otro, sugieren que tanto judíos como gentiles hallan su bendición en Cristo (Ef. 2:11-18). *Sostenidos* por la mesa, incluidos *dentro* de la realeza (la *corona* de oro), colocados *en orden*, y continuamente *delante* de Dios y recubiertos con *incienso*, todo habla de Cristo sosteniendo, rodeando y cubriendo a los suyos con la hermosura y perfección de su obra sustitutoria... La palabra *poner*, en Éx. 25:30, significa *dar*. Así los santos han sido *dados* a Cristo por el Padre (Jn. 6:37; 17:9, 11, 24); un glorioso Salvador los ha *redimido*; un Espíritu Santo los ha *bautizado en un cuerpo*, como la capa de incienso cubría y *juntaba* los doce panes (1ª Co. 12:13). ¡Que su poder nos ayude a manifestar ante el mundo esa unidad y glorificar al Padre nuestro que está en los cielos!». (Jn. 17:21-23).

Pero hay algo más que debemos aprender, según la exposición que aporta Ritchie, y que resumimos a continuación: «La mesa con sus panes exhibe un doble aspecto de la verdad preciosa que el Espíritu Santo presenta a nuestras almas en esta expresiva figura: tiene un lado hacia Dios y otro lado hacia el hombre. Primero, estaba delante de Dios, sosteniendo y como presentándole a Él el pan santo; luego, era el lugar donde el sacerdote servía y encontraba su alimento. La mesa en sí representa al Cristo resucitado –Cristo como el Dios-hombre–, glorificado en los cielos, y apareciendo ahora en la presencia de Dios. Pero también había un pan para cada tribu: las doce tribus estaban representadas allí en toda su perfección y unidad, tanto la menor como la mayor...; cada una tenía su pan representativo cubierto de fragante incienso. Cuando los ojos del Señor se posaban sobre aquella mesa santa, su mirada descansaba también sobre su pueblo. Ninguna tribu era olvidada, pues los panes estaban siempre en la presencia de Dios y continuamente permanecían allí como estando delante de su Rostro santo». Así es con nosotros (Dt. 4:31; Is. 49:15; Sal. 34:15; Lc. 12:6-7).

c) *La preparación del Pan*. La Mesa revela la persona de Cristo, y el Pan sobre ella habla de Su obra. ¿Cómo se elaboraban aquellos panes? Seguimos ahora las sugerencias que nos transmiten Simpson, Braunlin y Rossel:

- ❑ El pan nace del fruto de la tierra que fue maldita por causa del hombre (Job 28:5; Gn. 3:17). Así Cristo nació de una raza caída y pecadora, y vino bajo esa situación para introducir la vida y el sustento del alma humana.
- ❑ El pan es descendiente de la muerte. «La simiente tiene que sepultarse en la tierra y morir antes de que pueda producir la cosecha que alimenta al hombre. Cristo mismo se apropia esta hermosa figura, y nos enseña que, así como el grano de trigo, muriendo, crece a una vida más amplia, así Él en su muerte fue plantado en el suelo del Calvario, para que de esa oscura tumba saliera en vida resucitado para ser la vida del mundo.» (Simpson).
- ❑ El pan era amasado con flor de harina. O sea, harina fina sin levadura (símbolo de corrupción, pues el proceso de la fermentación era figura del pecado y de decadencia, porque «un poco de levadura leuda toda la masa»: Gá. 5:9). Esto nos habla del carácter inmaculado de Cristo (Jn. 8:46). Así, los creyentes, como sacerdotes de Dios, debemos alimentarnos del Pan incorruptible (Jn. 6:27).
- ❑ El pan era cocido al calor del fuego del horno y perforado. Panes o tortas significa, en hebreo, «panes agujereados»

(*challoth*). Fueron horadados porque ello era especialmente apropiado para permitir su completa cocción. Y esto nos recuerda a Aquel que sería molido en las llamas consumidoras del sufrimiento (Sal. 22:16; Is. 53:5; He. 2:10).

❏ El pan era perfumado con incienso limpio. Así Cristo fue aceptado por Dios (Mt. 3:17; Hch. 4:12). Nos recuerda la sumisión y la obediencia de Cristo, que subían ante el Padre como un incienso puro (Ef. 5:2). Pero también habla de que el Señor siempre recuerda a su pueblo, «porque para Dios somos grato olor de Cristo», y nunca desampara a los suyos (2ª Co. 2:15; Is. 42:16; He. 12:1-3).

❏ La cantidad de pan. Había doce unidades de pan, número que habla del gobierno divino. Doce era el número de las tribus de Israel, de las piedras del pectoral del sumo sacerdote, y también de los nombres de los hijos de Israel grabados en dos piedras de ónice sobre las hombreras, seis nombres en cada una (Éx. 28:7-21). Pero el 12, como número que significa perfección, nos sugiere la suficiencia de Cristo para sus redimidos. Notemos que cada pan era del mismo tamaño, peso y forma que los demás, aunque las tribus variaban en número, en fidelidad y en necesidad. La enseñanza de esto es que en la familia de Dios no hay acepción de personas, pues todos somos recibidos en Cristo (Ef. 1:6; 5:27; Col. 1:12; He. 9:24). El pan, entre el pueblo y Dios, era para ambos: era el pan de Dios tanto como de los hombres. Así Cristo es el Pan de Dios, y como tal satisfizo a Dios (Jn. 6:32-33); pero Cristo es también el Pan del hombre y como tal satisface al hombre (Jn. 6:55-58).

❏ Los panes se ponían por orden. Nos dice el texto de 1º Cr. 9:32 que las doce piezas de pan fueron arregladas ordenadamente en dos filas de seis (véase Lv. 24:6). La frase «por orden» (heb. *marákath*, en plural) implica las dos hileras mencionadas aquí. De esta manera representaban la provisión amplia para todas las tribus del pueblo de Dios. Como observa Simpson, se hizo provisión especial para cada tribu. No un pan para todas, sino una provisión personal para cada una. Así es como salva Cristo: no a toda la humanidad en masa, sino a cada uno por separado. Él experimentó la muerte para bien de cada hombre individualmente. Y aquellos panes puestos por orden vienen a decirnos que hay también un orden en el proceso de la salvación (Mr. 1:15; Jn. 5:24; Hch. 2:38; 3:19; Ef. 1:13), y que igualmente existe un orden divino establecido por el Señor que debe manifestarse en el cuerpo eclesial de Cristo (Ro. 12:3-8; 1ª Co. 12:11-12, 18, 24-25, 28; 14:40; Ef. 4:11; Col. 2:5).

d) *Los participantes de la Mesa.* Aquí hay otro aspecto de la Mesa y el Pan, aspecto sobre el que nos será provechoso meditar. ¿Quiénes debían comer del Pan? Como muy bien explican Simpson y Ritchie, Dios proveyó esta Mesa para sus sacerdotes, y aquellos «panes de la presencia» eran el alimento de los sacerdotes en el Lugar Santo (Lv. 21:22). El sacerdote fue llamado para ser participante de la comunión con su Dios. Había *adoración* en el Altar y *comunión* en la Mesa. En el Altar, el sacerdote era un *dador*, pero en la Mesa era *dador* y *receptor*... Cada sábado el sacerdote venía con pan renovado para presentarlo delante de Dios, expresando así nuestra presentación de Cristo a Dios cuando nos acercamos para adorar; y cada sábado el sacerdote recibía, como si fuera de la mano de Jehová, el pan de Dios para comer, mostrando así su presentación de Cristo a nosotros como el Pan del cual nuestras almas pueden alimentarse... La Mesa no es nuestra, sino de Dios: el Señor la dispuso, y Él la abastece y la ordena en su preparación, siendo nosotros solamente sus invitados (Sal. 78:19; 23:5; Lc. 14:15-17). Era una mesa *pura*; el pan sobre ella era *santo*, y por eso estaba dentro del Lugar Santo, y los que la rodeaban como comensales eran un *sacerdocio santo*, ungido con el *aceite de la santa unción* y ataviado con *vestiduras santas* (Éx. 28:2; 29:29; Sal. 89:7; 93:5).

Aquellos sacerdotes eran un tipo de todos los verdaderos creyentes, y así sólo los cristianos somos llamados a participar del Pan de Dios y de la comunión del Padre y de su Hijo, y es nuestro privilegio gozar de esa comunión día a día. Efectivamente: Cristo, siendo el Pan de la Vida, es el alimento indispensable para los hijos de Dios y el Sustentador de la vida del creyente (Jn. 6:35, 48, 50-51). Ahora bien, todo lo dicho con respecto a la Mesa del Santuario se proyecta en figura hacia la Mesa de la Cena del Señor (1ª Co. 10:16-17, 21; 11:23-26; Ef. 2:17-19; 1ª Jn. 1:3).

¿Quiénes no deben participar de la Mesa del Señor? Como nos hacen notar los estudiosos del tema, en Lv. 22:10 tenemos mencionadas tres clases de personas a las que, representando tres tipos de inconversos, les fue prohibido participar de la comida del sacerdocio. He aquí la descripción que se hace de tales personas:

Ningún extraño. Nos habla del hombre que en su estado natural se halla alejado de Dios (Ef. 2:11-12). Nadie que no conozca a Cristo como su Salvador puede acercarse a la Mesa de Comunión (2ª Co. 6:14-18).

El huésped del sacerdote. Nos habla de invitados del creyente que no sean convertidos. «Podía haber venido un amigo íntimo del sacerdote para quedarse con él por un tiempo; pero llegado el sábado era obligatorio decirle que no podía entrar en el Lugar Santo ni comer de las cosas santas.» (Ritchie). Así nadie debe invitar a participar de la Mesa del Señor a quien no sea creyente en Cristo.

El jornalero. Nos habla del hombre que pretende trabajar para ganarse su propia salvación por medio de obras meritorias (Ef. 2:8-9). El tal hombre no ha de estar allí, porque la Mesa del Señor no es un medio de gracia ni comunica sacramentalmente a nadie los beneficios de la redención.

Pero vemos, además, otra distinción que muestra cómo otras personas también fueron excluídas de la Mesa del Sacerdocio:

Lv. 22:3-4. Tenemos aquí el peligro de la contaminación que podía apartar al sacerdote de sus derechos y privilegios, quedando inhabilitado para ejercer las funciones del sacerdocio. La advertencia para nosotros es que cualquier creyente puede mancharse con la inmundicia del pecado, tolerando conductas desordenadas en su vida, sean de carácter moral o de orden doctrinal (1ª Jn. 1:6, 8, 10; 2ª Jn. 9-11), y entonces ese creyente no es apto para tener comunión con los santos y mucho menos con Dios (1ª Co. 5). Cuando en una iglesia se permite tales conductas desordenadas, la enfermedad espiritual llegará a contaminar a todos sus miembros, porque el pecado es contagioso y se propaga rápidamente. Por tanto procuremos, pues, que no sea ensuciada la Mesa del Señor por nuestro pecado.

Sin embargo, a la luz de Lv. 21:17-22, entendemos que no se debe excluir a quien el Señor ha invitado a su Mesa, a pesar de sus defectos espirituales, si se arrepiente de ellos y busca el perdón divino. Tenemos a veces entre nosotros a hermanos que son cojos espiritualmente y que no pueden andar rectamente. Y aún a otros que por su inmadurez carecen de visión espiritual y no pueden ver sus defectos con claridad. Y aunque se trate de hermanos carnales (1ª Co. 3:1-3), sería falta de amor cristiano por nuestra parte decirles que no pueden compartir la comunión de los santos. Entonces, ¿qué debemos hacer con esos hermanos? La Mesa del Señor debe llevarnos al arrepentimiento y a la reconciliación con Él. El hecho de acercarnos a su Mesa debiera brindarnos siempre una buena ocasión para renovar nuestra comunión con el Señor (Ap. 3:20), a fin de que ningún creyente tenga que abstenerse de participar con una actitud digna de la Santa Cena ni se prive de tan especial privilegio, discerniendo correctamente el cuerpo del Señor para no comer y beber su propio juicio (1ª Co. 10; 16-17; 11:27-30). «*Indignamente*» no se refiere a la persona que participa, sino a la *forma* de participar, pues todos somos siempre indignos. «*Sin discernir el cuerpo*» significa no juzgar rectamente, es decir, cuando el creyente no reconoce la unidad del cuerpo eclesial del Señor (1ª Co.

11:20-22). Debemos participar de la Cena Señorial (1ª Co.11:20; gr. *kyriakon*: adjetivo) discerniendo el verdadero significado del acto conmemorativo: La muerte *sacrificial* de Cristo, base de la unidad del cuerpo místico eclesial.

Citando Lv. 21:22, «Del pan de su Dios, de lo muy santo y de las cosas santificadas, *podrá comer*», Ritchie comenta: «Hay diferencia entre la cojera y la lepra, y el Señor quiere que nos fijemos en esa distinción. Un creyente puede carecer de luz en muchas cosas, y sin embargo no estar contaminado. Uno tal vez no pueda andar al mismo paso que los otros, pero no por ello deja de ser apto para tener comunión con Dios. Los tales tienen un lugar en la Iglesia del Señor y en su Mesa. Ante uno que es débil en la fe se nos manda recibirle (Ro. 14:1), y después hay que *sustentarle* (1ª Ts. 5:14). Las iglesias de Dios deberían ser para los débiles lo que el mesón fue para el hombre que fue encontrado herido en el camino a Jericó» (Lc. 10:34).

Por lo tanto, todo creyente, como sacerdote (1ª P. 2:5, 9), goza de los siguientes privilegios:

- ❏ Se alimenta del Pan de Dios que da vida al mundo: Jn. 6:33, 51. Pero como dice Simpson: «El pan tenía primeramente que ofrecerse en la mesa celestial, tras ascender nuestro Salvador a la presencia de su Padre y presentar su obra terminada, antes de que pudiesen participar de Él los hijos terrenales (Jn. 20:17). El cabeza de la mesa, el Padre, debe primero participar del festín de la salvación, antes que los hijos puedan recibir la copa de la salvación» (Sal. 116:13).
- ❏ Es salvo y tiene completa seguridad de su salvación: Jn. 3:16; 6:37; 10:28; He. 6:13-20.
- ❏ Tiene acceso al Padre: Ef. 2:18; 3:10; He. 4:16; 10:19-22.
- ❏ Anda con Cristo, separado del mundo: 2ª Ti. 2:19-21; 1ª Jn. 2:15-17.
- ❏ Anda en santidad de vida: Ef. 4:22-24; 1ª P. 1:15-16.
- ❏ Anda como hijo de luz: Ef. 5:8-10.

❏ Anda en amor: Ef. 5:1-2. «Nosotros sabemos que hemos pasado de muerte a vida en que amamos a los hermanos» (1ª Jn. 3:14).

❏ Anda en la sana doctrina: 1ª Ti. 4:16; Tit. 2:1; 2ª Jn. 9-11.

Y así se nos conoce porque: recibimos la palabra del Señor nuestro Dios, fuimos bautizados, hemos sido añadidos a su Iglesia e incorporados a la familia de Dios, y perseveramos en la doctrina de los apóstoles, en la comunión unos con otros, en el partimiento del pan y en las oraciones (Hch. 2:41-42; Ef. 2:19).

e) *Cristo, el Señor de la Mesa*: Mt. 26:20; 1ª Co. 10:16 y 21. En la festividad de la antigua Pascua judaica o fiesta de los Panes sin levadura, el cordero pascual tipificaba simbólicamente, con proyección profética, al Mesías como el Cordero de Dios que se ofrecería en sacrificio expiatorio sobre el altar de la Cruz (Is. 53:6-7, 10, 12; Jn. 1:29, 36; 1ª P. 1:18-20). Pero aquí, al instituir la Santa Cena conmemorativa, Jesús, haciendo uso de su autoridad divina, cambia el símbolo (Mt. 26:26-28). Y ahora, el que había sido siervo de aquella mesa, establece un nuevo Pacto que le hace aparecer como el Señor de la Mesa.

Todas las anteriores instituciones que constituían los oficios litúrgicos del pueblo israelita, caducaban. Cristo, con aquella nueva institución, introducía una nueva era dispensacional que requería nuevas formas memoriales. Habría un cambio total de templo, de sacerdocio y de sacrificio, porque todas las representaciones anteriores hallarían su cumplimiento en Cristo (Mt. 5:17-18; Lc. 24:25-27, 44-45).

Comparemos Mt. 26:65 con Lv. 10:6. Cuando un sumo sacerdote rasgaba sus vestiduras sagradas, dejaba de ser sacerdote en el acto. Con esa acción de Caifás rasgando sus vestiduras oficiales, se indicaba que aquella noche moría un sistema y terminaba un sacerdocio: el antiguo sacerdocio era reemplazado por un nuevo Pontífice eterno para empezar un nuevo orden (He. 7:11-28). Ahora Cristo es el Templo, es el Sacerdocio, es el Sacrificio y es el Cordero.

Al tomar el pan y partirlo, Jesús estaba diciendo: «Hoy finaliza todo lo anterior; quedan anuladas todas las viejas instituciones». Cristo introduce un cambio de dispensación, y por eso hay también un cambio de figuras representativas que da paso a una simbología nueva y mejor. Al establecerse el nuevo Pacto, es introducido un nuevo símbolo y hay un nuevo Cordero. Así Cristo es el Señor de la Cruz y el Señor de la Mesa.

En el Antiguo Testamento el reino animal era el especialmente preferido para tipificar la persona y la obra del Mesías. Pero ahora, en el Nuevo Testamento y en relación con el nuevo Pacto, es el reino vegetal el preferido para tal fin: el trigo y la uva. El pan –recordémoslo– es el fruto de la muerte del trigo, porque el trigo muere. Así también la copa del nuevo Pacto es el fruto de la muerte de la uva, porque la uva muere. El pan y el vino incorporan, pues, en sí mismos el símbolo de la muerte.

Como ya vimos en el pasaje de Jn. 12:20-24, la muerte del grano de trigo es figura representativa de otra muerte que ha dado vida a la espiga. Aquellos griegos que buscaban a Jesús, querían verlo físicamente. Pero el Señor quiere que lo vean como grano de trigo, y de ahí la respuesta que les dio: «De cierto, de cierto os digo, que si el grano de trigo no cae en la tierra y muere, queda solo; pero si muere, lleva mucho fruto».

El cordero, muriendo, deja de existir y, por tanto, ya no puede seguir reproduciéndose. Pero no ocurre así con el grano de trigo: éste, muriendo, se reproduce. El pan no puede morir para ser pan: es el trigo el que muere para reproducirse. Y la espiga recibe la vida de la misma naturaleza del trigo que muere.

Así Cristo muere, pero no para siempre, sino para resucitar y reproducir su vida en otros (Is. 53:10). Es decir, que como resultado de su muerte y resurrección, «verá descendencia», como el grano de trigo. La reproducción de la naturaleza de vida que el Cristo resucitado tiene la incorpora a la Iglesia. Y así como la vida en el pámpano es la nueva vida de la semilla de la vid (Jn. 15:4-5; Ef. 2:1 y 5).

Siendo Cristo el Señor de la nueva Mesa, es interesante recordar aquí el Salmo 22, un salmo eminentemente mesiánico que nos describe proféticamente los sufrimientos de nuestro Salvador en la cruz. La primera parte (vs. 1 al 21) es un lamento de angustia: vemos al Cristo Sufriente. Pero en la segunda parte (vs. 22 al 31) hay una transición, un cambio total. Es importante notar que en el original, después de la última frase al final del v. 21, aparece la palabra hebrea 'anithaní, incomprensiblemente omitida en algunas versiones, y cuya traducción literal es: «Me has respondido». Esto explica el giro radical que se produce en el tono del salmista, pues lo que sigue es un clamor de victoria: nos muestra al Cristo Profeta porque, pasando de las honduras del dolor a un canto de alabanza, lo vemos ahora proclamando el resultado de la obra de la cruz, como en Is. 53:10.

Dios se hace *Siervo*; el Siervo se hace *Hermano*; y el Hermano se hace *Padre* para reproducirse en sus hijos (Is. 9:6: He. 2:10-13). Dios es Padre de sus hijos espirituales (Jn. 1:12-13): Cristo es Cabeza de la nueva creación y Hermano mayor de sus redimidos (Col. 1:18: Ro. 8:29). El Mesías sería a la vez Padre e Hijo: pero el Hijo es llamado Padre no en un sentido de parentesco, sino porque Él es *protector* de «los hijos que Dios le ha dado», y como tal tiene cuidado de ellos, pues éste es uno de los significados que tiene la palabra hebrea para «padre».

Dios podía habernos salvado sin hacernos hijos. Pero la salvación es algo más que librarnos del infierno: Ef. 1:3-6.

10.

EL MOBILIARIO DEL LUGAR SANTO (CONTINUACIÓN)

ÉXODO 25:31-40; 37:17-24; LEVÍTICO 24:1-4

Seguimos con el estudio tipológico de los utensilios litúrgicos que contenía el Tabernáculo, los cuales daban un visible testimonio de la presencia del Dios invisible habitando en medio de un pueblo terrenal (Éx. 25:8), y así llegamos a la descripción de otro de los objetos que ocupaba el Lugar Santo, junto con la Mesa de los Panes de la Proposición y el Altar del Incienso. Este mueble especial, mencionado en los pasajes citados, es considerado por los judíos como uno de los símbolos más antiguos de su religión. Nos referimos a:

2. EL CANDELERO DE ORO: ÉX. 25:31

La *menorah* o Candelabro de Siete Brazos era la segunda pieza en importancia del Lugar Santo, tipificando al Mesías como la Luz, porque Él es el verdadero Candelero (Jn. 1:9; 8:12; 12:46). Si Cristo no fuera la Luz, no habría luz en el mundo. Recordemos que «la luz, en las Sagradas Escrituras, es expresión de la naturaleza y carácter de Dios (1ª Jn. 1:5) [...] Muchos versículos hay que hablan de Jesucristo como la manifestación del carácter mismo de Dios, de modo que conocer a Cristo verdaderamente es conocer a Dios (Jn. 14:9). Así, en primer lugar vemos a Jesucristo simbolizado en este Candelero como la revelación del carácter de Dios a nuestras almas» (Payne).

Por otra parte, siendo también el Candelero un símbolo de la Palabra de Dios (Sal. 119:105), igualmente en este sentido nos señala a Cristo como el Verbo de Dios, es decir: la Palabra Divina encarnada (Jn. 1:14).

Y debiera notarse tres cosas importantes acerca de aquel Candelero: su *diseño*, su *material* y el *combustible* que alimentaba sus lámparas. Consideremos:

a) *El diseño del Candelero: la persona de Cristo*. Lo primero que observamos es que no fueron dadas sus medidas. ¿Por qué? ¿Qué nos enseña esto? Que todo el énfasis recae sobre su material y se centra en su estructura, porque siendo tipo del Mesías ¿quién puede medir la plenitud de Cristo? (Col. 2:9).

Sin embargo, en contraste con los demás muebles del Tabernáculo, notables por sus formas y dimensiones, nos damos cuenta de que el Candelero presentaba mucha ornamentación, según el diseño divino, ornamentos que servían para darle solidez y fuerza. Esto nos habla de las cualidades morales que adornaban el carácter de Cristo y de su fortaleza espiritual.

El Candelero se componía de tres partes que en los textos mencionados se denominan «pie» (base), «caña» (tronco) y «brazos» (salientes). Es interesante comprobar que la palabra hebrea traducida «pie» literalmente dice «muslo» en el original, y así se traduce en Gn. 32:25. El mismo vocablo es traducido «lomos» en Gn. 46:26. Volvemos a encontrar este término en Éx. 1:5: «que salieron de los *lomos* de Jacob»; y en Jue. 8:30 se dice: «que vinieron (o "salieron") de sus *lomos*». En estos versículos la palabra tiene, pues, referencia a los hijos como procedentes del muslo o lomos del padre. El mismo término para «salir» («*saldrán*» en Éx. 25:32), que como hemos visto aparece junto al vocablo «lomos», sugiere la idea de «engendrar». El detalle descrito en ese último versículo comporta también la misma idea: la de engendrar del tronco central, dando los brazos salientes idéntica luz que daba dicho tallo.

Y esto señala a Cristo como nuestra Vida y muestra lo que ocurrió con nosotros (Jn. 1:4; 1ª Jn. 1:1-2; Hch. 3:15; Col. 3:4; Stg. 1:18; 1ª Jn. 5:1; 1ª Ts. 5:5). Así, por tener unión con el Señor, los creyentes podemos dar luz. Como escribe un articulista: «Cuando vivimos solos con la luz de nuestra propia mente, ésta no nos da luz, sino tinieblas, como el mismo Jesús nos dice (Jn. 12:46). La Luz de Cristo sólo se enciende en nosotros si de verdad creemos en Él, aceptándolo como nuestro único y perfecto Salvador. En el momento en que la Luz de Cristo alumbra nuestro corazón, el temor deja paso al gozo, y las inquietudes se transforman en una sincera y firme confianza en Jesús».

Volviendo a la estructura de este utensilio tenemos, por tanto, la base, seguida del tronco central recto hacia arriba, o sea, la parte superior o «caña», que era continuación del tallo y que tenía su propia lamparilla, que era algo más alto que los demás brazos laterales, seis de éstos (tres a cada lado) salían del tronco o muslo del Candelero, que se alzaban curvándose hacia arriba y sostenían sus seis correspondientes luminarias, formando un total de siete lamparillas que daban solamente una luz. Así la totalidad de siete luminarias, irradiando una luz séptupla que formaba una unidad, nos habla de perfección y plenitud. Cristo es el único absolutamente perfecto y Él es llamado «la plenitud de Aquel que todo lo llena en todo» (Ef. 1:23). Las siete lamparillas indican, pues, el Espíritu abundante de Cristo descrito en Is. 11:1-2 y Ap. 4:5.

Nótese una vez más lo que ya hemos señalado, ahora en palabras de Ritchie: «Los seis brazos *brotaban* del tronco del Candelero. No estaban artificialmente adheridos a él, sino que *procedían* de él. Tal es la unión de Cristo y sus miembros [...] Como Eva, que fue *sacada* del costado de Adán, poseía la vida de él y era su parte idónea, así en maravillosa gracia la Iglesia ha sido formada de su Señor y para Él». Y según aclaración de Kirk: «La palabra *brazo* (en Éx.25:32) no es la usada vulgarmente, sino que significa *conseguir, adquirir* o *redimir*, como leemos en Efesios 1:14: *la posesión adquirida*».

De ahí que los brazos del Candelero también tipifican a los creyentes adquiridos por redención y unidos a Cristo como parte de Él (Jn. 15:4-5; Gá. 2:20; Ro. 12:4-5), y ahora dando luz por Él (Ef. 5:8; 2:9). Pero Cristo ocupando el centro de nuestra nueva vida, como el tallo del Candelero ocupaba el lugar central del mismo, estando así el Señor siempre en medio de sus iglesias «para que en todo tenga la preeminencia» (Col. 1:18; Ap. 1:20; 2:1). Así Cristo en medio; nosotros a su lado. Él es la Cabeza; nosotros somos sus miembros (Ef. 1:22-23; 1ª Co. 12:12,27).

b) Los adornos del Candelero: la hermosura del carácter de Cristo.

Ahora bien, vemos que había tres clases de adornos en aquel Candelabro: *copas, manzanas* (brotes labrados en forma de manzana) y *flores*. El número 3 (tres partes integrantes y tres tipos de ornamentos) habla del triple testimonio divino: Dios el Padre, Dios el Hijo y Dios el Espíritu Santo. Resulta interesante, pues, comprobar la meticulosidad en todo el proceso de elaboración de ese Candelero, un utensilio muy bien descrito en cuanto a su estructura, hasta el extremo de llegar a fabricarlo «conforme al modelo».

Los cálices (copas) fueron confeccionados «en forma de flor de almendro». La palabra hebrea para «almendro», el *Prunus amygdalus*, significa «apresurar», «que no duerme» o «el que está despierto», y de ahí se deriva la idea de «árbol vigilante», como se le llama, tal vez porque florece antes que los otros árboles frutales y porque es el primer árbol en dar fruto. Nos recuerda la vara muerta de Aarón que «había reverdecido, y echado flores, y arrojado renuevos, y producido almendras» (Nm. 17:8; He. 9:4), lo que es símbolo de resurrección. ¡Qué hermoso cuadro en figura profética tenemos aquí de Cristo como las primicias de la resurrección, a la vez que la Iglesia es el fruto de sus sufrimientos! (1ª Co. 15:20, 23; Jn. 12:24). Y sólo en Él se manifestó plenamente el fruto del Espíritu Santo (Is. 11:1-2).

Por lo tanto, la «flor de almendro» nos habla de que el Señor está despierto y nunca duerme (Sal. 121:3-5), y que ninguna demora hay en el cumplimiento de sus palabras (Jer. 1:11-12). Para comprender el juego de palabras que Jeremías hace en hebreo, nos resulta muy útil consultar el original: «Vino entonces a mí la palabra de Jehová, diciendo: ¿Qué ves tú, Jeremías? Y yo dije: Veo una vara de *almendro* (*shaked*). Y me dijo Jehová: Bien has visto, porque yo *apresuro* (*shoked*) mi palabra para ponerla por obra». Y como comenta también G. André: «El almendro, según Jeremías 1:11-12, manifiesta que Dios cumple sus promesas en Cristo. Precisamente fue un Cristo resucitado y glorificado el que dio el Espíritu Santo a los suyos» (2ª Co. 1:19-22).

Igualmente el almendro nos enseña, en aplicación a nosotros, que como miembros del cuerpo de Cristo hemos sido resucitados juntamente con Él a una nueva vida, y esa resurrección espiritual nos da el poder de vivir de una manera victoriosa, y de ahí que debemos *apresurarnos* a estar *despiertos* a la voz de Dios para dar fruto (Col. 3:1; Ef. 1:17-20; 2:1, 4-7; 3:10; 5:14).

Los capullos en semejanza de manzana y las flores insinúan fragancia y vigor. Cristo vive eternamente y canaliza su poder vivificante en los creyentes nacidos de nuevo. Así la Iglesia es comparada con Cristo en su resurrección, su vigor y su fragancia (2ª Co. 2:14-17). «Las manzanas y flores que salían del Candelero nos hablan del testimonio y del fruto producido, todo lo cual proviene de Él: Ro. 7:4.» (Rossel). Todos estos adornos «daban al Candelero la apariencia de un árbol con todas sus formas de vida (Nm. 17:8). El Cristo resucitado, viviendo es nuestra Luz (2ª Co. 4:6). Debemos nosotros también dar evidencia de nuestra nueva vida: Ro. 6:22» (Braunlin).

Pasemos a considerar otro detalle importante: el Candelero era de una sola pieza, todo él forjado a golpes de martillo (Éx. 25:31). Su hermosura provenía de los golpes a que fue sometido. ¿No nos sugiere esto los sufrimientos del Mesías? El ministerio de Cristo tenía que ver con la redención. Así nuestro bendito Salvador tuvo que sufrir golpes, bofetadas, vituperios, experimentando el abandono de

Dios, y sobre Él cayó –allí en la Cruz– todo el peso del juicio divino (Sal. 22:1; Is. 50:6; 53:3-6, 10; Mt. 26:67; 2ª Co. 5:21; He. 5:8).

Ahora vemos, finalmente, que el Candelero fue colocado al lado meridional: «Puso el candelero [...] al lado sur de la cortina» (Éx. 40:24). Y esto nos hace recordar que, en el orden que ocupaban las tribus en el campamento de la congregación israelita, la tribu de Rubén tenía su ubicación también orientada hacia el sur (Nm. 2:10). Rubén significa *mirando al hijo*. Así debemos contemplar al Señor: «fijando la mirada en Jesús, el autor y consumador de la fe» (He. 12:2), porque como antitipo del Candelero, Él es la verdadera Luz (Jn. 1:4, 9; 8:12; 12:46).

c) *El material del Candelero: la deidad de Cristo.* El oro fue el único material que se empleó para hacer el Candelabro de Siete Brazos: era enteramente de oro puro, sin aleaciones, como también los utensilios para su uso. Cuando entramos en el Lugar Santo descubrimos que allí no había luz natural. Por lo tanto, era necesaria una luz. La luz de la mente humana natural no puede iluminar las cosas de Dios (1ª Co. 2:14; Ef. 4:17-18). Las cosas de Dios solamente pueden verse por la luz del Espíritu de Cristo (1ª Co. 2:9-12; Ap. 21:23). Pero obsérvese el detalle: la luz que iluminaba el Lugar Santo ¡era una luz que brillaba en una estructura de oro! Y como el oro simboliza la deidad, nos muestra a Cristo en su divinidad (Jn. 1:4-5, 9; He. 1:3). Esto nos enseña, además, que «la Luz que Dios nos da es completamente divina y de ninguna manera humana» (Simpson).

Ahora bien, el Señor quiere que seamos semejantes a Él (2ª P. 1:4; Ef. 5:14; 1ª Ts. 5:5). Por tanto, esto significa que si deseamos dar luz, tenemos que sufrir con Él. Porque nuestra existencia en la tierra es el fruto del sufrimiento del Señor (Ro. 8:17; 1ª Ti. 4:10; 2ª Ti. 2:12; 1ª P. 1:6-7). Pero ¿nos hemos dado cuenta de que aquella luz que irradiaba del Candelero no era para iluminar la parte exterior del Lugar Santo? *La luz era para Dios.* Así, antes de que el creyente pueda dar testimonio al mundo, debe primeramente mostrar su adoración y devoción al Señor.

Pero hay algo más. Se nos dice que era una luz que debía «arder continuamente» (Éx. 27:20; Lv. 24:2). Esto tiene también su aplicación en nosotros: «Vosotros sois la luz del mundo [...] Así alumbre vuestra luz delante de los hombres» (Mt. 5:14-16). Y, como dice literalmente el original de Efesios 5:9: «porque el fruto de la *luz* es en toda bondad, justicia y verdad». Ahora somos luz en el Señor y debemos andar como hijos de luz, es decir: *mostrando el fruto de la luz* (Ef. 5:8).

Otra clara evidencia de la deidad de Cristo la vemos en la plenitud del Espíritu de Dios que obraba en Él, manifestando el despliegue de todos los atributos divinos del Espíritu Santo, lo que aparece tipificado en los siete brazos del Candelero de Oro. En efecto, como escribe Louis C. Scoczek, comentando Apocalipsis 1:4 y 4:5: «Parte del saludo a las iglesias, lo envían los siete espíritus de Dios, que están delante de su trono simbolizado por siete lámparas. Puede ser que, para el creyente en general, estas lámparas no tengan mayor significado; sin embargo, para el israelita es su símbolo nacional: la *menorah*. Isaías explica claramente en su libro (11:2) lo que esta lámpara (candelero) representa. Cada uno de sus brazos corresponde a uno de los atributos del Espíritu de Dios». Notemos:

– El vástago o tronco central: el Espíritu de Jehová.
– El primer par de brazos: Espíritu de Sabiduría y de Inteligencia.
– El segundo par de brazos: Espíritu de Consejo y de Poder.
– El tercer par de brazos: Espíritu de Conocimiento y de Temor de Jehová.

Y esta descripción séptupla que nos da Isaías de los atributos del Espíritu de Dios termina como empieza: con el nombre de Jehová. Cristo es el Alfa y la Omega, el Principio y el Fin, el Primero y el Último. La conclusión es obvia: los atributos del Espíritu de Dios sólo pueden manifestarse plenamente en Aquel que es Dios: «Porque el Señor es el Espíritu» (2ª Co. 3:17).

d) *El aceite del Candelero: la obra de Cristo*. Para mantener la luz, las lámparas del Candelero debían contener cantidad suficiente de «aceite puro de olivas machacadas», a fin de que pudieran arder continuamente (Éx. 27:20). El Candelero daba luz porque sus lamparillas estaban llenas del aceite necesario. Esto nos presenta un cuadro de la obra de Cristo en el poder del Espíritu Santo (Is. 61:1-2; Lc. 4:17-19; 3:21-22; 4:14; Jn. 3:34), y habla además del testimonio que el Espíritu da al mundo por medio de sus «ungidos» (1ª Jn. 2:20, 27; Jn. 16:7-11; 1ª Co. 2:12-13; 2ª Co. 1:21-22; Ef. 4:30; 5:18).

Veamos ahora, siguiendo las sugerencias adoptadas por Braunlin y otros comentaristas consultados, las enseñanzas que se desprenden para nosotros:

– Las lamparillas estaban instaladas para arrojar luz en el Lugar Santo y para que ésta cayera sobre el Candelero mismo (Éx. 25:37; Nm. 8:2-3). Así el Espíritu Santo ha venido, no para glorificarse a Sí mismo, sino para revelar a Cristo y glorificarle a Él (Jn. 16:7, 13-15; 2ª Co. 3:17-18).

– La luz se derramaba delante de la Mesa de la Proposición (Éx. 40:24-25). Esto habla del Espíritu Santo poniendo en evidencia la posición de los santos en Cristo: compañerismo. La luz para la comunión (1ª Jn. 1:7).

– La luz iluminaba el Altar del Incienso, el lugar de las peticiones (Éx. 30:7-8). Esto sugiere adoración en la luz. El incienso no sería ofrecido a Dios en la oscuridad. Así el creyente pide bajo la intercesión del Espíritu Santo, quien nos revela la voluntad de Dios (Ro. 8:26-27). La adoración y el servicio para los sacerdotes (Jn. 4:24; 14:16-17; 2ª Co. 4:5-6).

– «El Candelero no tenía luz propia o inherente; sólo era portador de la luz; sólo sostenía la luz, pues el aceite daba la luz. Y así, ni vosotros ni yo somos la luz; Jesucristo es nuestra luz, y nosotros simplemente la recibimos y la reflejamos.» (Simpson).

– Si queremos mostrar en nuestra vida la hermosura del Señor Jesús, tenemos que ser como la luz del Candelero: lámparas llenas de aceite (Mt. 25:4; Ef. 5:18; Jn. 14:16; 1ª Jn. 4:13; Gá. 5:22-23).

– Moisés encendía las lámparas del Candelero, y el sumo sacerdote y sus hijos las ponían en orden (Éx. 40:4; 27:21). La lección para nosotros es harto elocuente: el principio de nuestra iluminación es en virtud de la obra del Señor Jesús actuando como nuestro Mediador (1ª Ti. 2:5; He. 12:24); y la permanencia de nuestra luz es en virtud de la obra del Señor Jesús actuando como nuestro Sumo Sacerdote (Jn. 15:1-5; Ro. 8:34; He. 7:24-25; Ap. 2:1). Así el Señor pone en orden nuestro andar como hijos de luz (Sal. 37:23; 119:5, 133; lit.: «Reafirma mis pasos en tu palabra»).

– Aarón cuidaba de las siete lámparas del Candelero. Y así Cristo anda en medio de nosotros, cuidándonos y alentándonos para que podamos producir luz (Ap. 1:12-13, 20). La misma línea de enseñanza nos aporta exegéticamente el profesor J. Edwin Hartill, cuando escribe en su *Manual de Interpretación Bíblica*: «Nos vemos a nosotros mismos en el candelero. Somos la mecha (Fil. 2:15). Durante la ausencia de Cristo, es necesario que se manifieste la luz por medio de las lámparas humanas».

– «En Levítico 24 vemos el candelero al comienzo de un capítulo en el cual va a manifestarse la oposición a Dios en medio de Israel: la apostasía. Frente al mal que se introduce en el pueblo de Dios, únicamente el Espíritu Santo es el remedio.» (André). Efectivamente, el Candelero ardía también durante la noche (Éx. 27:21; 30:8), y es sólo el Espíritu Santo quien durante la noche del rechazo y la ausencia de Cristo debe iluminar nuestra vida como hijos del día (1ª Ts. 5:5).

A continuación adaptaremos algunos comentarios que el mencionado profesor Hartill nos ofrece en su obra citada:

❏ Para dar luz, la mecha debe estar introducida en el aceite. Así debe ser con nosotros: «y si el Espíritu de aquel que levantó de los muertos a Jesús mora en vosotros, el que levantó de los muertos a Cristo Jesús vivificará también vuestros cuerpos mortales por su Espíritu que mora en vosotros» (Ro. 8:11, 14, 16).

❑ El fuego que arde quema y reduce a cenizas la mecha gastada. Así nuestro propio «yo» debe ser convertido en cenizas: «Si alguno quiere venir en pos de mí, niéguese a sí mismo, tome su cruz cada día, y sígame» (Lc. 9:23).

Los utensilios complementarios

❑ Las «despabiladeras» (tijeras), hechas de oro, se usaban para cortar las mechas gastadas. Una mecha a la que no se le quita la parte ya quemada del pábilo da poca luz y produce humareda. Despabilar las mechas implicaba un propósito bien claro: que dieran más luz. Así nos limpia Cristo para que llevemos más fruto (Jn. 15:2-3).

❑ El hecho de poner en orden y arreglar las mechas todos los días por parte del sumo sacerdote, y por ningún otro, nos sugiere que así también lo hace Cristo, nuestro Sumo Pontífice, quien tiene toda autoridad para limpiar, reprender, disciplinar y juzgar al creyente por la Palabra, quitando hoy la mecha que alumbró ayer (1ª Co. 4:5; 11:31-32; 2ª Ti. 3:16-17; He. 9:14; 12:5-11; Ap. 2:5). Las experiencias, el servicio y el testimonio pasados son mechas gastadas que ya no alumbran. No damos luz por lo que hicimos en el tiempo pasado, sino por lo que hacemos hoy aquí y ahora.

❑ Pero, no obstante, las mechas quemadas eran puestas en los «platillos», hechos igualmente de oro. Así Dios toma en cuenta nuestro servicio pasado: «Así que, hermanos míos amados, estad firmes y constantes, creciendo en la obra del Señor siempre, sabiendo que vuestro trabajo en el Señor no es en vano» (1ª Co. 15:58).

❑ Despabiladeras y platillos. «La palabra traducida *despabiladeras* deriva de otra que significa *algo recibido*, y se expresa a veces por *doctrina* o *instrucción*. El vocablo traducido *platillos* viene de una palabra que significa *quitar*. El Señor emplea ambas expresiones para hablarnos de su doctrina y su disciplina, cosas a las que debemos prestar atención *diariamente*, a fin de mantener la luz.» (Kirk).

Cuando el pueblo de Israel estaba en marcha, el Candelero era cubierto con un paño azul (color celestial), y encima se ponía una cubierta de pieles de tejones (Nm. 4:9-10), lo que habla del desprecio y el rechazo de lo divino por parte de este mundo. Hoy el mundo no ve a Cristo ni al Espíritu Santo. Pero nosotros podemos percibir a los dos (Jn. 14:17). Ésta es nuestra gloria. Por eso el Señor permitió a su siervo Pablo que hiciera saber a este mundo que nosotros, los que hemos creído, somos semejantes a Él: «para que seáis irreprensibles y sencillos, hijos de Dios sin mancha en medio de una generación maligna y perversa, en medio de la cual resplandecéis como luminares en el mundo» (Fil. 2:15).

Así los creyentes, pues, somos llamados –digámoslo una vez más– a ser semejantes a nuestro Salvador, manifestando vida, luz, amor, hermosura espiritual y fruto abundante, con el fin de que alumbremos en un mundo culpable que se halla inmerso en la oscuridad de una noche fría y tenebrosa (2ª Co. 2:14-17; Ef. 5:11; 6:12; Col. 1:13; 1ª P. 2:9).

Recordemos lo mencionado anteriormente: que las lamparillas del Candelero daban solamente una luz y que ésta se proyectaba sobre la parte delantera del Candelabro, poniendo de relieve así toda su belleza (Éx. 25:37). De la misma manera los creyentes llenos del Espíritu no se muestran a sí mismos ni exhiben sus obras para gloriarse de ellas, sino que dan testimonio de la dignidad del Señor Jesús para gloriarse en Él (Hch. 2:22-24; 3:13-16; 7:55-56).

«Y cuando la Iglesia esté completada y glorificada con Cristo en el cielo, será todavía el vaso en el cual y por el cual Cristo será revelado. Un creyente lleno del Espíritu tendrá la mirada dirigida arriba hacia Cristo, y no abajo o hacia sí mismo. Hablará de Cristo, y no de su propia perfección ni santidad. Cuando Moisés descendió del monte, la gloria de Dios fulguraba en su rostro, y todos la vieron y la reconocieron, aunque él no lo sabía (Éx. 34:29-30). Así el candelero de oro estaba delante de Jehová, derramando su luz continuamente, y así la Iglesia, como el cuerpo y la esposa de Cristo, estará en unión maravillosa, hermosura divina y luz inmarcesible delante de la faz de Dios para siempre.» (Ritchie).

Es notable también el siguiente aspecto del Candelero, desde el cual podemos contemplar otra faceta tipológica. El Candelero se construyó fuera del Santuario, y después fue introducido dentro del Lugar Santo. Así Cristo «padeció fuera de la puerta» (He. 13:12; Jn. 19:17), o sea, fuera de la ciudad de Jerusalén para conducir a los gentiles a Dios (Is. 60:1-3; Lc. 2:30-32; Hch. 9:15). Pero después de sus sufrimientos, Cristo «fue alzado» y ascendió a la gloria (Hch. 1:9; He. 1:3). Y ¿qué se dice de nosotros como creyentes? (Hch. 14:22; Ro. 8:18; 2ª Co. 4:17-18).

Mientras esperamos la culminación de nuestra redención (Ro. 8:23; 1ª Co. 15:51-54), los creyentes tenemos nuestro lugar aquí en la tierra, por cuanto somos portadores de la luz divina entre los hombres. Tengamos el oído abierto para oír la voz del Señor: «El que tiene oído, oiga lo que el Espíritu dice a las iglesias» (Ap. 2:7). Que el Señor de las iglesias no tenga que quitar nuestro candelero (Ap. 2:5), sino que podamos seguir dando una luz clara y brillante en el mundo para que la Palabra de Dios sea anunciada y enseñada, su verdad divina sea sostenida, el Evangelio sea proclamado, y el nombre de Cristo sea honrado, a fin de que los pecadores sean salvados. Entretanto que aguardamos el mañana de nuestra resurrección y glorificación, permanezcamos fieles al Señor, teniendo oído para escuchar su voz y resplandeciendo como candeleros humanos en medio de este mundo.

11.

EL MOBILIARIO DEL LUGAR SANTO (CONCLUSIÓN)
ÉXODO 30:1-10; 37:25-29; LEVÍTICO 4:7

Seguimos estando en la parte interior del Santuario, donde encontramos ahora el tercer mueble allí ubicado. Y analizaremos también su tipología, al igual que venimos haciéndolo con los demás utensilios del Tabernáculo.

3. EL ALTAR DEL INCIENSO: ÉX. 30:1, 7-8

Tipológicamente nos habla del ministerio de intercesión del Mesías. Al llegar hasta aquí, hemos visto que al norte del Lugar Santo estaba la Mesa de los Panes de la Presencia; al sur se hallaba el Candelero de Oro, y ocupando el centro de este primera estancia se encontraba el Altar del Sahumerio. Este Altar, hecho de madera de *shittim*, con sus cuernos, su cornisa, sus anillos y sus varas para transportarlo, nos sugiere igualmente la humanidad y la divinidad de Cristo. Pero hay algunas distinciones importantes que merecen ser destacadas. Notémoslas:

El Altar del Holocausto era de bronce, lo que nos hablaba de juicio; el Altar del Incienso estaba cubierto de oro.

En el primer Altar había un continuo derramamiento de sangre; en el segundo, un perfume perpetuo.

En el Altar del Holocausto tenemos una figura de Cristo en la cruz; el Altar del Incienso fue levantado, no para ofrecer holocaustos ni presentes, sino para quemar sustancias aromáticas, pues vemos que sobre él se ofrecía el *timiama*, una mezcla de perfumes, entre los que descollaba el incienso. Quemar incienso expresaba adoración, alabanza y oración (Sal. 141:2; Lc. 1:10; Ap. 5:8; 8:3-4).

Y, sin embargo, había una estrecha relación entre ambos, puesto que del primer Altar tomaba Aarón las brasas ardientes, que se habían alimentado del holocausto, para quemar el incienso en el segundo. Así tenemos que el mismo fuego que había consumido a la víctima ofrecida en sacrificio tenía que arder en el Altar del Incienso. «Estos detalles permiten comprender que los intensos sufrimientos y las infinitas perfecciones de la obra de Cristo en la cruz, para gloria de Dios, son un incienso continuo ante Él.» (Rossel). Véase Efesios 5:2. La intercesión de Cristo debía ser precedida por el fuego del sufrimiento.

La fragancia de aquellos perfumes tenía que ascender «como rito perpetuo delante de Jehová». Y todo esto nos está diciendo que el sacrificio del Señor Jesús es «muy santo a Jehová». De ahí que este Altar nos habla del Cristo resucitado y glorificado delante de Dios, viviendo para interceder por nosotros, y supliendo las necesidades de sus santos y adoradores. Cristo es nuestro gran Intercesor (Ro. 8:27, 34). Cuando adoramos debemos tener siempre presente ante nosotros el Calvario, a fin de poder ofrecer un culto verdadero y aceptable delante de Dios (Ap. 5:8-12), por cuanto el creyente forma parte de la familia sacerdotal para exaltar las glorias de Cristo como un incienso de grata fragancia: «Porque para Dios somos grato olor de Cristo» (2ª Co. 2:15).

Procedamos a estudiar las características estructurales del Altar del Incienso:

a) *Las dimensiones del Altar:* Éx. 30:2. «Su longitud será de *un* codo, y su anchura de *un* codo». El número 1 denota la unidad divina, es el número de Dios el Padre, el gran Originador de todas las cosas. «Y su altura de *dos* codos». El número 2 denota la plenitud del testimonio (Jn. 8:17-18), y aquí expresa la exaltación del Señor Jesús (Ef. 1:20-23) y habla de ayuda y comunión: Dios el Hijo como nuestro Ayudador que nos fortalece y nos da la victoria (He. 13:6; Fil. 4:13; 1ª Co. 15:57).

Pero la altura de ese Altar sugiere también la esfera desde donde Cristo intercede por nosotros. Probablemente era más alto que cualquier otro mueble del Lugar Santo, lo que nos enseña la majestad y la gloria de la obra de intercesión de nuestro Sumo Sacerdote, como el apóstol dice, hablando de Jesucristo en su carácter de Sacerdote, que «fue hecho más alto (literal) que los cielos»: He. 7:26 (Payne). El Cristo menospreciado y rechazado es el mismo que ascendió y fue glorificado, y quien ahora está intercediendo a nuestro favor desde el Cielo (Fil. 2:9). El mismo acceso a Dios es también nuestro privilegio (He. 4:16).

«Será *cuadrado*» (como el Altar del Holocausto). Vemos aquí la perfección y el alcance del ministerio intercesor de Cristo, pues la forma cuadrada del Altar sugiere los cuatro puntos cardinales de la tierra. La obra salvífica de nuestro Redentor se extiende a todos los hombres, y así el creyente es responsable de la evangelización del mundo (Jn. 3:16-17; Mr. 16:15; Hch. 1:8; 1ª Ti. 2:3-6; 4:10).

b) *La ubicación del Altar:* Éx. 30:6; 40:24. La posición que ocupaba este mueble era muy significativa. Se hallaba situado entre las dos partes que formaban los dos recintos del Santuario, delante del valioso velo que separaba el Lugar Santo del Lugar Santísimo, y en línea con el Altar del Holocausto y la Fuente del Lavatorio (que estaban en el Atrio), y antes de llegar al Arca de la Alianza, la cual se encontraba colocada en el Lugar Santísimo.

Por lo tanto –como nos dice Simpson– el Altar del Sahumerio se hallaba en la estancia terrenal, pero tocando el velo, y su incienso penetraba en la estancia celestial. Esos dos recintos o cámaras en que estaba dividido el Santuario, representaban la tierra y el Cielo. La estancia exterior habla de la vida del creyente en su experiencia terrenal aquí abajo, y la estancia interior era el Lugar Santísimo de arriba. La oración nos lleva a las mismas puertas del Cielo. Cuando nos hallamos ante el trono de la gracia, estamos parte en la tierra y parte en el Cielo. Nuestras oraciones ya están allí, y nosotros respiramos la atmósfera celestial. El acceso a la presencia de Dios está abierto para nosotros; es un bendito aposento, donde tenemos comunión, no sólo con nuestros hermanos aquí, sino también con aquellos que nos esperan allá arriba.

Seguiremos ahora con nuestra exposición analítica tomando prestadas, una vez más, algunas de las sugerencias que nos ofrece Braunlin por vía homilética, que adaptaremos y ampliaremos con otras aportaciones, incluyendo como ampliación de las mismas los aspectos encontrados por nosotros en nuestra propia investigación y estudio al respecto.

c) *Los componentes del Altar.* Éx. 30:1 y 3. En los materiales usados para la construcción de dicho Altar, vemos representada la doble naturaleza del Cristo Intercesor. *Madera de acacia* (incorruptible): la humanidad impecable de Cristo. *Oro*: la deidad de Cristo, que ahora está exaltado en el Cielo. (Véanse Jn. 8:46; He. 4:15; 7:25; 1ª Jn. 2:1.) Como Hombre-Dios, Cristo representa los intereses de los hombres ante Dios; y como Dios-Hombre, representa los intereses de Dios ante los hombres. Así también el creyente tiene una naturaleza humana y a la vez es participante de la naturaleza divina (2ª P.1:4). «Habiendo recibido la naturaleza purificadora y santificadora del Señor Jesucristo, esto es, una naturaza nueva semejante al más precioso oro, cada cristiano nacido de Dios posee la vida y el Espíritu de Dios.» (Simpson). Y entonces nuestras oraciones son gratas a Dios y aceptadas por Él, pero sólo mediante Cristo (Jn. 14:13-14; literalmente: «Si algo *me pedís* en mi nombre, yo lo haré»).

El altar era el lugar donde Dios se encontraba con el hombre para recibirle en comunión. Pero aunque el Altar del Incienso no estaba destinado a recibir holocaustos, un altar siempre denota la idea de sacrificio; y es que la oración implica a veces para el creyente un esfuerzo que requiere sacrificio, sobre todo cuando nos cuesta orar porque caemos en el desaliento espiritual (Lc. 18:1). En nuestra vida puede haber dos clases de oración. Nuestras oraciones no han de ser de madera (lo humano de la oración: Stg. 4:3); sino que deben ser de oro (lo divino de la oración: Ro. 8:26-27; 1ª Jn. 3:22; 5:14-15).

d) *Los cuernos del Altar.* Éx. 30:2-3. El cuerno cubierto de oro es símbolo de poder divino y de autoridad regia. Nos habla del poder de la intercesión de Cristo. Es un Cristo Todopoderoso quien intercede por los suyos (He. 7:15-17, 24-25). Y con esta peculiaridad de que eran cuatro los cuernos del Altar, uno en cada esquina del mismo, se indica los cuatro ángulos del mundo, lo que sugiere la universalidad de la obra intercesora de nuestro divino Señor. Él ora para todo su pueblo, a lo largo de todos los tiempos, y donde quiera que se halle su Iglesia.

Así nosotros también, como hijos de Dios y sacerdotes, tenemos Su poder cuando oramos. Recordemos la promesa de Jesús: «y todo lo que pidáis en mi nombre, eso haré». (Jn. 14:13).

e) *La cornisa del Altar.* Éx. 30:3. Habla de nuestra seguridad sobre la base de la intercesión de Cristo por nosotros. En efecto, observamos que este Altar estaba coronado por una cornisa para impedir que la leña carbonizada se cayera. Así el creyente es guardado (Lc. 22:31-32; Jn. 10:28; 17:9, 15; 1ª P. 1:5; 2ª P. 1:10).

Además, esta barandilla de oro significa que Cristo, como nuestro Sumo Pontífice, es un Sacerdote coronado, y como tal ejerce un ministerio regio (Is. 9:6; Sal. 2:6-8, 12; He. 2:6-9). Nosotros, los creyentes, participamos igualmente del mismo privilegio, y así podemos orar en intercesión los unos por los otros (Ef. 6:18; 1ª P. 2:5; Ap. 5:10).

De esta manera podemos sentirnos tan cerca de nuestro Sacerdote-Rey que podemos pedir favores especiales (He. 4:16). La fragancia de nuestras peticiones es como si fuera el aliento de nuestro espíritu de oración. En Santiago 5:16, leemos: «Mucha fuerza tiene una súplica de un justo obrando eficazmente». (Mt. 21:21-22; Jn. 15:16; 1ª P. 5:8).

Cristo espera que en este ministerio de intercesión tomemos la corona de la oración que ostenta Él y que Él comparte con nosotros. ¿Podemos decir que nuestra vida de oración es una vida coronada?

f) *Los anillos del Altar y sus varas*: Éx. 30:4-5. Esto nos sugiere el alcance de la intercesión de Cristo, o sea, la constante permanencia del Señor con su pueblo: «y sabed que yo estoy con vosotros todos los días, hasta el fin del mundo» (Mat. 28:20). Efectivamente, vemos que el Altar del Incienso tenía anillos de oro para introducir en ellos las varas correspondientes, también cubiertas de oro, a fin de poder llevarlo y marchar así con el campamento cuando éste se trasladaba de un lugar a otro. Así es con Cristo: no hay lugar donde Él no pueda estar presente. El Señor ejerce su ministerio de intercesión como nuestro Sumo Sacerdote, y además permanece con nosotros.

Henry Law comenta: «Las varas indican preparación para moverse. El Evangelio tiene que ir por toda la tierra. No hay lugar que pueda cerrar el paso a Cristo y adonde Él no pueda llegar. Su amor llama a todos sus hijos de norte a sur, de oriente a occidente. Todos se acercan a Cristo porque Él se acerca a ellos primero».

Y lo mismo puede decirse de nosotros: los creyentes, como altares humanos, podemos orar en todas partes y acercar el Evangelio a todos los hombres para llevarles a Cristo. Como ha dicho un autor: «Llegamos a parecernos a aquellos con quienes nos asociamos». Esta verdad se aplica también a la oración. Y así acontece que mientras más tiempo consagramos a la oración, más se encarnan en nosotros las cualidades divinas de nuestro Intercesor, pues por nuestro contacto con Él quedamos habilitados para ser intercesores. La fe es el vínculo que une al hombre con Dios; la oración es el hilo conductor que pone en comunicación la tierra con el Cielo.

g) *El sacrificio anual sobre el Altar.* Éx. 30:10. Aquí tenemos el fundamento de la intercesión de Cristo. Ya vimos que en aquel Altar no se inmolaban víctimas en holocausto, sino que solamente se ofrecía sahumerio (vs. 7-8). Sin embargo, sobre él se hacía «expiación *una vez en el año* con la sangre del sacrificio por el pecado para expiación», lo que constituye otro símbolo del sacrificio de Cristo.

De esta manera se establece otra conexión entre el Altar del Incienso y el Altar del Holocausto. El profesor Hartill nos lo explica: «Hay una relación entre este altar y la ofrenda por el pecado, cuando los cuernos eran rociados con la sangre de la expiación, una vez al año: Éx. 30:10; Lv. 16:18; comp. con Éx. 29:36-37 [...] Los cuernos del altar, rociados con sangre, nos recuerdan que la intercesión estriba en la obra de la cruz. Si no fuera por la cruz, Cristo no habría podido interceder por nosotros».

La sangre de Cristo es la única base sobre la cual se apoya su ministerio de intercesión (Ro. 8:27; He. 9:24). Y es la sangre de Cristo la que nos capacita para orar, pues por ella «hemos sido hechos cercanos [...] y tenemos entrada al Padre» (Ef. 2:12-13, 17-19).

h) *El incienso del Altar y su composición:* Éx. 30:7-8. El incienso continuo tipifica la obra intercesora de Cristo, que teniendo lugar en la esfera celestial viene a ser el perfume del Cielo, pues allí Él ora por nosotros continuamente, como leemos en Hebreos 7:25: «viviendo siempre para interceder por ellos». Antes de su crucifixión, el Señor oró por los suyos (Jn. 17:9-20). Y ahora está orando a nuestro favor desde la diestra de Dios (Ro. 8:34). Por eso nuestras oraciones llegan al Padre por medio de Cristo (Jn. 16:23-24), y de ahí que nosotros debemos orar también constantemente (Sal. 84:4; 1ª Ts. 5:17; He. 13:15). Vemos profetizado el ministerio celestial de Cristo en Isaías 53:12. Consideremos ahora la composición del incienso santo, según se describe en Éx. 30:34-38. Cuando leemos que Aarón quemaba incienso aromático sobre el Altar (v. 7), es interesante ver cómo era elaborado aquel sahumerio especial: exactamente como Dios lo había ordenado. Notamos que varios ingredientes fueron usados y mezclados para componer dicho perfume (vs. 34-35); y se nos dice, además, que nadie podía imitarlo, porque si alguien tal cosa hiciere sería cortado de entre su pueblo (vs. 37-38).

Escuchemos de nuevo al profesor Hartill: «El incienso aromático que se usaba en el altar estaba compuesto por cuatro esencias aromáticas en igual proporción, reservadas para este uso sagrado, y no para la perfumería común. Violar esta restricción significaba la muerte. El incienso de aromas perfectamente proporcionados señala la perfecta pureza y santidad de Cristo».

Por eso el uso del incienso sobre el Altar es un tipo de la oración sacerdotal de Cristo, intercediendo continuamente a favor de su pueblo. Y así también las oraciones de los santos son como perfume sagrado que sube a Dios.

He aquí los ingredientes o sustancias aromáticas que componían el incienso santo del Altar:

– *Estacte*. Se obtenía de un árbol que crece en Arabia, Siria y Palestina. Nos dice Clarke comentando el término estacte: *Nataph*, que se supone era igual al bálsamo de Jericó. El estacte es la savia que fluye espontáneamente del árbol que produce mirra». Este árbol es identificado por algunos con la palmera llamada *Commiphora opobalsamum*. La palabra *nataph* significa, en hebreo, «una gota», y así se traduce en Job 36:27. Otros lo identifican con la especie denominada *Amyris cataf*, parecida a la acacia, con espinas, que abunda en las montañas de Galaad. Pero como sea que el término estacte traduce el hebreo *lot*, se entiende por la goma aromática producida por dicho arbusto, pues en primavera y otoño exuda una savia blanca, perfumada, que adquiere consistencia de resina, y como tal mana goteando del árbol sin necesidad de practicarle incisiones. Así nuestras oraciones deben brotar espontáneamente de lo más hondo de nuestro corazón contrito y quebrantado.

– *Uña aromática.* Con el vocablo hebreo *sheheleth* se designa un perfume muy apreciado aún hoy día y usado por las mujeres árabes, que resulta de quemar el caparazón de ciertos crustáceos acuáticos, como el estrombo o pez murex, un opérculo que a causa de su semejanza con una uña es llamado así, y que habita en las aguas del golfo Pérsico, el mar de la India Oriental y el mar Rojo. La combustión de la concha de este molusco despide un fuerte olor aromático. Así nuestras alabanzas fluyen de lo profundo de nuestra alma inflamada por el fuego del Espíritu Santo.

– *Gálbano aromático.* El hebreo *chelbenatch* designa el jugo de color ámbar que se desprende de los tallos laníferos de un arbusto, la *Ferula* africana, al ser éstos magullados, y que crece en las montañas de Arabia y Siria. La savia del gálbano forma una resina de olor perfumado, muy apreciada en medicina por sus propiedades curativas. Así, en momentos de crisis espiritual, la oración constituye un excelente remedio vigorizante.

– *Incienso puro.* Con el término hebreo *lebonah zaccah* se designa la savia que se extraía por incisión: o bien se obtiene por flujo natural que destila durante la noche de un árbol de la familia de las terebintáceas, el *Amyris kafal*; o proviene dicho incienso de la gomorresina de color pardo que se produce sobre la corteza del arbusto *Boswellia carteri-serrata* o *thurifera*. Ambas especies crecen en la Arabia meridional y en África. Por lo tanto, dadas sus características, el incienso puro se trataba de una sustancia muy costosa (Cnt. 4:14; Jer. 6:20; Mt. 2:11). El término *puro*, de la raíz *zakh*, «habla de sustancias no adulteradas, y por extensión también habla de lo que no ha sido contaminado por el pecado» (Truman). Y todos esos ingredientes «en igual peso», es decir, por partes iguales, para formar un perfume compuesto «bien mezclado, puro y santo». Literalmente: «bien sazonado con sal pura y santa». Pues como aclara nuestro comentarista: «bien mezclado, *memulakh*, significa *salado*». La sal purifica, ayuda a la combustión y es símbolo de fidelidad. Ciertos pactos se hacían con sal (Nm. 18:19; 2º Cr. 13:5).

Notemos: nadie podía imitar la composición de este incienso, elaborado «según el arte del perfumador», que al ser quemado subía hacia Dios; sólo ese perfume era aceptado por el Señor, pues era «cosa sagrada para Jehová». La perfecta proporción en cada una de sus partes, sin ser designado el peso de las mismas, sugiere la totalidad del carácter de Cristo y sus ilimitadas perfecciones. Asimismo, ¿no nos habla también esto del culto que Dios admite y de la adoración verdadera que Él debe recibir de sus fieles? (Jn. 4:23-24).

Sin embargo, ninguno de estos productos produce mucho perfume sino hasta después de haber sido pulverizados «en polvo fino». Recordemos que el Señor Jesús fue azotado antes de ser crucificado (Is. 53:4). «Cristo fue molido (Is. 53:5), y ahora añade el incienso de sus méritos a las oraciones de los redimidos» (Truman). Así toda oración tiene que salir de nuestros corazones agradecidos delante de Dios, oraciones que ascienden ante el trono de la gracia divina por medio de nuestro Intercesor (He. 7:24-25; Ap. 5:8).

i) *El ungimiento del Altar.* Éx. 30:22-29. Aquí tenemos explicada la composición del óleo santo para ungir los utensilios del Tabernáculo y los sacerdotes. Veamos la descripción que nos hacen los profesores Bartina y Colunga de los elementos que componían el aceite de la unción. Aceite de oliva mezclado con cuatro especias aromáticas:

❏ *Mirra excelente,* llamada también mirra fluida o virgen (*môr*): *Balsamodentron myrrha* o *Balsamodentron opobalsamum*, de la familia de las coníferas, que crece en Arabia y África Oriental. La «mirra excelente» (Cnt. 5:1, 5, 13) –intercalamos aportación de Kirk– se deriva, en cuanto a su nombre, de una palabra que significa rapidez de movimiento o espontaneidad, y es traducida «libertad» en otras ocasiones donde se usa este término, significando aquí «mirra de libertad», en alusión a la mirra que fluye espontáneamente de la corteza del árbol, en contraposición a la resinosa que se obtiene por incisiones en el árbol. En 2ª Co.3:17 leemos: «Porque [...] donde está el Espíritu del Señor, allí hay *libertad*». El Señor Jesús fue ungido por el Espíritu Santo para que pudiese «publicar libertad a los cautivos» (Is. 61:1).

❏ *Canela aromática* (*qinnemôn*), es un perfume extraído de la corteza interior de las ramas del canel, quizá el *Cinnamomum cassia* (el moderno es *Cinnamomum zeylanicum*), cuya especie crece en las regiones del Extremo Oriente.

❏ *Cálamo aromático* o *ácoro* («*qeneh*»), raíz de perfume muy exquisito procedente de la planta de este nombre, que produce una caña de olor fragante, propia de Arabia (Is. 43:24; Jer. 6:20).

❏ *Casia* (*qiddah*), es el antiguo nombre de la médula de una variedad del árbol de la canela o cinamomo balsámico, y quizá también del *Costus arabicus*. Notemos primeramente que aquel óleo sagrado era llamado «el aceite de la unción santa». Y siguiendo la observación de Kirk, cinco veces Dios emplea la palabra «santo» (o sus derivados) al ordenar la elaboración de ese aceite, y dos veces refiriéndose a las cosas ungidas. Todo ello es tipo del Espíritu Santo (Is. 61:1; Lc. 4:18; Hch. 10:38). El Espíritu de Dios es el Espíritu Santo.

En Éx. 30:31-32 leemos que Dios dijo a Moisés: «Éste será mi aceite de la santa unción»; y luego agrega: «santo es, y por santo lo tendréis vosotros». Vemos después que Aarón y sus hijos debían ser consagrados al servicio del Señor por medio de este aceite santo, haciéndolo así tipo de un mayor Sumo Sacerdote que en aquel entonces estaba aún por venir (He. 7:11-17).

Y observamos que esta preparación del sagrado óleo, al igual que el incienso santo, tampoco tenía que ser imitada, bajo solemne pena capital para los desobedientes: «[...] ni haréis otro [aceite] semejante conforme a su composición...Cualquiera que compusiere ungüento semejante [...] será cortado de entre su pueblo» (Éx. 30:32-33). Ciertamente la obra del Espíritu Santo es única y, por tanto, no puede ser copiada. No puede ser imitada ni tener sucedáneos.

Recordemos el pecado cometido por Nadab y Abiú, quienes ofrecieron delante de Dios «fuego extraño», que Él «nunca les mandó», y perecieron bajo el juicio del Señor (Lv. 10:1-7). «Ellos eran verdaderos sacerdotes. Tenían verdadero perfume. Pero usaron fuego extraño, no el fuego del altar, que venía del cielo: Lv. 9:24. El único poder para la adoración es el Espíritu Santo obrando en el alma; todo lo demás es fuego extraño.» (Ritchie). «Fuego extraño» o «ungüento extraño» son igualmente aborrecibles al Señor.

Y seguimos leyendo en la misma porción que el aceite de la santa unción «sobre carne de hombre no será derramado» ni tampoco debía ser puesto «sobre extraño», lo que sin duda habla de la divina unción del Espíritu Santo, que sería dada a los creyentes (comp. Hch. 8:14-24). Los creyentes, en efecto, «no andamos conforme a la carne, sino conforme al Espíritu [...] El Espíritu mismo da conjuntamente testimonio con nuestro espíritu...» (Ro. 8:4, 12-16), de modo que ya no somos «extraños», sino «hijos» y «sacerdotes» para Dios, porque sobre sus redimidos ha venido el Espíritu Santo y ahora mora en nosotros con todos los atributos de su deidad (Jn. 14:17; Ef. 1:13). El hecho de haber sido «sellados con el Espíritu Santo» indica que le pertenecemos con toda equidad y proporción.

Como dice Kirk, esto se ve por la palabra «composición» (Éx. 30:32) y por el vocablo «excelente» (*deror*, lit. «de primera calidad»: v. 23 comp. con Cnt. 4:14), traducido también «excelente» y «cabeza» en el Salmo 141:5, y «suma» en el 139:17. Así los atributos de Dios son la cabeza de todas las glorias y la *suma* de toda excelencia.

Pero nuestro mentado expositor añade la siguiente reflexión: Las especias aromáticas, cuatro en número, combinadas con el aceite de olivas, nos da el número cinco. De igual manera, vemos tres veces en su proporción el múltiplo de cinco (Éx 30:23-24), lo que sugiere *gracia* abundante. Además, ¿no se llama también al Espíritu «espíritu de gracia»? (Zac. 12:10).

Por otra parte: «Nueve ingredientes compusieron el aceite y el incienso. En el racimo del fruto del Espíritu hay nueve cualidades (Gá. 5:22-23). Y hay nueve cualidades de la paciencia en 2ª Co. 6:4-5» (Truman).

Pero aún hay más. El aceite era el resultado de sacudir el árbol y es producido por machacar las olivas (Dt. 24:20; Éx. 27:20). Como sabemos, la palabra «Getsemaní», en hebreo *gath schemanim*, significa «prensa de olivas» o «lugar de aceite». Así, era necesario que el Señor Jesús padeciera hasta la muerte para que el Espíritu Santo pudiese ser dado, y que Él fuese al Padre para que el Consolador descendiera y viniese a nosotros (Jn. 7:39; 16:7).

La intercesión de nuestro Salvador en el Cielo es una obra continua y permanente, en virtud de lo cual nuestras oraciones son avaladas mediante Su sacerdocio inmutable (Éx. 30:7-8 comp. con He. 7:24-25 y 13:15). Y siendo esto así, ¿tenemos nuestro corazón como un pequeño santuario perfumado? Recordemos una frase dicha por Thomas Fuller: «La oración debe ser la llave del día y el cerrojo de la noche».

Como creyentes redimidos por la sangre de Cristo debemos gratitud a Dios, una gratitud que debe ser elevada a Él, pero ofrecida en el altar de nuestra consagración al Señor. De esta manera es como si el altar lo llevara Dios mismo. Y así lo hace también Cristo: Él lleva nuestro altar de oración a Dios. Por eso nuestras oraciones son agradables a Dios, porque las hacemos «en el nombre del Señor Jesús».

En el Salmo 84:2-3 leemos: «Mi corazón y mi carne cantan con gozo al Dios vivo [...], cerca de tus *altares*». Esto nos hace pensar en que había dos altares en el Tabernáculo. Y de ellos aprendemos dos cosas:

❑ Hallamos *descanso* junto al Altar del Holocausto. Nos presenta a Cristo en su humillación y muerte. Esto nos habla de nuestra reconciliación junto a la Cruz.

❑ Hallamos *reposo* junto al Altar del Incienso. Nos presenta a Cristo coronado de gloria y en su ministerio celestial. Ello nos habla de nuestra *aceptación* para adorar con alabanza y oración.

Como creyentes es lo más sublime que podemos y debemos hacer después de haber sido redimidos por Cristo: ofrecer nuestras vidas consagradas de tal modo que vengan a ser como un perfume de olor grato al Señor.

12.

EL VELO EN LA PUERTA DEL LUGAR SANTÍSIMO

ÉXODO 26:31-33; 36:35-36; HEBREOS 9:1-5

Leyendo en este pasaje de la Epístola a los Hebreos hallamos la mejor interpretación de lo que era el Tabernáculo: un lugar especialmente preparado, que incluía una lista descriptiva de los objetos contenidos en él, según fueron diseñados por el Señor.

En la parte exterior, a la puerta del Atrio, encontramos el Altar del Holocausto y la Fuente del Lavatorio, los cuales nos hablan de la cruz de Cristo, donde la verdadera Víctima expiatoria sería ofrecida para redimirnos de nuestros pecados, y de la obra regeneradora y renovadora del Espíritu Santo por la acción purificante y santificante de la Palabra de Dios (Tit. 3:5; Ef. 5:26; 1ª P. 1:23).

Al entrar en el interior del Santuario hallamos el Lugar Santo, que quedaba en la parte de oriente, y en él vemos la Mesa de los Panes de la Proposición, el Candelero de Oro y el Altar del Incienso; esta estancia era el lugar donde se adoraba y se servía a Dios, y de ahí que, por extensión, simboliza a la Iglesia ejerciendo su ministerio servicial, pues por Cristo entramos en compañerismo, comunión y servicio sacerdotal (1ª Jn. 1:3 y 7).

A continuación seguía el Lugar Santísimo, que era el compartimiento occidental del Tabernáculo, donde estaba el Arca del Pacto con su Propiciatorio; este aposento, con su mueble, nos habla del Cielo, un lugar santo, porque Dios mora allí, y por tanto ningún pecador puede entrar (He. 6:18-20; Ap. 21:17), y simboliza a Cristo, por quien entramos a la presencia de Dios, porque nadie, sino sólo Él, puede salvar al hombre y prepararle para el Cielo (Ef. 2:10; Jud. 24).

Ahora bien, entre esas dos estancias nos encontramos con el Velo que separaba las dos partes del Santuario y que cerraba el acceso al *Sancta Sanctorum*, siendo un símbolo de la santidad de Dios que hace inaccesible su presencia a los hombres pecadores. En efecto, el término original usado para «velo» viene del verbo hebreo *perek*, que significa *separar, quebrantar, interrumpir*, según nos informa Truman. De ahí, pues, que cada día los demás sacerdotes tenían que quedar afuera, en el Lugar Santo, sin osar penetrar en el Santísimo, y allí estaban en el momento en que Jesús expiraba en la cruz, por cuanto era la hora de poner el incienso; sólo una vez al año podía entrar el sumo sacerdote al Lugar Santísimo mediante la sangre de un sacrificio simbólico (He. 9:6-7).

Aun cuando no se dan medidas acerca del Velo, no obstante tenía que cubrir un espacio igual al de la entrada que daba acceso al Atrio, y ello nos lleva a pensar que sus posibles dimensiones serían las mismas que las de la Puerta del Tabernáculo. Esa igualdad de medidas puede enseñarnos que Cristo es el *único* camino a la presencia de Dios, bien sea para que el pecador acuda al único sacrificio capaz de redimirle, o para que el creyente ya redimido tenga libertad para entrar en el Santuario por la sangre de Cristo (He. 10:19-20).

Asimismo es interesante notar que las tres entradas presentaban dos factores comunes: sus cortinas –como se ha dicho en otro apartado– estaban confeccionadas con el mismo material: lino fino torcido; y tenían los mismos colores: azul, púrpura y carmesí. «En las descripciones dadas de las cortinas y del velo se nota que en éste se hace primeramente mención de los colores, y después del lino fino; en las cortinas el lino fino tiene la preferencia. Esto parece indicar que los brillantes colores, recamados con tanto arte, resaltaban más en el velo que en las cortinas [...] lo que viene a ser un tipo significativo del carácter de nuestro Redentor.» (Payne).

Y como añade Ritchie: «No había oro entretejido con los colores del velo, como lo había en la textura del *Efod*, la prenda sagrada que vestía el sumo sacerdote, porque eso indicaría que la divinidad y la humanidad estaban entremezcladas en Cristo. Pero tal no era el caso». Además, Rossel nos aporta una sugerencia no menos interesante, que transcribimos intercalando algunas breves matizaciones por nuestra parte. Los cuatro colores –dice– hablan muy claramente de las glorias de Cristo consideradas a la luz de Filipenses 2:5-11:

«*Siendo en forma Dios*». color azul; habla de Cristo como el Hijo de Dios.

«*Tomando forma de siervo*»: color carmesí; habla de Cristo como el Hijo del Hombre y Siervo Sufriente, que «se hizo obediente hasta la muerte, y muerte de cruz», lo que alude a su sacrificio redentor para dar salvación al género humano.

«*Estando en la condición de hombre*»: el lino fino (blanco) es la imagen de esa condición de Cristo como el Siervo perfecto del Altísimo, sin pecado.

«*Por lo cual Dios también le exaltó hasta lo sumo* […] *para que en el nombre de Jesús se doble toda rodilla* […] *y toda lengua confiese que Jesucristo es el Señor*»: el color púrpura se corresponde con la imagen de Cristo en su condición de Rey de reyes y Señor de señores.

Luego complementaremos estos importantes conceptos.

Por otra parte, es notable también –según nos hace observar Kirk– que, de las tres entradas, solamente el Velo de la puerta del Santísimo estaba adornado con querubines, las mismas figuras de la cortina de lino blanco (Éx. 26:1 y 31), pues a la entrada del Lugar Santo había otro velo semejante, pero sin querubines bordados (Éx. 26:36). Y adelantamos aquí que, entre otras enseñanzas, esos querubines nos sugieren cuatro cosas:

Nos hablan del hecho de que el pecador no puede acercarse a un Dios santo, ya que tales seres aparecen relacionados con la santidad y la justicia de Dios, representando la autoridad divina y judicial: Gn. 3:24; Sal. 80:1; Is. 37:16 (Truman).

Sugieren la encarnación del Verbo de Dios, pues su encarnación y su humanidad sin pecado eran necesarias para que pudiera morir por nosotros, a fin de redimirnos (Jn. 1:14; 1ª Ti. 3:16; He. 2:14).

Nos hablan de la presencia del poder divino que estaba en Cristo, muchas veces ejercido a favor de otros, pero nunca en beneficio de Sí mismo: Lc. 5:17; 6:19; 8:46; Hch. 8:38 (Ritchie).

Y por extensión representan a la Iglesia como esposa de Cristo, por cuanto «aun estando nosotros muertos en pecados, nos dio vida juntamente con Cristo [...] y juntamente con él nos resucitó, y asimismo nos hizo sentar en los lugares celestiales con Cristo Jesús» (Ef. 2:5-6; Col. 3:1-2).

Además, el Velo estaba sostenido por cuatro columnas de madera de acacia cubiertas de oro, con sus capiteles recubiertos igualmente de oro, y descansando sobre basas de plata (Éx. 26:32). Esas cuatro columnas que sostenían el Velo, esto es, «su carne» (He. 10:20), nos hablan de las perfecciones del Señor Jesús que hallamos descritas en 1ª Co. 1:30-31. Y tales perfecciones son para revestir a todo aquel que cree, puesto que están apoyadas sobre la base de la redención (plata).

Recordemos, asimismo, que cuando Cristo murió en la cruz, el gran velo del Templo «se rasgó en dos» (Mt. 27:51). Y notemos que fue roto por Dios mismo, no por los hombres: «de arriba abajo», no de abajo arriba. Por lo tanto, ahora tenemos libre acceso a Dios. Anteriormente dicho acceso estaba cerrado y prohibido (He. 9:6-9). Pero ahora ya no hay prohibición alguna al respecto (He. 9:11-12; 10:19-25). De ahí que, estando el Velo quitado, todo creyente tiene abierta la entrada a la presencia misma de Dios y ya puede ahora penetrar en el Lugar Santísimo (Lc. 23:45).

Habiendo presentado hasta aquí un avance de las verdades espirituales contenidas en el Velo, todas ellas mostrándonos importantes aspectos de la persona y obra del Mesías, vamos seguidamente a destacar algunas de las sugerencias que nos expone Braunlin, complementándolas con las aportaciones de P. B. G. en sus *Apuntes de Estudios Bíblicos*, y agregando además las indicaciones expresadas por el Revdo. J. Wilkinson, quien fue fundador y director de la Misión Mildmay para evangelizar a los judíos. Y estas recopilaciones las consideraremos adaptando las divisiones homiléticas que hemos seleccionado de nuestros comentaristas, aunque ampliadas por nosotros, para una mejor comprensión de las enseñanzas que tipológicamente nos ofrece este Velo. Reconsiderando, pues, los conceptos expuestos anteriormente:

1. LA CONFECCIÓN DEL VELO: ÉX. 26:31

Era del mismo material que el velo de las cortinas del Tabernáculo. El Velo que estamos estudiando tipifica a Cristo venido en carne (He. 10:20). Veamos su composición:

a) *Su tejido: nos habla de la vida inmaculada de Cristo* (1ª Jn. 3:5). El lino, un material fino y blanco, ilustra la perfección de la humanidad del Señor Jesús y es símbolo de servicio, de consagración, de justicia y de la santidad del Mesías (1ª P. 2:22). Vemos el lino torcido a través del Evangelio según Marcos, el Evangelio de la Acción, pues nos presenta a Cristo como el Siervo de Jehová, dando cumplimiento a Isaías 42:1: «He aquí mi siervo, yo le sostendré; mi escogido, en quien mi alma tiene contentamiento; he puesto sobre él mi Espíritu; él traerá justicia a las naciones».

Y en Zacarías 3:8 leemos: «He aquí, yo traigo a mi siervo, el Renuevo».

La palabra hebrea *tsemach*, renuevo, es reconocida tanto por judíos como por cristianos como término precisamente mesiánico, pues según veremos bajo este vocablo se nos describe al Mesías en sus cuatro aspectos en los Evangelios del Nuevo Testamento.

Es verdad, como dice Wilkinson, que Dios habla de Abraham como «mi siervo», y de Moisés como «mi siervo», y así de otros muchos con el nombre propio de cada uno; pero cuando habla del Mesías dice «mi siervo», sin añadir un nombre propio como en los demás casos. Porque Él está tan por encima de todos los otros siervos de Jehová, que no hace falta un nombre propio para distinguirle; basta con que diga: «Mi siervo».

Y cuán perfectamente esto concuerda con el testimonio que Dios dio de Jesús cuando éste iba a comenzar su ministerio público, después de su bautismo, y le llegó aquella voz que vino de los cielos y que decía: «Tú eres mi Hijo amado; en ti tengo complacencia» (Mr. 1:9-11). Con esta declaración, Cristo es designado como el Siervo de Jehová. Y en otro lugar, Jesús dice: «Mi comida es que haga la voluntad del que me envió, y que acabe su obra» (Jn. 4:34; 17:4; 19:30).

En Isaías 52:13 se lee también: «He aquí que mi siervo será prosperado y exaltado, y será puesto muy en alto». Así tenemos en la imagen que Marcos nos da de Jesús una exacta correspondencia con la figura del Siervo de Dios profetizado en el Antiguo Testamento, y vemos descrita la culminación de esta profecía mesiánica en Fil. 2:7 y 9.

b) *Sus colores: nos hablan de la posición de Cristo.* Notemos:
– Azul: símbolo del origen celestial de nuestro Señor. Vemos ese color a través del Evangelio según Juan, el Evangelio de la Teología, pues nos presenta a Cristo como el Hijo de Dios, dando cumplimiento a Isaías 40:9: «Súbete sobre un monte alto, anunciadora de Sión; levanta fuertemente tu voz, anunciadora de Jerusalén; levántala, no temas; dí a las ciudades de Judá: ¡Ved aquí al Dios vuestro!». (Véanse también los vs. 10 y 11 comp. con Jn. 10:14, 16; 1ª Ti. 3:16; Ap. 22:12.)

Isaías 4:2 dice: «En aquel tiempo el Renuevo de Jehová será para hermosura y gloria». Y renuevo vuelve a ser aquí el término hebreo *tsemach*. En este pasaje tenemos, pues, claramente anunciada la naturaleza divina del Mesías, porque si el renuevo de David significa Hijo de David, entonces el Renuevo de Jehová significa Hijo de Dios: Jer. 23:5; 33:15; Zac. 6:12 (Wilkinson). Y hay otros muchos pasajes del Antiguo Testamento que hablan de la deidad del Mesías, como por ejemplo en Is. 25:9 y 35:4-6. (Compárense con Jn. 1:1, 14 y Ro. 9:5: participio presente del verbo ser: «siendo sobre todas las cosas, Dios bendito por los siglos»; ésta es la manera más natural de tomar el sentido de la oración, según Robertson). Véanse igualmente Hch. 20:28 y Tit. 2:13 para el uso que hace Pablo de *Theos* (Dios) aplicándolo a Jesucristo.

– Púrpura: símbolo de la realeza de Cristo. Vemos ese color a través del Evangelio según Mateo, el Evangelio de la Investigación, que nos presenta a Cristo en su posición de Rey, dando cumplimiento a Zacarías 9:9: «Alégrate mucho, hija de Sion; da voces de júbilo, hija de Jerusalén; he aquí, tu rey vendrá a ti, justo y salvador, humilde, y cabalgando sobre un asno, sobre un pollino hijo de asna». (Mt. 21:2-7 y Hch. 2:30-31). Y es muy interesante la pregunta que hicieron los magos, lit.: «¿Dónde está el que *ha nacido rey* de los judíos?» (Mt. 2:2). Sólo Jesús podía nacer Rey. (Sal. 24:7-10 con 1ª Co. 2:7-8.)

Leamos ahora en Jeremías 23:5-6: «He aquí que vienen días, dice Jehová, en que levantaré a David renuevo (*tsemach*) justo, y reinará como Rey [...] y hará juicio y justicia en la tierra [...] y éste será su nombre con el cual le llamarán: Jehová, justicia nuestra». Aquí tenemos a Cristo nuevamente como el Mesías de los judíos, el Hijo de David y el Rey de Israel, y nótese que es llamado Jehová.

– Carmesí: símbolo de la pasión y muerte del Mesías. Vemos ese color a través del Evangelio según Lucas, el Evangelio de la Historia, que nos presenta a Cristo como el Hijo del Hombre y nuestro Salvador, dando cumplimiento a la profecía de Zacarías 6:12: «Así ha hablado Jehová de los ejércitos, diciendo: He aquí el varón cuyo nombre es el Renuevo (*tsemach*), el cual brotará de sus raíces, y edificará el templo de Jehová».

Véanse los siguientes textos: Lc. 19:10; 22:48 y Mr. 14:60-62. ¡Cuán instructivo es comparar estas palabras de Jesús dirigidas al sumo sacerdote, que nos transmite Marcos, con las del profeta Daniel! «Miraba yo en la visión de la noche, y he aquí con las nubes del cielo venía uno como un hijo de hombre» (Dn. 7:13 con Lc. 21:27). Y el mismo profeta Daniel dice también en el cap. 9:26 que este mismo Mesías debía aparecer antes de la destrucción del Templo y que se le quitaría la vida. Pero Cristo vendrá otra vez para establecer su reino eterno, porque Él vive (Lc. 1:32; 1ª P. 3:18).

Por lo tanto, conjuntando el tejido del Velo y sus colores, tenemos que cada uno de los cuatro evangelistas, al escribir su Evangelio, tenía ante sí un propósito bien definido, tal como hemos visto. Resumiendo:

- ❏ *«He aquí tu Rey»* (Zac. 9:9). Mateo presenta al Señor Jesús como el Mesías profetizado, el Rey prometido a los judíos. Por esta razón su Evangelio abunda en citas del Antiguo Testamento, presentándolas como cumpliéndose en Jesús de Nazaret. Por la misma razón, la genealogía que del Mesías nos ofrece Mateo lo señala como teniendo una relación directa y legal con la casa real de David, y también con Abraham, el padre del pueblo hebreo.

- ❏ *«He aquí mi Siervo»* (Is. 42:1). Marcos nos presenta a Jesucristo como el Siervo perfecto de Jehová. Por esta razón no nos habla de su nacimiento e infancia, ni tampoco señala su genealogía, porque en aquella sociedad a un siervo no le era contada la genealogía, pues los antepasados de un sirviente carecían de interés.

- ❏ *«He aquí el Varón»* (Zac. 6:12). Lucas presenta al Señor Jesucristo no solamente en su relación con el pueblo de Israel, como lo hace el evangelista Mateo, sino con todo el género humano. Por eso su genealogía se traza hasta Adán, el padre de la raza humana. Y por la misma razón se hace tanto énfasis en la humanidad del Mesías: Cristo como el Hijo del Hombre.

- ❏ *«¡Ved aquí al Dios vuestro!»* (Is.40:9). Los tres primeros Evangelios se llaman *sinópticos* porque presentan a Cristo desde el mismo punto de vista humano e histórico. En cambio, Juan nos lo presenta desde otro prisma: el celestial y divino, y de ahí que desde esta perspectiva no sería propio hacer notar su genealogía, puesto que lógicamente no puede tenerla. El Evangelio según Juan pone de relieve la deidad del Mesías, pero nunca argumentando sobre ella, sino que nos lo muestra axiomáticamente como una Persona Divina: el Hijo eterno de Dios.

c) *Sus querubines: nos hablan también de la deidad de Cristo.* *Kerubim*, de la partícula verbal *kârab* = acercarse. Nos recuerdan a los querubines del huerto de Edén, que guardaban el camino del árbol de la vida, impidiendo el acercamiento a la presencia divina, y teniendo por tanto una función de protección, cuidado y vigilancia: Gn. 3:24; Ez. 28:13-16 (Truman).

Pero aquellos querubines bordados en el Velo indicaban que la presencia de Dios se manifestaba dentro del Santuario como habitando allí. Y así Cristo, en el velo de su carne, mostró la evidencia de la constante presencia de su Padre en Él (Jn. 5:17, 19, 30, 36; 7:46; 14:7, 10-11, 20, 23).

2. EL PROPÓSITO DEL VELO

Seguimos las sugerencias de Braunlin, ampliándolas nosotros, y vemos que aquel Velo tenía una triple finalidad:

a) Como se ha dicho, el Velo era un símbolo de la presencia de Dios, al cual ocultaba. Ningún hombre podía ver a Dios y vivir (Éx. 33:20); pero los hombres podían ver el Velo que les separaba de la presencia divina. Así Cristo, en su cuerpo humano, encubría a Dios con el velo de su carne, pero al mismo tiempo lo revelaba (1ª Ti. 6:16; Jn. 1:18; 14:9; Col. 1:15, 26).

b) El Velo, con toda su hermosura, cerraba e impedía el acceso a la presencia de Dios (Lv. 16:2; He. 9:8). El paso al Lugar Santísimo estaba vedado por el Velo, que dividía las dos estancias sagradas del Santuario, simbolizando de esta manera la separación que hay entre Dios y los hombres por causa del pecado. De ahí que, ante esta barrera, el perfecto ejemplo de Cristo nos condena a todos: «Si yo no hubiera venido, ni les hubiera hablado, no tendrían pecado; pero ahora no tienen excusa por su pecado» (Jn. 15:22).

c) El Velo señalaba el camino a la presencia de Dios. Recordemos que el sacerdote podía entrar, no por méritos personales ni por la hermosura del Velo, sino mediante la sangre de la expiación (Lv. 16:15). Así la sangre de Cristo es el medio que nos permite la entrada a la presencia de nuestro Dios, no nuestras buenas obras (Ef. 2:8-9; He. 10:19-20).

3. LA TEMPORALIDAD DEL VELO

La función de éste llegó a su fin cuando Cristo «entregó el espíritu» al Padre (Mt. 27:50-51). Sin duda el rompimiento del gran velo del Templo fue un suceso extraordinario para quienes lo contemplaron, pero sobre todo fue un hecho insólito para los sacerdotes. Nosotros –como escribía S. Vila– comprendemos ahora su profundo significado: que la entrada a Dios quedaba abierta por la muerte redentora de Cristo. Los testigos de aquel misterioso acontecimiento no podían entender, aunque quedaron tremendamente impresionados, el sentido del rasgamiento del velo.

Es, probablemente, en relación con este prodigio que leemos en Hechos 6:7: «y aun un numeroso grupo de los sacerdotes obedecían a la fe». No hubieran creído a los apóstoles, porque éstos no tenían ninguna autoridad para ellos; pero lo que causó el rompimiento del velo era una señal significativa e innegable porque:

a) La rasgadura del velo fue un hecho sobrenatural. El camino hacia Dios no fue abierto por esfuerzos humanos, pues como hemos leído en Mt. 27:51: «Y he aquí, el velo del templo se rasgó en dos, de arriba abajo». La redención tuvo su origen en Dios: «de arriba»

(Is. 53:10; 1ª P. 1:20). La encarnación de Cristo, por sí misma, no habría llevado al pecador a Dios. Era necesaria la muerte de Cristo para abrir la puerta, a fin de que los pecadores pudiéramos pasar a través de Él y llegar a la presencia del Padre, como muy bien dice David Bonilla. Por eso:

b) El velo fue rasgado completamente: hasta «abajo». Si hubiera sido rasgado sólo hasta la mitad, el hombre aún permanecería fuera de la presencia de Dios. Pero Cristo hizo un trabajo completo en la cruz: «Consumado es» (Jn. 19:30). El velo tenía que ser roto antes de que el camino a Dios fuese abierto; de ahí que Cristo tenía que morir antes de que los pecadores pudiesen ser «hechos cercanos por la sangre de Cristo»: Ef. 2:13 (Ritchie). Así, en el mismo momento en que Cristo consumaba su sacrificio y el velo del Templo se rasgaba, quedaba al descubierto el paso al Lugar Santísimo: el Cielo.

Y ahora, como ya se ha dicho, estando el Velo roto y obsoleto, permanece abierto y libre el camino que nos permite allegarnos directamente a Dios para vivir en comunión con Él (Jn. 14:6; Hch. 4:12; Ef. 2:18). Como dice un comentarista: «Lo que se te pide para ser salvo es que te quedes satisfecho con lo que ha satisfecho a Dios».

Pero veamos también lo que ocurrió inmediatamente después de la muerte de Jesús y de la rotura del velo del Templo: «y se abrieron los sepulcros, y muchos cuerpos de santos que habían dormido, se levantaron; y saliendo de los sepulcros, después de la resurrección de él, vinieron a la santa ciudad, y aparecieron a muchos» (Mt. 27:52-53). Como resultado del poder del sacrificio redentor de Cristo, el imperio de la muerte ha sido derrotado, pues nuestro Salvador desató las fuerzas de la resurrección y la vida para levantar a los muertos (1ª Co. 15:26, 53-55; He. 2:14).

Así, quitado el pecado que nos separaba de Dios, derribadas todas las barreras, sin velos, sin necesidad de más mediadores y desactivado el poder de la muerte, los creyentes hemos sido «trasladados (por el Padre) al reino de su amado Hijo» y disfrutamos «de toda bendición espiritual en los lugares celestiales en Cristo», y un día seremos recibidos en la casa de nuestro Padre (Col. 1:12-13; Ef. 1:3; 2:5-6; 1ª Ti. 2:5; Jn. 12:32-33; 14:2-3).

Job había preguntado: «Si el hombre muriere, ¿volverá a vivir?». Sí, porque Jesús dice: «Yo soy la resurrección y la vida; el que cree en mí, aunque esté muerto, vivirá» (Job 14:14; Jn. 11:25). Y como alguien dijo también: «La muerte no es extinguir la luz; es apagar la lámpara por causa de la llegada del amanecer».

13.

EL LUGAR SANTÍSIMO Y SU MUEBLE

ÉXODO 25:10-22; 37:1-9; HEBREOS 9:3-5

Hemos estado recorriendo el Tabernáculo desde su parte exterior hasta penetrar ahora en el interior del mismo, y así finalmente llegamos al último recinto del Santuario: el Lugar Santísimo. Allí estaba el Arca del Pacto con su cubierta de oro sólido (el Propiciatorio o Asiento de Misericordia), que simbolizaba a Cristo en relación con su obra redentora (Éx. 25:17; Ro.3:25), y dos figuras de oro llamadas «querubines», labradas a cada lado de la tapa y formando una pieza con ella.

Notemos que este recorrido es descrito *al revés* en la Palabra de Dios, pues el texto sagrado empieza a describir el Tabernáculo desde su parte interior hasta llegar al exterior. Pero nosotros hemos tenido que empezar desde el exterior para ir llegando a la estancia más íntima de Dios, porque si hubiéramos comenzado nuestro recorrido desde el interior, como lo hace Dios, no hubiésemos entendido gran cosa. Dios empieza por Él para llegar hasta nosotros. «Cuando Dios se nos revela, parte del *santuario* y sale hacia el atrio; nos presenta primeramente lo que es el objeto supremo de su corazón: la persona de Cristo.» (André).

Sin embargo, nosotros tenemos que empezar desde nosotros para poder llegar hasta Dios. «Cuando consideramos el camino por el cual *nosotros* nos acercamos a Dios, acudimos primeramente al *atrio*, al *altar*, luego a la *fuente*, y sólo entonces podemos entrar en el *santuario.*» (André). Así hemos llegado a lo más íntimo de Dios: estamos dentro del Santuario que Él ordenó construir para que le adorásemos. Y ¿qué es lo que vemos ahora?

El Lugar Santísimo, como ya hicimos observar en su momento, estaba orientado hacia la parte occidental del Tabernáculo, mientras que el Lugar Santo era el compartimiento oriental (Éx. 26:22, 26; Lc. 13:29). Este aposento Santísimo tenía la misma altura y anchura que el Lugar Santo, es decir, 10 x 10 codos. Pero su longitud estaba determinada por el propio Velo ya estudiado, que colgaba debajo de los corchetes de oro que juntaban las cortinas del Tabernáculo (Éx. 26:6, 33), siendo por tanto su longitud también de 10 codos. Y así nos encontramos con la sorpresa de que el Lugar Santísimo estaba establecido en cuadrado y tenía la forma de un cubo perfecto: 10 x 10 x 10 codos, al igual que la Ciudad Celestial tiene también forma cúbica (Ap. 21:16). Recordemos que el número 10 es el número de la plenitud divina y habla de la perfección de Dios en todo: cuando lo infinito se da a conocer en lo finito.

Los Diez Mandamientos son la perfección de las demandas de Dios: Mt. 19:16-21.

Diez geras (medio siclo) era la ofrenda de la redención: Éx. 30:11-16.

Mil años (10 x 10 x 10) hablan del orden perfecto: Ap. 20:1-6.

Por lo tanto, el Lugar Santísimo era una estancia caracterizada por la perfección, porque era el recinto donde se manifestaba la presencia de Dios. Por eso es llamado «Lugar Santísimo», pues allí resplandecía la refulgente luz de la *Shekhináh* = la Gloria visible de Dios, cuando ésta se revelaba.

Y recuérdese que era también el lugar donde Moisés y el sumo sacerdote Aarón se encontraban a solas con Dios. Allí no podía entrar nada sucio, porque se estaba delante del Dios Santo (Lv. 11:44-45; Mt. 6:6; Ef. 1:4-7; 5:25-27; 1ª Jn. 1:7; Ap. 21:27).

Además, como dice André: «El lugar santísimo [...] era oscuro, pues según 1º Reyes 8:12, Dios había dicho que *Él habitaría en la oscuridad*, manifestando de esa forma que aún no había sido plenamente revelado a los hombres. Esta plena revelación sólo tuvo lugar en Cristo, Dios manifestado en carne (Jn. 1:14; 1ª Ti. 3:16)».

Por otra parte, Truman nos hace ver que el Tabernáculo tiene su paralelismo con el Evangelio de Juan. Transcribimos las sugerencias que nos ofrece este comentarista:

Los capítulos 1 al 12 de Juan contienen el ministerio público de Cristo; esto corresponde al *atrio* donde la gente traería su ofrenda. «He aquí el Cordero de Dios, que quita el pecado del mundo» (Jn. 1:29). Las últimas palabras del ministerio público de Cristo se ven en 12:44-50.

El capítulo 13 revela a Cristo con sus discípulos, explicándoles la necesidad de usar la *fuente de bronce* para el limpiamiento, en preparación para el ministerio del Espíritu Santo.

Los capítulos 14 al 16 tienen a Cristo con sus discípulos en el *lugar santo*, explicándoles acerca del Espíritu Santo, y del cultivo del fruto espiritual y de la oración.

El capítulo 17 presenta a Cristo a solas en el *lugar santísimo*, intercediendo por los suyos ante el Padre. Ésta es llamada «oración *sumosacerdotal*».

1. EL ARCA DE LA ALIANZA: ÉX. 25:10

Se designa este mueble con la palabra hebrea *arôn* = cofre, propiamente casa de madera. Era el objeto más importante de todo el Tabernáculo; de ahí que en la descripción del Santuario y su servicio, ocupa el primer lugar. Los diferentes nombres que recibe el Arca son:

el arca de Dios,
el arca de Jehová,
el arca del Señor,
el arca del Señor Jehová,

el arca del Pacto,
el arca del Pacto de Jehová,
el arca del Testimonio...

Y, como veremos, toda ella nos muestra tipológicamente a Cristo. Al igual que el Altar de Oro para el Incienso y la Mesa para el Pan de la Proposición, tenía un reborde o moldura superior de oro que la coronaba por fuera, mediante la cual la cubierta llamada Propiciatorio podía ser ajustada y quedaba bien asegurada para preservar su contenido. Dicha cornisa nos habla de la gloria excelsa de Cristo, «coronado de gloria y de honra» (Sal. 8:4-6; He. 2:5-10) y de que su reino es celestial; pero también sugiere «como una especie de protección contra toda irreverencia ante el misterio de su Persona» (André).

Los anillos de oro servirían para pasar por ellos las varas de madera chapeadas de oro. Se dice que la palabra usada para «anillos» significa «casas», en el sentido de que los anillos servían de «alojamiento» para las varas. Esas varas nunca deberían retirarse de los anillos, pues no era permitido quitarlas (Éx. 25:15), porque el Arca debía estar siempre preparada para su traslado en cualquier momento (excepto cuando el mueble quedó instalado en el Templo de Salomón: 1º R. 8:6-8).

Pero en Números 4:6 parece haber una discrepancia, pues si las varas nunca debían quitarse, ¿cómo se puede decir aquí que cuando el campamento tenía que ponerse en marcha, habían de «ponerle sus varas» al Arca? Porque esto implicaría que cuando el pueblo estaba acampado, se quitaban las varas, lo que se hallaría en contradicción con lo que se ordena en Éxodo 25:15. Clarke nos ofrece una explicación bastante satisfactoria:

«Para reconciliar estos dos pasajes se ha sugerido, con mucha probabilidad, que además de las varas que pasaban por los anillos del arca, había otras dos varas o palos en forma de andas o angarillas, sobre las cuales se colocaba el arca para ser transportada en sus viajes, cuando la misma y sus propias varas, todavía en sus anillos, habían sido envueltas en las cubiertas que se llaman pieles de tejones y tela azul. Las varas del arca misma, las cuales pueden considerarse como las manijas para levantarla, nunca eran sacadas de sus anillos; pero las varas o palos que servían de angarillas se quitaban cuando era levantado el campamento.»

El hecho de que las varas estaban siempre puestas en los anillos, indicando así que el Arca debía estar en todo momento a punto para emprender la marcha, nos sugiere que el Señor siempre está con los suyos y dispuesto para andar en comunión con nosotros en cualquier lugar, porque como Él prometió: «he aquí yo estoy con vosotros *todos los días* [siempre], hasta el fin del mundo» (Mt. 28:20; Jn. 10:4; He. 3:7-8: «Si oyereis *hoy* su voz, no endurezcáis vuestros corazones»). ¿Oímos la voz de Dios cada día? Porque Él es un Dios que siempre está hablando en Cristo (He. 1:2). Un día sin oír la voz del Señor, es un día perdido.

A lo largo de todas las etapas que el Arca recorrió a través del desierto, desde Sinaí hasta su reposo final en el Templo de Salomón (1º R. 8:6), siempre debía ser llevada sobre los hombros de los levitas o sus hijos, y no puesta en un carruaje (1º Cr. 15, 2, 15). Así debe ser también nuestro andar cristiano: como las barras no abandonaban nunca su posición alojadas en los anillos, los creyentes tampoco debemos abandonar nuestra posición celestial, y además se nos dice que debemos sobrellevar los unos las *cargas* de los otros, y cumplir así la ley de Cristo (Gá. 6:2; Ro. 15:1). Aquellos «cristianos profesantes» que han quitado las «varas» y se han establecido en las cosas de este mundo, apartándose de la senda cotidiana, han dejado su peregrinaje y perderán bendiciones del Señor y la recompensa final.

En relación con las dimensiones del Arca de Dios, vemos que su tamaño era comparativamente pequeño, pues medía dos codos y medio de longitud por codo y medio de anchura, y codo y medio de altura. Y por estar ubicada en el Lugar Santísimo es figura de Cristo reteniendo la forma de hombre en el Cielo, donde comparte un estado glorioso con el Padre (Hch. 7:55-56; Jn. 17:5, 24).

Desglosaremos ahora la peculiar simbología del Arca del Pacto, y lo haremos de una manera más específica y con pertinentes puntos homiléticos, basándonos en lecciones tomadas de cualificados profesores, entre los que destacan los ya mencionados Braunlin y Hartill, aunque introduciremos otras indicaciones que son fruto de nuestro propio estudio del tema que nos ocupa.

a) *La persona de Cristo:* Éx. 25:10-11. Vemos su identidad mesiánica prefigurada en los componentes de este mueble. El Arca era una, no hubo otra segunda arca, ni habrá tampoco una nueva arca en el templo del Milenio, sino que será reemplazada por el Trono del Señor (Jer. 3:16-17). La declaración de Ap. 11:19, teniendo en cuenta el lenguaje figurado de este libro, se trata de un símbolo de la reanudación de los tratos de Dios con el pueblo terrenal de Israel en los últimos tiempos, pues en la Ciudad Celestial, la mansión residencial de los bienaventurados (He. 11:10, 16; 12:22-23), no habrá templo (Ap. 21:22). Pero si bien el Arca de Dios fue una sola, no obstante se componía de dos materiales que le daban su forma estructural: madera y oro. Y así sería con la persona del Mesías, pues ambos elementos que, siguiendo las instrucciones divinas dadas a Moisés, fueron usados para construir dicho objeto sagrado, hablan de la doble naturaleza de Cristo.

– Madera de acacia. La madera mencionada en nuestro texto era de la misma clase que la empleada para las tablas del Tabernáculo, *shittim*, y tanto la anchura como la altura era igual que la anchura de éstas. Nuestro Señor vino «en semejanza de carne de pecado», y como «los hijos» Él también participó de «carne y sangre» (Ro. 8:3; He. 2:14). Así la humanidad real de Cristo se ve representada en la madera de acacia (Is. 11:10; 53:2; Jn. 1:14; Hch. 2:22; Fil. 2:7; 1ª Ti. 2:5).

– Oro de calidad (sin aleación extraña). El Arca estaba recubierta por fuera y por dentro de oro puro (*zahab tahôr*). Sólo se veía este material, que era lo único visible a los ojos de Aquel que se manifestaba allí, donde brillaba la gloria de Dios llamada *Shekhináh'* disipando la oscuridad de aquel santísimo recinto cuando ésta se mostraba visiblemente. Así la divinidad de Cristo era lo más relevante de su persona (Is. 9:6; Mt. 1:23; 3:17; Jn. 1:1; 10:30).

b) *La preeminencia de Cristo.* Vemos esa preeminencia representada en la posición que ocupaba este mueble.

– El Arca fue el primer objeto que describió Dios cuando dio a Moisés las instrucciones para edificar el Tabernáculo: era el mueble de primera importancia. Así es señalado Cristo (Col. 1:15-19). Y así también Cristo debe tener el primer lugar en nuestra vida (2ª Co. 13:5; Col. 1:27).

– El Arca era el único utensilio que estaba dentro del Lugar Santísimo (Éx. 40:3). Así sólo Cristo es digno por Sí mismo de estar eternamente en la presencia de Dios (Pr. 8:30; Jn. 1:18; He. 1:3).

– El Arca era el *centro* del campamento de Israel. Dios habitaba en medio de su pueblo y su presencia se manifestaba en ella (Éx. 25:8; 29:45). Así el Señor debe ser el centro de nuestra vida, porque Él no es un Dios lejano, sino que está habitando con nosotros (Jn. 14:23; 2ª Co. 6:16; Ef. 3:16-19). La Biblia dice que «el que se une al Señor, un espíritu es con él» (1ª Co. 6:17).

c) *La perfección de Cristo.* Esta perfección nos es mostrada en figura por el contenido del Arca. Ella contenía los tesoros principales de Israel, y en Cristo tenemos todo nuestro tesoro (Col. 2:2-3).

– Las Tablas de la Ley. Ningún hombre podía ser depositario de la Ley de Dios, pero ésta pudo permanecer en el único lugar donde podía ser guardada: dentro del Arca (Éx. 25:16; Dt. 10:5). «Testimonio» es el término hebreo *eduth*, que incluye también a los demás objetos contenidos en el Arca, así llamados porque constituían una prueba que testificaba de la alianza entre Dios y el pueblo. Cristo guardó íntegramente la Ley en su corazón, cumpliéndola con toda perfección, e instituyo una nueva Alianza (Sal. 40:8; Jn. 8: 29; Mt. 5:17-18 con Lc. 24:27, 44; 22:20).

Cristo vino a llenar el molde profético de la Ley, cumpliendo todo lo que ella decía de Él, porque nuestro Señor fue testificado por la Ley y los Profetas, es decir, todo el sistema judaico, que lo anunciaban. En palabras del comentarista Luis Bonnet: «La ley y los profetas constituyen toda la economía mosaica y todas las revelaciones de la antigua alianza, sean como instituciones, sean como escritura sagrada». Por lo tanto, el correcto sentido de Mt. 5:17-18 se puede parafrasear de la siguiente manera: «En la Ley y los Profetas están anunciadas muchas cosas tocantes a mí que yo he venido a cumplir, y hasta que pasen el cielo y la tierra ni una sola cosa pasará de la Ley sin que antes hayan sido todas cumplidas».

– La urna de oro conteniendo una porción de maná (Éx. 16:32-34; He. 9:4). Cristo no solamente agradó a Dios, sino que también suple las necesidades del hombre como lo hizo el maná. Así Él es nuestro alimento como Pan de Vida (Éx. 16:35; Mt. 3:17; 12:18; Jn. 6:32-35, 47-51, 57).

– La vara de Aarón que reverdeció (Nm. 17:1-10; He. 9:4). «Vara» (heb. *matteh*) también puede significar «tribu». La familia de Aarón estaba simbolizada por la vara, pues el incidente quería enseñar la preeminencia de la casa de Aarón y tribu de Leví sobre el resto de los israelitas. Así como aquella vara dio brotes y floreció, Cristo fue resucitado y Él ostenta la preeminencia como Gran Sumo Sacerdote (Ro. 1:3-4; 8:11; 1ª Co. 15:3-22; He. 4:14-16; 7:14-17).

Reconsideremos en síntesis algunas de las cosas que hasta aquí hemos aprendido:

❏ Las varas puestas en los anillos, que tenían por misión transportar el Arca, y que no debían ser quitadas (Éx. 25:15), hablan de que el pueblo de Israel no debía olvidar su posición de peregrino, pues sacar dichas varas hubiese significado establecerse en el lugar donde el campamento había detenido su marcha, y esto habría implicado abandonar el camino hacia Canaán. La lección para nosotros es que somos extranjeros y peregrinos en este mundo (He. 11:8-10; 1ª P. 2:11).

❑ La cornisa de oro no sólo nos sugiere la realeza del Señor y su glorificación, sino que habla también de la nuestra (Éx. 25:11; Jn. 17:22; 2ª Co. 3:11, 18).

Asimismo, pensando otra vez en los *tres* objetos que estaban depositados dentro del Arca, éstos sin duda recordarían al pueblo de Israel que se habían rebelado *tres* veces contra el Señor:

❑ Las Tablas del Pacto. Fueron las segundas tablas que Moisés tuvo en sus manos y se guardaron durante los siglos siguientes como prueba de la dádiva de la Ley dada por Dios. Notemos que las primeras tablas fueron entregadas a Moisés por el propio Señor (Éx. 24:12; 31:18; 32:16). En cambio, esas segundas tablas fueron obra de Moisés (Éx. 34:1, 29-30; Dt. 10:1-2). Esta diferencia parece querer destacar la autoridad de Moisés como líder y mediador. Así, con aquellas nuevas tablas que Dios mandó labrar al caudillo de Israel, el Señor haría recordar continuamente al pueblo su desobediencia a la Ley que anteriormente Él había escrito en el Sinaí.

❑ La urna de oro con el maná. Para que el pueblo tuviera en su memoria un recuerdo del cuidado de Dios cuando ellos estaban en el desierto. Así, cuando murmuraron por tener hambre y dejaron de confiar en la providencia divina, el Señor les hacía recordarlo continuamente por medio del maná que se guardó en el Arca.

❑ La vara de Aarón. Que simbolizaba su autoridad y su sacerdocio cuando ocurrió el incidente de la rebelión de Coré (Nm. 16). Así, cuando tuvo lugar esa rebelión e intentaron introducir un sacerdocio que Dios no había ordenado, con la vara de Aarón les hizo el Señor recordarlo continuamente.

14.

EL MUEBLE DEL LUGAR SANTÍSIMO (CONTINUACIÓN)

ÉXODO 25:17-22; 37:6-9

Llegamos ahora a la parte del Arca cuya pieza formaba el complemento de la misma en perfecta unidad con ella:

2. EL PROPICIATORIO

Éx. 25:17. Aquí se nos muestra el propósito del Arca: preanunciar la obra de Cristo a través del Propiciatorio que la cubría por encima. Esta tapadera o cubierta era una tapa plana llamada «propiciatorio», y consistía en una plancha o lámina de oro fino, que tenía las mismas medidas del Arca, y que se encajaba dentro de la cornisa de oro que coronaba la parte superior del mueble, quedando así dicha cobertura afianzada en su lugar. No se menciona su altura, y esto nos sugiere la misericordia ilimitada de Dios (Sal. 103:11).

Sobre esa tapa –como veremos luego en detalle– y a cada extremo de ella, había la figura de un querubín, labrados ambos en oro batido, del mismo oro que fue hecho el Propiciatorio, o sea, formados de un bloque macizo de oro a golpes de martillo, puestos frente a frente, con las alas extendidas hacia adelante, que se unían en el centro, con sus caras inclinadas hacia abajo, mirándose el uno al otro y en dirección al Arca, es decir, contemplando la sangre que manchaba la cubierta, y de modo que se tocaban los querubines por las puntas de sus alas, cubriendo así del todo el Propiciatorio en actitud de proteger (Éx. 25:18, 20). Los querubines eran, pues, la expansión del Propiciatorio, significando que en Cristo todas las cosas se conservan unidas (Col. 1:17), porque «Cristo es el todo, y en todos» (Col. 3:11). Así los ojos deben estar mirando a Cristo como nuestra *propiciación* (He. 12:2; 1ª Jn. 2:2).

La palabra «propiciatorio» (heb. *kapporeth*) viene de la raíz *kpr*, que significa «cubrir», y de ahí que dicho término se deriva del vocablo *kaphar* = tapar por encima, y del verbo *kipper* = expiar. La expiación es una acción que tiene por objeto denotar el acto de esconder u ocultar, cubrir, apartar y borrar el pecado. Pero la propiciación denota todo lo que significa la expiación, además de la consiguiente pacificación de la ira santa de Dios. En la versión griega del Antiguo Testamento (la Septuaginta), este término se traduce «sede de propiciación». Por esto el Propiciatorio era llamado también oráculo o asiento de Misericordia, o trono de Gracia, porque esta cubierta de oro, donde se derramaba la sangre, era el lugar de favor donde el pecador podía tener un encuentro con Dios, pues desde allí el Señor establecía comunicación con su pueblo (Éx. 25:22: *nôcadtî*, de *ycd*, citar, encontrarse con). Es interesante observar –dice Kirk– que la palabra «reunión» se traduce «concierto» en Amós 3:3, y «desposar» en Éxodo 21:9, aludiendo a la intimidad de comunión que Dios desea para los suyos. Así ahora Dios nos habla en Cristo (He. 1:2). Y por medio de Él, Dios muestra su misericordia y su gracia al hombre (Jn. 1:16-17; 14:6; Ro. 3:25; Ef. 2:4-7; 1ª Ti. 2:5). Hoy, en virtud de la obra de Cristo, el pecador no sólo tiene acceso al Lugar Santo, sino al Santísimo, pues por su gracia ha sido transformado en santo (Éx. 26:33; He. 3:1; 9:8; 10:19-22).

De esta manera, pues, el Arca del Testimonio no quedaba abierta, sino herméticamente cerrada, porque el Propiciatorio (lugar de favor) la cubría perfectamente para resguardar con seguridad su contenido. Y así como el Arca mostraba en tipología la vida santa del Mesías, el Propiciatorio –salpicado de sangre– revelaba proféticamente su muerte, la gloria de la redención, la obra expiatoria de Cristo, por la cual los creyentes somos justificados (Ro. 3:25; He. 9:5). De ahí que mediante estas imágenes tipológicas, el Arca, con el Propiciatorio y los dos Querubines, teniendo la semejanza de un trono, nos habla por tanto de la misericordia divina manifestada al hombre en Cristo, y los creyentes somos colocados ante el trono de la gracia de Dios. En la Cruz todos los atributos de Dios se conjugaron, porque allí «la misericordia y la verdad se encontraron; la justicia y la paz se besaron» (Sal. 85: 10).

En el Antiguo Testamento la propiciación por los pecados significaba que éstos eran *cubiertos* o pasados por alto (Sal. 32:1); pero en el Nuevo Testamento, una vez consumada la obra de Cristo en la cruz, los pecados son *quitados*, haciendo así válida, de una vez y para siempre, la propiciación provista en aquellos antiguos sacrificios: Jn. 1:29; Ro. 3:25; He. 10:4,11-12 (Hartill).

El Propiciatorio, como hemos visto, era el lugar de encuentro de Dios con el hombre, pero en un doble sentido, según nos explica André:

– Aarón, el sacerdote, representando al pueblo ante Dios, acudía con la sangre del sacrificio.
– Moisés, el enviado de Dios, como apóstol, recibía allí los mensajes de Dios para el pueblo.

Así el Señor Jesús, en He. 3:1, reúne el doble carácter de Moisés y de Aarón cuando es llamado «el apóstol y sumo sacerdote de nuestra profesión».

En el gran día de la expiación, cuando una vez al año Israel se limpiaba del pecado ceremonialmente, Aarón el sacerdote, ataviado con vestiduras de lino, atravesaba el Velo accediendo dentro del Lugar Santísimo con la sangre de la expiación. Ésta era esparcida sobre el Propiciatorio una vez, y delante de él siete veces (Éx. 30:10; Lv. 4:4-7, 15-18). Y como comenta Ritchie: *Una vez* era suficiente para los ojos de Dios, pero *siete veces* –el número de la perfección– era necesario para el adorador, a fin de hacernos recordar la perfección del sacrificio de expiación que Cristo consumaría en la Cruz (Jn. 19:30). El Propiciatorio manchado de sangre era el lugar donde descansaba la gloria de Dios, entre los querubines, y por eso el Señor dijo a Moisés: «de allí me declarare a ti, y hablaré contigo de sobre el propiciatorio» (Éx. 25:22).

Pero hay también otra imagen repleta de simbolismo. El apóstol Pablo habla a Tito de la más gloriosa de todas las esperanzas, cuando escribe: «aguardando la esperanza bienaventurada», refiriéndose a la segunda venida de Cristo (Tit. 2:11-13). En el v. 11 tenemos los Evangelios y los Hechos de los Apóstoles; en el v. 12 vemos las Epístolas, y en el v. 13 se apunta al Apocalipsis. «Aguardando» es un participio medio presente que significa esperar con gran expectación. Y nótese que aquí Cristo es identificado como Dios (comp. con Sal. 68:19-20). Pues bien, el Lugar Santísimo nos ofrece una clara ilustración de esta gloriosa verdad con la figura del sumo sacerdote Aarón, cuando éste, en el gran día de la expiación anual, era contemplado por la congregación hebrea, viendo cómo se alejaba de ellos hasta ocultarse tras el Velo, y entonces entraba en el Santísimo. Después de que él había desaparecido de la vista del pueblo, la congregación seguía con la mirada puesta allí, esperando anhelosamente su retorno para bendecirles.

Así, con la misma expectación, los creyentes debemos aguardar el regreso de Cristo (Jn. 14:3; Hch. 1:9-11; 3:20-21; Fil. 3:20). El vocablo griego usado en Hebreos 3:1 para «considerad» viene de un término astronómico que significa «contemplar las estrellas». De la misma manera que un astrónomo se dedica a mirar con paciencia y con asiduidad las estrellas del firmamento, así también el creyente debe mantener fijos sus ojos en el Señor Jesús, «la estrella resplandeciente de la mañana» (Ap. 22:16).

Ya hemos dicho anteriormente que el uso del Arca de la Alianza era para guardar y proteger las Tablas de la Ley de Dios. Es notable –dice Simpson– que cuando el Arca fue llevada al Templo de Salomón, se sacaron dos cosas de ella, quedando sólo una en su interior. En el desierto el sagrado cofre contenía tres objetos: las Tablas de la Ley, la urna de oro con el Maná y la Vara de Aarón; pero cuando se llevó el Arca al monte Moriah, se sacaron el Maná y la Vara, y no quedó sino la Ley de Dios (2º Cr. 3:1; 5:10). «Creo que esto significa que, cuando lleguemos allá arriba, ya no necesitaremos el maná, ni tendremos necesidad tampoco de los brotes, pues éstos se habrán convertido en los gloriosos frutos del paraíso. En vez del rocío y las flores y las promesas de frutos, tendremos el árbol de la vida mismo que da su fruto cada mes.» (Ap. 22:2).

Esta Ley santa, justa, buena y perfecta preservada dentro del Arca, nos enseña lo que Dios requiere de nosotros en relación con Él y luego en relación con nuestro prójimo. Pero jamás ha podido el hombre cumplir esa Ley, pues como pecadores estamos moralmente incapacitados para obedecerla (Ro. 7:15-23; 8:7; Stg. 2:10-11). Así que –dice ahora Payne– la acción de Moisés, al arrojar las dos tablas primeras de sus manos y quebrarlas, era un acto significativo que ponía de manifiesto lo que había hecho el pueblo de Israel al quebrantar los mandamientos de Dios, como también todos nosotros los hemos violado.

Es posible igualmente –sigue diciendo nuestro comentarista– que Moisés entendiera que no convenía llevar aquella Ley santa en medio de una congregación de pecadores. De modo que Dios ordenó a Moisés construir esta Arca y que pusiese en ella las segundas tablas, donde estarían bien guardadas. Y en conformidad con esa figura leemos en el Salmo 40:7-8 estas palabras de David, que se refieren proféticamente al Señor Jesús: «He aquí vengo; en el rollo del libro está escrito de mí; el hacer tu voluntad, Dios mío, me ha agradado, y tu ley está en medio de mi corazón» (comp. con He. 10:5-7). Él cumplió la Ley y la guardó perfectamente, y aún más, según Isaías, la magnificó y la engrandeció.

La Ley, para el pecador, significa muerte, pues ella revela la condición pecaminosa del hombre, y por la Ley pronuncia Dios juicio. De ahí que quien está bajo la Ley, sólo halla en ella condenación y muerte, porque la Ley no hace distinción de personas (2ª Co. 3:6; Ro. 3:19-23; 7:7-14). Pero la completa obediencia del Hijo de Dios a la Ley, nos redimió de ella y nos dio vida (Ro. 3:24; Gá. 4:4-5; Ef. 2:1, 5; 1ª Jn. 1:1-2; 5:11-13).

Detalles tipológicos complementarios del Arca y su Propiciatorio
Nos permitimos transcribir, con permiso del editor, algunas valiosas indicaciones que aporta Truman en relación con el Arca como tipo de Cristo:

a) Hubo una entrada triunfal del Arca en Jerusalén: 1º Cr. 15:15 con Jn. 12:12-15.

b) El Arca fue tomada por el enemigo: 1º S. 4:11 con Mr. 14:46.

c) La imagen de Dagón, la deidad pagana de los filisteos, fue derribada por la presencia del Arca: 1ºS. 5:3-4 con Jn. 18:6.

d) El poder del Arca dio muerte a los impíos: 1º S. 5:6-12 con 2ª Co. 2:15-16.

e) La presencia del Arca trajo bendición a los creyentes: 2º S. 6:11 con 2ª Co. 2:15-16.

f) Cuando el Arca estaba presente en los campos de batalla, traía victoria: Jos. 6:6-21 con 1ª Co. 15:57; Ro. 8:37.

g) El Arca era un lugar de confesión de pecado: Jos. 7:6 con He. 4:16.

h) El Arca guiaba al pueblo de Israel: Nm. 10:33; Jos. 3:3-11, 17; Éx. 25: 8 con Mt. 4:19; Jn. 10:4; 14:6, 23.

i) Dios se revelaba en el Arca: Éx. 25:22 con Jn. 14:7-9.

j) Desde el Arca, Dios hablaba con su pueblo: Éx. 25:22 con Jn. 8:43, 47; He. 1:2.

k) El Arca fue colocada finalmente en su lugar: 2º Cr. 35:3 con Ap. 21:3.

Y. reconsiderando algunos pormenores ya mencionados, recalquemos siete declaraciones relevantes acerca del Arca y del Propiciatorio, contrastándolas con nuestra experiencia en Cristo:

- Allí la sangre del sacrificio era rociada sobre el Propiciatorio en el día de la expiación: Lv. 16:14.
  - ❏ Pero ahora, por la sangre de Cristo, el creyente halla redención y perdón: He. 9:11-14.
- Allí Dios se encontraba con Moisés: Éx. 25:22.
  - ❏ Pero ahora, en Cristo, Dios se encuentra con el creyente: He. 4:14-16; 9:24.
- Allí Dios tenía comunión con Moisés: Ex. 25:22.
  - ❏ Pero ahora, en Cristo, Dios tiene comunión con el creyente: 1ª Jn. 1:3, 7.
- Allí Dios se manifestaba de una manera especial a Moisés: Lv. 16:2; Nm. 12:6-8.
  - ❏ Pero ahora, por el Señor Jesús, el creyente conoce a Dios: Jn. 1:18; 14:9; Col. 2:9.
- Allí, desde el Propiciatorio, Dios enviaba sus oráculos a Moisés para que los transmitiera al pueblo: Éx. 25:22.
  - ❏ Pero ahora, en Cristo, los creyentes aprendemos una nueva calidad de vida: Jn. 16:13-15; 1ª Jn. 2:20, 27.
- Allí, sobre el Propiciatorio, se detenía la presencia visible de Dios, en forma de nube gloriosa, llamada *Shekhináh*: Éx. 25:22; 40:34; Nm. 9:15.
  - ❏ Pero ahora, al confiar en la sangre de Cristo, el creyente halla descanso porque el Señor mora en él: Ro. 3:24-26; Jn. 14:23; 1ª Co. 3:16.
- Allí el Propiciatorio constituía una cubierta para el Arca: Éx. 25:21.
  - ❏ Pero ahora Cristo es la cubierta para el creyente: 1ª Jn. 2:2; 4:10.

Así que a la luz de estas comparaciones aprendemos que, estando en Cristo, los creyentes encontramos reconciliación con Dios, y somos aceptados, perdonados, agregados al Señor y recibidos en la congregación eclesial (2ª Co. 5:19-20; Ef. 1:6-7; Hch. 11:24; He. 13:15).

15.

EL MUEBLE DEL LUGAR SANTÍSIMO (CONCLUSIÓN)

ÉXODO 25:18-20

El Santuario terrenal representaba la morada de Dios entre los hombres (Éx. 25:8). «Habitaré», en hebreo *shakán*, significa una estancia permanente, y el cumplimiento de su tipología lo encontramos en la encarnación del Verbo de Dios: «Y el Verbo se hizo carne, y fijó su tabernáculo (*eskénosen*: tabernaculizó) entre nosotros» (Jn. 1:14). Siguiendo con nuestro estudio expositivo de las realidades espirituales trascendentes, escondidas bajo ese grandioso y fulgurante ropaje de las tipologías, y habiendo examinado el significado simbólico de los recintos en que se dividía el Tabernáculo y de su mobiliario, hemos llegado por último al ornamento escultórico que adornaba el conjunto del Arca y el Propiciatorio:

3. LOS QUERUBINES DE ORO: ÉX. 25:18; HE. 9:5

Recordemos que, en opinión de algunos gramáticos, el vocablo «querubín» parece proceder de una forma verbal que significa *acercarse*. «Querubín» es el singular de *kerûb*, y *kerubîm* es el plural (no «kerubims»). Pero el término conlleva otras acepciones etimológicas. Nos dice Clarke, por ejemplo, que la palabra *kerûb* nunca se usa como verbo en la Biblia hebrea, y por lo tanto se cree que es una palabra compuesta de *ke*, una «particula de semejanza» («como»), y *rab* = fuerte, poderoso. De ahí que los querubines eran representaciones simbólicas de la presencia de la divina majestad, así como de la eterna deidad del Todopoderoso y de su omnipotencia protectora. Notemos que los dos Querubines del Arca parecían proteger por un lado con sus alas a aquélla, y al mismo tiempo, con las mismas alas, formaban un trono para que se manifestara el Señor (Éx. 25:22).

Por otra parte, dicen otros, ante la ausencia de una raíz hebrea, se supone que el término *kerûb* está relacionado etimológicamente con el acadio *kârabu* = orar, adorar; quizá más directamente con sus formas participiales *kâribu* y *kârbûu* = ministro, servidor, o aun con una raíz semítica que significa noble, cambiando la «n» de «querubí*n*» en «b»: «querubi*b*».

Pero aún descubrimos otro matiz no menos sugestivo: el significado hebraico de «querubín» expresa también el concepto de «plenitud de conocimiento», y por ello esos seres aparecen siempre como si fueran los agentes judiciales ejecutores de la autoridad de Dios, a la vez que indicaban la misericordia, la gracia y la fidelidad del Señor cubriendo a su pueblo (Éx. 25:20; Sal. 89:1-2).

En efecto, nótese que los querubines del Propiciatorio no tenían espada, como los del huerto de Edén, sino alas para proteger. Escribe Ritchie: «En la puerta de Edén, los querubines estaban relacionados con la espada de justicia para cerrar el camino al árbol de la vida. Pero aquí, en el Propiciatorio, dan la bienvenida al pecador que se acerca. No hay espada ahora. Ella ha traspasado a la Víctima, y los querubines contemplan la sangre. ¡Bendito cambio!» (Zac. 13:7; Sal. 61:4; 63:7; Mt. 26:37-38; Jn. 19:34; He. 9:23-26).

Ahora bien, los dos Querubines del Propiciatorio (el número dos denota la plenitud del testimonio, y la palabra hebrea para «querubines» podría aquí traducirse igualmente como «seres asidos»), representaban simbólicamente a los redimidos del pueblo de Dios, formado tanto por judíos como por gentiles y, según nos hacen observar nuestros comentaristas, los Querubines del Arca no podían existir sin el Propiciatorio; pero éste, a su vez, no estaba completo sin ellos. ¡Cuán hermoso es ver en todo esto un tipo de la unión que existe entre Cristo y los suyos! (Ef. 2:11-18). El hecho de que esos Querubines formaban parte de la misma cubierta y que fueron sacados de ella a golpes de martillo, nos lleva a creer que representan a los que somos unidos a Cristo en virtud de su muerte y resurrección, pues como dijo Jesús: «porque yo vivo, vosotros también viviréis» (Jn. 14:19). Esta unión ya existe desde el momento en que hemos creído de veras en el Señor; pero no se ha manifestado aún lo que un día vamos a ser en gloria. Creemos, por tanto, que dichos Querubines de Oro son figura del futuro destino glorioso de los redimidos y que nos señalan aquella gloria, a la que nos vamos acercando, y que ha de ser revelada en nosotros cuando nuestro Salvador vuelva. Además, no se dan medidas para los Querubines del Propiciatorio, porque los redimidos formamos «una gran multitud, la cual nadie podía contar» (Ap. 7:9). Pero esos Querubines también nos hablan de *fundamento*, por cuanto ellos estaban fijos e inamovibles sobre el Propiciatorio (Ef. 2:19-22) Kirk-Payne. Y en cuanto a los golpes de martillo: 2ª Co. 1:3-7.

Digámoslo ahora en palabras de Simpson, quien nos dice: «El propiciatorio era la cubierta del arca, y los querubines eran la expansión del propiciatorio. Significando así que Jesucristo es el primero y el último, la sustancia, Alfa y Omega del glorioso mundo que todo esto representaba [...] A través de las alas de estos gloriosos querubines brillaba la luz de la *Shekhináh*, la presencia de Dios mismo. Y esto es lo mejor de todo. Porque ésta es la luz que nunca se extinguirá, pues Dios mismo será nuestra luz eterna, y llegará el día en que los justos brillarán como el sol en el reino de su Padre, cuando nuestra vida será en el cielo la plenitud de la gracia y gloria celestial» (Mt. 13:43).

ACTIVIDADES Y FUNCIONES DE LOS QUERUBINES

Veamos a continuación algunas características esenciales de las actividades y funciones que ejercían los querubines como ejecutores de la potestad divina:

a) *Para guardar el camino del árbol de la vida:* Gn. 3:24: «una espada flamígera que giraba en todas direcciones». Fueron los querubines quienes vigilaron el huerto de Edén para que el hombre no entrara de nuevo. Literalmente dice el original hebreo: «árbol de vidas» (*chayyim*, en plural, como en 2:7, o sea, árbol dador de vidas). Hay en Oriente determinadas hierbas medicinales, plantas curativas y árboles que producen frutos salutíferos. Esto se presta al lenguaje metafórico para expresar que vida significa a menudo, en el lenguaje bíblico, la vida dichosa; y sin duda la pluralidad del término se usa aquí como pluralidad de plenitud para indicar abundancia de vida en sus tres aspectos o esferas: *física, psíquica y espiritual.*

Jn. 10:10: «[...] yo he venido para que tengan vida [...] en abundancia» (o «para tener plenitud de vida»); Jesús conduce a su rebaño a una vida abundante.

b) *Para protección*: Éx. 25:20-22: «alas»: extendidas para cubrir; «rostros»: inteligencia.

Entre los Querubines del Arca resplandecía el fuego de la gloria de Dios, haciendo sombra sobre el Propiciatorio. Allí *moraba* Dios (Nm. 7:89; 2° S. 6:2; He. 9:5).

Sal. 91:4: «Con sus plumas te cubrirá, y debajo de sus alas estarás seguro».

1ª Jn. 4:10: «Dios [...] envió a su Hijo en propiciación por nuestros pecados».

c) *Percepción divina*: Ez. 10:12: «estaban llenos de ojos».

Zac. 4:10: «son los ojos de Jehová».

Éx. 25:20: «mirando al propiciatorio».

Lv. 16:14: «la sangre [...] la rociará [...] esparcirá hacia el propiciatorio».

Pro 15:3: «los ojos de Jehová están en todo lugar, mirando...».

He. 4:13: «... todas las cosas están desnudas y abiertas a los ojos de aquel a quien tenemos que dar cuenta».

d) *Juicio acelerado*: Ez. 1:12: «cada uno caminaba derecho hacia adelante [...] y cuando andaban, no se volvían».

Ez. 1:13: «fuego»: juicio; «hachones»: presencia divina en el poder del Espíritu Santo.

Ez. 1:14: «corrían [...] a semejanza de relámpagos»: rapidez, desplazamiento veloz.

e) *Su servicio*: Ez. 1:8: «tenían manos de hombre»: actividad y trabajo.

Sal. 90:17: «la obra de nuestras manos confirma».

1ª Co. 15:58: «[...] sabiendo que vuestro trabajo en el Señor no es en vano».

Col. 3:23: «Y todo lo que hagáis, hacedlo [...] como para el Señor».

f) *El curso del gobierno providencial de Dios sobre la tierra*: Ez. 1:19-20: «las ruedas andaban junto a ellos [...] porque el espíritu de los seres vivientes estaba en las ruedas»: movilidad en todas direcciones para cumplir los propósitos de Dios.

Dn. 7:9: «su trono llama de fuego»: dominio judicial.

Ez. 1:10: cuatro semblantes (el *cuatro* es símbolo de universalidad, porque es el número que alude a los cuatro ángulos de la tierra). Estos seres vivientes representan los atributos de Dios en acción. Notemos «el aspecto de sus caras», siguiendo el comentario de los rabinos:

«Cara de hombre»: inteligencia, sabiduría, propósito (2º S. 14:20). El hombre es una criatura exaltada sobre todas las criaturas.

«Cara de león»: majestad divina, fuerza, grandeza, valor (Pr. 30:30; Sal. 103:20). El león es exaltado sobre las bestias salvajes.

«Cara de buey» (llamado *querub* en 10:14): mansedumbre, paciencia, obediencia y fuerza para el trabajo (Sal. 103:20). El buey es exaltado sobre los animales domésticos.

«Cara de águila»: resistencia, realeza del cielo, poder de visión y rapidez para ejecutar prontamente los mandatos de Dios (Dn. 9:21). El águila es exaltada sobre las aves.

Todos ellos han recibido dominio y se les ha dado grandeza. Sin embargo, todos ellos están debajo de la carroza del Santo (Éx. 15:1-2 comp. con Ap. 4:7).

g) *Su proclamación:* Ap. 4:8: «y no cesaban día y noche de decir: Santo, santo, santo es el Señor Dios Todopoderoso». Declaran la santidad de Dios.

ANEXO I: ¿DÓNDE ESTÁ EL ARCA DE DIOS?

Hemos de confesar abiertamente nuestra ignorancia al respecto y respetar reverentemente el silencio de Dios. La verdad es que se desconoce el paradero actual del Arca. No sabemos dónde fue ocultada, pues «las cosas secretas pertenecen a Jehová nuestro Dios» (Dt. 29:29). No obstante hay una referencia que aparece en un libro apócrifo, en el libro 2º de los Macabeos 2:4-8, que podemos encontrar en las ediciones católicas de la Biblia, y en cuyo pasaje leemos el siguiente relato:

«Se decía también en el escrito cómo el profeta (Jeremías), después de una revelación, mandó llevar consigo la Tienda y el arca; y cómo salió hacia el monte donde Moisés había subido para contemplar la heredad de Dios. Y cuando llegó Jeremías, encontró una estancia en forma de cueva; allí metió la Tienda, el arca y el altar del incienso, y tapó la entrada. Volvieron algunos de sus acompañantes para marcar el camino, pero no pudieron encontrarlo. En cuanto Jeremías lo supo, les reprendió, diciéndoles: Este lugar quedará desconocido hasta que Dios vuelva a reunir a su pueblo y le sea propicio. El Señor entonces mostrará todo esto; y aparecerá la gloria del Señor y la nube, como se mostraba en tiempo de Moisés, y cuando

Salomón rogó que el Lugar (el Templo) fuera solemnemente consa-grado». (Biblia de Jerusalén).

Pero como sea que se trata de un documento extracanónico, esta narración no concuerda con los hechos históricos registrados en nuestras versiones de la Biblia y, por tanto, carece de toda auto-ridad canónica. Nos parece una leyenda.

Sin embargo, circulan también otras hipótesis y trabajos de in-vestigación en pro de intentar localizar el paradero del Arca desapa-recida o para preservar su pretendido hallazgo; pero tales esfuerzos y teorías tampoco merecen nuestra credibilidad por falta de aporta-ción de evidencias fidedignas. Veamos algunos ejemplos:

En 1978, según nos informa Robert Goodman, el arqueólogo norteamericano Ron Wyatt investigó un vertedero situado a lo lar-go de la escarpada ladera del monte Moriah, conocida por algunos como la Pared del Calvario, cuyo relieve dibujaba una especie de calavera. Él pensaba que se trataba de la Cueva de Jeremías y que en ella se alojaba el Arca de la Alianza.

En enero de 1979, Wyatt y sus hijos buscaron el Arca en el monte Gólgota; empezaron a excavar en aquel lugar, pero no en-contraron allí ningún vestigio del sagrado cofre.

El primer Templo judaico se construyó sobre el monte Mo-riah, en el lugar donde fue Abraham para ofrecer a su hijo Isaac en sacrificio (Gn. 22:2; 2º Cr. 3:1), y el *sancta sanctorum* estaba ubicado encima de la piedra fundacional, llamada *shetiyyah*, una roca enorme que actualmente se halla bajo la Cúpula de la Roca (que recibe erróneamente el nombre de «Mezquita de Omar»), eri-gida en 691 d. C. por Abdal-Malik sobre la explanada donde se levantaron el primero y segundo Templos. En relación con este sitio escribía el filósofo judío Maimónides (1135-1204): «Cuando Salomón mandó construir el Templo pronosticó su destrucción y, ante la inminente llegada del peligro, hizo excavar una cripta se-creta en una cueva muy profunda, donde Josías dio instrucciones para esconder el Arca de la Alianza».

ANEXO I: ¿DÓNDE ESTÁ EL ARCA DE DIOS?

Por otra parte, el investigador escocés Graham Hancock afirma haber realizado una exhaustiva investigación acerca de la trayectoria del Arca a lo largo del tiempo, hasta llegar a la conclusión de que hoy parece encontrarse cobijada en la actual Etiopía. Pero se trata de otra conjetura gratuita.

En una noticia de prensa firmada por María-Paz López y aparecida en el periódico *La Vanguardia* con fecha 27 de enero de 2002, que nos permitimos reproducir aquí, se publicaba que en Etiopía se honra una presunta «arca» bíblica. Como escribe nuestra informante en su artículo, del cofre misterioso, que era el signo de la protección de Dios hacia su pueblo, se perdió el rastro tras la destrucción del primer Templo de Jerusalén, allá por el año 587 o 586 a. C. Sin embargo –dice la mencionada articulista–, la iglesia ortodoxa de Etiopía se ampara en una tradición para defender que la bella caja de madera, recubierta de oro y ornamentada con querubines, es la que custodia su orden religiosa en una iglesia de Aksum.

Seguimos transcribiendo la citada información periodística. Para los cristianos etíopes (unos 31 millones, la mitad de la población), el arca es de importancia esencial y por ello festejan sus bondades en la fiesta de Temket o del bautismo de Jesús. Según la leyenda, el arca llegó a Etiopía gracias a Menelik, hijo de Salomón y de la reina de Saba, quien, ya adulto, visitó a su padre en Jerusalén. Allí robó el arca y se la llevó a Aksum, donde fundó un reino del que él fue primer soberano. Esa dinastía, supuestamente iniciada por Menelik, gobernó Etiopía hasta el derrocamiento del emperador Haile Selassie en 1974.

«Esta historia del arca no ha podido ser documentada, aunque muchos lo han intentado», explicó a la agencia AP el historiador Richard Pankhurst, fundador del Instituto de Estudios Etíopes de la capital, Addis Abeba. Se sabe que Etiopía se convirtió al cristianismo alrededor del año 330, pero la leyenda del arca no surgió hasta el siglo XII, en un claro intento por parte de la dinastía reinante de reclamarse heredera del rey Salomón. Pese a la oscuridad histórica en torno al destino del cofre sagrado, persiste la fe en el arca de Aksum, pues los ortodoxos etíopes le atribuyen virtudes salvíficas, entre ellas la propia independencia del país, único en África que no ha sufrido colonización en sentido estricto, a pesar de haber sido ocupado por la Italia fascista entre 1936 y 1941.

Y concluye la noticia informativa difundida por *La Vanguardia* diciendo que, durante la fiesta religiosa de Temket, los fieles etíopes sacan en procesión una réplica del arca, los *tabot*, unas tablas de madera que la simbolizan y que todas las iglesias poseen. El salesiano Alfred Roca contaba desde Addis Abeba: «El *tabot* se lleva en procesión cubierto por una tela y nadie lo ve. La gente danza y canta a su alrededor, y la celebración continúa toda la noche. Al día siguiente se asperge a los fieles con agua; algunos se la llevan a su casa, y los jóvenes y niños suelen bañarse en algún río o piscina».

Sin embargo, probablemente el Arca terrenal, cumplida su función y por tanto no siendo ya necesaria su existencia en el futuro, fue destruida por el fuego cuando Nabucodonosor el caldeo capturó y devastó la ciudad de Jerusalén y el Templo (2º R. 25:8-9; Jer. 3:16-17).

ANEXO II:
EL INCENSARIO DE ORO
LEVÍTICO 16:12-13; HEBREOS 9:4

Pero, además, había también otro utensilio que solamente era llevado temporal y esporádicamente al interior del Lugar Santísimo, cuando en el día de la expiación anual el sumo sacerdote entraba para ministrar allí y rociaba el Propiciatorio con la sangre del sacrificio. Nos referimos a un Incensario que consistía en «un plato o tazón (cacerola) que colgaba de una cadena o era sujetado por unas tenazas;

dentro de él se colocaba el incienso (una combinación de especias de olor dulce) y el carbón encendido tomado del altar» (Bonilla).

El texto de la Carta a los Hebreos parece insinuar que este Incensario de Oro estaba en el Lugar Santísimo, pero Moisés no lo menciona en ninguna parte del Pentateuco. Calmet cree que el Incensario era dejado allí durante todo el año y que en su lugar se usaba uno nuevo que el sumo sacerdote llevaba al año siguiente. Otros piensan que se dejaba dentro del Velo, de modo que el sacerdote, metiendo su mano por debajo de la cortina, podía sacarlo y prepararlo para la próxima vez que entrara en el Santísimo (Clarke).

Sin embargo, como muy bien explican Jamieson y Fausset, comentando He. 9:4: «No debe traducirse el griego *altar del incienso* (como hacen algunas versiones), porque éste no estaba en el *santísimo tras el segundo velo*, sino en el *lugar santo* (santuario); tradúzcase como en 2º Cr. 26:19 y Ez. 8:11 por incensario [...] Este *incensario de oro* sólo se usaba en el día de la propiciación (otras clases se usaban en otros días), y por tanto se asocia con el santísimo por ser introducido en él por el sumo sacerdote en dicho aniversario.

«La expresión *el cual tenía* no significa que permaneciese siempre en él, pues en tal caso el sumo sacerdote hubiera tenido que entrar y sacarlo antes de quemar sahumerio en él; el *incensario* pertenecía a los artículos pertinentes que eran usados para el servicio anual en el *santísimo*. [El autor de la Epístola a los Hebreos] supone la existencia del *altar del incienso* en el anterior *lugar santo*, indicando que en él se llenaba el *incensario de oro*: el incienso correspondía a las *oraciones de los santos*; y el *altar* (si bien fuera del *santísimo*) se relaciona con él (*estando cerca del segundo velo, frente a la misma arca del pacto*).»

Aunque algunos han entendido la palabra griega *thymiatérion* como una referencia al Altar del Incienso, el vocablo puede correctamente designar aquí el mismo Incensario mencionado como tal, porque es la traducción más natural de este término, teniendo en cuenta además los contextos citados (2º Cr. 26: 19; Ez. 8:11) y comparándolos a la luz de la Septuaginta griega. Es interesante que en el Talmud hebreo (*Yoma* IV.4) se dice que, efectivamente, el sumo sacerdote empleaba un *incensario de oro* en el día de la expiación.

Ahora bien, nótese que el pasaje de Hebreos no dice que este incensario estuviese «dentro» del Lugar Santísimo, sino sólo que éste lo «tenía» (*ejoisa*), porque litúrgicamente le pertenecía, pues estaba íntimamente ligado a la liturgia del día de *Kippur*, que se desarrollaba en el Santísimo. Veamos dos testimonios más al respecto:

«Aunque el incensario de oro estaba fuera del Lugar Santo, el uso ritual que se hacía de él estaba conectado con el Lugar Santísimo (He. 9:3), especialmente en el día de la expiación, que se describe en estos versículos» (Ryrie). Véase todo el contexto: He. 9:2-4.

«También el incensario de oro era guardado, como las demás cosas que se mencionan en 1º R. 7:49-50 y 2º Cr. 4:20-22, en el Lugar Santo. Aunque se conservaba en el Lugar Santo, su función se cumplía en el Lugar Santísimo, por lo que bien se puede decir que el Lugar Santísimo lo tenía.» (M. Henry).

Por otra parte, en relación con el humo y el aroma que se desprendían del incienso, escribe el Revdo. Bonilla: «El humo del incensario protegía al sumo sacerdote del arca del pacto y de la presencia de Dios, pues de otra manera hubiera muerto [...] Es posible que, además, también el incienso haya tenido un propósito muy práctico. El aroma dulce atraería la atención del pueblo a los sacrificios matutinos y vespertinos, y ayudaba a cubrir los olores desagradables que había algunas veces».

Así el Incensario de Oro nos habla de la dulzura que despide la palabra de un Cristo divino, que como grato perfume nos atrae a Él (Sal. 119:103), y su intensa vida de oración constituye un incentivo que nos apremia a seguir el ejemplo que nos ha dejado: «Orad sin cesar» (1ª Ts. 5:17). Pero, a la vez, el ministerio sacerdotal que el Señor Jesucristo ejerce ahora mediante su obra de intercesión delante del trono de Dios, nos protege (como hacía el incensario humeante) con una salvación perfecta, puesto que nuestro Sumo Sacerdote «vive perpetuamente a fin de interceder» por nosotros (He. 7:25), y hace que para Dios seamos «fragancia de Cristo» (2ª Co. 2:15).

APÉNDICE:
NOTAS ADICIONALES
SOBRE EL TABERNÁCULO

POR ANTONIO M. SAGAU

Es impresionante poder observar que el Tabernáculo tenía predominando sobre su construcción el número *cinco*, que es el número de la *gracia*, según las enseñanzas recibidas de Bullinguer en su erudita obra *Cómo entender y explicar los números de la Biblia*. Cinco es cuatro más uno. Y el número cuatro está compuesto por tres y uno, denotando y señalando, por tanto, aquello que sigue a la creación de Dios en la Trinidad, esto es, la interacción creadora de las tres Personas Divinas. El número cuatro es el número de la *plenitud material*, pues está relacionado con el *mundo*, y es enfáticamente el *número de la Creación*. De ahí que en Gn. 1:1-3 vemos la actividad de las tres personas de la Deidad: Padre, Hijo y Espíritu Santo manifestándose en sus obras creadoras.

Pero ahora tenemos en el número *cinco* una adicional revelación de un pueblo llamado aparte de la humanidad: un pueblo escogido, redimido y salvado por gracia para andar con Dios desde la tierra hacia el Cielo. La Redención sigue a la Creación. Y así tenemos:

1. Padre
2. Hijo
3. Espíritu Santo.
4. Creación.
5. Redención.

Éstos son los cinco grandes misterios revelados en la Palabra de Dios, y el *cinco* es por ello el número de la *gracia*. Ahora bien, gracia significa *favor*. Pero ¿qué clase de favor? Porque hay varias clases de favores.

- Al favor mostrado a los *miserables*, lo llamamos *misericordia*.
- Al favor mostrado a los *pobres*, lo llamamos *piedad*.
- Al favor mostrado a los *sufrientes*, lo llamamos *compasión*.
- Al favor mostrado a los *obstinados*, lo llamamos *paciencia*.
- Al favor mostrado a los *indignos*, es lo que conocemos como *gracia*.

Esto es ciertamente un favor verdaderamente divino en su origen y carácter que nos habla de una gracia inmerecida extendida al pecador.

En Ro. 3:24 se nos da luz acerca de ello: «siendo justificados gratuitamente por su gracia». Y es interesante comprobar que la palabra aquí traducida «gratuitamente» vuelve a aparecer en Jn. 15:25, y allí se traduce «sin causa»: «*sin causa* me aborrecieron». ¿Había alguna causa verdadera cuando aborrecieron al Señor Jesús? Ninguna. Como tampoco hay motivo alguno por el que Dios tuviera que justificarnos. Así que podríamos leer Ro. 3:24 de esta manera: «siendo justificados sin motivo por su gracia».

Por lo tanto, hallamos tipológicamente esta enseñanza en el Tabernáculo, porque en casi cada una de las medidas de su estructura encontramos el número cinco o un múltiplo de cinco, o sea, el número de la gracia. Veamos:

El patio exterior tenía 100 codos de longitud y 50 de anchura. A cada lado se levantaban 20 columnas, y en cada extremo había otras 10, haciendo un total de 60; esto es, 5 x 12, o la gracia exhibida en gobierno ante el mundo, siendo el número 12 el número de las tribus de Israel.

Las columnas que sostenían las cortinas estaban a 5 codos de distancia entre sí y se levantaban a una altura de 5 codos, y toda la cortina exterior estaba dividida en cuadrados de 25 codos cuadrados (5 x 5).

Cada par de columnas sostenía de esta manera una área de 5 codos cuadrados de lino blanco fino, dando así testimonio de la perfecta gracia, lo único por lo que el pueblo podía testificar del Señor ante el mundo.

La enseñanza espiritual es clara: la justicia de ellos (contrastada con el lino fino), y la nuestra propia, no es otra cosa que «trapos de inmundicia» (Is. 64:6), y sólo podemos decir: «por la gracia de Dios soy lo que soy» (1ª Co. 15:10), un pecador salvado por gracia.

Y esta justicia está basada en la *expiación*, porque también era 5 x 5 la medida del Altar de bronce del holocausto. Ésta fue la perfecta respuesta de Cristo a las justas demandas de Dios y a lo que se le demandaba al hombre. Ciertamente este Altar de bronce sólo tenía 3 codos de altura, y esto nos dice que la provisión de Dios era de origen divino y que la expiación emana solamente de Dios, pues de Él procede toda gracia.

Además, es interesante poder ver, siguiendo las explicaciones de Bullinguer, que los velos de entrada eran tres. El primero era «la entrada del Atrio», de 20 codos de anchura y 5 de altura, que colgaba de cinco columnas. El segundo era «la entrada del Tabernáculo», de 10 codos de anchura y 10 de altura, colgando, como el de la entrada del Atrio, de cinco columnas. Y el tercero era «el velo de obra primorosa», también de 10 codos de lado, que separaba el Lugar Santo del Lugar Santísimo.

Ahora bien, es de destacar una característica de estos tres velos. Las dimensiones del velo del Atrio y de los del Tabernáculo son diferentes, pero el *área* es la misma. En el primero era de 20 x 5 = 100 codos cuadrados; los segundos eran de 10 x 10 codos, dando también una área de 100 codos cuadrados. Así, en tanto que sólo había una entrada, una puerta, un velo, todos ellos tipificaban a Cristo como la única Puerta de entrada para todas las bendiciones relacionadas con la salvación.

Pero nótese que la «entrada» que permitía el acceso a los beneficios de la *expiación* era más ancha y baja (20 codos de anchura por 5 de altura), mientras que la «entrada» que admitía a la *adoración* era más alta y estrecha, con una anchura de sólo 10 codos, la mitad de la anchura y el doble de la altura (10 codos), diciéndonos con ello que no todos los que experimentan las bendiciones de la expiación comprenden o aprecian la verdadera naturaleza de la adoración espiritual.

La más elevada adoración –la admisión ante el trono de la gracia, el Propiciatorio– era imposible para los israelitas, excepto en la persona del representante de ellos –el sumo sacerdote–, porque el velo hermoso les cerraba el paso. Pero ese velo, no lo olvidemos, «se rasgó en dos» en el momento en que la verdadera gracia que vino por Jesucristo quedó perfectamente manifestada (Jn. 1:14, 16-17). Y recordémoslo una vez más: el velo de separación fue rasgado por el acto de Dios en gracia, porque se rasgó «de arriba abajo».

LOS TEMPLOS DE DIOS A TRAVÉS DE LOS TIEMPOS

Consultemos ahora a Vine en su monumental *Diccionario expositivo de palabras del Nuevo Testamento*. Consideremos:

a) *El Tabernáculo*: una tienda o pabellón, *skenén*, que se utilizaba como morada; era el lugar reconocido por Jehová, donde, habitando entre su pueblo, Él se encontraba con ellos, y desde donde se daba a conocer Su voluntad. La permanencia del Tabernáculo abarcó un período que se extendió desde Moisés hasta Salomón (Hch. 7:44-47).

b) *El Templo de Salomón* (1º Reyes 6). Una distinción básica entre el Templo y el Tabernáculo es que Dios dijo del Templo: «porque ahora he elegido y santificado esta casa, para que esté en ella mi nombre *para siempre*; y mis ojos y mi corazón estarán ahí para siempre» (2º Cr. 7:16), teniendo que ver con el reino y con un orden de cosas establecido. Mientras que el Tabernáculo era un tipo de los caminos de Dios y daba la idea de movimiento. Así, el Tabernáculo portátil fue reemplazado por un edificio permanente. Este Templo fue destruido por Nabucodonosor en el año 586 a. C.

c) *El Templo de Zorobabel* (Esd. 5:1-14; 6:3-16). Fue construido después del regreso de la cautividad babilónica bajo Zorobabel y Josué. Se dan pocos detalles del mismo. Pero parece que el nuevo edificio seguía las líneas básicas del anterior y es probable que tuviera el mismo tamaño que el de Salomón, aunque Clarke hace observar que era mucho más grande que aquél, pues Ciro ordenó que sus cimientos fueran firmes, y que su altura fuera de 60 codos, con una anchura de 60 codos (Esd. 6:3), mientras que el de Salomón sólo tenía 20 codos de anchura y 30 de altura. Con todo, carecía de la magnificencia y suntuosidad del templo salomónico (Esd. 3:12). Tampoco se restableció el reino ni la teocracia anterior, ni tampoco hay indicación en las Escrituras de que la gloria (*shekhináh*) de Dios llenara esta casa, como había sucedido con el Templo de Salomón. Sin embargo, tendría un destino más glorioso, a causa de la venida, ya más cercana entonces, del Mesías (Hag. 2:3-4, 9).

d) *El Templo de Herodes* (Jn. 2:20). Posteriormente, el anterior templo fue reconstruido por Herodes el Grande, pues el nuevo edificio se construyó sobre el antiguo, con el fin de no estorbar el servicio religioso; los mismos sacerdotes edificaron los lugares santos. Fue hecho a una escala magnífica, siendo hermosamente adornado y ampliado por Herodes durante los cuarenta y seis años que estuvo en construcción, y sobrepasó en magnificencia y suntuosidad al anterior, permaneciendo en los días de este rey.

En este Templo fue presentado el Señor Jesús, estuvo en él cuando era niño, y años más tarde echaría fuera a los mercaderes que instalaban allí sus puestos de compra y venta (Lc. 2:22, 42, 46-47; Jn. 2:13-17). Fue también en ese Templo cuando a la hora de la muerte de Cristo tuvo lugar el histórico momento en que el gran velo que separaba el Lugar Santo del Lugar Santísimo fue rasgado por Dios, significando que el alma redimida puede desde entonces entrar en la misma presencia de Dios (He. 6:19; 10:20).

Dicho Templo fue arrasado e incendiado en el año 70 d. C., cuando la ciudad de Jerusalén cayó en manos de los ejércitos romanos bajo el mando del emperador Tito. Y desde entonces, Israel ha estado y todavía sigue estando sin Templo. De ahí el porqué aparecieron las *sinagogas* o asambleas de los judíos.

e) *El Templo del Señor: su Cuerpo santo*; literalmente: «Tabernáculo» y «Santuario» (Jn. 1:14; 2:19, 21-22; Col. 1:18, 26-27; 1ª Ti. 3:16).

f) *El Templo Espiritual: la Iglesia* (1ª Co. 3:16-17; 6:19; Ef. 2:19-22). Resulta interesante observar que la Iglesia es designada como *naos* o santuario interior, y no como *hieron* o edificio exterior.

g) *El Templo de la Tribulación* (Dn. 9:26-27; Mt. 24:15-16; 2ª Ts. 2:3-4; Ap. 11:1-2). Los judíos, estando bajo incredulidad y antes de su conversión al Mesías, construirán un Templo en Jerusalén, comparable a los de Salomón y Herodes, y entonces se cumplirán los acontecimientos vaticinados por Daniel. Este Templo, que no debe ser confundido con el descrito por Ezequiel, será lugar de sacrificios y oblaciones. El Anticristo, al principio de su reinado, apoyará la edificación de ese nuevo templo, pues será construido bajo su protección, ya que habrá concertado su pacto con Israel. Pero posteriormente hará cesar los sacrificios y las oblaciones, y se sentará en el Santuario proclamándose Dios.

Thomas S. McCall y Zola Levitt, en su libro *El Anticristo y el Santuario*, publicado por Editorial Moody, escriben: «El sacerdocio del Antiguo Testamento está extinto, o por lo menos en estado de hibernación. No todo el mundo puede oficiar en el templo judío. Una ascendencia irreprochable y severas normas eran requisitos que pesaban sobre los antiguos sacerdotes del templo, a fin de que fuesen aptos para sus ministerios [...] Pero de cierto modo, el sacerdocio judío ha sobrevivido a los tiempos. La Enciclopedia Judía dice que hay judíos apellidados Cohen en grandes cantidades hoy en día, los cuales dicen descender de Aarón, el primer sumo sacerdote (Cohen significa «sacerdotes» en hebreo). En la vida judía, los Cohen, así como los levitas (apellidados Levy, Levine, etc.) gozan de ciertos privilegios. Son escogidos, como los primeros judíos, para leer las

Escrituras en las sinagogas, y ofician en las funciones judías como es tradicional. También tienen ciertas responsabilidades rituales» (*The Jewish Encyclopedia*, s.v. «Cohen»).

Y así estos autores siguen diciendo: «La Palabra de Dios menciona cuatro templos en Jerusalén. Dos de ellos (los de Salomón y de Herodes han surgido y desaparecido ya; pero está profetizado que los otros dos (el templo de la tribulación y el del milenio) serán edificados en el futuro. El último (el templo del milenio) será levantado por el Señor Jesucristo mismo cuando establecerá su reino mesiánico. Dicho templo está descrito en Ezequiel, capítulos 40 al 48. Pero antes habrá el templo de la tribulación, y la prueba de que será construido y utilizado la encontramos en cuatro pasajes bíblicos, que se hallan respectivamente en Daniel, Mateo, 2ª Tesalonicenses y Apocalipsis».

Dios no puede otorgar su bendición a Israel hasta que su Ungido sea reconocido, y por ello el Templo de la Tribulación será destruido para que Cristo pueda levantar el templo final en la tierra de Israel durante el Milenio (Sal. 74; Is. 66:1-6).

h) *El Templo de Ezequiel.* (Véase Ez. 40-48). La Escritura habla en muchos pasajes del retorno de los judíos a su tierra, pero en incredulidad, y durante el período de la Tribulación construirán el Templo que en el apartado precedente hemos mencionado, y en el cual se celebrarán cultos judaicos y se ofrecerá una renovación de sacrificios. Pero aquí se habla de otro Templo, futuro también, que abarcará el período de la edad del Reino Mesiánico y se hará plenamente realidad en el Milenio.

Este Templo tiene unas medidas tan particulares y exactas que parece imposible entenderlo como algo espiritual. Ezequiel, en efecto, describe la construcción de ese grandioso edificio con todo lujo de detalles, y dadas sus características y su extensión nunca ha sido levantado todavía.

Compárese con Zacarías 6:12-15.

En este pasaje del profeta Zacarías, «el Renuevo» es una designación mesiánica. Y si bien el término se aplica a Josué o a Zorobabel, quienes tenían la misión de reedificar el Templo, aquí encontramos una profecía de doble cumplimiento, al igual que en Hageo 2:6-9, pues aunque se refería de un modo inmediato al Templo que estaba edificando Zorobabel, el pensamiento profético se proyectaba hacia otro Templo futuro y tenía en vista otra venida del «Deseado de todas las naciones», ya que este segundo aspecto de su venida todavía no ha ocurrido. Y notemos, además, que en esta obra de construcción se necesitará la colaboración de mucha gente, pues «los que están lejos vendrán y ayudarán a edificar el templo de Jehová». Véase también Amós 9:11.

Como escribía nuestro recordado Dr. Vila en su libro *Cuando Él venga*, es interesante notar en este Templo del futuro diferencias importantes con el Tabernáculo del desierto y los dos Templos judíos edificados por Salomón y Zorobabel, este último reconstruido posteriormente por Herodes. En el nuevo Templo se habla solamente de un lugar de sacrificios y de numerosas aulas sacerdotales, en las cuales los hombres dedicados al servicio del Templo enseñarán la Ley de Dios. Se nos describen arcos y gradas, puertas y ventanas, hasta construir un edificio tan grande como una ciudad (Ez. 40:2); pero el culto en dicho Templo es extraordinariamente simplificado. No hay altar de incienso, ni panes de la proposición, ni candelero, ni arca del pacto, ni división entre lugar santo y lugar santísimo.

En Jeremías 3:16-17 –sigue comentando el Sr. Vila– tenemos una confirmación dada por otro profeta que vivió en otro tiempo y circunstancias totalmente diferentes a las de Ezequiel. Sin embargo, el profeta de Jerusalén, igual que el de la cautividad, afirma que en el Templo del futuro no habrá arca del pacto, diciéndonos:

«Y acontecerá que cuando os multipliquéis y crezcáis en la tierra, en esos días, dice Jehová, no se dirá más: Arca del pacto de Jehová; ni vendrá al pensamiento, ni se acordarán de ella, ni la echarán de menos, ni se hará otra. En aquel tiempo llamarán a Jerusalén: Trono de Jehová, y todas las naciones vendrán a ella en el nombre de Jehová en Jerusalén; ni andarán más tras la dureza de su malvado corazón».

¿Por qué todo ello? Porque el Tabernáculo y los antiguos Templos eran símbolo de cosas que habían de venir y que ya fueron cumplidas en Cristo; mientras que el nuevo Templo ha de ser «Trono de Jehová» para testimonio a todas las naciones. De ahí que será un templo universal (Sof. 3:14-17, 20; Jl. 3:17; Is. 33:17).

De la Biblia de estudio, comentada con notas explicativas, y publicada por Editorial Caribe, nos permitimos la licencia de *adaptar* la siguiente nota-comentario, con la seguridad de que sus editores no nos lo van a reprochar. Como sabemos, estas profecías de Ezequiel (caps. 40-48) presentan muchas dificultades para los intérpretes de las diferentes escuelas escatológicas. Se piensa que se refieren a la edad del reino mesiánico, cuando se cumplirán en el glorioso reino terrenal en el cual la obra de la redención llegará a su fin, ya que no hay muestras de su cumplimiento hasta el presente. Los intérpretes difieren en cuanto a tomar literal o figurativamente estas profecías. Es particularmente difícil el problema de si habrá una restauración literal de las ofrendas de sacrificios del Antiguo Testamento (Ez. 43:19), que fueron desechadas por el sacrificio de Cristo en el Calvario. De ahí que algunos consideran que las ofrendas y ritos a que se hace referencia en estos capítulos, desprovistos del carácter propiciatorio o expiatorio, serán actos conmemorativos que, en su función representativa y como una nueva forma «sacramental», se practicará en aquel entonces; o sea, un acto figurativo, correspondiente a la Cena del Señor de nuestra era de la Iglesia. Otros, teniendo en cuenta la Epístola a los Hebreos (9:26; 10:12), que dice que los sacrificios del Antiguo Testamento serían reemplazados completamente por el sacrificio de Cristo, puesto que proveyó una expiación que fue suficiente para todos los tiempos, consideran que el relato de Ezequiel es una descripción, en la terminología del Antiguo Testamento, del principio de que la sangre de Cristo, el Cordero de Dios, tendrá vigencia durante toda la era del reino mesiánico.

i) *La Jerusalén Celestial* (Ap. 21:2-3). Éste es el último Templo, la futura morada de la Iglesia: una inmensa y gloriosa ciudad que se mueve en el espacio insondable de los cielos, brillando con un extraordinario fulgor como un astro. Se describe esa maravillosa ciudad-mundo como el Lugar Santísimo celestial. De ahí su forma cuadrada (Ap. 21:9-10, 16 comp. con Ez. 48:16).

Notemos que allí tampoco estará el Arca del Pacto, porque el mismo Trono de Dios se halla en ella (Ap. 22:1, 3).

El hecho de que el Lugar Santísimo estaba sumido en la oscuridad (1º R. 8:12), puesto que la única luz era la del Candelero en el Lugar Santo (Éx. 25:37), nos sugiere que la revelación de Dios aún no se había completado.

Mientras que, en cambio, el Lugar Santísimo celestial es brillante como la *Shekhináh*, porque allí está el resplandor de la gloria de Dios (Ap. 21:11).

Asimismo, en el Tabernáculo, vimos que el Lugar Santísimo se hallaba oculto por el Velo. De ahí que eran necesarias áreas de desarrollo y calidad espirituales para poder llegar hasta allí. Por eso el camino era desde el Atrio hasta el Lugar Santísimo.

En Ap. 21:22 se nos hace saber que en la Jerusalén Celestial no hará falta templo alguno, pues la propia ciudad es Templo en sí misma, «porque el Señor Dios Todopoderoso es el templo de ella, y el Cordero».

Y no será necesario ningún templo porque allí no habrá tinieblas: «La ciudad no tiene necesidad de sol ni de luna que brillen en ella; porque la gloria de Dios la ilumina, y el Cordero es su lumbrera» (Ap. 21:23).

Resumiendo. A causa del pecado, el hombre está separado de Dios, y por tanto se hacía necesaria una revelación. Y así tenemos que:

– Estaba el Atrio para hacernos entender que aquel lugar representaba la tierra, donde todavía estamos.

– Estaba el Lugar Santo para hacernos entender que aquí y ahora estamos ya sentados «en los lugares celestiales» para servir (Ef. 2:6).

– Y estaba el Lugar Santísimo para representar el Cielo y para hacernos saber que allí está el Trono de Dios.

Recordemos. Para llevar a efecto la construcción del Tabernáculo, Dios ordenó materiales, colores, medidas... Y la clave para entender el significado espiritual de ello está en Hebreos 10:19-25.

Ahora tenemos a Cristo habitando entre nosotros, porque somos su Tabernáculo actual (Jn. 14:17, 21, 23). Y hasta que Él vuelva, está participando del peregrinaje de los suyos. Pero un día estaremos con Él en el Lugar Santísimo celestial (Jn. 17:24).

Antonio M. Sagau

* * *

Hemos llegado al final y aquí termina nuestro estudio expositivo sobre las tipologías del Tabernáculo. Al construirlo, Dios empieza con el Arca del Pacto y nos va describiendo su plan desde *dentro* hacia *fuera*. Sin embargo, al estudiarlo, nosotros tenemos que descubrir ese plan desde *fuera* hacia *dentro*.

Al meditarlo por la fe, hemos visto a Cristo en cada parte de la estructura del Tabernáculo. Y hoy, por la fe, entendemos que el cuerpo del creyente es el Tabernáculo de Dios ahora (1ª Co. 3:16; 6:19): El Templo Santuario: gr: *naos*.

Pero en Ezequiel 11:16 leemos: «Así ha dicho Jehová el Señor [...] les seré por un pequeño santuario en las tierras adonde lleguen». En medio del rigor de la Ley y del peso de los juicios divinos, vemos cómo brilla la Gracia, comenta F. A. Franco. Israel sería esparcido por toda la tierra; empero Dios no les promete que allí podrían edificar una «sinagoga», o un lugar de «congregación», o una «asamblea». ¡El Señor mismo sería el Santuario de su pueblo! Y Él es mucho mejor que sus bendiciones. Existe un paralelismo en el Nuevo Testamento. Esparcido en medio del mundo, Dios tiene un pueblo que se congrega en el Nombre del Señor, y lo hace «fuera del campamento», fuera de denominaciones y edificios; un pueblo que ha oído la voz del Hijo y para quienes su Persona es el verdadero Santuario (Compárense Sal. 107:32 e Is. 1:13 con He. 13:13; Jn. 10:3-4, 16, 27 y Ef. 1:22-23).

Deseamos, en conclusión, que nuestra experiencia sea la que nos pide Dios, a través del apóstol Pablo, en 1ª Tesalonicenses 5:23: «Y el mismo Dios de paz os santifique por completo; y todo vuestro ser, espíritu, alma y cuerpo, sea guardado irreprensible para la venida de nuestro Señor Jesucristo». Que así sea.

ANEXO COMPLEMENTARIO: EL ANTICRISTO EN EL TEMPLO DE LA TRIBULACIÓN

2ª TESALONICENSES 2:3-4

Aunque aquí se habla de cuando el Anticristo ocupará el futuro Templo que será construido durante el período pacífico que culminará con la Gran Tribulación, esta profecía podría tener también una proyección de doble cumplimiento como figura de lo que ya ha tenido una realización parcial en el papado católico romano, organización eclesiástica que se ha levantado hasta encumbrarse sobre una cristiandad apóstata, dentro de la cual Dios tiene un remanente al que ordena salir de esa falsa iglesia (Ap. 18:4. Véase mi libro: *Llamada de alerta ante el apocalipsis final*).

Hay dos palabras en griego que son usadas para designar el Templo judaico: *hieron*: el edificio exterior del Templo (Mt. 24:1); *naos*: el Santuario interior del Templo, que es el vocablo usado en 2ª Ts. 2:4.

En el Nuevo Testamento, la palabra griega *naos* se aplica a la Iglesia como morada del Espíritu Santo de Dios (1ª Co. 3:16-17;

6:19; 2ª Co. 6:16; Ef. 2:19-22). Este término no vuelve a aplicarse al Templo judaico en la presente dispensación, porque como dijo Jesús a los judíos: «He aquí, vuestra casa (*oikos*) os es dejada desierta»(Lc. 13:35). Por ello el Templo judaico es simplemente llamado *hieron*, no *naos*, puesto que ha dejado de ser morada de Dios.

A la luz de 2ª Ts. 2:4, el Rev. Fred J. Peters nos dice que en la iglesia católica romana, efectivamente, hay multitud de ídolos, pero sólo de una cosa sabemos que es llamada «Dios», y como tal es objeto de culto: la «oblea consagrada» usada en la misa, la cual es adorada por todos los feligreses católicos.

El Rev. Peters explica que, durante la coronación de un nuevo papa, la hostia es consagrada y colocada en el altar mayor de la iglesia de San Pedro, en Roma. Y ahora es «Dios». Sobre el altar mayor hay un trono construido de una misma pieza con la arquitectura. Cuando se ha terminado la misa, la oblea está sobre el altar, y entonces se verifica lo siguiente: «El papa se levanta, y coronado con la mitra, es alzado por los cardenales y es colocado por ellos *para sentarse sobre el altar* (esto es, "encima de lo que se llama Dios" y que "es objeto de culto"). Entonces, uno de los obispos se arrodilla y empieza el *Te Deum* («Te adoramos, ¡oh, Dios!»). Entretanto, los cardenales besan los pies del papa». (Transcripción de una obra católica llamada *Ceremoniale Romanum*, citada por el Rev. Peters).

Esta ceremonia es llamada por los escritores católicos «La Adoración», y ha sido observada por muchos siglos. Cuando se coronó a Pío IX, una medalla conmemorativa fue acuñada para celebrar la ocasión, y sobre ella se grabó la inscripción: «Quem creant adorant», lo que quiere decir: «A quien ellos crean (esto es, el papa) ellos adoran».

Véase esta ilustración-gráfica del altar mayor de la iglesia de San Pedro, en Roma. (Aunque, sin embargo, parece que en la actualidad esta ceremonia ha dejado de practicarse. ¿Será que se habrá suprimido porque quizá Roma se ha percatado de que con este rito se daba un cumplimiento litúrgico a la profecía de 2ª Ts. 2:4?)

El trono sobre el altar mayor de la Iglesia de San Pedro en Roma.

Fotomontaje del futuro Templo Judaico que se levantará en el mismo lugar donde estuvo ubicado el Antiguo Templo de Salomón, y que hoy está ocupado por la Cúpula de la Roca o llamada Mezquita de Omar (Ap. 11: 1-2).

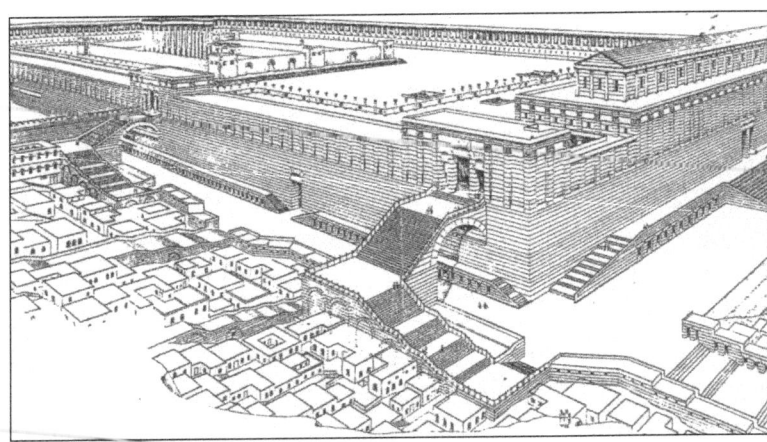

Gráfico de la maqueta de cómo será el futuro Templo Judaico cuando sea edificado en Jerusalén (2ª Ts. 2:3-4).

TERCERA PARTE

TIPOLOGÍA
DE LAS
VESTIDURAS
SACERDOTALES

1.

LAS VESTIDURAS SANTAS PARA EL SERVICIO LITÚRGICO (I)

ÉXODO 31:10; 35:19; 39:1 Y 41

Cuando las tribus de Israel acampaban, el Tabernáculo era erigido; entonces los levitas asentaban sus tiendas a su alrededor, y las tribus restantes formaban con sus tiendas otro círculo exterior junto a su bandera (Nm. 1:51-54; 9:15-23). Y así, tanto en el campamento como durante la marcha, el Tabernáculo ocupaba la parte central, siendo el objeto sobresaliente el Arca del Pacto, debido a su hermosa cubierta *azul* exterior (Jn. 3:31; 8:23).

Una vez que las diferentes partes del Tabernáculo fueron construidas, la atención de Bezaleel y sus colaboradores se centró en torno a «los vestidos del servicio» y «las vestiduras santas» de Aarón y sus hijos, literalmente «vestiduras de santidad», y todo ello «para honra y hermosura» (Éx. 28:2), pues el sacerdote formaba parte integrante de aquel antiguo Tabernáculo.

En Israel, el sacerdocio, instituido como una necesidad divina para interceder por el pueblo (He. 5:1-3), pertenecía a una sola familia, la de Aarón, de la tribu de Leví (Nm. 3:12; 18:1-4). Este especial privilegio era obtenido solamente por nacimiento natural en esa familia. Pero en la época actual de gracia, es enteramente diferente. Por nacimiento natural todos estamos excluidos de

Dios, y por nacimiento espiritual todos somos hechos sacerdotes (Jn. 3:3,7; 1ª P. 2:9-10).

Había dos clases de vestimentas sagradas. Pero todos estos vestidos tejidos (del hebreo *beged* = paños recamados) pueden designarse como «vestiduras de oficio», propias del sumo sacerdote y comunes a todos los sacerdotes, «para pontificar en mi honor» (Éx. 28:1-4). En la confección de todos esos vestidos intervenían los colores azul, púrpura y carmesí –colores ya vistos en muchas partes del Santuario–, pero se añadía oro, cosa que no se hallaba en las cortinas del Tabernáculo.

Y cada vez que se mencionan las vestimentas de los sacerdotes, se ven asociadas con «las vestiduras santas para Aarón», porque aquéllas también se consideran «vestiduras de oficio». Así hallamos a Aarón y a sus hijos *habilitados* para ejercer el servicio sacerdotal por medio de sus vestiduras, y éstas vienen a representar la gracia y la gloria de nuestro Redentor, el Unigénito del Padre, y declarado digno de ocupar el puesto de Sumo Sacerdote a favor de sus redimidos (He. 7:26) (Payne).

Adaptando las observaciones de Kirk al respecto, diremos que tales vestimentas, que brillaban con esplendor, se mencionan en detalle no menos de cinco veces, y adelantaremos ahora algunas cosas que después, en sus características propias, especificaremos con mayor precisión. La lista de Éxodo 28 incluye: el Pectoral, el Efod, el Manto, la Túnica Bordada, la Mitra y el Cinturón. En este capítulo, el mandamiento de Dios comienza con el Efod (v. 6); lo mismo en el cap. 39, a excepción de que la Lámina de Oro se menciona al final, y no después del Manto del Efod. En cuanto al orden de vestirse, la Túnica Bordada se menciona en primer lugar, tanto en Éx. 29 como en Lv. 8.

Los cuatro capítulos citados ofrecen cinco listas, aunque en una se mencionan *seis* partes de estas vestiduras, en otras *siete* y en las tres restantes ocho partes. Así es en los Evangelios: unos presentan ciertos hechos y discursos del Señor Jesús que los otros omiten;

hay sólo omisión o complemento, pero nunca contradicción. Y de estos números sacamos enseñanza, ya que *6, 7* y *8* nos hablan, respectivamente, de obra *ordenada*, obra *terminada* y *resurrección*. Porque Aarón, según sabemos, como sumo sacerdote de Israel, tipifica a nuestro Gran Sumo Sacerdote, Cristo Jesús.

También aprendemos algo más por el orden en que el Espíritu Santo dispuso las diferentes piezas de la vestimenta sacerdotal. Primero aparece el Pectoral. ¿Por qué? Porque representa el amor y la justicia de Dios, ese amor que es fundamento y fuente del trato de Dios con los hombres, que aun siendo pecadores por naturaleza, en *amor soberano* y *elección de gracia* han sido conducidos a un lugar de reposo en el *Seno Divino*. Pues aunque Aarón, que llevaba el Pectoral, es figura de Cristo, los nombres aplicados a los varios objetos de su vestidura representan a los *elegidos* por Dios el Padre y *dados* a su amado Hijo (Jn. 6:37, 44). «Así el hecho de que Aarón y sus hijos formaban el sacerdocio nos da a entender la íntima unión que existe entre Cristo y los que somos de su familia» (Payne).

En el mandamiento de confeccionar dichas piezas –sigue explicando Kirk–, el Efod está también primero. ¿Por qué? Porque era parte del ropaje particular del sumo sacerdote (1° S. 2:18). Figura adecuada del ministerio del Señor Jesús, como Mediador, en virtud de su sacrificio redentor. Así el Efod fue elaborado ante todo. A medida que Cristo recibía un mandamiento de su Padre, se deleitaba en obedecer. Vemos, pues, el amor del Hijo (Jn. 10:17-18).

Cuando Aarón fue consagrado, se le despojó de sus ropas comunes, fue lavado con agua, y recién entonces se le atavió con la hermosa túnica de lino. Pero enseguida ésta dejó de verse al quedar cubierta por otras ropas, lo que sugiere algo personal. Y como el lino simboliza justicia, se deduce que también Aarón fue justificado por la obra de Otro, o sea, «la justicia de Dios por medio de la fe en Jesucristo, para todos los que creen en él» (Ro. 3:22).

Así en la persona de Aarón contemplamos otra vez a Cristo: inocente, limpio, sin mancha, cubierto de lino (esto es, de justicia), perfectamente santo, ante la presencia de Dios como el *único* Obediente (He. 7:26; 10:7-9). Y no como Aarón, que entraba en el Lugar Santísimo una vez al año, sino que Cristo permanece a la diestra del Padre en los cielos, habiendo obtenido eterna redención para su pueblo (He. 8:1; 9:11-12). Le vemos, pues, aquí como nuestro *Señor* resucitado e *Intercesor* (He. 7:25).

1. CARACTERÍSTICAS DEL SACERDOCIO AARÓNICO

Notemos algunas características peculiares del sacerdocio aarónico, nombradas por el profesor Hartill:

– Sin el sumo sacerdote no había acceso al Tabernáculo. Él era, aquí en la tierra, el mediador entre Dios y los hombres.

– En la Biblia se mencionan dos órdenes sacerdotales: el de Aarón y el de Melquisedec (Éx. 28:1-2; Gn. 14:18-20).

– Aarón es tipo y contraste en relación con Cristo. Él era sacerdote en esta tierra, y Cristo no lo fue (He. 8:4). Aarón cesó de ser sacerdote cuando murió (He. 7:23). Pero Cristo es Sacerdote eternamente en el Cielo (He. 7:3, 15-17; Ap. 1:13).

– El trabajo del sumo sacerdote no comenzaba sino hasta que daba muerte a la víctima del sacrificio.

– El sacerdocio de Aarón tenía que ver con Israel, el pueblo de Dios en la tierra. Pero ahora los creyentes estamos «en los lugares celestiales» con Cristo (Ef. 2:6). Él, como nuestro Mediador, está en el Cielo (1ª Ti. 2:5; He. 12:24).

– El sacerdocio aarónico fue constituido a favor del pueblo terrenal, y ofrecía sacrificios repetidamente (He. 5:1; 10:1, 11). Pero Cristo, nuestra justicia (1ª Co. 1:30; 2ª Co. 5:21), está en el Cielo y su obra es permanente; es decir, no se repite (He. 7:27; 10:10-12).

2. CONTRASTES ENTRE EL SACERDOCIO LEVÍTICO Y EL SACERDOCIO DE JESUCRISTO

Veamos ahora las diferencias entre el sacerdocio según el orden levítico y el sacerdocio de Jesucristo, como nos hace observar el Revdo. Bonilla:

Sacerdotes bajo el orden levítico	Cristo, nuestro Gran Sumo Sacerdote
❏ Pecaban	❏ Era impecable
❏ Eran falibles	❏ Era infalible
❏ Muchos sacerdotes	❏ Un solo Sacerdote
❏ Ofrendas continuas	❏ Una sola ofrenda: Él
❏ Murieron	❏ Vive para siempre
❏ Antiguo pacto	❏ Nuevo pacto perpetuo
❏ No tenían poder en sí mismos	❏ Tiene todo poder y autoridad
❏ No eran sensibles a las necesidades	❏ Se compadece de todas nuestras debilidades y enfermedades
❏ Nunca terminaron su trabajo	❏ Jesús terminó todo: «Consumado es»
❏ Ofrecían sacrificios	❏ Se ofreció a Sí mismo
❏ Ministraban sólo al pueblo de Israel	❏ Ministró y ministra aún al mundo
❏ Eran solamente sacerdotes	❏ Es Rey y Sacerdote
❏ Su ministerio era temporal y cambiante	❏ Su ministerio es para siempre e inmutable
❏ Su función sacerdotal era un tipo de lo que había de venir	❏ Es un hecho, una realidad y el cumplimiento
❏ Entraban con sangre de animal al Lugar Santísimo	❏ Entró al Cielo a través de su propia sangre
❏ El sacerdocio pasaba de padres a hijos	❏ No traspasó su sacerdocio a nadie
❏ Era limitado	❏ Es sin límites
❏ Sus vestimentas eran externas	❏ Su vestimenta era completamente interna
❏ Ungidos por Moisés	❏ Ungido por Dios

2.

LAS VESTIDURAS SANTAS PARA EL SERVICIO LITÚRGICO (II)

Analizaremos a continuación los diferentes componentes que integraban las sagradas vestimentas del sumo sacerdote hebreo, utilizándose para su primorosa confección los siguientes materiales: oro, azul, púrpura, carmesí y lino torcido (Éx. 28:5), cuyos respectivos significados simbólicos ya consideramos en nuestro estudio tipológico del Tabernáculo.

1. LA MITRA: ÉX. 28:4, 36-38, 40; 39:28-31

Elaborada con lino fino, se supone que era una especie de prenda que se enrollaba alrededor de la cabeza a manera de turbante, según se desprende de la palabra original (*mitsnéfeth* = sujetar en torno). Se emplean diferentes vocablos para describir esta cubierta de los ministros de Dios. «Mitra» para el sumo sacerdote, y «Tiara» para sus hijos. «La mitra del sumo sacerdote y la tiara de los sacerdotes eran del mismo material (lino), y su propósito era igual. La única diferencia era que la mitra del sumo sacerdote era un poco más alta» (Bonilla). Aunque la palabra «mitra» se traduce «diadema» en otros pasajes, ambos términos expresan, probablemente, una especie de turbantes, ya que los sacerdotes –según instrucción divina– debían cubrir su cabeza durante su servicio; de ahí que al sumo sacerdote nunca se le permitiera ejercer sus funciones como tal a menos que tuviera puesta aquella Mitra, lo que sugiere que la cabeza debía recibir la gracia que la coronaba.

El sacerdote de Israel –leemos en un comentario– era santo (separado) para Dios (Lv. 21:6) y estaba *sujeto* a su Ley. Debía tener su deleite en aquello que enseñaba a los hijos de Israel (Lv. 10:11). Era muy adecuado, entonces, que llevase su cabeza cubierta en representación del pueblo, al que Dios se proponía conducir a un vínculo espiritual con Él. Enseñanza parecida vemos en «la ley del nazareo», cuyo cabello largo, señal de su implícita obediencia y sujeción a Dios, debía quemar «debajo de la ofrenda de paz» al cumplirse «el tiempo de su nazareato» (Nm. 6:13, 18). En contraste abierto con esto, el leproso debía ser separado del campamento y del Santuario con «su cabeza descubierta» (Lv. 13:45-46). «Las Escrituras nos enseñan que tener la cabeza cubierta era señal de sujeción. Así la mitra parece enseñarnos que en todo el ministerio de nuestro Pontífice, Él se halla en perfecta sumisión a Dios, como también en perfecta justicia» (Payne).

Como hemos tenido ocasión de observar, el lino es símbolo de justicia y santidad (Zac. 3:1-10); el turbante nos enseña la obediencia a Dios; y todo ello habla de la dignidad sacerdotal en el desempeño de aquel ministerio. Así vemos que Aarón, como tipo del Señor Jesús, lleno del conocimiento de la voluntad de Dios, prefiguraba la complacencia del Hijo en su voluntaria obediencia y su espontánea sujeción al Padre, ministrando delante de Dios en pureza y santidad, cumpliendo así los designios de su Padre. Vemos una clara ilustración de esto en Is. 50:7, Ez. 3:8-9 y Lc. 9:51.

Los sacerdotes no podían usar estas vestiduras fuera del lugar sagrado (Éx. 28:4, 43). Pero hay algo más que debemos notar: no se mencionan nunca zapatos ni sandalias. Por esto se supone que los sacerdotes ministraban descalzos, pues era una señal de respeto para con el Santuario –la Habitación de Dios–. Ello se deduce de otras Escrituras (Éx. 3:5; Jos. 3:15).

Pero esto no es todo, explica Kirk. La Mitra no estaba completa sin su «corona» santa; y el mismo Tabernáculo tampoco podía considerarse terminado sin esa «lámina de oro fino» que debía estar «sobre la mitra, por su parte delantera», con la inscripción: «Santidad a Jehová» (Éx. 39:30). De este objeto complementario nos ocuparemos en el próximo apartado.

La Mitra del sumo sacerdote, por tanto, nos habla de Cristo como la Cabeza de una nueva creación, la Iglesia (Ef. 1:22; Col. 1:18). Y, asimismo, la Tiara de los hijos de los sacerdotes nos sugiere la santidad de nuestros pensamientos: «y renovaos en el espíritu de vuestra mente» (Ef. 4:23). Véanse también: Lc.1:74-75, Ro. 12:2, 1ª Co. 2:16, Ef. 6:17, Fil. 4:8, He. 12:14, y 1ª P. 1:16.

Pero resta todavía algo por considerar, añade nuestro comentarista. Leemos en Éxodo 28:38: «Y estará sobre la frente de Aarón, y llevará Aarón las faltas cometidas en todas las cosas santas, que los hijos de Israel hubieren consagrado en todas sus santas ofrendas; y sobre su frente estará continuamente, para que obtengan gracia delante de Jehová». Aquí vemos la misericordiosa provisión hecha por el Dios de Israel hacia su pueblo.

En efecto, los israelitas traían las ofrendas a Dios, según sus instrucciones. ¿Por qué, pues, se nos habla de «la iniquidad de las cosas sagradas que los hijos de Israel consagraren en todas sus dádivas santas»? pregunta André. Para comprender este versículo –dice ese autor– debemos reconocer que nuestras alabanzas, nuestros cánticos, nuestras oraciones, nuestra adoración y, en suma, aun nuestro servicio más santo, están caracterizados por la debilidad, la flaqueza, y mezclados con motivaciones imperfectas.

¿No vemos en todo esto hermosos símbolos de la persona y la obra de nuestro sublime Redentor? Así como en aquellos tiempos pasados Aarón llevaba «las faltas cometidas» para que, obteniendo gracia delante de Dios, el adorador pudiera ser acepto, hoy nuestro

Sumo Sacerdote, en su carácter celestial y gloria, en su justicia y santidad, en su perfección como Hombre y, al mismo tiempo, por su bendita obediencia que le aseguró el Nombre que es sobre todo nombre (Fil. 2:9), puede presentar nuestras ofrendas imperfectas y nuestras amancilladas expresiones de adoración, haciéndolo de tal manera que ellas sean continuamente aceptables ante Dios (Kirk-André).

2. LA DIADEMA SANTA Y SU LÁMINA DE ORO: ÉX. 28:36-38; LV. 8:9

La Mitra, como ya se ha dicho, era una especie de turbante adaptado para ajustarse a la cabeza del sumo sacerdote, teniendo en su parte delantera una Lámina de Oro puro que formaba conjunto con la diadema que la sujetaba, y sobre dicha plancha se había grabado una inscripción indeleble que era una exhortación al pueblo para que éste enunciara el carácter de Dios: «Santidad a Jehová». Así la Diadema, que contrastaba con la blancura del lino de la Mitra, llevaba, pues, el inefable e inexpresable Nombre de Dios, atribuyéndole a Él la santidad requerida a su pueblo (Lv. 20:26). Un cordón azul la aseguraba a la Mitra, uniendo de esta manera la *justicia* con la *santidad*. Y como estaba sobre la frente de Aarón, el Nombre divino quedaba destacado por encima de todo ante la vista de Dios.

La palabra «lámina» (heb. *tsits*) se traduce «flor» en Sal. 103:15, Is. 28:1-4 y 40:6-8, con referencia a la efímera gloria del hombre; pero aquí, puesto que formaba parte de la Diadema, representa la gloria inmarcesible e inmutable del santo Hombre, Cristo Jesús, coronado «de gloria y de honra» (He. 2:7). Dice Clarke: «La Septuaginta lo traduce «una hoja» (gr. *pétalon*; de modo que por inferencia diríamos que esta lámina se asemeja a una corona de flores, o de hojas, y se llama *nezer*, una «corona» (Éx. 29:6)». Y agrega este comentarista que podríamos considerar las palabras «Santidad a Jehová» como el gran distintivo del oficio sacerdotal:

- El sumo sacerdote ministraría en asuntos sagrados.
- Era el representante de un Dios santo.
- Tendría que ofrecer sacrificios para la expiación del pecado.
- Enseñaría al pueblo un camino de justicia y de verdadera santidad.
- Como mediador obtendría para el pueblo aquella gracia divina por la cual serían hechos santos, y se prepararían para morar con los espíritus de los santificados en el reino celestial (He. 12:23).
- En su oficio sacerdotal sería tipo de aquel Santo y Justo prometido por Dios, que en el cumplimiento del tiempo señalado vendría para quitar el pecado con el sacrificio de Sí mismo (Gá. 4:4-5).

La expresión «diadema santa» (Éx. 39:30) incluye el concepto de *realeza*, pues era la corona que llevaban los reyes; pero contiene también la idea de *separación*, de donde se deriva la palabra «nazareo». El nazareato («consagrado») era una institución religiosa hebrea que, como sabemos, consistía en el voto que hacía un hombre o una mujer para dedicarse a Dios, con el propósito de ejercer un servicio especial. En resumen, hay cinco cosas que debemos destacar en relación con dicha Lámina, según nos hace observar el Revdo. Bonilla:

❑ Era de oro.
❑ Tenía grabadas las palabras: «Santidad a Jehová».
❑ Estaba sujetada por un cordón azul.
❑ Estaría *continuamente* sobre la frente del sumo sacerdote.
❑ Era para llevar las faltas cometidas en todas las cosas santas.

El oro habla de divinidad; el azul, color celestial, sugiere que la santidad viene de Dios. Y todo ello señala a nuestro Gran Sumo Sacerdote, pues solamente Él puede llevar esa Corona de santidad perfecta, y sólo Él puede exigir santidad a su pueblo, que está llamado a ser santo (1ª P. 1:14-16). Pero, además, esta Lámina de Oro representaría el perdón de nuestros pecados en virtud de la obra divina de Cristo, aun del pecado cometido en ignorancia por un oferente. David pedía al Señor que lo liberase de aquellos errores que le eran ocultos (Sal. 19:12; 1ª Jn. 1:7, 9; 2:1-2).

Recordémoslo una vez más. Las funciones sacerdotales eran parte de las ceremonias litúrgicas del Tabernáculo, del cual leemos en la Epístola a los Hebreos que era bosquejo y sombra de los bienes celestiales. Todas aquellas figuras representativas pasaron cuando Cristo se ofreció por nosotros y, como desde entonces no ha habido Tabernáculo ni Templo en la tierra reconocidos por Dios, tampoco hoy han quedado sacerdotes. La muerte de Cristo ha terminado, ha concluido para siempre con los sacrificios que se ofrecían sobre el Altar en el Antiguo Testamento. Es interesante notar que la palabra «terminar» es una derivación del griego *témno*, que significa «dividir», literalmente «división». Y, asimismo, el verbo «concluir» o «conclusión» es un derivado del latín *clavis*, que significa «llave», literalmente «echar la llave». Así Cristo, por su muerte, ha hecho una clara *división* entre los sacrificios *muertos* del Antiguo Testamento y las ofrendas *vivientes* del Nuevo Testamento, y Él ha *echado la llave* a todos aquellos sacrificios *muertos* de antaño. Ahora Cristo requiere sacrificios *vivos* (Ro.12:1).

Por eso no hallamos mención en todo el Nuevo Testamento de sacerdotes en relación con la Iglesia de Dios, excepto Jesucristo, el Sumo Sacerdote en el Cielo. Y es de notar que todos los que somos de Él, formamos un real sacerdocio santo para ofrecer sacrificios espirituales a Dios por Jesucristo (1ª P. 2:5, 9).

3. LAS HOMBRERAS Y SUS PIEDRAS DE ÓNICE:
ÉX. 28:6-14; 39:2-7

Proseguimos detallando los componentes de las vestiduras sacerdotales y sus simbolismos, que nos hablan del Mesías y de los creyentes como sus siervos. El Efod, prenda bordada primorosamente (que estudiaremos en su momento), era una pieza que se componía de dos partes, que estaban unidas en los hombros por las Hombreras y ceñidas éstas con un cinto (*késhev*) de lino fino, trabajado con hilos de color azul, púrpura y carmesí, con hilos de oro entretejido con los demás, y cuya prenda solamente la usaba de manera particular el sumo sacerdote. «Tendrá *dos* hombreras...»; recordemos que el número 2 sugiere testimonio y separación (Éx. 8:23).

Sobre cada Hombrera, fijada en sus dos extremos y quedando así sólidamente ligada, había una Piedra de Ónice con engastes de oro, en la que aparecían grabados los nombres de las doce tribus de Israel: seis nombres en cada Piedra, «conforme al orden del nacimiento de ellos», es decir, «como nacidos de Dios, todos iguales ante Él, y todos debiendo conducirse en la tierra como sus hijos» (Rossel). El color del ónice (heb. *shóam*) era una mezcla de café y blanco, según Truman.

Resulta notable observar –dice ahora Kirk– que el primer nombre, Rubén («¡he aquí un hijo!»), y el último nombre, Benjamín («hijo de mi diestra»), prestan énfasis a la condición de hijo, de lo que se desprende una doble referencia al «nacimiento». Dios es el Autor y el Dador de la vida (Véanse Gn. 29:32; 35:18).

Los hombros indican el lugar de fortaleza para poder llevar cargas, y hablan de que el sumo sacerdote, simbólicamente, llevaba el peso de Israel sobre sus hombros para representar continuamente a toda la nación delante de la presencia de Dios. Así también Cristo lleva sobre sus hombros la carga de su pueblo y nos representa continuamente ante Dios en su intercesión a favor de los suyos (Jn. 17:9; He. 7:25). Sobre aquellos hombros que llevaron el peso de la Cruz, el Buen Pastor lleva la carga de sus ovejas y las sustenta delante del Padre (Lc. 15:3-7; Sal. 23:1-2).

Comparemos con Isaías 9:6, una porción claramente mesiánica, donde se describe la posición del Mesías cuando «en el día de su gloria terrenal, la soberanía estará sobre su hombro» (André). «Porque un Niño nos es nacido [¡ved un hijo!: humanidad], un Hijo nos ha sido dado [hijo de mi diestra: divinidad], y el señorío reposará sobre su hombro; y se llamará su nombre...» Los cuatro títulos que siguen, aplicados proféticamente a Cristo, forman nombres compuestos que van emparejados, mostrando cuatro aspectos de Cristo:

- El ministerio del Mesías: «Admirable Consejero»; habla de su sabiduría en su primera venida. Era sobrenatural en su persona. Y fue sobrenatural aconsejando, porque Cristo es el Verbo Divino, y sería Dios mismo manifestado en carne. Se cumpliría así la señal profética de Is. 7:14.
- El poder del Mesías: «Dios Fuerte»; habla de su omnipotencia en la Cruz. Era un título exclusivo de Jehová (Dt. 10:17; Jer. 50:34), pero aquí se aplica como nombre a Cristo. Sugiere su poder infinito como Dios Todopoderoso (Ap. 1:8).
- La deidad del Mesías: «Padre Eterno»; habla de su vida en la Resurrección. Este título significa *protector*, no tiene sentido de parentesco. Cristo cuidando de las necesidades de los suyos.
- La gloria del Mesías: «Príncipe de Paz» su segunda venida. El futuro reino glorioso de Cristo, un reinado de paz universal.

En perfecto equilibrio sobre ambas Hombreras del sumo sacerdote, los nombres grabados en las Piedras de Ónice prefiguran a aquellos sobre quienes se ha desplegado el favor divino y que han sido conducidos a la bendición de una salvación eterna (Lc. 2:14; 10:20; Fil. 4:3). Así, aunque nuestros enemigos puedan atacarnos, nuestros nombres aparecen fuera de su alcance, porque han sido levantados sobre los hombros de nuestro Señor hasta los mismos cielos. ¡Qué bendita seguridad tenemos en esto!

Asimismo, es interesante, como hemos observado, que los cuatro gloriosos apelativos mesiánicos mencionados en Isaías 9:6, en los que se muestran la infinita majestad y deidad del Cristo encarnado, son nombres compuestos que se dan emparejados. Más aún, porque, como nos explica el Dr. Lacueva comentando el primer título, *vaikra shemopele yoetz* = «y llamarás su nombre Admirable Consejero», el original no dice «consejero», pues este término no es un sustantivo, sino un gerundio hebreo, significando «en el aconsejar», esto es: «Admirable aconsejando» o «Maravilloso en el aconsejar», es decir: «Maravilla de consejero».

3.

LAS VESTIDURAS SANTAS PARA EL SERVICIO LITÚRGICO (III)

4. EL PECTORAL DEL JUICIO CON SUS PIEDRAS: ÉX. 28:15-29; 39:8-21

La pieza llamada Pectoral, obra de hábil artífice, estaba hecha siguiendo el estilo del Efod y confeccionada con los mismos materiales: oro, azul, púrpura, carmesí y lino torcido. Este objeto es denominado «coraza» en la antigua y en la nueva Versión del Rey Jaime, en inglés, implicando algo metálico, pero recubierto de tela. El término hebreo *hŝn, hŝn mŝpt* significa ornato o bolsa para el oráculo, y la Vulgata Latina lo traduce por *rationale iudicii*. Era rectangular y doble, de un palmo de largo y un palmo de ancho. Posiblemente al estar doblado formaba una especie de pequeña bolsa, pues debía contener el Urim y Tumim profético, como luego veremos. Y de ahí, por tanto, el título de «Pectoral del Juicio» (*khoshen mishpat*, lo mismo que *khoshen* en 25:7), porque el sumo sacerdote lo usaba cuando entraba dentro del Santuario para solicitar consejos del Señor y poder así administrar justicia en un caso dado. De la misma manera lo usaba cuando tomaba su cátedra para enseñar la Ley y aclarar desavenencias (Lv. 10:11; Dt. 17:8-9).

Sobre el Pectoral había cuatro hileras de pedrería preciosa, tres Piedras en cada hilera, de variados colores, y montadas en engastes de oro. El término original para «engastes de oro» es *mishbet-soth*, y como explica Clarke significa «dispositivo de encaje», esto es, basas en las que se aseguraba la piedra preciosa; viene de *shabats* = encerrar, presionar, ajustar. En este caso la palabra «basa» sería mejor traducción, porque el vocablo «engaste» no fue empleado por ninguna autoridad reconocida. Cada Piedra llevaba grabado el nombre de una tribu de Israel. La palabra «llenarás», en el v. 17, como observa Payne, no significa aquí que se llenó la bolsa metiendo en ella las Piedras mencionadas, sino que toda la parte delantera del Pectoral se llenó de la pedrería preciosa sin dejar espacio desocupado. Al lector sin duda le será fácil descubrir por sí mismo la simbología de tales características, por lo que no insistiremos en ello.

No obstante, como puede notarse en la descripción de la naturaleza de las Piedras, éstas no tenían el mismo color, sino que cada una de ellas tenía su propia tonalidad. Así aprendemos que los redimidos, a pesar de nuestra diversidad, estamos unidos formando una guarnición de conjunto para reflejar toda la gloria de Cristo. En efecto, ningún creyente –dice André– puede por sí solo reflejar las glorias del Señor; todos debemos estar reunidos, como la esposa en el banquete de bodas, para que la belleza del Esposo sea reflejada en ella (Sal. 45:10-11). De ahí que nuestra unidad en Cristo sea esencial, porque en su gracia divina no hay vacíos. No lo olvidemos: andar juntos es un buen comienzo; mantenernos unidos es un progreso; trabajar juntos es todo un éxito.

En sus extremos superiores, el Pectoral llevaba dos anillos de oro por los que pasaban dos cordones de trenzas también de oro, cuyos cabos iban colocados sobre las Hombreras, y fijados así en la parte delantera del Efod, del cual nos ocuparemos después. Hacia la parte interior del Pectoral había otros dos anillos que se juntaban a los dos anillos del Efod con un cordón de color azul, encima del cinto del mismo, para que «no se separe el Pectoral del Efod». Ante estos importantes detalles debemos preguntarnos: ¿Qué significa todo este valioso simbolismo para nosotros, «para quienes ha llegado el cumplimiento de los tiempos»? (1ª Co. 10:11).

Cedemos, una vez más, la palabra a nuestros maestros, cuyos comentarios son siempre enriquecedores. Aarón, en sus funciones de sacerdote de Israel, llevaba sobre su corazón, lugar exclusivo del amor, los nombres de las doce tribus grabados en aquella pedrería preciosa (Ex. 28:29), y venía a ser de esta manera una figura profética de Cristo Jesús como nuestro Sumo Sacerdote, quien nos representa delante del Padre (He. 8:1). El Pectoral mostraba la autoridad sacerdotal de Aarón como proclamador de la voluntad de Dios al hombre, llevando continuamente al pueblo ante la presencia del Señor. Por eso Dios llama «especial tesoro» a su pueblo redimido (Éx. 19:5). Así vemos el cumplimiento de esta tipología en Jn. 1:18; He. 1:2 y 9:24-28.

Para nosotros el Pectoral nos habla, pues, de la fuerza del profundo amor de Dios hacia sus elegidos en Cristo (Ef. 1:4). Nuestros nombres, aunque indignos en sí, le son bien conocidos y los lleva continuamente Cristo en su amante corazón. Así el Señor guarda eternamente a los suyos. Esos nombres son para Él como rico tesoro, perfecta joya engastada en oro, símbolo de gloria. Es sólo por gracia soberana que los redimidos tengamos un lugar en el regazo de nuestro Redentor. Como hemos visto, el Pectoral no podía ser separado del Efod, y los cordones de oro y de azul hablan de vínculos celestiales y divinos, dando a los creyentes una perfecta seguridad: nadie ni nada puede arrancarnos del corazón de Cristo (Ro. 8:35-39).

En efecto, el hecho de que Aarón debía llevar puesto el Pectoral cuando «entrare en el Santuario por memorial de Jehová continuamente», para ejercer su oficio sacerdotal como representante de toda la nación de Israel, cuyos nombres llevaba sobre su pecho, nos hace contemplar a nuestro Sumo Pontífice, quien habiendo entrado en el Lugar Santísimo celestial, lleva delante del trono del Padre cada nombre de sus redimidos. Y es así que nosotros somos una porción por completo inseparable de Su pecho divino. ¡Qué gran privilegio el nuestro! (Dt. 33:12; Jn. 10:28-29; Jud. 24).

Pero, además, esto es una inalterable garantía de que, allí donde Él ascendió, también seremos nosotros elevados a una gloriosa dignidad, pues es fiel Quien lo ha prometido (He. 11:11; Hch. 1:10-11; Jn. 14:2-3). Las dulces palabras del Cantar de los Cantares 8:6-7, hallan aquí su melodioso eco: «Ponme como un sello sobre tu corazón, como una marca sobre tu brazo; porque fuerte es como la muerte el amor [...]; sus brasas, brasas de fuego, fuerte llama. Las muchas aguas no podrán apagar el amor, ni lo ahogarán los ríos».

Por otra parte, al igual que en el Santuario, las Piedras preciosas brillaban sobre el corazón del sacerdote, así también nuestra vida debe brillar en el mundo (Ef. 5:8; Fil. 2:15). Como dice André, tres cosas estaban, pues, reunidas en el sacerdote y su Pectoral: el poder sobre su hombro, el amor sobre su corazón y la sabiduría que emana de él. ¿No es notable que estos tres recursos se encuentren en el Espíritu que nos ha sido dado, según 2ª Timoteo 1:7? El uno no va sin el otro. El poder sin el amor es ley o juicio; el amor sin el dominio propio carece de discernimiento (véase Fil. 1:9-10). Así el poder, el amor y la sabiduría que provienen de nuestro Sacerdote son necesarios para que, sostenidos por Él, reflejemos algunos de sus rasgos mientras estamos en este mundo. Y como ha dicho otro escritor: «Cuando améis no debéis decir: "Dios está en mi corazón", sino más bien: "Yo estoy en el corazón de Dios"».

LA PEDRERÍA DEL PECTORAL: SU DESCRIPCIÓN Y SIGNIFICADOS

Procederemos ahora a examinar detalladamente el conjunto de pedrería preciosa que adornaba el Pectoral del sacerdote hebreo, comparando la naturaleza de cada Piedra con la inscripción del nombre de la tribu de Israel que le correspondía. Recordemos que las doce joyas estaban ordenadas en cuatro hileras de tres, de acuerdo con la clasificación de las doce tribus.

En su comentario al respecto, el Revdo. Bonilla nos confirma lo que ya mencionamos: que no todas las Piedras tenían el mismo color ni el mismo grado de brillantez, pero todas formaban una sola pieza que el sacerdote llevaba sobre su corazón. Los hijos de Israel se diferenciaban entre sí, aunque sus lugares en el Pectoral eran iguales. Así es también en la Iglesia del Señor: todos somos diferentes, hacemos distintos trabajos y tenemos diferentes responsabilidades o ministerios, algunos más visibles que otros, pero todos somos uno en Cristo (1ª Co. 12:4-7; Ro. 12:3-8; Ef. 4:11-16).

«Notemos –explica nuestro comentarista– que los nombres en el Pectoral no estaban escritos en orden respecto a la edad cronológica, sino con referencia al servicio. La forma como se leía en el hebreo era de derecha a izquierda y de arriba hacia abajo, comenzando con la tribu de Judá.»

Siguiendo, pues, este orden del original, intercalaremos la descripción que nos detalla Truman de cada Piedra y su color, agregando la cita bíblica correspondiente a cada tribu. Así vemos que el conjunto de pedrería estaba compuesto de las siguientes joyas:

– Sárdica (*odém*, de la raíz *adam* = rojizo), color rojo intenso, oscuro como la sangre (sacrificio); corresponde a Judá = «alabado» o «confesión y alabanza», en forma de acción de gracias: Gn. 29:35. Cristo es digno de toda alabanza, porque como Hijo de Dios ha sido designado para reinar y ser alabado eternamente por su sacrificio redentor (Ef. 5:19; Ap. 5:13; Mt. 10:32; Fil. 2:11; 1ª Jn. 4:2).

– Topacio (*pitdáh*), color verde claro mezclado con amarillo delicado; corresponde a Isacar = «hombre de salario» o «recompensa»: Gn. 30:14-18. De Cristo recibiremos nuestro galardón (Ef. 6:8; Col. 3:24; Ap. 22:12).

– Carbunclo (*beréketh* = carbón pequeño, de *barak*, relucir, que brilla o centellea), color de rubí como un carbón encendido, de rojo oscuro con un matiz de escarlata; corresponde a Zabulón = «habitación» o «morada»: Gn. 30:20. Cristo está preparando nuestra gloriosa morada (Jn. 14:2-3; Ap. 21:3).

– Esmeralda (*nophech*), color verde vivo sin matiz; corresponde a Rubén = «he aquí un hijo» o «¡mirad al hijo!»: Gn. 29:32. Cristo es el Hijo prometido (Gn. 3:15; Mt. 1:21-23; Jn. 6:40; Gá. 4:4; 1ª Jn. 4:14), y esto nos recuerda también que uno de los títulos mesiánicos aplicado al Hijo en Is. 9:6 es «Admirable», que etimológicamente significa: «digno de ser mirado» (Is. 17:7 con He. 12:2).

– Zafiro (sappír), color azul; corresponde a Simeón = «oír» u «oyendo y respondiendo»: Gn. 29:3. Cristo escucha nuestras oraciones y contesta nuestras peticiones (Jn. 14:13-14; 16:23-24; 17:7; 1ª Jn. 5:13-15).

– Diamante (yahalom, del verbo halam = golpear, debido a su dureza), color blanco brillante (gloria); corresponde a Gad = «fortuna», «ventura» o «una multitud»: Gn. 30:9-11. De Cristo procede nuestra riqueza espiritual, porque en Él tenemos todos los tesoros de una sabiduría que no es terrenal, sino divina, por cuanto nos viene de lo alto, y por Su gracia tiene reservado un remanente de fieles creyentes que formarán una gran muchedumbre (Ef. 1:7-8, 18; 2:7; 3:8; Fil. 4:19; Col. 1:27; 2:2; Ap. 2:9; Mt. 6:20; 13:44; 19:21; Col. 2:3; Stg. 1:5; 3:15, 17; Ap. 7:9-10).

– Jacinto (leshém), color anaranjado oscuro tirando a café o tonalidad canela con un leve matiz de amarillo; corresponde a Efraín = «doble fruto» o «fructífero»: Gn. 41:52. Estando permanentemente unidos a Cristo podemos llevar fruto en abundancia (Jn. 15:2, 4-5, 8, 16; Ro. 7:4; Col. 1:10; 1ª Ts. 1:3; 2ª P. 1:8).

– Ágata (shebó, del verbo shub, cambiar, volverse, giro que produce cambio), porque su color transparente presenta una amalgama de gran variedad de matices con una base de blanco, rojo, amarillo y verde; corresponde a Manasés = «el que olvida» u «olvidar»: Gn. 41:52. En virtud de la obra propiciatoria de Cristo, nuestros pecados son perdonados y olvidados (Is. 43:25; Mi. 7:19; He. 8:12; 10:17-18; 1ª Jn. 1:9).

– Amatista (achlamah), color de violeta a púrpura, compuesto de un azul encendido y un rojo profundo; corresponde a Benjamín = «hijo de mi mano derecha»: Gn. 35:16-20. Cristo ha sido exaltado hasta lo sumo y está sentado a la diestra de Dios (Sal. 2:7-8,

12; 110:1; Mt. 28:18; Hch. 5:31; 7:55-56; Fil. 2:9; He. 1:3; 8:1; 1ª P. 3:22).

– Berilo (*tarshish*, el antiguo nombre para España, que deriva de *tar*, girar, y *shash*, color vivo o brillante), color azul verdoso con amarillez de oro, por lo que su nombre en griego, *ehysolite*, (vertido *bérullos*), significa «piedra dorada»; corresponde a Dan = «juez» o «juicio»: Gn. 30:1-6. El Padre ha otorgado al Hijo plena facultad para ejercer todo juicio (Jn. 5:22-23; Hch. 10:42; 17:31; 2ªTi. 4:1).

– Ónice (*shóham*), color semejante a la pezuña del ganado, de cuya característica proviene su nombre, mezcla de café y blanco con tonalidad de brillo como fuego; corresponde a Aser = «alegría», «feliz» o «bendición»: Gn. 30:12-13. En Cristo somos bienaventurados, pues Él llena nuestra vida de gozo y dicha (Jn. 15:11; 16:24; 17:13; Hch. 14:17; Fil. 4:4; Jud. 24).

– Jaspe (*yáshephe*), piedra dura multicolor con un verde brillante tendiendo a té, a veces veteada en blanco y salpicada con rojo o amarillo; corresponde a Neftalí = «mi lucha» o «luchando con»: Gn. 30:12. Por la victoria de Cristo en la cruz somos vencedores (Ro. 8:37; 1ª Co. 15:57; Ef. 6:10-18; Col. 1:29; 1ª Jn. 5:4-5).

5. EL URIM Y EL TUMIM: ÉX. 28:30; LV. 8:8; NM. 27:21; ESD. 2:63; NEH. 7:65

No ha podido establecerse con precisión los detalles de su forma ni el material de que fueron hechos estos objetos misteriosos, aunque se supone que eran dos piedras preciosas planas que el sumo sacerdote guardaba en la bolsa formada por el Pectoral al ser éste doblado; se usaban para consultar la voluntad de Dios y dirigir a su pueblo, pues parece que el sacerdote introducía su mano dentro de la bolsa para sacarlas y por medio de ellas el Señor daba su respuesta (Pr. 16:33). «La Nueva Versión Internacional de la Biblia sugiere que si el Urim brillaba al ser consultado, la respuesta era *no*, mientras que si el Tumim brillaba, la respuesta era *sí*.» (Truman). Por esta razón el Pectoral se llamaba «el pectoral del juicio».

Pero, como nos aclara Kirk, la palabra juicio, relacionada con el Pectoral y con los Urim y Tumim, no implicaba siempre condenación. En el Salmo 119:20, por ejemplo, denota los pronunciamientos de un Dios justo y santo, en los cuales se deleitaba el alma del salmista. La voluntad de Dios se halla revelada en las Sagradas Escrituras, y allí el creyente, ungido por el Espíritu Santo, aprende a ordenar su camino y a guiarse por principios inalterables (Sal. 25:12; 50:23; 119:133).

Ambos términos, Urim y Tumim, aparecen en plural superintensivo, y aunque la etimología de esas dos palabras hebreas es incierta, nos dicen los especialistas que Urim significa *llamas, luces,* y que Tumim significa *perfecciones*. Según algunos estudiosos, *urim* podría relacionarse con el asirio *ure*, de la misma raíz que *urtu* (precepto, ley); y *tumim* habría que relacionarlo con *tamu* (pronunciar una conjuración o una fórmula mágica). Así opina P. Dhorme. Pero otros relacionan *urim* con la raíz *rr'* (maldecir); y *tumim* con la raíz *tmm* (ser inocente). Los vocablos Urim y Tumim son traducidos por la Septuaginta griega: *délosis* y *aletheia* = manifestación y verdad, que la Vulgata Latina, a su vez, traduce por «doctrina» y «verdad». Dichos términos indicaban, pues, discernimiento y sabiduría.

Por otra parte, es interesante observar que Urim empieza con la *primera* letra del alfabeto hebreo, y que Tumim empieza con la *última* letra del alfabeto hebreo. Y como sea que mediante estos enigmáticos objetos, en ciertas ocasiones, Dios revelaba su voluntad al pueblo, su aplicación a Jesucristo es inevitable porque Él es el revelador del Padre y la manifestación visible de Dios, quien es «el Padre de las luces» (Stg. 1:17; Jn. 1:4, 9, 14, 18; 14:9; Col. 2:3; 1ª Ti. 3:16; 1ª Jn. 1:5).

Ahora bien, ante el hecho de que la primera y la última letra del abecedario hebreo aparecen, respectivamente, en los nombres del

Urim y el Tumim, nos lleva a considerar esta circunstancia relacionándola con las declaraciones de Apocalipsis 1:7-8 y 22:12-13. El Dr. A. J. Gordon cita un comentario sobre Apocalipsis 1:7-8 comparado con Zacarías 12:10, expuesto por el erudito hebreo cristiano Dr. Rabinowitz, en que dice que los judíos sostienen una gran controversia acerca de la voz «a quien» en Zacarías. El original hebreo usa aquí simplemente la primera letra y la última del alfabeto hebreo: *aleph* y *taw*. Puede uno imaginarse, entonces, la sorpresa del Dr. Rabinowitz cuando leyó por primera vez Apocalipsis 1:7-8, donde el Señor Jesús dice de Sí mismo que Él es «el Alpha y la Omega», la primera y la última de las letras del alfabeto griego. Es como si Jesús dijera aquí: «Yo soy el Quien de que habló Zacarías. Los judíos me mirarán a mí, a Quien traspasaron» (Citado por el Dr. Donald D. Turner N.).

Las perfecciones de Dios se dejaron ver en Aquel que es el resplandor de su gloria y la imagen misma de su sustancia: Literalmente dice Hebreos 1:3: «el cual (Cristo), siendo el destello (irradiación) de la gloria, y la exacta impronta (reproducción o imagen expresiva) de la realidad sustancial de él (Dios)». Dios había prometido dar a conocer su voluntad al sumo sacerdote en asuntos de especial importancia, y así en Cristo, nuestro Pontífice, Dios nos muestra su voluntad (He. 1:1-2; Ro. 12:1-2). En Cristo, como exegeta del Padre (Jn. 1:18), tenemos luz para conocer la perfecta voluntad de Dios.

Pero además, por extensión tipológica, el Urim y el Tumim también nos hablan del ministerio del Espíritu Santo para guiarnos al conocimiento de la voluntad divina (Jn. 14:26; 16:13; Hch. 8:29; 13:2, 4; 16:6). Y este ministerio lo ejerce hoy el Espíritu a través de la Palabra (Col. 1:9-10; 3:16; He. 4:12; 1ª Jn. 2:14).

La vida de la nación de Israel debía regirse por una Ley que era santa, y por «el mandamiento santo, justo y bueno» (Ro. 7:12). No obstante, como dice Kirk, en las dificultades imprevistas se necesitaba una clara instrucción divina y, a este fin, aparte de la Ley escrita,

Dios proveyó el Urim y el Tumim, porque Israel no tenía otro medio para conocer directamente los designios de la mente divina, sino a través del oráculo de juicios que ambos objetos declaraban al ser consultados por el sumo sacerdote. Vemos otros ejemplos del uso de la palabra «juicio» en Números 27:5, 11, 18-21.

Y posiblemente éste era también el medio para consultar a Dios en tiempos de los Jueces, aunque no se menciona (Jue. 1:1; 20:18). Igualmente David recibió instrucción por el mismo medio (1° S. 23:6-12; 30:7-8). Sin embargo, Saúl tuvo la amarga experiencia de no recibir respuesta de Dios, a pesar de que poseía el Urim (1° S. 28:6).

No sabemos cuándo dejaron de usarse el Urim y el Tumim. B. H. Carroll comenta que en la profecía de Oseas 3:4 se lee que Israel carecería por mucho tiempo de un rey, de un Efod y de un profeta. No tendrían ningún medio de comunicarse con Dios. Éste es el estado de Israel en la actualidad. No tienen Templo, no tienen sumo sacerdote, han perdido el Urim y el Tumim, no tienen Efod; ni ningún medio para comunicarse con Dios: están excluidos de Él. Desde que rechazaron a Cristo, el único medio de comunicación con Dios ha desaparecido. De modo que la cosa especial acerca del Pectoral y su Urim y Tumim, como el medio señalado por Dios para comunicarse con el pueblo mediante el sumo sacerdote, ya no existen.

La última mención de tales objetos que permitían la emisión de un oráculo de parte de Dios se encuentra en los pasajes paralelos de Esdras 2:63 y Nehemías 7:65, de los que aprendemos que, si el registro genealógico se perdía, no se podía investigar mientras no hubiese sacerdote con Urim y Tumim, y que hasta entonces debía haber abstención de alimento santo. Evidentemente –sugiere Kirk– esto alude a la venida de Cristo, cuando Israel será restaurado y arraigado en su tierra según sus tribus. (Véase Ezequiel 48.)

Pero, ¡alabado sea el Señor!, las verdaderas «Luces y Perfecciones» no pueden apagarse, pues se hallan en el seno de nuestro Gran Sumo Sacerdote, y los nombres de sus escogidos están registrados en el Libro de la Vida del Cordero (Ap. 21:27).

En la actualidad los creyentes podemos recibir enseñanza y dirección para nuestras vidas acercándonos al Señor, como los israelitas acudían al sacerdote preparados para aceptar lo que él consultase «a la boca de Dios» (Nm. 27:21 con Jos. 9:14). Y así, manteniéndonos dentro de la esfera de Su voluntad, dispuestos a obedecerla, experimentaremos entonces en nosotros la realidad de esta promesa:

«Bueno y recto es Jehová; por tanto, él enseñará a los pecadores el camino. Encaminará a los humildes por el juicio, y enseñara a los mansos su carrera. Todas las sendas de Jehová son misericordia y verdad, para los que guardan su pacto y sus testimonios» (Salmo 25:8-10).

4.

LAS VESTIDURAS SANTAS PARA EL SERVICIO LITÚRGICO (IV)

6. EL EFOD DE ORO: ÉX. 28:4-14; 39:2-7

Encima de sus vestiduras, el sacerdote vestía otra prenda sagrada por excelencia, que consistía en una especie de túnica corta, como un delantal o chaleco sin mangas, que llegaba hasta las caderas. En un principio, esta antigua pieza fue para uso exclusivo en el ejercicio de las funciones sacerdotales y debía, por tanto, ser utilizada únicamente y de manera particular por el sumo sacerdote, porque dicha prenda formaba parte de la vestimenta que le permitía comunicarse con Dios directamente y consultar su voluntad (Éx. 29:5; Lv. 8:7). «Efod» viene de la raíz *aphad*, que significa amarrar, atar muy de cerca, ceñir o revestir. Posteriormente lo usaron también otras personas (1º S. 2:28; 14:3; 22:18).

El Efod era la prenda más exterior y parece que estaba formada por dos piezas largas, de las cuales una cubría la parte delantera del pecho y la parte superior del cuerpo, y la otra cubría la parte trasera del cuerpo, la espalda, estando ambas piezas unidas por las hombreras para mantener en su lugar al Efod, y ceñidas por un Cinto. Tanto el Efod como el Cinto, del que diremos algo más después, eran de lino fino, trabajado con hilos de color azul, púrpura y carmesí, los mismos colores que vimos en las cortinas del Tabernáculo, y cuyos significados simbólicos ya conocemos. Pero llevaba también hilos de oro entretejidos con los demás, los cuales no entraban en la confección de aquellas cortinas: hilos cortados de láminas delgadas de oro batido, añadiendo así fuerza, resplandor y gloria a lo que ya poseía hermosura, simbolizando con ello, una vez más, las gracias y la gloria divina del Señor Jesús en sus vestiduras de salvación (Éx. 39:3; Sal. 104:1-2: lit. «Te has vestido de esplendor y majestad; estás arropado de luz como de un manto»). Comparar con Mt. 17:2 y 2ª P. 1:16-18.

El hecho de que en el Pectoral y en el Efod se entretejía el lino purísimo y se bordaba primorosamente en oro nos muestra otra vez que el lino habla de humanidad y sacerdocio, y el oro de divinidad y realeza. Pero notemos que no había dos Efods, sino uno solo. En Cristo hay dos naturalezas unidas y sin mezclarse, formando una sola persona: Cristo Hijo de Dios e Hijo del Hombre. Separar la divinidad de la humanidad sería como desgarrar el Efod.

He aquí un hecho portentoso único en la historia: el Hijo de Dios tomando naturaleza humana. En cuanto a su divinidad, leamos lo que Jesús dijo de Él mismo: Jn. 8:58; 10:30; Ap. 1:17. Y en cuanto a su sacerdocio, leamos en He. 4:15; 7:11-24.

En tiempos de David, la espada de Goliat, después del juicio ejecutado sobre el gran enemigo de Israel, permanecía «envuelta en un velo detrás del efod» (1º S. 21:9). En el lugar sagrado destinado a guardar las vestimentas santas, entre las cuales se hallaba el Efod, fue depositada la espada del gigante como recuerdo de la bondad divina en la liberación del pueblo. «Ninguna como ella», dijo David. Pero detrás del Efod del sumo sacerdote de Israel –dice Kirk– latía un amante corazón que deseaba solamente el bien del pueblo. ¿Y quién puede estimar las profundidades del amor de nuestro glorioso Redentor, contra quien se levantó la espada de juicio, en lugar de caer sobre sus escogidos?

En los días de su carne (representada por la cortina del Lugar Santísimo: He. 5:7; 10:20), su gloria de Hijo de Dios estaba como velada (salvo para los ojos de la fe), pues no había oro entretejido en el velo del Santuario –comenta André–. Pero en su oficio de Sumo Sacerdote en el Cielo, donde conserva todos los caracteres de que estuvo revestido y que exhibirá en la tierra como Hombre, brilla ahora sin velo toda la gloria divina, entremezclada –por así decirlo– y combinada con la propia textura de sus demás rasgos, de lo cual Dios da testimonio al decir: «Tú eres mi Hijo [...]; tú eres sacerdote para siempre» (He. 5:5-10).

Es de notar que había varias clases de «efods». El efod de lino blanco usado por los sacerdotes (1° S. 22:18). El efod de lino simple, como el que utilizó David (2° S. 6:14). En algunos textos se habla de un instrumento de adivinación, llamado también «efod», del cual no se determina su forma y que se diferenciaba mucho del que Dios había ordenado confeccionar para Aarón (Jue. 17:5; 18:14). Y hubo un efod empleado como objeto de culto, que Gedeón hizo con el oro de los despojos de la batalla. Este efod se erigió en la ciudad de Ofra y se convirtió en centro de culto idolátrico: «y todo Israel se prostituyó tras de ese efod en aquel lugar; y fue tropezadero a Gedeón y a su casa» (Jue. 8:27). ¡Cuidado con los ídolos, amuletos «mágicos» y objetos usados para adivinación! (1ª Jn. 5:21). Pero luego estaba el EFOD de lino fino que Dios designó para ser utilizado por el sumo sacerdote. Tengamos cuidado, pues, con las imitaciones revelatorias de los falsos profetas y con aquellos maestros que el Señor no ha enviado (Jer. 14:14; 23:21; 1ª Ti. 4:1; 2ª P. 2:1-2) Notemos que en la presente dispensación los *maestros* han sustituido a los profetas.

La Epístola a los Hebreos, en 8:4-5, nos da la interpretación del significado de esta figura del Efod, símbolo de la gloria divina del Hijo: «Así por la fe vemos a Jesús, nuestro Pontífice, sentado a la diestra del trono de la Majestad en los cielos. El Efod riquísimo de Aarón, con su cinto artísticamente entretejido con el oro que brillaba sobre todos los demás tejidos, era una sombra de la omnipotencia, majestad y divinidad de Aquel que fue crucificado en debilidad, pero que vive por el poder de Dios, y vive en favor de su amado pueblo»: 2ª Co. 13:4 (Payne).

7. EL CINTO DEL EFOD: ÉX. 28:8; 39:5

Tanto el Pectoral como el Efod y el Cinto, hablan de la humanidad, la deidad y el ministerio del Señor Jesús. Como nos hace observar el Revdo. Bonilla, aunque la túnica también tenía un cinto, el propósito en relación con la vestimenta no era para sujetar la misma, sino para denotar la función de servicio sacerdotal, conllevando además el significado de Efesios 6:14: «Estad, pues, firmes, ceñidos vuestros lomos con la verdad, y vestidos con la coraza de justicia». El Cinto, en este caso, formaba parte del Efod. Servía para unirlo al sacerdote junto con las piedras en los engastes y el Urim y el Tumim, haciendo una unidad con el pontífice. Y esto es lo que precisamente hace el Espíritu Santo: trae unidad para ministrar: «y pondré dentro de vosotros mi Espíritu, y haré que andéis en mis estatutos, y guardéis mis preceptos, y los pongáis por obra» (Ez. 36:27).

Así vemos que el Cinto unía, con las doce tribus representadas en el Pectoral, la deidad (oro), el origen celestial de Cristo (azul), la realeza (púrpura), el sacrificio (carmesí), y la humanidad y ministerio servicial (lino torcido). Véase Lc. 4:17-21 con Jn. 15:26. El Cinto, pues, como símbolo nos muestra a Cristo sirviendo constantemente a su pueblo (Is. 11:5; 42:1-4; Mr. 10:45; Jn. 5:17; Fil. 2:7; Ap. 1:13).

Ahora bien, este Cinto o faja que tenía el Efod se ha de distinguir del *abnét*, que se traduce «cinturón», mencionado en Éx. 28:4. Ya hemos visto que el Cinto del Efod fue confeccionado con el mismo material de que estaba hecho éste. Y nos aclaran nuestros expositores que la palabra hebrea para denotar «cinto» es *khésheb*, expresando la idea de obra bordada, como en Éx. 26:1, o sea, arte en la combinación de varias cosas, y aquí es colores con el oro. Por eso Valera, en la antigua versión, puso «el *artificio* de su cinto» en

Éx. 28:8, para indicar que era un cinto de obra primorosa, labrado con mucho arte, concordando con el Efod en hermosura. Todo ello nos sugiere la obra *perfecta* de la Redención.

De ahí que ese Cinto que ceñía al Efod enfatizara que el servicio de Cristo será siempre perfectamente cumplido. Nuestro Pontífice no se cansa ni se fatiga. Vive siempre para interceder por los suyos. Y cuando venga y halle al remanente de sus siervos velando y esperando a su Señor, a quienes exhorta «estén ceñidos vuestros lomos, y vuestras lámparas encendidas», entonces Él, a su vez, «se ceñirá, y hará que se sienten a la mesa, y vendrá a servirles»: Lc. 12:35, 37 (Rossel).

8. EL MANTO AZUL DEL EFOD: ÉX. 28:31-35; 39:22-26

Siguiendo la descripción de Kirk, diremos que se trataba de una prenda formada de una sola pieza, corta, como una especie de sobretodo, que el sacerdote llevaba puesta encima de la túnica blanca, y colgaba desde los hombros, estando debajo del Efod, siendo más larga que éste, y formaba la base del mismo. Servía para que Aarón ministrara en su oficio sacerdotal. A esta prenda se la llama *meil* = manto o envoltura, pues significa «cubierta», de *alah* = subir, estar sobre, y el mismo término se traduce a veces «túnica», «vestidura» o propiamente «manto» (1° S. 2:19; 28:14; Is. 59:17; 61:10).

Las partes superior e inferior de dicho artículo se mencionan especialmente, y en la parte de arriba tenía un borde tejido para evitar roturas y para que no se ensanchara por el uso constante del mismo. Tenía, además, una abertura en su parte central, «en el medio de su parte superior», como dice el texto, para dar entrada a la cabeza, y terminaba abajo en una franja bordada con borlas en forma de granadas de color azul, púrpura, carmesí y el blanco del lino torcido. De esos bordes inferiores colgaban campanillas de oro, intercaladas alternativamente con las granadas, en igual número, pero no se menciona el total de las mismas.

Granadas y campanillas hablan de servicio y adoración, aunque el desarrollo de este punto será objeto del próximo apartado. Notemos, como dice Bonilla, que el énfasis aquí no está en el material (pues ni aun se menciona), sino en los colores y su forma, representando dignidad o posición. ¿Qué simbolizaba, por tanto, este hermoso Manto en el que resaltaba el color del cielo cuando está sereno?

– Primeramente, su color azul destacándose, indicando serenidad y paz, muestra el carácter celestial del Señor Jesús, y que Él no es nuestro Sacerdote en la tierra, sino que cumple actualmente su servicio en el Cielo, y quien además nos da su paz (Jn. 3:13; 1ª Co. 15:47; He. 8:4; 9:24; Jn. 14:27; 16:33; 2ª Ts. 3:16).

– En segundo lugar, «para que no se rompa», sugiere la perfección de la obra de Cristo. Como sabemos era costumbre en tiempos de luto o angustia rasgarse el vestido. Pero esto no sucedió con la túnica de Jesús (Jn. 19:23-24). «No rompieron la túnica, pero su corazón fue quebrantado»: Sal. 69:20-21 (Bonilla).

– En tercer lugar, el hecho de que el Manto estaba formado de una sola pieza, sin mencionarse nada referente a sus costuras, lo que sugiere la idea de algo que no tiene principio ni fin, nos lleva a He. 5:6; 6:20; 7:3, 17, 21.

– En cuarto lugar, la única forma como este Manto se podía vestir era por arriba, lo que apunta a Jn. 3:31; 8:23; 19:11; Mt. 27:51.

– Y en quinto lugar, la igualdad numérica de granadas y campanillas nos recuerda la vida y el ministerio fructíferos del Señor (Hch. 1:1; He. 10:5, 9); así como el hecho de que se desconoce el número exacto de ellas, habla de que únicamente Dios conoce el infinito valor de Cristo y el alcance de su ministerio celestial. El ministerio terrenal de Jesús no fue más que el comienzo de las cosas que Él iba a hacer. Su ascensión a los cielos no era el final de su obra, sino que este evento marcaba una nueva etapa en la que, con la venida del Espíritu Santo y su ministerio celestial, continuaría haciendo la obra que empezó.

9. LAS GRANADAS DE COLORES Y LAS CAMPANILLAS DE ORO: ÉX. 28:32-35; 39:24-26

Ya hemos visto que los adornos u orlas que pendían en el reborde inferior del Manto en forma de granadas eran de los mismos colores del Santuario: azul, púrpura y carmesí, que aquí hablan de ministerio celestial, realeza y sacrificio. No sabemos si cada granada tenía los tres colores o si cada una era de diferente color. Esas granadas venían a ser un emblema apropiado de fructificación abundante en el servicio, porque debido a la gran cantidad de semillas contenidas en su interior la granada fue símbolo de fertilidad.

Por eso esta fruta era un tipo perfecto de Cristo, y sus semillas unidas por una membrana que cubre un jugo rojizo sugieren la unidad de la Iglesia del Señor, «la cual Él adquirió por su propia sangre» (Hch. 20:28; Jn. 17:21). De su sangre sembrada en la tierra brotaría una gran cosecha de almas salvadas. Como dice Bonilla, citando He. 13:15: «La verdadera alabanza y adoración sólo están presentes y son genuinas cuando hay frutos de labios que confiesen Su nombre».

En palabras no menos expresivas de J. N. D., mencionadas por André: «El propio Sacerdote celestial debe ser un Hombre celestial; a este carácter celestial del Cristo se refieren los frutos y el testimonio del Espíritu Santo, como aquí en figura, las granadas y las campanillas en el manto azul del sumo sacerdote. De Cristo, considerado en su carácter celestial, descienden aquellos frutos: están fijados en los bordes de su manto aquí abajo». Y André agrega que el Salmo 133 nos ofrece una bella imagen de esto, pues compara a los hermanos que habitan juntos en unidad con el óleo derramado sobre la cabeza de Aarón, óleo que descendía hasta el borde de sus vestiduras. Así la bendición proviene de la Cabeza en el cielo y desciende hasta aquellos que en la tierra, por medio del Espíritu Santo, deben llevar fruto y dar testimonio ante el mundo (Hch. 1:8). Nosotros somos las credenciales del Señor.

La ornamentación de Granadas de colores, según leímos también en nuestro texto, estaba acompañada de Campanillas de oro a su alrededor e interpuestas entre aquéllas. Ignoramos de qué clase de campanilla se trataba, puesto que no se especifica, aunque algunos suponen que era como unas placas que con el movimiento del sacerdote chocaban entre sí, y al hacerlo emitían un sonido suave y agradable que se dejaba percibir durante todo el tiempo cuando Aarón desempeñaba su oficio ministerial. Por ello si las Granadas nos hablan de fruto, las Campanillas nos hablan de testimonio de servicio.

Clarke escribe en su valioso *Comentario*: «Las campanillas sin duda se hicieron con el propósito de llamar la atención del pueblo al solemne e importantísimo oficio que los sacerdotes estaban ministrando, para que todos tuvieran su corazón dedicado al servicio; y al mismo tiempo para mantener a Aarón consciente de que estaba ministrando en la presencia de Dios, y por lo tanto no debía venir a su presencia sin la debida reverencia».

Los israelitas, pues, sabían que el sumo sacerdote estaba ejerciendo sus funciones cuando se oían sonar las Campanillas. Y así el mundo puede conocer que nuestro divino Pontífice celestial todavía está oficiando como tal, porque nosotros somos sus campanillas aquí en la tierra (1ª P. 2:9; Hch. 4:20).

Pero vemos algo más: aquellas Campanillas eran también testimonio de vida. Notemos que el sonido de las mismas era escuchado por Dios cuando el sumo sacerdote entraba y salía del Santuario, para que Aarón «no muera»; cuando éstas sonaban, anunciaban al pueblo que el sacerdote estaba vivo. El sumo sacerdote no podía moverse sin anunciar con aquel dulce murmullo que estaba en la presencia de Dios. Sólo por la muerte dejaría de sonar. «Si había silencio significaría que el Señor había dado muerte al sacerdote por algún pecado no confesado. Según los rabinos, se ataba una soga al pie del sumo sacerdote para poder sacarlo fuera del Santuario en el caso de su repentina muerte» (Truman).

¡Qué figura tan descriptiva del ministerio de nuestro Señor Jesucristo tenemos en esas Campanillas sacerdotales! Pues así Él, habiendo sufrido y muerto por sus redimidos, «ya no muere», sino que vive para siempre y para darnos vida (Ro. 6:9; 2ª Co. 13:4; He. 7:25; Jn. 10:10; 14:19).

Concluiremos este apartado con un breve resumen de lo que hemos estudiado en él: Nuestro Pontífice está ahora arriba, oculto en el Lugar Santísimo celestial, mientras aquí abajo puede escucharse el grato sonido de su oficio sacerdotal por el testimonio que le dan sus redimidos mediante los frutos que brotan de su ministerio en las alturas (Lc. 24:51; 1ª P. 3:22; Hch. 3:20-21; Jn. 1:12). El Señor Jesús, «exaltado por la diestra de Dios, y habiendo recibido del Padre la promesa del Espíritu Santo», lo derramó sobre los suyos para que fueran sus testigos durante su ausencia (Hch. 2:33). Como resultado, ellos proclamarían al mundo el Evangelio que anuncia la salvación por gracia, así como también lo hacemos hoy los creyentes por medio del fruto del testimonio del Espíritu que se manifiesta en nosotros (Jn. 15:16), lo que está representado por el sonido de las Campanillas. Y «desde la gloria, el Señor continúa haciendo oír su voz y aún produce frutos para alabanza de su gracia, fruto del cual las Granadas son imagen»: Ef. 1:6, 12 (Rossel). Así, aunque los cielos ocultan a nuestro Sacerdote, Él prosigue su obra ante el trono de Dios (He. 4:14-16).

Por eso, como dice Hartill, ¿cómo sabemos que Cristo está vivo en el Cielo? Por el testimonio del día de Pentecostés que cumplió el tipo de las Campanillas (Lc. 24:49; Hch. 1:4-5, 8). No se pueden separar las Campanillas de las Granadas. Porque donde hay testimonio debe haber fruto del Espíritu.

5.

LAS VESTIDURAS SANTAS PARA EL SERVICIO LITÚRGICO (Y V)

10. LA TÚNICA BLANCA: ÉX. 28:39-40; 39:27-29

Recordemos que todas las vestiduras sacerdotales designadas por Dios, tanto externas como internas, eran para dignidad y excelencia. Los materiales elegidos para su confección vislumbraban, tipológicamente, las glorias de Aquel que es «dulcísimo, y todo Él deseable» (heb. «todo Él delicias»): Cnt. 5:16 con Hag. 2:7. Asimismo, los metales, joyas y colores variados que fueron usados en la construcción del Tabernáculo y para adornar las sagradas vestimentas, sugieren, entre otras cosas, los valores espirituales y morales que vemos ahora en nuestro Pontífice. En este y otros sentidos notemos algunas ropas que son mencionadas en las Escrituras:

– Túnicas de pieles: Gn. 3:21.
– Vestiduras viles: Zac. 3:3.
– Telas de arañas: Is. 59:5-6.
– Túnica de diversos colores: Gn. 37:3.
– Manto de alegría: Is. 61:3.
– Vestiduras de salvación: Is. 61:10.
– Vestidos rojos: Is. 63:1-3.
– Vestidos fragantes: Cnt. 4:11.
– Vestido de boda: Mt. 22:11.

– Vestiduras blancas: Ap. 3:4-5.

– Vestiduras para honra (o gloria) y hermosura, que son las que estamos estudiando: Éx. 28:2.

Seguimos ahora la aportación que una vez más nos ofrece Kirk. La palabra «túnica», empleada en Gn. 3:21 y 37:3, significa «ocultar» o «cubrir», e ilustra, aparte de esto, el privilegio de un *hijo bajo favor*. En 2º S. 13:18, indica *parentesco real* y *virginidad*, mientras que en Is. 22:21 sugiere gobierno, *autoridad* y *dignidad*. Acerca del «lino fino», como figura de *obra terminada*, el hecho de que estaba libre de mixtura con lana, que provocaría sudor (Lv. 19:19 con Ez. 44:18), indica además ser librado de la maldición de la Ley (Gn. 3:19 con Gá. 3:13).

En cuanto al tejido y sus adornos, las palabras «bordada» o «labrada» (Éx. 28:4), «bordarás» (v. 39), y «bordado» o «recamador» (Éx. 35:35; 38:23), son preciosas al corazón regenerado, pues significan, respectivamente: «tejido a cuadros», «encaje» o «engaste» (Éx. 28:20), y «diversidad de colores». El vocablo «multiforme», en el Nuevo Testamento, tiene el mismo significado (Ef. 3:10).

Esta Túnica (heb. *mitsnéfeth*) de lino, de hechura bordada primorosamente, de inmaculada blancura y de la más fina calidad, formaba parte de la ropa interior que debía vestir el sacerdote, y era la primera pieza que se ponía (Lv. 8:7-9). «Después de esa túnica y su cinturón se le ponían los demás vestidos que indicaban su oficio y dignidad como ministro del Santuario. Pero no podía llevar las vestiduras para honra y hermosura sin que tuviera puesta antes la túnica de lino bordada.» (Payne). Este artículo era, pues, la pieza base que sujetaba las otras partes de su vestimenta.

Se trataba de una prenda suelta, hecha de una sola pieza, que iba debajo del Manto, como formando un faldón largo, con mangas apretadas, y que descansaba sobre los hombros y caía hacia abajo, llegando al suelo, y cubría así todo el cuerpo del sacerdote hasta los pies. El significado simbólico de la Túnica sacerdotal contiene gran riqueza. Notemos:

❑ El hecho de que debía ser de una sola pieza nos habla de un solo Señor, que no puede ser dividido, que cubre al creyente con Su sangre, y también habla de un solo Evangelio que tampoco puede ser fragmentado: 1ª Co. 1:10-13; Gá. 1:6-9; Ro. 4:7; 1ª Jn. 1:7.

❑ «Para ver el tejido tenían que acercarse bien al sumo sacerdote. De la misma forma, tenemos que acercarnos a Cristo para contemplar su belleza y hermosura.» (Bonilla). Y nosotros añadimos: debemos acercarnos a Él para poder apropiarnos de los beneficios de su obra: He. 4:16; 7:17-19; 10:21-22; Stg. 4:8.

❑ Su blancura inmaculada es tipo del carácter justo de nuestro Sumo Pontífice y nos muestra su pureza desde la cabeza a los pies: Mt. 27:19, 24; Lc. 23:41, 47; Jn. 8:46; 18:38; 19:4, 6.

❑ La blancura del lino sugiere aquí, además, la justicia perfecta con la cual estamos revestidos todos los hijos de Dios como sacerdotes. Cristo teje, por su gracia, nuestra vestidura sacerdotal; por la fe nos la ponemos, y así quedamos aptos para ejercer nuestro servicio aquí en la tierra y para entrar en el palacio celestial: Ro. 3:22; 13:14; Col. 3:12; 1ª P. 2:9; Ap. 19:7-8; 3:21.

❑ Indica, en figura, la función sacerdotal única de Cristo en los cielos, lleno de poder, pero también de misericordia y de compasión hacia nosotros. Por eso su sacerdocio goza del agrado de Dios y su intercesión por los suyos ante Él tiene el más grande valor: He. 2:17-18; 4:14-15; 7:26; 8:1.

11. EL CINTO DE LA TÚNICA: ÉX.28:39; 39:29

Un cinto también de lino, igualmente bordado, «de obra de recamador», como dice el texto, ceñía la Túnica al cuerpo del sacerdote. Los colores usados para la confección de este artículo fueron los mismos que, tipológicamente, representaban la gloria celestial que Cristo dejó al venir a salvarnos (azul), la sangre que Él derramaría en la cruz para rescatarnos del pecado (carmesí), y su futuro reinado cuando será coronado como Rey de reyes (púrpura).

Es importante la aclaración que aporta Payne al respecto. Entre otras cosas, dice este autor: La palabra hebrea traducida «cinturón» en Éx. 28:4, se halla solamente nueve veces en todo el Antiguo Testamento, y siempre para indicar el cinturón con el que el sacerdote de Israel y sus hijos se ceñían sus túnicas, excepto en Is. 22:21, donde se refiere a Eliaquim, y se traduce «talabarte». Se diferencia del «cinto de obra primorosa» del Efod en Éx. 28:8. En algunas versiones no se observa esta distinción como conviene. El Cinto mencionado en Éx. 28:39 no era el cinturón del Efod, sino como una faja que se usaba para sujetar la Túnica alrededor del cuerpo, un símbolo de servicio. (Véase Is. 42:1 con Fil. 2:7.)

El propósito del Cinto ceremonial de Aarón, por ser muy ancho y largo, era fortalecer los lomos para servir, pues daba libertad de movimiento al sacerdote. Así, estando la Túnica bien ceñida por el Cinto, el sacerdote estaba equipado para desempeñar todo servicio. Ceñirse los lomos indica estar bien preparado para la tarea y quedar asegurada la actividad que se va a ejercer.

Aquí, en este Cinto, vemos representados el gobierno y la autoridad divina de Cristo (Ap. 1:13), a la vez que sugiere la fortaleza de su servicio sacerdotal, fortaleza que radica en su justicia y fidelidad (Is. 11:5), como señala Bonilla.

Por lo tanto, nuestro Pontífice se halla perfectamente capacitado para cumplir todos los propósitos de Dios (Is. 53:10-11). Y el ejemplo de servidumbre de Cristo es un incentivo que confiere a los creyentes firmeza y estabilidad en el desarrollo de nuestro carácter como siervos (Mt. 20:26-28; Jn. 5:36; 8:29; 13:4-5, 12-15; Ro. 12:11).

12. LOS CALZONES DE LINO: ÉX. 28:42-43; 39:28

Ésta era la prenda más interior que vestía el sacerdote para cubrir su desnudez «desde los lomos hasta los muslos». Aun cuando tanto la Túnica como esos Calzones o pañetes de lino fueron confeccionados para los sacerdotes y eran, a diferencia de las otras vestiduras que tenían por objeto mostrar «gloria y hermosura», el atavío ordinario del sumo sacerdote y los sacerdotes, debían ser usados también en ocasiones especiales de solemnidad cúltica, tales como cuando los sacerdotes se acercaban al Tabernáculo de Reunión para presentar «ofrenda quemada» o «encendida» en la presencia de Jehová (Éx. 29:18, 26, 41; Lv. 1:1-17). La enseñanza principal que encontramos aquí es que este artículo tan íntimo contemplaba la necesidad de *pureza* y *decencia* en cada fase de la adoración a Dios (1ª Co. 12:23; 14:40). El término hebreo para designar esos Calzones es *mknsym*. Nuestras versiones lo traducen por «calzoncillos».

Nuevamente es el Revdo. Bonilla quien nos ofrece una excelente explicación. Los Calzones eran de lino fino, pues los sacerdotes no podían usar nada que les produjera sudor, y servían para cubrir la desnudez del cuerpo desde la cintura hacia abajo hasta cerca de las rodillas. Descuidarse en utilizar esta pieza podía causar la muerte. El uso de esa parte de la vestidura era, por tanto, muy importante, ya que su omisión se penalizaba severamente. Si una persona se acercaba al Altar o a cualquier parte del servicio del Tabernáculo sin someterse al procedimiento correcto, era considerada como extraña y merecedora de la pena capital. (Véase Éx. 28:43 con Ez. 44:17-18.)

En efecto, exhibir la desnudez en actos rituales constituía una grave afrenta, como sucedió en el caso de David cuando para celebrar que el Arca fue traída a Jerusalén, en su espontaneidad, ejecutó una danza ritual como expresión religiosa (2º S. 6:14-20; 1º Cr. 15:27-29). David se había despojado de su manto real, ataviándose con vestidura sacerdotal; pero no se había puesto la prenda interior requerida: los calzones. Debido a las violentas contorsiones de sus saltos al bailar tan frenéticamente, algunas partes de su cuerpo quedaron al descubierto, y aunque trató de justificar aquella actuación jubilosa (2º S. 6:21-22), fue evidentemente la suya una conducta carnal e indecorosa, incompatible con la dignidad de un rey e impropia de un sacerdote en aquella circunstancia. En efecto, literalmente dice Mical a David: «[...] se ha desnudado (el rey) como se desnudaría sin decoro un insensato». David bailó sólo dos veces. La primera danza terminó en juicio (2º S. 6:3-7). La segunda danza fue una espectacular manifestación de euforia, revestida de alabanza, y que nada tenía que ver con ningún culto espiritual ofrecido a Dios.

La enseñanza que se desprende, por vía de contraste, es que Cristo no ministraría su servicio con la energía de su carne, sino con el poder del Espíritu Santo, pues su único sudor fue como gotas de sangre por su agonía en el conflicto que afrontaba en Getsemaní (Lc. 4:14; 22:44; Hch. 10:38).

Y así debemos ministrar también nosotros estando cubiertos, como sacerdotes, con el poder, la justicia y la santidad de Dios (Zac. 4:6; Hch. 1:8; Ro. 8:1-4; 1ª Ts. 5:8).

Hemos visto, siguiendo a los comentaristas consultados, que las vestiduras sacerdotales no fueron hechas por Aarón, sino para él y sus hijos. Los sabios de corazón, henchidos con espíritu de sabiduría, inteligencia, ciencia y arte, eran los artífices; pero fueron llenados del Espíritu de Dios para mostrarnos que la obra del Señor es consumada por Él para la gloria de su Padre y en beneficio nuestro: «Grandes son las obras de Jehová [...] Gloria y hermosura es su obra» (Sal. 111:2-3).

En nuestra debilidad somos llevados sobre los hombros de nuestro Señor Jesucristo, y sabemos que somos presentados en su corazón delante de Dios para ministrar como sacerdotes, teniendo la seguridad de que nuestro servicio es acepto continuamente ante Él. Rememorando los detalles estudiados acerca de los componentes de la vestidura sacerdotal, es de notar –como apunta Payne– que en el Antiguo Testamento nada se dice del carácter moral que debía tener el sacerdote (excepto que debía mostrar santidad en su ministerio espiritual), sino que el énfasis recaía sobre las características de sus vestiduras. Y, cuando se habla de su persona en Levítico 21, es solamente de su físico de lo que se trata.

Pero en la Iglesia de Dios, como contraste, vemos que es al contrario: nada se dice de cómo deben vestirse los ministros del Evangelio. En el Nuevo Testamento el énfasis recae sobre el carácter moral del creyente para que podamos mostrar la verdadera gloria del ministerio que el Señor nos ha encomendado. ¡Que así sea!

APÉNDICE: LA CONSAGRACIÓN SACERDOTAL
ÉXODO 28:41; 29:7-9; 30:30; 40:13-15

Aun cuando todos los hombres de la tribu de Leví estaban dedicados al servicio de Dios, solamente los que pertenecían a la familia de Aarón tenían el especial privilegio de ejercer el sacerdocio y ministrar los sacrificios.

Merrill C. Tanney, en su *Diccionario Manual de la Biblia*, nos dice lo siguiente: *Levitas* es el nombre dado a los descendientes de Leví a través de sus ascendientes Gersón, Coat y Merari (Éx. 6:16-25; Lv. 25:32); estaban dedicados a los servicios del tabernáculo, como sustitutos de los primogénitos de todos los israelitas (Nm. 3:11-13; 8:16). Había una triple organización. En el nivel superior figuraban Aarón y sus hijos, y sólo ellos eran sacerdotes en un sentido restringido. Luego había un nivel intermedio compuesto por algunos levitas que no pertenecían a la familia de Aarón, y que tenían el honor y la responsabilidad de atender el tabernáculo (Nm. 3:27-32). Y el nivel inferior incluía a todos los miembros de las familias de Gersón y Merari, con deberes menores en el tabernáculo

(Nm. 3:21-26, 33-37). Los sacerdotes eran levitas que venían de la familia de Aarón, pero no todos los levitas eran necesariamente sacerdotes.

Ahora Blattner amplía algunos detalles de los servicios levíticos y complementa su significado espiritual aportando estas matizaciones:

– El servicio de los coatitas al sur (Nm. 4:12-15). Coat significa «asamblea» o «congregación». Su servicio tenía que ver con las cosas que representan a Cristo como el centro alrededor del cual todos los redimidos se reúnen. En la marcha del campamento ellos cargaban los muebles del santuario, la mesa, el candelero, el altar, el arca, los utensilios para el servicio, las paletas, los garfios, los braseros y los tazones. Su ministerio era la preparación del tabernáculo y su atrio para la adoración y los sacrificios.

– El servicio de los gersonitas al oeste (Nm. 4:22-28). Gersón quiere decir «expulsión» o «extranjero» (Éx. 2:22). Éstos estaban encargados de las cosas que representaban la peregrinación del pueblo, y eran los que llevaban el tabernáculo de reunión, su cubierta, la cubierta de pieles de tejones, la cortina de la puerta del tabernáculo, las cortinas del atrio, la cortina de su puerta, sus cuerdas y todos los instrumentos de su servicio, o sea, las cosas que embellecían y protegían la casa de Dios para la obra de los hijos de Merari.

– El servicio de los meraritas al norte (Nm. 4:29-33). Merari significa «amargo» o «triste». Ellos eran los que se encargaban de las partes sólidas del tabernáculo, sus tablas, sus columnas, sus basas, las columnas del atrio y sus basas, sus estacas y sus cuerdas, con todos sus utensilios y todo su servicio. Cada uno conocía su lugar en el trabajo y de esta manera no había desorden ni se obstaculizaban entre sí en el servicio. Así hoy la obra del Señor no sufriría estorbos si cada obrero hiciera la tarea que Dios le haya dado (1ª Co. 12:28; 1ª Ti. 1:12; 2:7; 2ª Ti. 1:11).

APLICACIÓN ESPIRITUAL

❑ Los levitas, en un sentido general, son representativos de los creyentes como siervos del Señor Jesucristo y «colaboradores de Dios» (1ª Co. 3:9).

❑ Los meraritas eran los primeros en iniciar la marcha, llevando –como vimos– las partes sólidas de la estructura del Tabernáculo para colocarlas en el nuevo campamento, y representan el primer testimonio y trabajo del evangelista en los campos nuevos o en las almas recién convertidas.

❑ Los gersonitas venían luego. Las cuerdas reforzaban, las cubiertas protegían, y las cortinas hermoseaban lo que sus hermanos habían edificado. Ésta es la obra del pastor, quien colabora con el evangelista y consolida la tarea empezada por éste.

❑ Los coatitas llevaban y ponían en orden los muebles y vasijas santas, representando así el trabajo del maestro que con sus enseñanzas adoctrina y edifica a los santos.

EL PROCESO DE CONSAGRACIÓN SACERDOTAL: ÉX. 28:1-4, 41.

El hebreo *kôhên* es la palabra para «sacerdote», del verbo *kâhán*, que significa «ministrar en el oficio sacerdotal» (v. 1). El vocablo que el Nuevo Testamento traduce «sacerdote» está relacionado con un término que significa «santo», e indica la persona consagrada al servicio de una causa santa. La palabra hebrea *qodesh* = «santo» o «sagrado» (v. 2) viene de la raíz *qâdash*, en asirio *qadasu*, que se traduce también «consagrar» (v. 3), significando literalmente «llenar las manos», en alusión a la ofrenda o a la parte del sacrificio que eran llevados al Altar y presentados a Dios, y de ahí que se utiliza para expresar la idea de una persona o cosa que ha sido separada o puesta aparte para la obra de Dios. Este vocablo a menudo se traduce «santificar» (etimológicamente «hacer santo»). Así, pues, los términos consagración, dedicación, separación, santificación y santidad son diferentes traducciones de una sola palabra hebrea, y fundamentalmente tienen un mismo significado, es decir, poner aparte para Dios. Solamente cuando dicho vocablo («santidad» o «santificación») se usa tocante a Dios mismo o a los ángeles (Lv. 11:45 con Dn. 4:13) implica *necesariamente* una cualidad moral interior (Scofield-Girdlestone).

Ahora bien, los sacerdotes, antes de oficiar como tales, tenían primeramente que purificarse y dedicarse, a fin de que pudieran ayudar al pueblo a hacer lo mismo. Veamos la ceremonia de ordenación y consagración que debían llevar a cabo, según describe Bonilla a la luz del texto bíblico, y aunque algunos detalles ya fueron comentados por nosotros en nuestro estudio del Tabernáculo, volvemos a mencionarlos aquí dada su importancia.

a) *Eran lavados con agua* (Éx.29:4; 40:12; Lv. 8:6). La pureza moral o santidad son necesarias para ejercer el ministerio sacerdotal (Is. 52:11). Ellos fueron lavados completamente una sola vez antes de iniciar sus funciones. Pero debían lavarse las manos y los pies cada vez que se acercaran al Tabernáculo para consumar su labor. Así la limpieza espiritual nos es necesaria para servir como sacerdotes (1ª Co. 6:11; 2ª Co. 7:1; Ef. 5:26-27; Tit. 3:5; He. 10:16-23; Ap. 1:5).

b) *Eran rociados con sangre* (Éx. 29:20-21; Lv. 8:21-24). Esto nos habla de expiación, remisión y purificación. Tanto los sacerdotes como los utensilios del Tabernáculo estaban dedicados a Dios por la sangre. Y esto equivale al servicio sacerdotal. Notemos:

– Rociadas las vestiduras sacerdotales: habla de nuestra santificación por la sangre de Cristo (He. 9:14; 10:10, 29; 13:12).

– Untado el lóbulo de la oreja derecha: sus oídos debían estar consagrados para escuchar lo que Dios les decía. Así nuestros oídos deben estar prestos para escuchar la voz del Espíritu Santo (Mt. 13:43; He. 2:1; Ap. 2:7).

– Untado el pulgar de la mano derecha: habla de servicio santo. Dios nos llama para llevar a cabo el trabajo que nuestro Señor nos ha confiado (Mr. 16:15; Dt. 14:29; Sal. 24:3-4; 1ª Ti. 2:8; Stg. 4:8).

– Untado el pulgar del pie derecho: habla de conducta santa. Así debe ser nuestro andar con Dios (Sal. 26:3, 11-12; 119:59; 128:1-2; Ro. 13:12-14; Gá. 5:16; Ef. 5:2; Col. 1:10; He. 12:13; 2ª P. 3:11; 1ª Jn. 2:6; 2ª Jn. 6).

c) *Eran ungidos con aceite* (Éx. 29:7; 30:30; Lv. 8:10-12). La unción de Aarón tenía relevante importancia, como sigue explicando Bonilla, puesto que el sumo sacerdote tenía deberes especiales que ningún otro sacerdote debía cumplir: sólo él podía entrar en el Lugar Santísimo. Por lo tanto estaba a cargo de todos los demás sacerdotes. Y es interesante observar que la única unción que se nota, y ésta en una forma específica, es la de Aarón; se menciona la unción de sus hijos, pero no en la misma manera que la de su padre, pues en ninguna parte de las Escrituras hallamos la unción de los hijos de Aarón de modo tan descriptivo como cuando él fue ungido. (Véase el pasaje de Levítico citado.)

Y esto es así porque, como vemos corroborado en el Salmo 133:1-3, se destaca esta unción especial de Aarón por ser tipo de Cristo, como el Ungido de Dios. Efectivamente, «unción» (heb. *mâshak* = aplicar aceite) es el término del que se deriva el titulo «Mesías», en griego traducido «*chrio*» = ungir, de donde viene *christos* = ungido, y de ahí Mesías o Cristo.

Así nosotros, por gracia divina, tenemos la unción del Santo para poder cumplir nuestra tarea sacerdotal (1ª Jn. 2:20, 27). Esta unción incluye no sólo los dones especiales temporales del Espíritu, sino también aquella morada y presencia activa del Espíritu Santo que el cristiano recibe del Padre a través del Hijo: Mr. 1:8; Jn. 14:16-17, 23; 16:7, 13; Ro. 8:9, 16 (Girdlestone).

AMIGOS DE ISRAEL

VOLUMEN VIII/NUMERO 4

Julio/Agosto de 1997

Profecía de la Gloria del Mesías

Exodo 28 y 29; Hebreos 8, 9 y 10

Mitra de lino blanco
Ex. 28:39; Apoc.1:14

Lámina de oro, grabada
con "Santidad de Jehová"
Ex.23:36-38; Heb.10:7

Dos piedras de ónice
grabadas con los nombres
de las tribus de Israel.
Ex.28:9, 10; 1°Pedro 5:7

Efod obrado de oro, azul,
púrpura, carmesí y lino
torcido.
Ex.28:5-8; Ef.6:14

Pectoral que contiene las
12 piedras preciosas,
llevada sobre el corazón.
Ex.28:15-29; 39:8-21

Manto azúl, llevado bajo
el efod.
Ex.28:31, 32; 39:22, 23

Túnica de lino blanco,
un tipo de justicia.
Ex.28:39; Salmo 132:9

Granadas y campanillas
cosidas en el borde del manto.
Ex.28:33-35; Heb.10:19, 20

Las Vestiduras de los Sacerdotes
llevadas "para honra y hermosura,"
eran tipos y símbolos de la majestad que sería
revelada en el Señor Jesucristo

CUARTA PARTE

TIPOLOGÍA
DE LAS OFRENDAS
CÚLTICAS

1.

LAS OFRENDAS LEVÍTICAS

Nuestro estudio sobre las partes que componían la estructura del Tabernáculo con su mobiliario y los accesorios que se dedicaban mediante sacrificios al servicio del Altísimo, así como de las prendas que formaban las vestiduras sacerdotales, bien puede ser complementado con algunas reflexiones acerca de las Ofrendas que por prescripción divina el pueblo hebreo presentaba al Señor. Como vimos en anteriores apartados, la sangre derramada para expiación, purificación y consagración procedía de un ser limpio, inmolado sobre el Altar, porque «casi todo es purificado, según la ley, con sangre; y sin derramamiento de sangre no se hace remisión» (He. 9:22).

Otra vez nuestra fuente de información será Kirk, aunque nos hemos permitido introducir valiosas sugerencias de otros expositores, agregando además nuestras aportaciones personales. La antigua costumbre de ofrecer sacrificios de animales con la idea de pacificación o propiciación, que ciertamente hallamos en muchas naciones paganas como ritual religioso, no se originó con el hombre, pues en 1ª Co. 10:20 leemos: «Antes digo que lo que los gentiles sacrifican, a los demonios lo sacrifican, y no a Dios; y no quiero que vosotros os hagáis partícipes con los demonios». Y aun de la futura apostasía de los hijos de Israel, se dice de ellos al prever su idolatría: «Sacrificaron a los demonios, y no a Dios; a dioses que no habían conocido, a nuevos dioses venidos de cerca, que no habían temido vuestros padres» (Dt. 32:17).

«Concebir la necesidad de expiación para cubrir el pecado –escribe Kirk– está fuera de la mente natural del hombre. Quizá sienta sobre su conciencia el peso de la culpa, pero, a no ser que Dios se lo revele, no se le ocurrirá nunca pensar en la eficacia del derramamiento de la sangre de un Sustituto a su favor. La única explicación del hecho de que existan también entre las razas paganas los sacrificios de animales es la que evidencia la corrupción de una verdad conocida en generaciones pasadas. La obra del Maligno es cegar los ojos del ser humano (2ª Co. 4:4), mientras astutamente le permite retener ciertos aspectos externos de la verdad. No hay peor enemigo del hombre que su propia religión, porque lo llena de justicia personal y le hace independizarse de Cristo (Gá. 5:4).»

Por el contrario, la verdadera apreciación espiritual de sacrificio según las Escrituras, jamás conducirá al hombre a la exaltación de una justicia propia, sino que le llevará a una profunda humildad para reconocer el plan divino de la salvación por medio de un Sustituto, algo ajeno al razonamiento humano.

Es posible, por tanto, llegar a la conclusión de que Dios dispuso las Ofrendas y a través de ellas reveló su voluntad al hombre para mostrarnos el significado tipológico de cada una de las mismas. Parece que Dios mismo hizo el primer sacrificio en el huerto del Edén, según se desprende de Gn. 3:21. ¿De dónde procedieron aquellas túnicas de pieles que cubrieron el cuerpo de nuestros primeros padres, reemplazando sus delantales de hojas de higuera? Sin duda Dios, en su infinita misericordia y gracia soberana, había sacrificado la vida de algún animal para confeccionar con su piel esa vestimenta. El original hebreo dice *or*, en singular, esto es, «vestidos de piel». Aquella vestidura fue divinamente provista para que los primeros pecadores pudieran comparecer ante Dios, y así vemos en tales túnicas un tipo de Cristo obrando una salvación por derramamiento de sangre para expiar nuestros pecados, el cual, como Sustituto, ha sido hecho justificación en favor de nosotros (1ª Co. 1:30).

LAS CINCO OFRENDAS CÚLTICAS DEL SEÑOR: LEVÍTICO 1 AL 7

En los primeros capítulos del libro de Levítico tenemos las instrucciones que Dios prescribió para acercarse a Él por medio de sacrificios. Dichos sacrificios se describen como Ofrendas. Y cada una tiene sus características peculiares para representar los diversos aspectos de la obra del Hijo en su gloriosa plenitud como Ofrenda perfecta. Notemos que tales Ofrendas típicas eran cinco. Ya vimos el número 5 al meditar sobre el Tabernáculo, destacándose como el número de la *gracia* divina; de manera que la misma gracia aparece simbolizada aquí con lo que estaba esencialmente asociado al Altar: los holocaustos.

«Los primeros cinco capítulos de Levítico nos hablan de cinco clases diferentes de ofrendas. Todas ellas tipo del gran sacrificio de nuestro Señor y Salvador Jesucristo. Ninguna de esas ofrendas era suficiente para describir el supremo sacrificio de Cristo. Las primeras tres ofrendas eran *voluntarias*, y el 3 es el número de la divinidad: Padre, Hijo y Espíritu Santo. Las otras dos eran *obligatorias* y representaban a dos pueblos, siendo una de ellas ofrenda de paz, pues el resultado de lo que representan las demás ofrendas es paz, formando un total de cinco ofrendas.» (Bonilla). Véase Ef. 2:13-16.

1. LA OFRENDA VOLUNTARIA: LA LEY DEL HOLOCAUSTO: LV. 1; 6:8-13

Aunque todas las Ofrendas eran esenciales para representar la obra de Cristo, en este primer capítulo Dios prescribe todo lo relativo a la naturaleza y calidad de los holocaustos.

«La primera de todas las ofrendas es la vicaria, sencillamente porque todas las demás dependen de ésta. No se podría ofrecer lo que se llama una ofrenda por el pecado a menos que hubiera habido una ofrenda expiatoria sobre la cual pudiera basarse. No se podría ofrecer una ofrenda de paz a menos que se basara sobre la idea de una expiación que hubiera precedido a la ofrenda pacífica. La idea fundamental es, pues, el sacrificio expiatorio del sustituto.» (Carroll).

Asimismo es interesante observar también que aun cuando las tres primeras leyes rituales cúlticas eran de olor grato, las dos últimas no lo son, porque tenían que ver con el pecado, y en ellas el simbolismo tipológico se enfatiza sobre la obra de sustitución de Cristo por el pecado.

La frase de Lv. 1:3 sugiere el anhelo de agradar a Dios por amor, pues la expresión «de su voluntad» traduce el término hebreo *lirtsono*, que significa «para ganar para sí aceptación» ante el Señor. Además, nótese que estas palabras fueron dirigidas a los hijos de Israel, no al mundo, pues solamente los redimidos del Señor pueden complacerse en estimar la voluntad de Dios en lo que a comunión se refiere (Sal. 65:4). Por otra parte, el uso del nombre «Adán» en vez de «hombres», en el original de Dt. 32:8, donde se lee «los hijos de Adán», denota la gracia que capacitó a las criaturas caídas para que pudieran acercarse al Creador.

a) *Definiciones y simbolismos*

Ahora, en nuestra transcripción de las reflexiones de Kirk, adicionaremos algunos comentarios de Scofield, a fin de dar más consistencia al estudio que nos ocupa.

– Lv. 1:2. La palabra «ofrenda» (heb. arameizado *qorban*, gr. *doron* = don) significa «presentar una ofrenda», del hebreo *qarab* = venir cerca, hacer acercarse, o presentar como ofrenda que haya de ofrecerse. «Este término alude a una ofrenda o presente por el cual una persona tenía acceso a Dios; de ahí que propiamente quiera decir *ofrenda de acceso*. A esto arroja luz la costumbre universal, que prevalece en oriente, de que ningún individuo debe presentarse ante un superior sin ofrecerle un presente.» (Clarke). Una buena paráfrasis sería: «Cuando alguno de los hijos de Israel acercare aquello que debe acercarse». El Dios Santo, morando en medio de su pueblo, hace posible que ellos se acerquen a la presencia de su gloria. Así Jehová es el Dios que recibe a su pueblo en su presencia por la sangre del Pacto.

– Lv. 1:3. La palabra «holocausto», como ya explicamos anteriormente, significa «totalmente quemado» o «completamente consumido» (gr. *holokautoma*). El hebreo *'olâh* se relaciona con el término *'alâh* = levantar, hacer subir (con sentido sacrificial). De ahí que parezca aludir, según dijimos, al acto de ser levantada la víctima en el Altar para su sacrificio. Y ello, como también vimos, es un tipo de la sumisión de Cristo en el acto de ofrecerse a Sí mismo a Dios para cumplir la voluntad de su Padre hasta la muerte, a la vez que se tipifica la entera consagración del oferente, o de la congregación, al Señor. Así que esta primera Ofrenda no podía ser ofrecida sin derramamiento de sangre.

– Lv. 1:4. El ritual de la imposición de la mano del oferente sobre la víctima, indicaba su *aceptación* de la Ofrenda y su *identificación* con ella. El término «pondrá» es *semika* = lit. «se apoyará» (véase paralelismo en 1ª Ti. 2:8: *epaírontas* [...] *jeiras* = alzar las manos para ponerlas sobre la víctima del sacrificio). Es decir, el que presentaba la Ofrenda se solidarizaba con la víctima que iba a ser sacrificada en su nombre y para su provecho espiritual, a fin de que fuese agradable (*rasa*= acepta) a Dios, y de este modo sirviese (*lekapper* = para expiar) o ser propiciatoria en su favor. Este acto corresponde, en sentido típico, a la fe que el creyente expresa al aceptar a Cristo e identificarse con Él (Ro. 4:5; 6:3-11; 2ª Co. 5:21; 1ª P. 2:24).

b) Variedad de víctimas y su significado tipológico

Había distintas clases de víctimas aceptables para el sacrificio, que Scofield define de la siguiente manera:

- ❏ «De ganado vacuno» (el término *habbehemah* denota un animal del género vacuno, como el becerro o el buey). El becerro y el buey son tipos de Cristo como el Siervo paciente, obediente y abnegado (Is. 52:13-15; 1ª Co. 9:9-10; He. 12:2-3).

❑ El cordero es un tipo de Cristo obrando nuestra redención por su voluntaria muerte en la Cruz (Is. 53:7; Hch. 8:32-35; Fil. 2:8). Al igual que el donante imponía su mano sobre la cabeza del animal que iba a ser degollado en el Altar, así nosotros nos apropiamos de la obra redentora de Cristo depositando nuestra fe en Él (Ro. 3:21-27; 5:1-2, 8-11).

❑ El macho cabrío es un tipo del pecador (Mt. 25:33); pero cuando aparece en relación con los sacrificios, representa a Cristo, quien «fue contado con los pecadores», «hecho pecado» y «hecho por nosotros maldición», como Sustituto del pecador (Is. 53:12; Lc. 23:33; 2ª Co. 5:21; Gá. 3:13).

❑ La ofrenda de tórtolas y palominos son un símbolo de inocencia (Is. 38:14; 59:11; Mt. 23:37; He. 7:26); se relaciona con pobreza material en Lv. 5: 7, y representa a Aquel «que por amor a vosotros se hizo pobre, siendo rico, para que vosotros con su pobreza fueseis enriquecidos» (2ª Co. 8:9; Lc. 9:58). Así el sacrificio del Hijo del Hombre, que se hizo pobre, vino a ser el sacrificio del pobre, incluyendo a «los pobres en espíritu» (Lc. 2:24; Stg. 2:5; Mt. 5:3).

Aquí vemos la condescendencia del Señor. ¿Por qué esa variedad de ofrendas de consagración? El propósito de dicha variedad era para que las familias de todas las clases sociales pudieran donar sus ofrendas, ya fueran ricos o pobres, porque Dios no hace acepción de personas.

Y como añade Scofield: «Los diferentes grados que estos tipos del sacrificio representan ponen a prueba la medida en que nosotros hemos llegado a comprender los variados aspectos del sacrificio único de Cristo en la cruz. El creyente que ha alcanzado la madurez espiritual debiera contemplar en todos estos aspectos al Cristo crucificado».

– Lv. 1:5. La sangre se considera el centro de la vida, pues en Gn. 9:4 se dice que el principio de la vida está en la sangre. Al rociarla sobre el Altar de bronce simbolizaba la participación divina en la ceremonia de expiación por el pecado. Así Cristo daría su vida en sacrificio entregando voluntariamente el espíritu (Mt. 27:50). Lit. «dejó» el espíritu o «despidió» el espíritu: Jn. 19:30).

– Lv. 1:8. El fuego sobre el Altar consumía totalmente la Ofrenda por el pecado. El fuego es esencialmente un símbolo de la santidad de Dios y, por tanto, de Cristo mismo. El fuego como tal representa a Dios en tres maneras: en el juicio contra aquello que la santidad divina condena; en la manifestación de Sí mismo y de aquello que Él aprueba; y en el acto de purificación (Gn. 19:24; Éx. 3:2; 1ª Co. 3:12-14).

Otra sugerencia importante que se desprende de esta Ofrenda que debía ser siempre presentada en holocausto sobre el Altar de los sacrificios es que el hecho de que el fuego debía consumirla completamente representa la idea de que Dios aceptaba la consagración de la vida entera del donante. Ninguna vida puede consagrarse sin ser antes redimida; por eso la Ofrenda expiatoria era la primera.

– Lv. 1:9. Aquí tenemos un modismo idiomático que se llama antropomorfismo. De la misma manera que el sentido de olfato del hombre, a través de su nariz, siente con agrado el olor de la carne asada, así también Dios se agrada de la ofrenda que le hace el hombre. Una traducción más literal sería: «ofrenda de fuego, una aroma de descanso» (heb. *isseh* = un sacrificio por el fuego, un sacrificio que sube en humo); o como lo expresa la Septuaginta griega: «un sacrificio de olor suave».

La palabra «arder» no sólo se relaciona con «incienso», porque la frase «ofrenda encendida de olor grato», de donde se deriva, presenta un doble énfasis tocante al valor del sacrificio para la mente de Dios, pues las ofrendas de olor grato se llaman así porque ellas son un tipo de Cristo en su profunda devoción a la voluntad del Padre (Ef. 5:2). En todas las Ofrendas había una porción como «olor de descanso»; pero en la «ofrenda encendida» que da su nombre al Altar, el holocausto íntegro ascendía hacia el cielo como precioso presente aceptado por Dios. Por eso en este tipo vemos representado al Señor Jesús en un supremo acto de adoración, quien, como leemos en He. 9:14, «se ofreció a Sí mismo sin mancha a Dios».

Según estamos comprobando, cada Ofrenda levítica no carecía de significado tipológico, y en este sentido tampoco tiene desperdicio didáctico. He aquí otras jugosas indicaciones tomadas de nuestro maestro el Dr. Lacueva:

❑ Los animales que se ofrecían en sacrificio eran todos ellos domésticos, que el dueño había comprado o había criado en su casa; no se ofrecían animales salvajes, cazados en el campo, porque éstos no le habían costado nada (Lv. 1:2).

❑ El animal ofrecido debía ser siempre macho, por la dignidad especial que la Palabra de Dios confiere al varón (Lv. 1:3).

❑ La víctima ofrecida había de ser «sin defecto», porque nada defectuoso o manchado podía ponerse sobre el Altar (Lv. 1:3). En He. 7:25 se pone de relieve esta cualidad de nuestro gran Sacerdote-Víctima.

❑ En Lv. 1:5 vemos la extracción de la sangre y el rociamiento, con ella, del Altar de los holocaustos. De esta manera se simbolizaba el ofrecimiento de la vida en expiación de los pecados (Lv. 17:11) [...] La paga del pecado es muerte (Ro. 6:23). Así que deberíamos expiar nuestro pecado con nuestra sangre; pero nuestra sangre es inmunda precisamente por nuestros pecados; por tanto, no puede expiar ni borrar los pecados. La sangre de los animales es sin pecado; pero un animal no puede expiar por una persona humana. De ahí que hiciera falta, pues, que un ser humano sin pecado ofreciese su sangre para expiar nuestro pecado. Éste fue el plan de Dios que se cumplió en el Calvario (He. 2:14, todo el cap. 9, y el cap. 10 hasta el v. 14).

❑ Vemos que era siempre el sacerdote el que ofrecía la víctima, y extraía su sangre, sobre el Altar (Lv. 1:5), aun en el caso de que hubiese sido otra persona quien hubiese degollado al animal [...] Así también fueron los soldados romanos paganos (Hch. 2:23) quienes mataron a Jesús por medio de la crucifixión, pero fue Jesús quien se ofreció en sacrificio, pues derramó su sangre voluntariamente sobre el altar de la Cruz (Jn. 10:17-18).

- ❑ El desuello del animal (Lv. 1:6) indicaba que había que quitarle todo lo que había estado en contacto con el exterior (la piel), a fin de exponerlo sin mancha a los ojos de Dios. Este descubrimiento es el que se indica en He. 4:13 al hablar de las cualidades de la Palabra de Dios, ante la cual todas las cosas quedan, según el griego, «desnudas y con el cuello descubierto» (como esperando el degüello) ante los ojos de Dios.

- ❑ La división de la víctima en piezas (Lv. 1:6) estaba destinada a que el fuego del sacrificio pudiese penetrar mejor por entre las piezas, como símbolo del pacto de Dios con su pueblo, según vemos a la luz de Gn. 15:10, 17-18, donde la antorcha de fuego que pasó por entre las piezas de los animales partidos por Abram simbolizaba a Jehová Dios. (Nótese, según el original del v. 18, *karath berith* = cortó un pacto, que fue un pacto *unilateral* por parte de Dios, pues sólo el Señor «pasó por entre los animales divididos».)

En cuanto a nosotros, después de todas estas consideraciones, hemos aprendido que ojalá nuestras ofrendas y nuestro servicio sean dignos del concepto expresado en Fil. 4:8: «olor fragante, sacrificio acepto, agradable a Dios». (Véanse también 2ª Co. 2:15; Ef. 1:4; Col. 1:22.)

2.

LAS OFRENDAS LEVÍTICAS (CONTINUACIÓN)

2. LA OFRENDA VOLUNTARIA:
LA LEY DE LA OBLACIÓN VEGETAL: LV. 2; 6:14-23

Íntimamente unida a la Ofrenda del Holocausto estaba la Ofrenda de Flor de Harina, que se conocía también como Ofrenda Vegetal, la cual se llama en hebreo *minhah*, oblaciones procedentes de productos de la tierra, que representaban el trabajo y sudor del hombre, y eran un tipo de las perfecciones humanas de Cristo, puestas a prueba por medio del sufrimiento (He. 5:8-9).

En verdad parece que cada holocausto era acompañado por un presente de flor de harina (véase Nm. 15). Se trataba de una ofrenda incruenta; pero la ausencia de sangre estaba suplida por la del Holocausto. No se pasa por alto la expiación, sino que en esta oblación no es elemento predominante.

En el Holocausto vemos a Cristo *personalmente*, dándose enteramente para satisfacción infinita al plan elaborado por el Padre. Pero no le vemos menos prefigurado en la Ofrenda Vegetal, pues en ella se tipifica a Cristo *moralmente*, en la hermosura de su carácter perfecto, porque el carácter se compone de cualidades morales. En la sabiduría de Dios, ambos tipos se hallan a menudo juntos en la Escritura, recordándonos así que Cristo y su carácter se encuentran inseparablemente unidos.

Ahora Kirk y Scofield vuelven a comentarnos detalles muy instructivos en su perspectiva tipológica.

El trigo, en sus variadas formas, era la base de esta Ofrenda (Éx. 29:2); espigas llenas de granos que eran desmenuzados y molidos para convertirlos en harina fina. La harina fina nos habla de la uniformidad y el perfecto equilibrio del carácter de Cristo (al que ya nos hemos referido), es decir, aquella perfección de cualidades en la cual ninguna faltaba ni sobraba. Esta harina (*soleth*) se amasaba con aceite para simbolizar que quedaba santificada por el Espíritu de Dios, y con ella se formaban panes, tortas u otro alimento, siendo sometida su elaboración al calor del horno.

En todo este proceso vemos representados los sufrimientos de Cristo en su vida de obediencia, como preludio de su Pasión que le llevaría a la muerte (He. 5:8; Jn. 12:24). Por otra parte, la flor de harina o la «nueva masa, sin levadura», a la que se hace alusión en 1ª Co. 5:6-7, es símbolo de pureza, la cual se requiere del creyente.

El incienso, el aceite y la sal –siguen explicando los mentados comentaristas– hablan, respectivamente, de la justicia perfecta de Cristo, de su santidad en el poder del Espíritu Santo, y de su incorruptibilidad que le permite permanecer fiel al Pacto eterno de Dios, del que la sal es símbolo (Nm. 18:19; 2º Cr. 13:5; 2ª Co. 3:6). Siendo la sal un elemento que preserva de la corrupción, habla de permanencia, y por ello describe la permanencia del Pacto. Merece mencionarse, además, el hecho de que nuestro Señor siempre habló con palabras sazonadas de gracia que salían de su boca (Sal. 45:2; Lc. 4:22); y con el mismo sabor debemos hablar nosotros (Mt. 5:13; Col. 4:6). Así la sal señala el poder purificador de la verdad divina que por el Espíritu obra en la vida de cada creyente para neutralizar la acción de nuestra naturaleza pecaminosa.

Pero antes de dejar este punto, es importante que digamos algo más acerca de la sal. Ha sido siempre una sustancia muy apreciada. Se usaba como moneda de cambio en la antigüedad (*salarium*), pues la sal era la paga de los legionarios, que podían cambiar por productos alimenticios; y entre los griegos se aplicaba como símbolo de la santidad. Asimismo, en el oriente se cimentaba la amistad o se concertaba un convenio comiendo sal. De ahí que no sea extraño, por tanto, que entrara a formar parte de las ofrendas sobre el Altar, representando lo que es eterno e incorruptible, tal como así es la obra del Señor Jesucristo.

La sal también simboliza la divina sabiduría y es comparada al fuego por su efecto purificador (Mr. 9:49-50). Como explica el Dr. Lacueva: «Los antiguos decían que la sal está compuesta de agua y fuego; no iban del todo desencaminados, pues el sodio y el cloro, que son los componentes de la sal, guardan, respectivamente, cierta afinidad con el agua y el fuego. Nótese que la sal no restaura lo corrompido, sino que preserva de la corrupción ulterior. Esta misma es la función del creyente en el mundo: irradiar pureza por lo que es, y más aun por lo que hace».

La ausencia de levadura y miel muestra que Cristo era «santo, inocente, sin mancha, apartado de los pecadores» (He. 7:26). El incienso fragante –relacionado con las ofrendas– habla de justicia. Fuese producto ya elaborado, o flor de harina, o espigas verdes, todo se complementaba con incienso. Así en cada período de la vida de nuestro Señor había plena obediencia que deleitaba el corazón del Padre, obediencia que sugiere la justicia de Dios que Él vino a cumplir (Mt. 3:15). Por eso el incienso significa el olor grato de su vida ante Dios (Éx. 30:34) y es símbolo de la devoción a Dios bajo la forma de oración (Sal. 141:2).

«Sin levadura», leemos. La levadura (*matstsôth*) estaba prohibida porque modificaría las características naturales de la Ofrenda y por tal motivo debía ser evitada. Siendo un tipo del mal representa aquello que obra desde dentro y que al extenderse corrompe la masa, a menos que se detenga su proceso corruptor por la acción del fuego. Como dice el texto sagrado: «Ninguna oblación estará hecha con masa fermentada (*hames*) [...] ni de ninguna cosa leudada (*seor*)». De ahí que la ausencia de levadura simbolice la ausencia de pecado, y esto habla de la impecabilidad de Cristo (2ª Co. 5:21; 1ª P. 2:22; 1ª Jn. 3:5). Así nosotros debemos procurar desprendernos de toda «levadura de malicia y de maldad» (1ª Co. 5:8; Gá. 5:9).

La miel (*debas*) también estaba prohibida, pues aunque por su sabor dulce es agradable al paladar y deseable como alimento, agriaría la Ofrenda y produciría acidez, causando y aumentando la fermentación. La miel es producto de «la flor de la hierba del campo», y tal es «la gloria del hombre» (Is. 40:6; 1ª P. 1:24). Esto nos enseña que la pretendida bondad del hombre no le hace aceptable ante Dios y que todo lo que es fruto de la naturaleza humana no tiene valor meritorio en la esfera de la salvación (Ro. 3:10-12; Ef. 2:8-9).

Ninguna de tales cosas aparecía en el carácter inmaculado de Cristo, lleno de gracia y de los frutos del Espíritu que había recibido de Dios sin medida, y cuya gloria no era «gloria de hombre» (Jn. 1:14; 3:34; 5:41; 7:18; 8:50, 54). La ausencia de miel indica igualmente que la dulzura de Cristo no es aquella que pudiera existir aparte de la gracia, sino que es fruto de ella (Jn. 1:16-17).

En cuanto al aceite, que era «derramado» o «mezclado», o con el que «se ungía» o bien iba «con» la Ofrenda, representaba la presencia de Dios, por lo que vemos tipificado al Espíritu Santo y cómo sus múltiples operaciones tuvieron pleno desarrollo en la vida del Señor Jesucristo (Gá. 5:22-23). Scofield dice que el aceite *mezclado* con la Ofrenda es un tipo de Cristo que fue nacido por obra del Espíritu Santo (Mt. 1:20; Lc. 1:35); el aceite *sobre* la Ofrenda es tipo del Cristo que fue bautizado con el Espíritu (Jn. 1:32; Hch. 10:38). El aceite es, pues, un símbolo de la unción que el Espíritu Santo lleva a cabo (Is. 61:1-2; Zac. 4; 1ª Jn. 2:20, 27).

Siguiendo una observación de Kirk vemos que algunos de estos presentes eran preparados como alimentos que podían ser comidos, pero después de haber ofrecido la porción que correspondía al Señor. Sin embargo, para esto era indispensable la acción del fuego, y aquí se ve otra vez el santo propósito divino de que el Hijo de Dios fuese probado y tentado, sometido al sufrimiento hasta la muerte (Lc. 9:22; 17:25; 24:26; He. 2:18; 4:15).

Otros aspectos de sus sufrimientos se ven representados en las hojaldres, cuya masa debía ser golpeada y extendida para hacerla delgada, lo que sugiere también los padecimientos del Hijo del Hombre (Lc. 24:46; He. 2:10; 5:8). Notemos que las hojaldres –como apunta Lacueva– eran untadas, no amasadas, con aceite, símbolo del Espíritu Santo que viene con poder sobre alguien para una misión determinada, según interpretación probable. (Véase He.9:14.)

«Mas si ofrecieres ofrenda de sartén», y como se aclara en otra versión, las tortas de esa oblación eran «atravesadas» al ser colocadas sobre una sartén (*makhabath* = parrilla), pues se supone que consistía en una plancha de hierro o de bronce con salientes puntiagudos que se ponía sobre el fuego, prefigurando así lo que tuvo lugar en la Cruz (Sal. 22:16; Is. 53:3; Jn. 20:25).

«Cuando ofrecieres ofrenda cocida en horno» (*tannur*, de *nar* = dividir, partir, cortar en pedazos), según Parkhurst, indicando un calor abrasador que disuelve y derrite. Si el horno representa los sufrimientos invisibles de Cristo en su agonía interna (Mt. 26:37-38; 27:46; He. 2:18), la sartén y la cazuela (*markhesheth* = olla) sugieren los padecimientos más visibles del Señor (Mt. 27:26-31).

Tanto las hojaldres como las tortas eran sin levadura, de modo que el fuego no detenía la acción del cocimiento de la masa, libre de fermentación, y esto habla de que los sufrimientos de Cristo no tenían que ver con pecados personales, porque Él era santo y sin pecado. Por eso esta Ofrenda se describe como «cosa santísima».

Cuando tal Ofrenda era traída por un adorador, el sacerdote tomaba parte del alimento, con todo su incienso (cuando correspondía), y lo quemaba sobre el Altar como olor suave al Señor. El resto era para la familia del sacerdote, y debía comerse en un *lugar santo*: en el Atrio del Tabernáculo. Era alimento *santísimo* y requería santidad por parte de quien lo *tocaba* o *comía*. Además, era la «porción» que Dios les daba para sus generaciones (Lv. 6:17-18).

¿Cuál es la aplicación de todo esto para nosotros hoy? Como concluye Kirk, en estos detalles simbólicos tenemos representada la provisión espiritual que Dios ha hecho para su familia, llamada «real sacerdocio» en la presente dispensación (1ª P. 2:9). La fragancia del Hijo ha ascendido al Padre, y ahora, sobre la base de la justicia perfecta de Cristo, Dios puede invitar a los suyos para que sean sus convidados en el banquete celestial.

Cristo mismo es nuestra porción, pero a fin de participar dignamente de Él, debe caracterizarnos la santidad y debemos buscar lugares limpios donde poder estar. (Sal. 16:5; 119:57; 142:5.)

En conclusión, ¡cuán santo debiera ser el que dispensa a los demás la verdad divina!; y ¡cuán santa debería ser la familia a la que todo siervo del Señor administra alimento espiritual! (Mt. 24:45-46; 1ª Co. 4:1-2).

3. LA OFRENDA VOLUNTARIA:
LA LEY DEL SACRIFICIO DE PAZ: LV. 3; 7:11-21

«En esta ofrenda, como en otras, hay muchas semejanzas en el ritual. Una persona daba una ofrenda de sacrificio de paz, como una expresión de gratitud y como un medio de establecer compañerismo entre él y Dios.» (Bonilla).

La comunión con Dios ha llegado a ser una realidad por medio de Cristo. En Él, Dios y el pecador se encuentran, y ambos se sienten reconciliados. Toda la obra de Cristo, en relación con la paz del creyente, se encuentra representada en esta Ofrenda, porque:

Él hizo la paz: Col. 1:20.

Él proclamó la paz: Ef. 1:17.

Él es nuestra paz: Ef. 1:14.

Debe observarse que este Presente, llamado «sacrificio de paz» (heb. «*ebah shelamim* = sacrificio de paces; gr. *thusía eireniké* = sacrificio pacífico), se encuentra en medio de las cinco

Ofrendas que se mencionan, entre la del Holocausto y la de la Expiación.

El profesor Félix Asensio señala que sobre la base de tener en cuenta otros matices del hebreo *slm*, la Versión Griega traduce con *sacrificio de salvación, completo* (Pent). Porque el término con que se designan esos sacrificios, llamados pacíficos, está relacionado con *shalom* = paz, que a su vez proviene de *shalâm* = estar entero, completo, sano, salvo, en estado próspero y saludable; así la Septuaginta lo traduce a veces: *thusía soteríou* = sacrificio de salud. Y Flavio Josefo traduce: *thnsía jaristeríai* = sacrificio de acción de gracias. Pero también se le podría llamar sacrificio de Alianza, partiendo de *sillem-sillêm* = retribución, y relacionando el término hebreo con el ugarítico *slmm* = prenda de paz.

Así se nos muestra a Cristo como acepto por Dios y aceptado en favor de los pecadores. En el primer caso, toda la oblación era para Dios y nada para el adorador; en el último caso había vianda para la familia sacerdotal (excepto en algunas ocasiones, como en Lv. 6:30), después de que el fuego había consumido la porción correspondiente al Señor.

La Biblia comentada de Editorial Caribe dice, en una de sus notas, que el sacrificio de Paz lo comían los sacerdotes y los adoradores. Como tal, era una comida de comunión que simbolizaba la paz existente en la relación pactada entre Dios y el hombre. El hecho de que el adorador podía participar de esta vianda –añadimos nosotros– nos enseña, en figura, el deseo de Dios de atraer a sus redimidos hacia Sí para llevarnos a la comunión con Él. Reconciliación es la idea principal aquí.

Ya en primer lugar vemos que el vocablo «sacrificio», que significa en esta porción «animal inmolado», se introduce por primera vez en esta parte de la Escritura, como observan nuestros expositores. Nos encontramos, pues, con «muerte» desde el primer versículo. Además, debía haber también voluntad (Lv. 19:5), como en el caso del Holocausto.

Asimismo, son igualmente interesantes las declaraciones de Lv. 7:29-34 y también en Éx. 29:26-28. Se habla aquí del «pecho» (símbolo de afecto) y de la «espaldilla» o «muslo» (símbolo de fuerza) como provisión de alimento para los sacerdotes. El sacerdote debía ser afectuoso, tierno, amoroso, lleno de fortaleza y preparado para toda buena obra en el servicio del Señor. Así es con nuestro Sumo Pontífice, quien lleno de benevolencia muestra su afecto para con todos y extiende el poder de Dios sobre sus redimidos, pues tales virtudes deben manifestarse en nosotros como siervos suyos. Él nos fortalece para servir.

«Obsérvese –comenta Scofield– que es del pecho y la espaldilla de lo que nosotros, como sacerdotes (1ª P. 2:9), nos alimentamos en la comunión con el Padre. Esto es lo que de manera muy especial hace del sacrificio de Paz una ofrenda de acción de gracias (Lv. 7:11-12).»

Por otra parte, leemos que el pecho era mecido («agitado») y apartado delante de Dios, y la espaldilla santificada, es decir, elevada hacia Él, y entonces dados a Aarón y sus hijos, que lo recibían como una dádiva de Dios (Lv. 7:32-34). De esta manera, pues, ambas porciones eran presentadas al Señor y devueltas por Él, lo cual simbolizaba la consagración del oferente y habla de nuestra santificación sacerdotal para que podamos servir con eficacia.

Muchas cosas eran comunes en los sacrificios de víctimas, explica ahora Kirk. El animal debía ser «sin defecto» (*támim* = perfecto); el que lo ofrecía apoyaba «su mano sobre la cabeza de la ofrenda»; él mismo le daba muerte (Lv. 3:2). Sin embargo, era el sacerdote quien, en este caso, así como en el Holocausto, esparcía la sangre sobre el Altar. En este sacrificio, y en los siguientes, sólo una parte se hacía arder sobre el Altar, pero era la porción escogida. «Toda la grosura («el sebo») es de Jehová» (v. 16).

En el v. 3 se dice: «el sebo que cubre los intestinos», o sea, la tela sobre los riñones que se presenta a la vista cuando se abre el vientre de un animal vacuno; y «el sebo que está sobre las entrañas», que se adhiere a los intestinos, pero que es fácil de quitar; o según otros, la grosura que está junto al ventrículo (Jamieson-Fausset).

La perfección moral de Cristo se halla aquí tipificada también. Se podía conocer el estado saludable de los órganos internos del animal por el examen del sebo. El Señor no sólo era puro en cuanto a su conducta, sino también interiormente. Por eso el oferente tenía la responsabilidad de «quitar» aquellas partes mencionadas, pues así garantizaba la calidad de la víctima para el Altar de Dios. Y así también el creyente, cuanto más escudriña la vida santa del Señor, tanto más se goza en la pureza y perfección de Él.

Nótese el énfasis sobre los riñones, que se incluían en lo que era «ofrenda de olor grato para Jehová» (vs. 4-5). Ya que las Ofrendas simbolizaban aspectos de la obra de Cristo, el sacrificio de Paz habla de que Él se ofrecería voluntariamente a la muerte de cruz, porque sólo así se podría establecer la paz entre el pecador y Dios. De ahí que la Ofrenda Pacífica aparezca tipológicamente relacionada con la obra expiatoria de Cristo, pues es sobre la base de la expiación que obtenemos una paz que ha sido procurada y asegurada (Ro. 5:1, 9-11). No puede haber paz con Dios hasta que haya habido primero expiación y justificación.

También los riñones, metafóricamente como asiento de los pensamientos (original heb. de Jer. 17:10; Hch. 1:24), eran «probados» por Dios. Y aunque esos órganos pudieran, en cierto sentido, ser asociados con las afecciones humanas comunes, el Señor Jesús fue aprobado por Dios en virtud de su perfección inmaculada, si bien como «varón de dolores» cargó con nuestras afecciones pecaminosas (Is. 53:3-6). Por eso la Ofrenda de Sí mismo fue fragante para Dios (Sal. 16:7; 26:1-3).

«Y del sacrificio de paz ofrecerá por ofrenda [...] la cola entera, la cual quitará a raíz del espinazo» (v. 9). La cola de ciertas ovejas orientales es la mejor parte del animal, y se considera como una cosa delicada y especial (Clarke). Esto habla de cuán sumamente precioso es el Hijo para el Padre y para el adorador, cuando contemplamos a Cristo como íntegramente aceptable para Dios.

Dos veces se dice del sacrificio de Paz que «es vianda (*lehem* = alimento, lit. "pan") de ofrenda encendida para Jehová» (vs. 11 y

16), lo que indica que había alimento para los adoradores y para el sacerdote, y como éste tipifica a Cristo, se sugiere igualmente que Él halló satisfacción plena en la Ofrenda de Sí mismo a favor de los suyos como Pan celestial (Is. 42:1; 53:11; Jn. 4:34; Col. 2:10). Y así los creyentes, por la fe, podemos alimentarnos de su divina Persona (Jn. 6:48, 50-51, 57). Cristo es el Maná espiritual que nutre al hombre interior cuando lo recibimos en nosotros (Jn. 6:31-33; Ro. 7:22; 2ª Co. 4:16).

En relación con la Ley de la Ofrenda de Paz, cuando se ofrecían tortas y hojaldres por sacrificio de acción de gracias, vemos un contraste notable en Lv. 7:12-13. Los presentes mencionados en el v. 12, siendo tipo de Cristo como nuestra Ofrenda de Paz (Ef. 2:13), estaban exentos de levadura. Toda acción de gracias por esa paz debe exaltar al Dador de ella. En el v. 13 es el oferente quien da gracias por su participación en la paz que el creyente ya disfruta con Dios, pero en este texto se habla de «tortas de pan leudo». Nótese que este sacrificio no se ofrecía sobre el Altar. El simbolismo de la levadura tenía aquí un carácter especial, pues indicaba que aun cuando se nos perdonan los pecados, y es aceptado nuestro sacrificio de acción de gracias, y el pecador posee la paz con Dios por medio de la obra hecha por Cristo en su favor, todavía hay mal en él (Amós 4:5), puesto que aún albergamos en nuestro interior la vieja naturaleza pecaminosa (Lacueva-Scofield).

En conclusión, recordemos una vez más las observaciones aportadas por nuestras mencionados comentaristas: Que el mero hecho de que este sacrificio se llame «de paces» habla de concordia entre dos partes y ya es símbolo de comunión con Dios (véase Lv. 7:15). Por eso éste era el único sacrificio en el que los que ofrecían las victimas al sacerdote participaban de la carne, comiendo una porción de lo sacrificado. De esta manera se simbolizaba no sólo la comunión del hombre con Dios, sino también la del hombre con el hombre, sobre la base de un sacrificio sangriento. Así en el sacrificio de Cristo, Dios hizo las paces con el mundo, y Cristo nos procura la paz entre los hombres mismos (Ef. 2:13-18; Col. 1:20). En el Calvario, tanto la justicia como el amor de Dios, quedaron satisfechos (Sal. 85:10).

ANEXO

Ya hemos visto que en Éx. 29:24 se menciona la «ofrenda mecida», y en Lv. 7:30 se habla de «sacrificio mecido». ¿Qué significa y cómo se llevaba a cabo esta ceremonia cúltica? Nos lo explica el Dr. Lacueva. A primera vista –dice nuestro hermano– nos viene a la mente la idea de una madre meciendo en sus manos a su bebé en un movimiento parecido al de un columpio. Pero el Gran Rabino Hertz explica muy bien el modo y el significado, que no tiene nada que ver con el balanceo de columpio. La porción mecida era llevada en manos del sacerdote delante de Jehová, es decir, mirando hacia el Lugar Santísimo, y la ceremonia consistía en un doble movimiento de las manos del sacerdote llevando la parte de la víctima que había de mecerse: primero, en sentido horizontal, extendiendo los brazos hacia el Lugar Santísimo como entregándolo todo a Dios, y luego volviéndolos a recoger a la altura del pecho, dando así a entender que se tomaba como un regalo de Dios; segundo, en sendo vertical, extendiendo los brazos hacia arriba y volviéndolos a bajar, para significar que el Señor es el dueño soberano de cielos y tierra.

Por otra parte, Clarke dice que, en esta doble acción de la ofrenda mecida en sentido vertical y horizontal, se concibe la idea de representar la figura de la cruz, sobre la cual la gran ofrenda de la Redención sería ofrecida en el sacrificio personal de nuestro bendito Salvador.

Como podemos comprobar, pues, cada componente cultual de las ceremonias levíticas tiene su significado simbólico y profético, que hallaría su cumplimiento en la persona y la obra de Cristo.

3.

LAS OFRENDAS LEVÍTICAS (CONCLUSIÓN)

4. LA OFRENDA OBLIGATORIA: LA LEY DE LA EXPIACIÓN POR EL PECADO: LV. 4; 5:1-13; 6:25-30

En nuestro estudio de los sacrificios levíticos estamos descubriendo contenidos tipológicos muy importantes. En la Ley del Holocausto aprendimos lo que Dios demanda del adorador y que un Sustituto ha sido aceptado por Él en razón de dos motivos: porque Su vida sin tacha ha agradado a Dios y porque Su obra perfecta satisfizo completamente el corazón del Padre (Is. 42:1; Mt. 3:17). En relación con el Holocausto es interesante comprobar, según el comentario de una nota de la Biblia de Editorial Caribe, que el primer fuego que encendiera la leña del sacrificio después de la consagración de Aarón fue encendido por Dios (Lv. 9:24). Este origen sobrenatural del fuego del Altar indicaba que sólo por la gracia de Dios sería aceptable el sacrificio del hombre con fines expiatorios, pues el fuego, como agente consumidor y purificador, connota la santidad de Dios (Dt. 9:3; He. 12:29).

En la Ley de la Oblación Vegetal se nos mostró el carácter justo de Aquel que se deleitaba en complacer la voluntad de Dios (Sal. 45:7; Jn. 14:30). Y en la Ley del Sacrificio de Paces se nos reveló la reconciliación por medio de la sangre de Cristo y el propósito de Dios de levantar al hombre caído y elevarlo hacia Sí para que pudiéramos gozar de comunión con Él. Ahora, en esta nueva Ofrenda, se destaca la gravedad del pecado y la necesidad de quitarlo mediante la Ley de la Expiación. Es importante, como dice Kirk, tener presente que en hebreo el mismo término *hattah* puede significar pecado, ofrenda o sacrificio para expiarlo, y víctima del sacrificio expiatorio. El hebreo *hattah*, etimológicamente, significa faltar, no dar en el blanco, ser defectuoso, y designa todo acto que no se amolda a los mandatos del Señor.

Asimismo, es preciso advertir –explica el Dr. Lacueva– que, entre los cinco sacrificios de Levítico, hay dos clases distintas referentes al pecado. La primera destaca la peculiar naturaleza del pecado, considerando el pecado como un errar el blanco (*hattah*), y con este término se ve el pecado como algo que mancha y corrompe nuestra naturaleza, y de esto trata Lv. 4:1 al 5:13; la segunda considera el pecado desde el punto de vista de su culpabilidad (*asham*), que demanda compensación o expiación, y de esto trata Lv. 5:14 al 6:7, como veremos al estudiar la Ley de la Expiación por la Culpa de la Transgresión.

Esta Ofrenda de la Expiación por el Pecado sugiere, por tanto, que en el Antitipo (Cristo) habría una completa solución ante Dios para quitar el pecado, y ello a favor de todos los redimidos elegidos en Cristo (2ª Co. 5:2; Ef. 1:4). Y aunque todas esas ofrendas representan a Cristo, en esta Ofrenda por el Pecado se contempla su muerte, pues le vemos aquí llevando sobre Sí mismo los pecados del creyente, ocupando así el lugar del pecador como nuestro Sustituto y Representante (1ª P. 2:24); de ahí que sólo se manifiesten sus perfecciones en las ofrendas de olor suave.

A diferencia del Holocausto (que no tenía que ver con transgresiones específicas, sino que simbolizaba el acceso a un Dios santo), la Ofrenda por el Pecado expiaba pecados específicos que ésta cubría, y el pecado era perdonado. (Nota de la Biblia de Editorial Caribe.)

Así que esta Ofrenda de Expiación contempla los efectos dañinos del pecado, más bien que la culpa por el mismo. Como muy bien distingue el profesor Hartill, la Ofrenda por el Pecado no es la misma que la de la Expiación por la Culpa, en la que se hacía expiación por una sola ofensa. Esta Ofrenda por el Pecado era el más importante de los sacrificios, pues simbolizaba la redención en general, y en él toda mancha de sangre sobre las vestiduras indicaba contaminación ceremonial.

La frase del v. 2, «habla a los hijos de Israel», sugiere el cuidado amoroso de Dios hacia su pueblo; y las palabras «cuando alguna persona pecare» indican que, aunque la acción sea física, la fuente es moral (Ez. 18:4). No importa que tales acciones se cometan «por yerro», «por descuido», «por ignorancia» o «por inadvertencia», ya sea por debilidad o por rebeldía: son igualmente pecado y no libran de la sanción (Amós 3:2).

En la legislación jurídica de los Estados Unidos de América hay una cláusula que dice: «La ignorancia de la ley no es excusa». El hombre es pecador, se dé cuenta o no. Y cometer un pecado por ignorancia no exime de culpa al pecador. Véanse algunos ejemplos en 2° S. 15:11; Os. 2:8; Lc. 19:42; Hch. 3:17-19. Por eso los pecados por ignorancia necesitaban también expiación.

Pero en contraposición vemos otra clase de pecados: los que se cometían voluntaria y deliberadamente, o sea, los pecados cometidos, lit. «con mano alzada», es decir, hechos totalmente a sabiendas, por rebeldía contra Dios y su Ley, contra la luz y la enseñanza recibidas; para éstos no había sacrificio posible (Nm. 15:24-31 con He. 10:26-31).

Veamos con atención especial, siguiendo las observaciones de Kirk, las declaraciones que hallamos en Lv. 4:3, 13, 22 y 27.

El pecado del sacerdote ungido era el de mayor repercusión, pues alcanzaba a toda la congregación, y por ello se exigía también el mismo sacrificio de un becerro. La expresión «según el pecado del pueblo» (v. 3) da a entender que, al pecar el sacerdote, éste traía la culpa sobre el pueblo. Además, contaminaba al Santuario por su pecado, porque vemos que el sacerdote debía poner sangre de la víctima sacrificada «sobre los cuernos del altar del incienso aromático [...] delante de Jehová» (v. 7). El pecado no confesado, y hasta la falta cometida por ignorancia, pueden afectar a los que nos rodean, ¡y aun perjudicar, dañar y paralizar a toda una asamblea de redimidos! (Véase v. 13 con Jos. 7:1, 11, 25).

Pero la misericordia del Señor proveía perdón (v. 20). Esta provisión era fruto de la gracia divina y de la buena voluntad de Dios en perdonar (1ª Ti. 1:13). Inclusive, como el hombre nace en pecado y lo que sale de su corazón es impuro, se precisaba de ofrenda por el pecado en los nacimientos (Lv. 12; Sal. 51:4). La misericordia de Dios es grande, y los creyentes necesitamos arrepentirnos de nuestros pecados y confesarlos delante del Señor, para que éstos nos sean perdonados y nuestro corazón sea limpiado de toda inmundicia (Pr. 23:7; 28:13; Is. 55:7; 1ª Ts. 4:7).

En los cuatro casos que describen los versículos citados de Levítico 4:3, 13, 22 y 27, se destaca el hecho de que no se exime de responsabilidad al pecador en lo que atañe a su conciencia, aunque hubiere cometido transgresión por yerro o ignorancia. Cuando el pecado oculto salía a la luz, debía traerse un becerro sobre cuya cabeza ponía su mano el culpable o culpables. La culpa era así transferida a un sustituto. Entonces, en el caso del sacerdote o de la congregación, se degollaba la víctima, y parte de la sangre se ponía «sobre los cuernos del altar», y con parte de ella se rociaba «siete veces delante de Jehová, hacia el velo del santuario» (vs. 6 y 17). Es notable lo del séptuplo rociamiento, teniendo en cuenta que el 7, en la Biblia, es número de perfección.

También es interesante el símbolo que hallamos en el v. 12, dice nuestro hno. Lacueva. La razón por la que, lit. «todo el resto del becerro lo ha de sacar fuera del campamento a un lugar ceremonialmente limpio» (Nueva Versión Internacional), es que la víctima no podía quemarse, en sacrificio a Dios, en medio de un pueblo totalmente contaminado por el pecado. Sacándolo fuera del campamento, era sacado fuera del pueblo. Por eso, nuestro Salvador, al morir en expiación por el pecado, tuvo que salir fuera de la ciudad, centro de la nación (He. 13:11-12).

Pero aprendemos otro significado en cuanto al resto del animal sacrificado (v. 21), y es que tratándose de la ofrenda del sacerdote o de la congregación, el becerro era sacado «fuera del campamento» porque, siendo el sacrificio en favor del mismo sacerdote que presentaba la ofrenda, ésta ya había sido contaminada por las manos del sacerdote, y por eso debía ser quemada fuera, en un lugar limpio.

En los otros dos casos que se mencionan en los vs. 22 y 27, se hace alusión al *nasi* = príncipe, jefe político o militar, personaje de influencia en la vida social, cabeza de familia o de tribu; y luego se alude a «alguna persona del pueblo». En cada una de estas Ofrendas por el Pecado, la sangre se ponía sobre los cuernos del Altar; y el resto se derramaba al pie del Altar, como símbolo de la vida y, por tanto, de la persona, lo que nos ayuda a entender mejor el sentido de Ap. 6:9.

Entonces, la grosura (el sebo) se quemaba también sobre el Altar, como se hacía con la Ofrenda de Paces, pero a excepción de una vez no se consideraba «olor grato a Jehová» (vs. 31, 35), porque donde hay conciencia de culpabilidad, por la cual Dios esconde su rostro, no puede manifestarse la hermosura del Hijo ante el Padre (Is. 53:4; Mt. 27:46; Hch. 2:23; 1ª P. 2:24).

Aún otro pensamiento destaca Carroll respecto a las ofrendas quemadas, y que se relaciona con el lugar donde éstas eran consumidas por el fuego. No había sino dos lugares donde podían quemarse las ofrendas. Si era una Ofrenda por el Pecado, así como una ofrenda quemada, era consumida completamente fuera del campamento; pero si era una ofrenda quemada por consagración, u otra de este género, siempre se quemaba sobre el Altar de bronce de los sacrificios.

Es imposible no ver en todos estos detalles al Señor Jesús en figura, especialmente a la luz de He. 10:10-12; 13:10-13. El «campamento» nos habla del judaísmo en su carácter civil y su religión ceremonial. Pero la Cruz ha llegado a ser un nuevo altar, un nuevo lugar, en donde los creyentes redimidos por el sacrificio de Cristo nos reunimos para ofrecer, como sacerdotes, sacrificios espirituales (Ro. 12:1; He. 13:15; 1ª P. 2:5). El Señor Jesús ha santificado a su pueblo con su propia sangre, y el único lugar limpio para los suyos es estar en Él, fuera del mundo (Jn. 15:18-19; 17:14, 16).

He aquí algunos actos que requerían una Ofrenda por el Pecado:

– Pecado de encubrimiento: Lv. 5:1.
– Pecados de prevaricación contra Dios: Lv. 6:2-3; Ec. 5:4-7.
– Pecado de contaminación: Lv. 5:2-3; Nm. 6:6-9.

Dios es santo y nos manda vivir en santidad, separados de un mundo que está muerto en sus delitos y pecados, como lo estábamos también nosotros en otro tiempo (Ef. 2:1-5), porque la naturaleza carnal del hombre está totalmente corrompida (Gn. 6:5, 11-12; Ro. 7:18; 1ª Co. 3:3; 1ª Ti. 5:6). Antes de presentar esas Ofrendas al Señor, se tenía que confesar el pecado cometido (Lv. 5:5); y así el creyente ha de confesar sus transgresiones y apartarse de este mundo contaminado por las inmundicias del pecado (1ª Jn. 1:9; 2ª Co. 6:17-18; Ef. 5:14; Gá. 5:16, 25).

¡Qué seguridad tan inmutable tenemos los hijos de Dios al considerar que la sangre de Aquel que es la verdadera Ofrenda por el Pecado jamás perderá su eficacia y que Su sacrificio no necesita ser repetido! (He. 7:26-27; 9:24-26; 10:10). El poder de la obra expiatoria de Cristo nunca perderá su valor, y la virtud purificadora de su sangre se experimenta momento tras momento, siempre que andemos en la luz (1ª Jn. 1:7).

5. LA OFRENDA OBLIGATORIA: LA LEY DE LA EXPIACIÓN POR LA CULPA DE LA TRANSGRESIÓN: LV. 5:14-19; 6:1-7; 7:1-7

Recopilamos en este apartado final algunas de las últimas reflexiones que nos ofrece Kirk, que a la vez complementaremos con datos adicionales aportados por otros expositores, a cuyas sugerencias nos hemos remitido. Existe cierta analogía entre la Ofrenda por el Pecado y la Ofrenda por la Culpa de la Transgresión; ésta, a veces, se menciona con el nombre de aquélla (Lv. 5:6), aunque hay diferencias notables entre ambas.

Primeramente, diremos que se emplean, entre otras, las palabras «pecado», «ofrenda de expiación», «culpa» y «ofrenda por el pecado» (Lv. 5:15 con Is. 53:10). Todo indica la forma amplia en que el Señor Jesucristo, como nuestro Sustituto, llevaría sobre Sí la culpa de su pueblo para que fuese eternamente purificado. El significado de la palabra «transgresión» se halla traducido, en la Versión Moderna y en La Biblia de las Américas, como sigue: «culpable» en Oseas 4:15; «ofensa» o «culpa» en 5:15 y 13:1; «hallado culpable» o «hecho culpable» en 10:2.

Asimismo, según explican nuestros eruditos, el original hebreo de Lv. 5:15 dice literalmente: «Si (o cuando) una persona actúa deslealmente (o comete deslealtad) [...] traerá por su culpa...». La culpa (*asham*) consiste en que la persona cometió *macal* = deslealtad, como traduce correctamente la New American Standart Translation. Toda trasgresión contra el prójimo es llamada deslealtad (*macal*) contra Dios (Lv. 6:2). Y esto es muy importante porque el concepto de deslealtad o traición comporta la idea de quebrantar el Pacto.

Como *hattah* respecto a la expiación, *asham* respecto a la reparación significa ser culpable o merecedor del castigo, ofensa, víctima para repararla o sacrificio de reparación. Implica el quebrantamiento de un mandamiento, un acto cometido sin debida consideración y que demanda compensación o expiación. «*El sacrificio expiatorio de la culpa* (o de reparación) tenía en cuenta la transgresión premeditada o las ofensas cuyo daño pudiera estimarse; fuera de ese modo, se parecía a la ofrenda por el pecado en todos sus requisitos.» (Nota de la Biblia de Editorial Caribe). La Ofrenda por la Culpa era la forma de hacerse cargo del pecado. En este sacrificio la culpabilidad era transferida al animal ofrecido a Dios, y el oferente era redimido de la pena de su pecado (Lv. 7:37). En el pasaje profético de Is. 53:10, se dice de Cristo que hizo de su vida una ofrenda por el pecado, y la expresión que se traduce «en expiación por el pecado» es el término *asham*: ofrenda por la culpa.

En segundo lugar, las ofrendas por el pecado eran por delitos cometidos en ignorancia; mientras que las ofrendas por transgresión tenían que ver también con pecados cometidos con cierta premeditación. Por ejemplo, una mentira dicha a sabiendas por temor. Aunque el lenguaje de Lv. 5:1 es difícil, sugiere cierto recelo o reticencia por parte de un testigo a denunciar lo que vio o supo, lo que no puede considerarse ignorancia, sino encubrimiento. Tal pecado, no obstante, era tratado en la misma forma que la contaminación, aunque ésta fuese por descuido. Sin embargo, esta clase de ignorancia no es la misma de que trata el capítulo 4, donde el pecado es contra «alguno de los mandamientos de Jehová sobre cosas que no se han de hacer» (vs. 2, 13, 22, 27). La transgresión podía ser «en las cosas santas de Jehová» o en «alguna de todas aquellas cosas que no se han de hacer» (Lv. 5:15-19); el énfasis recae en asuntos personales o del prójimo. Pero todo era «prevaricación contra Jehová» (Lv. 6:2). Tampoco nosotros podemos pecar contra nuestros hermanos sin ofender al Señor (1ª Co. 8:12).

En tercer lugar, en cuanto a la ofrenda por transgresión se mencionan los probables pecados; pero nada se sugiere en cuanto a la ofrenda por pecado. Aprendemos que el hombre, aunque se considere moralmente «bueno», es pecador (Ro. 3:10-12). Y el Señor Jesús, en el perfecto sacrificio de Sí mismo, murió por su pueblo y por los pecados del pueblo. Así vemos que en Cristo convergen ambas ofrendas, pues Él estaba representado en ellas.

En cuarto lugar, en las ofrendas por el pecado el objetivo era: «así hará el sacerdote expiación por ellos, y obtendrán perdón» (Lv. 4:20). No se habla de reparación, como en las ofrendas por transgresión, ni del acto de confesar. Pero en Lv. 5:5 leemos: «confesará aquello en que pecó». Tal confesión requirió Josué de Acán (Jos. 7:1, 19-23). El reconocimiento de la culpa no es suficiente; el pecado ha de mencionarse por su verdadero nombre, sin inventar pretextos para excusar nuestras faltas. Y el arrepentimiento va unido a la confesión sincera ante Dios, pues Lv. 6:5 sugiere prontitud, lit.: «en el día que sea hallado culpable». El tiempo de reconocer la falta es el día de la ofensa, y el perdón debería buscarse entonces. Postergarlo es olvidarlo, lo que hace que uno pierda el sentido de la gravedad del pecado. «Dios ha prometido perdón para el que se arrepiente; pero no ha prometido un mañana para el que todo lo aplaza.» (Agustín de Hipona). La falta no confesada, además, es un peso, una carga sobre la conciencia, quizá no reconocida, pero sí experimentada, porque se pierde la noción de la presencia de Dios. Y recordemos que «todos compareceremos ante el tribunal de Cristo» (Ro. 14:10).

Y en quinto lugar, en esta última Ofrenda se establecía otro principio muy importante, que ya hemos mencionado: debía haber restitución (Lv. 6:4). Proféticamente se emplea la palabra en el Salmo 69:4, lit.: «¡ahora tengo que *devolver* aquello que no tomé!». El Señor Jesús *devolvió* lo que el pecador perdió. El significado de la voz «por entero» (o «íntegramente») en Lv. 6:5 es «hacer perfecto», «terminar», «completar», expresión vinculada a la palabra «paz». El ofensor debía, además, añadir una «quinta parte, en el día de su expiación», como dice el texto; de modo que el ofendido recibía seis partes en total. Por todo esto, el transgresor aprendía que:

- El pecado no reporta ningún provecho. No sólo ofende a Dios y causa sufrimiento a los demás, sino que al final de todo el pecador es el que pierde. Jabes oró: «¡y que me guardes del mal, para que no me cause dolor!» (lit. 1º Cr. 4:10).

– El pecado merece juicio, y puede recibir sanción aun en esta vida. Y si no, «el día declarará la obra de cada uno», cuando «cada uno reciba según lo que haya hecho mientras estaba en el cuerpo, ya haya sido bueno o de baja calidad» (1ª Co. 3:13; 2ª Co. 5:10).

– El pecado es un infortunio. La devolución y la añadidura de la quinta parte, seis en total, sugieren la necesidad de restauración, significando –como dijimos– «hacer perfecto algo». (Recordemos Ro. 3:23-24.)

– El pecado roba la paz, y ésta no puede ser recuperada mientras no haya confesión y enmienda. Ya dijimos también que el término usado en Lv. 6:5 encierra la idea de «paz» (Ro. 5:1 y Col. 1:20 con 1ª Jn. 2:1). Pero la mediación del Señor como nuestro Abogado ha de buscarse inmediatamente tras la caída; de otra manera no podremos disfrutar de la paz interna.

Tal vez sea fácil observar estos mandamientos con respecto a pecados cometidos contra el prójimo, pero ¿quién puede estimar el costo del pecado «en las cosas santas de Jehová»? (Lv. 5:15). Igualmente aquí se debía añadir «la quinta parte» (v. 16). Notemos que Dios ordenó ofrecer dando una estimación de la ofrenda: «según tú lo estimes» (v. 18). El infractor dependía del sacerdote, quien evidentemente cumplía esta ordenanza, y en él depositaba su confianza. Un sacerdote humano, sin embargo, podía fallar; pero el Gran Sumo Sacerdote, Cristo Jesús, conoce inequívocamente el «costo» de la iniquidad, porque Él llevó nuestros pecados y respondió por ellos delante de Dios. Por otra parte, el pecador perdido pagará eternamente la penalidad de sus pecados no perdonados (Mr. 25:46).

APÉNDICE: COMPARACIONES Y REFLEXIONES

He aquí una comparación de las Ofrendas Levíticas, que nos resume el profesor Hartill.

a) El Holocausto enseña que la obra consumada por Cristo en la Cruz hace posible nuestro acceso a Dios para adorarle. El hombre es un ser indigno por causa del pecado, y necesita identificarse con aquel Ser digno. (Recordemos que el sacrificio –añadimos nosotros– se hacía al lado norte del Altar del Holocausto. No es coincidencia que el Gólgota, lugar donde crucificaron a Jesús, se encontrara precisamente al norte de la ciudad de Jerusalén y al norte del Templo).

b) La oblación de la Ofrenda Vegetal simboliza la perfección sin mancha de la humanidad de Cristo. El hombre es un ser caído y depravado, y necesita un Sustituto santo.

c) El Sacrificio de Paz habla de Cristo, nuestra paz. El hombre tiene un corazón alejado de Dios, y requiere la reconciliación.

d) La Ofrenda por el Pecado habla de expiación. Cristo fue hecho pecado por nosotros. El hombre es pecador, y necesita el sacrificio expiatorio de Cristo.

e) La Expiación por la Culpa habla de satisfacción. Cristo satisface plenamente la justicia de Dios, y resuelve de esta manera el problema del pecado. El hombre es un transgresor culpable que necesita el perdón.

Consideremos finalmente algunas reflexiones de conjunto sobre los sacrificios levíticos, que transcribimos de los siguientes comentarios del Dr. Lacueva, vertidos en su opúsculo *El sacerdocio del creyente*, editado por la Iglesia Evangélica Bautista de c/ San Eusebio, en Barcelona.

– El estudioso de las Escrituras, al leer estos capítulos de Levítico (4:1-6:7), notará que no se hace mención de aceite ni de incienso en esta clase de sacrificios. Ello significa que, en la expiación por el pecado, ni nuestra devoción espiritual ni nuestra oración, simbolizadas respectivamente por el aceite y el incienso, pueden hacer cosa alguna en dicha clase de sacrificios. ¡Todo es obra enteramente de nuestro Gran Sustituto!

– Podemos decir que el Señor Jesucristo cumplió todos los aspectos sacrificiales en el orden en que figuran en los seis primeros capítulos de Levítico. Comenzó ofreciéndose en holocausto al entrar en este mundo; llevó a cabo, sin falta ni interrupción, durante toda su vida mortal, su total dedicación al cumplimiento de la voluntad del Padre; y consumó su holocausto en la Cruz. Allí, y sólo allí, llevó a cabo la expiación por el pecado, que es el último de los cinco principales sacrificios levíticos. (Nosotros aclaramos: el sacrificio expiatorio tenía dos fases, pues abarcaba la expiación por el pecado y la expiación por la culpa).

– En cambio, la aplicación del fruto de dichos aspectos sacrificiales en la vida y muerte del Señor, se realiza en nosotros en orden inverso. Primero, necesitamos que nuestros pecados sean expiados en cuanto a la culpa (quinto sacrificio); después, que sea borrada la mancha que dejó el pecado (cuarto sacrificio); a continuación, ya podemos entrar en comunión con Dios, reconciliados personalmente con Él (tercer sacrificio); luego, somos revestidos de la nueva naturaleza, la nueva masa: 1ª Co. 5:7 (segundo sacrificio); finalmente, entonces es cuando estamos en disposición de ofrecernos en holocausto: Ro. 12:1-2 (primer sacrificio).

– Como puede observarse, de todos los sacrificios, los más importantes son el primero (holocausto) y el último (expiación por el pecado). La razón es que, en su simbolismo y aplicación, los demás dependen de esos dos. En efecto, el segundo (la ofrenda de grano) es símbolo de la necesaria condición para que el primero (el holocausto) sea aceptado por Dios; mientras que el cuarto (la ofrenda por el pecado) y el tercero (el sacrificio de paces) son consecuencias necesarias del quinto (expiación), ya que sin expiación no hay reconciliación, pues sin derramamiento de sangre no hay remisión de pecados (He. 9:22).

– De lo dicho anteriormente, se deduce –matizando un poco más– que Jesucristo es nuestro Representante en cuanto al holocausto (He. 10:5-9; 13:13), pero es nuestro Sustituto en la expiación por el pecado (2ª Co. 5:21). En otras palabras: Cristo es el que llevó nuestros pecados en su cuerpo sobre el madero (1ª P. 2:24). Y tengamos en cuenta esto, porque tiene suma importancia doctrinal y práctica: Cristo nos redimió con su muerte, no con su vida. Pero Él no cumplió en lugar nuestro la Ley, sino que sólo llevó por nosotros la maldición de la Ley (Gá. 3:13). Es cierto que acabó con la Ley (Ro. 10:4), pero lo hizo para ser Él mismo nuestra Ley. (Véase 1ª Co. 9:21, donde la correcta traducción no es «bajo la ley de Cristo», sino «*dentro* de la ley de Cristo»). Ahora bien, esta Ley de Cristo abarca más, no menos, que «la ley de Moisés», porque está fundada en el amor (Jn. 13:34-35), que es el motivo radical de toda la conducta cristiana (Ro. 13:10; 1ªCo. 16:14; Ef. 4:15-10; 5:2; Col. 3:14; 1ª P. 4:8; 1ª Jn. 4:7, 16).

* * *

En conclusión: sí, la verdadera Ofrenda por el pecado y las transgresiones es el Hijo de Dios, quien llevó nuestra maldad, conoció su tremendo alcance, sintió su terrible carga, pagó lo que no había tomado, y ofreció a Dios lo que es perfecto, «haciendo la paz mediante la sangre de su cruz» (Col. 1:20).

A Él, pues, habiendo cumplido todo lo que significaban las Ofrendas del Señor, sea toda la gloria. Amén.

QUINTA PARTE

TIPOLOGÍA
DE LAS FIESTAS
RELIGIOSAS
DE ISRAEL

1.

LAS FESTIVIDADES
SAGRADAS DEL SEÑOR (I)

Las Fiestas de Jehová, como así las designa y describe el libro de Levítico en el capítulo 23, eran «días solemnes», es decir, tiempos fijados por Dios para acercarse a Él y presentarle sus sacrificios u ofrendas. No eran festividades del pueblo, en el pensamiento de Dios, sino Fiestas puestas aparte para Él y para su gloria; por eso son llamadas «fiestas solemnes de Jehová» (vs. 2, 37). Pero cuando la tradición y las ceremonias rituales las despojaron de su verdadero carácter, hasta el punto de excluir de ellas al mismo Señor Jehová, fueron meramente llamadas «fiestas de los judíos» (Jn. 2:13; 5:1; 7:2).

Aparte de su valor histórico como se celebraban efectivamente en Israel, estas festividades sagradas establecidas por Dios encerraban, a la vez, un significado tipológico y un alcance profético. Y aun cuando el sábado o día de reposo semanal se menciona en primer lugar, no formaba parte de las solemnidades; pero es mencionado aquí porque, para que el pueblo de Dios sea llevado a un verdadero reposo, se requiere el trabajo de todo el ciclo espiritual de las siete Fiestas instituidas por el Señor.

Esto nos habla del reposo de la redención y del descanso que el creyente encuentra en la persona y la obra de Cristo (Mt. 11:28-29; 12:8). La entrada del pecado en el mundo interrumpió el reposo de Dios, y Dios se puso a trabajar para obrar nuestra redención (Jn. 5:17). El hombre no puede gozar del descanso espiritual sin la redención; de ahí, pues, la necesidad e importancia de la primera Fiesta: la de la Pascua, como fundamento para las demás. La Fiesta de la Pascua habla de que Dios ha hallado su reposo absoluto en la obra de Cristo, que vemos tipificada en Éxodo 12. Y desde su reposo, Dios sigue obrando.

Para desarrollar el estudio de este interesante tema nos hemos documentado consultando el contenido de un librito, originalmente escrito en francés, titulado *Las siete fiestas de Jehová*, publicado en su día por el Depósito de Literatura Cristiana, en Buenos Aires (Argentina), traducido al castellano por P. Chevalley, y del cual nos permitiremos transcribir algunos fragmentos. Pero, además, procederemos a intercalar también algunas de las observaciones que aporta el profesor Hartill, quien nos proporciona los siguientes hechos generales:

– Había siete fiestas anuales: la de la Pascua, la de los Panes sin Levadura, la de la Gavilla de las Primicias, la de Pentecostés, la de la Conmemoración al son de las Trompetas, la del Día de la Expiación o de las Propiciaciones, y la de los Tabernáculos o Enramadas.

– Había tres fiestas en el primer mes, una en el tercero, y tres en el séptimo.

– Jehová era el Anfitrión; Israel los convidados.

– Un cambio notable se hizo en conexión con la institución de la Pascua.

La primera Pascua fue celebrada en el mes séptimo. Pero Dios estableció un nuevo calendario, haciendo que el mes séptimo fuera el primero del año de los israelitas, es decir, el mes llamado Abib o Nisán: Éx. 12:2; 13:4. (Nota adicional de Clarke, tomada de su *Comentario de la Biblia*: «El mes al que alude Éx. 12:2, Abib, corresponde a parte de nuestros meses de marzo y abril, siendo que antes el año judío principiaba con Tisri o Etanim, que es parte de nuestros meses de septiembre y octubre, ya que los judíos creían que en tal mes Dios había creado el mundo, cuando la tierra apareció de inmediato con todos sus frutos perfectos. Por esta circunstancia los judíos tienen un comienzo doble del año, al que de allí en adelante consideraron como el principio de todos sus cálculos. El que empezó con Tisri o septiembre, se llamó el año civil; el que comenzó con Abib o marzo, se llamó el año sagrado, iniciándose con él cada ciclo religioso de la nación: Dt. 16:1». Y, a su vez, Truman nos aclara: «Abib es una palabra cananea que significa *espiga*, porque durante este mes el grano de trigo solía aparecer. Luego, durante el cautiverio, el mes fue llamado por el nombre babilónico de Nisán, que significa *flor,* palabra apta para el mes de abril, el principio de la primavera».).

- Todas estas festividades eran fiestas religiosas: festividades anuales fijas, cada una celebrada en una fecha determinada, e instituidas después de la salida de Egipto, en el desierto de Sinaí.

- Había tres fiestas sobresalientes: la de la Pascua, la de Pentecostés y la de los Tabernáculos. Esta última era un tiempo de gran regocijo.

- Israel marcaba los meses como sigue: el primer mes tenía 29 días; el segundo 30; el tercero 29; el cuarto 30; y así sucesivamente. Para ajustar su calendario al calendario solar, añadían un mes cada tres años.

Consideremos ahora en detalle las tipologías cristológicas contenidas en las siete festividades religiosas establecidas por el Señor para Israel.

1. LA FIESTA DE LA PASCUA: ÉX. 12:1-14; LV. 23:4-5; NM. 9:1-5; DT. 16:1-7

Éxodo 12 describe el tipo, que se cumplió en el Antitipo (1ª Co. 5:7). La Pascua se transformaría luego para Israel en un memorial que debía celebrase cada año, como estatuto y rito, en recuerdo de la maravillosa liberación efectuada una vez para siempre (Éx. 12:24-25). El término «rito» viene del hebreo *ebed*, que significa «servicio». Así es conmemorativamente la Cena del Señor para el cristiano. La Pascua, como tipo de la muerte de Cristo, anticipaba la Cruz; la Cena del Señor es un acto conmemorativo del sacrificio de la Cruz (1ª Co. 11:23-26.).

El nombre de «Pascua» procede del vocablo hebreo *pesah* o *pések*, en arameo *pasha* = que pasa, y algunos lo aplican al hecho de haber pasado el mar Rojo; pero etimológicamente el hebreo significa «pasar de largo», y el texto bíblico lo relaciona con el hecho de que el Ángel de Jehová «pasó de largo» junto a las casas de los israelitas, sin sembrar la mortandad en ellas, como ocurrió en las casas de los egipcios (Éx.12:13, 23, 26-27). Otro significado de este término es «saltado», aludiendo a los hebreos como «saltados» o pasados por alto en la lista de los que estaban condenados al exterminio. Sin embargo, unos relacionan la palabra hebrea con el babilónico *pasahu* = aplacar (a la divinidad); otros prefieren relacionarla con la palabra egipcia *pa-sh'* = el recuerdo; y aun otros relacionan la palabra *pesah* con otra parecida egipcia que significaría «golpe». Así, dando este sentido a dicho término, la *Pesah* aludiría al «golpe» del Señor contra los egipcios (Biblia Comentada por los profesores de Salamanca). De todos modos, cualquiera que sea el significado de la palabra «Pascua», nosotros preferimos atenernos a la etimología hebrea: «pasar de largo» o «pasar por alto».

Veamos la Fiesta de la Pascua desde varios flancos.

a) *El lado de Dios.* «Es la Pascua de Jehová» (Éx. 12:11). Estas palabras –dice Henry Law– nos llevan a la última noche de la servidumbre de Israel en la tierra de Egipto. Los cautivos habían sufrido la esclavitud durante mucho tiempo. Pero Dios, en su consejo supremo, había decretado que amanecería un día de liberación. Y ese día llegó. Ningún poder humano podría detenerlo. El pueblo escogido tenía que ser libre.

Como dijimos, el pecado impide todo reposo al hombre. Desde su caída en el pecado, el trabajo con dolor reemplazó al reposo de la creación. Y Dios, saliendo de su reposo, se puso nuevamente en acción. Recordemos las palabras del Señor: «Mi Padre hasta ahora trabaja, y yo trabajo». No hay reposo sin la redención. Esto es lo que nos muestra la Pascua, como figura de la obra de la Cruz plenamente cumplida: «Consumado es» (Jn. 19:30). Notemos:

– Dios ordenó el sacrificio cruento de un cordero como sustituto (Éx. 12:3, 6). Asimismo, Dios tenía su Cordero proféticamente anunciado (Is. 53:7) y «ya destinado desde antes de la fundación del mundo» (1ª P. 1:20). Por eso Éxodo 12 no habla nunca de muchos corderos, aun cuando cada familia debía sacrificar uno. Así a nadie más en la Biblia se le llama el Cordero, sino sólo a Jesucristo (Jn. 1:29, 36); y la palabra «cordero» siempre se encuentra en singular. En el pensamiento de Dios no había sino un Cordero; Dios había designado un solo Cordero: su Hijo muy amado.

– El cordero pascual tenía que ser macho (*zakhár*) para representar así la persona de Cristo como varón (Is. 13:12; 32:2; 53:3).

– El cordero destinado al sacrificio pascual tenía que ser el primogénito de una hembra, así como Cristo lo sería de su madre, la bienaventurada virgen María (Mt. 1:25; Lc. 2:7).

– El cordero tenía que ser de un año, lo que es signo de vigor físico; así nuestro Salvador tenía que ser poderoso en fortaleza (Sal. 89:19; Is. 19:20; Tit. 2:13).

– El cordero tenía que ser «sin defecto»; así Cristo manifestó su perfección durante toda su vida aquí en la tierra (Jn. 8:46; 1ª P. 1:19; 1ª Jn. 3:5).

– El cordero tenía que ser puesto aparte durante *cuatro* días. Así en el cielo, desde los días de su eternidad, Dios apartaba a su Hijo como la expiación preordenada. Y en la tierra, en los días que precedieron a la cruz, Cristo fue examinado y sometido a prueba por varios jueces. Los *cuatro* Evangelios así lo testifican.

– El cordero tenía que ser inmolado por toda la congregación del pueblo el día 14 (múltiplo de 7 y número mesiánico: Mt. 1:17), sin quebrarle ningún hueso; así como Cristo, nuestra Pascua, sería sacrificado en el altar de la Cruz (Jn. 19:33; 1ª Co. 5:7). Ni una sola voz quedó en silencio cuando al unísono clamaron por su crucifixión (Mt. 27:22-23). Y ni un pecado de toda nuestra vida estaba ausente cuando Él fue arrastrado a la cruz. Nuestras transgresiones le crucificaron. Pero, ¡oh, paradoja!: su muerte nos daría la vida.

– Hubo una muerte en cada hogar: en las casas de los egipcios, el hijo primogénito; en las casas de los israelitas, el cordero pascual. «Y veré la sangre y pasaré de vosotros». De hecho, ¿qué sangre veía allí Dios? No sólo la sangre del cordero inmolado aquella tarde en cada hogar israelita, sangre que no podía quitar el pecado, sino que a través de ella veía la sangre de su Hijo que sería derramada en el Calvario. La justicia de Dios debía destruir a los egipcios que desechaban su Palabra y sus obras, pero también esa justicia debía salvar toda casa sobre cuyos dinteles y postes fue puesta la sangre del cordero. Así Dios puede estimar el valor del sacrificio de su Cordero, en el cual halló su pleno reposo.

b) *El lado del redimido.* Dios lo ha hecho todo; Él dio gratuitamente su Cordero. Pero también para ser salvo, todo ser humano debe apropiarse *personalmente* de la obra de Cristo. «Tómese *cada uno* un cordero» (Éx.12:3). Los hijos de Israel tenían que tomar el cordero, guardarlo hasta el día 14 del mes, inmolarlo, y rociar o untar con su sangre, mediante un manojo de *hisopo* (*ezob*) mojado en ella, el dintel y los dos postes de la puerta de cada casa; esto es, puesta sobre la parte de arriba de la puerta, porque la sangre, que hacía sagrada la casa para todo aquel que estaba en ella, no debía ser pisada. Pero la sangre derramada tenía que ser usada y mostrarse visiblemente al exterior como una señal protectora que preservaría a toda la familia de la mortandad. Por eso, luego, se debía permanecer dentro de la casa, pues si alguno salía de ella, la sangre perdía su virtud como señal para salvar a sus moradores. La sangre rociada libraba del juicio del ángel de la muerte y daba seguridad absoluta.

Todo esto incumbía a la familia y, por tanto, habla de responsabilidad personal. «Conságrame todo primogénito. Cualquiera que abre matriz entre los hijos de Israel, mío es» (Éx. 13:2). La seguridad del hijo mayor dependía de aquella sangre puesta en el exterior. Así el creyente recibe por la fe la virtud de la sangre de Cristo. De ello aprendemos que la salvación, la paz y la seguridad eterna de nuestras almas están fundamentadas en la obra de Cristo consumada en la Cruz y aceptada por la fe en la Palabra de Dios (Jn. 5:24; 2ª Co. 5:15; Ef. 1:7). Véanse también He. 11:28 con Ro. 3:25 y He. 10:10.

c) *El lado comestible como alimento.* La institución de la Pascua en Éxodo 12:1-11 menciona siete veces el hecho de comer la carne del cordero para alimentar sus vidas. Así Cristo fue primero sacrificado por nosotros como nuestra Pascua, y ahora nos alimenta. El que nos salvó, ahora nos sustenta (Jn. 6: 47, 53, 57).

¿Quiénes podían comer del cordero pascual?
❑ Solamente los redimidos. Los que comieron eran creyentes (Éx. 12:27-28; He. 11:28). Nosotros somos creyentes redimidos y podemos alimentarnos del Cordero divino (Jn. 6:54-55). Ellos fueron rociados con la sangre del cordero (Éx. 12:3, 7; He. 9:19). Nosotros somos rociados con la sangre de Cristo (Ef. 1:7; 1ª P. 1:2).
❑ Todo el pueblo de Dios (Éx. 12:3-4). Nosotros somos el nuevo pueblo del Señor, y *todos* podemos participar de la nueva Pascua (Hch. 15:14; 1ª P. 2:10; 1ª Co. 5:7).
❑ Todos los que vivían en la casa (Éx. 12:7-8). Nosotros somos miembros de la nueva familia de Dios (Ef. 2:19: lit. «familiares –de la casa– de Dios»); por eso la Iglesia es llamada «la casa de Dios» (1ª Ti. 3:15). Por lo tanto, a la luz de Jn. 6:57, vemos que el que quiera ser salvo tiene que participar verdaderamente de Cristo: «el que me come, él también vivirá por mí». No se trata de comer literalmente su carne ni de beber su sangre. Para tener la vida de Jesús es menester apropiarnos espiritualmente, con todo nuestro ser, de su cuerpo dado y de

su sangre derramada que quita los pecados; como los alimentos que tomamos se vuelven parte integrante de nuestro cuerpo, así nosotros nos apropiamos por la fe de la obra de la Cruz y vivimos por ella: acto que se cumple una vez para siempre en la conversión y que es también una acción continua para permanecer en Él (Jn. 6:56), porque «las palabras que yo os he hablado son espíritu y son vida» (Jn. 6:63). Como comenta Agustín de Hipona: «Tú cree y lo comiste ya».

¿Cómo debían comer el cordero pascual?

❑ El cordero no debía comerse crudo, ni ser cocido en agua, sino asado a fuego abierto (Éx. 12:8-9). Parece que Gedeón no lo comprendió; presentó su ofrenda y puso la carne del cabrito en un canastillo, y el caldo en una olla. Pero ¿qué le ordenó el Ángel de Jehová? «Toma la carne y los panes sin levadura, y ponlos sobre esta peña, y vierte el caldo» (Jue. 6:l9-21). Entonces, el fuego que subió de la peña, consumió la ofrenda. Así, pues, el cordero asado al fuego habla de Cristo sacrificado por nosotros, de sus sufrimientos y de que Él pasaría por el juicio de Dios, lo que hizo que brillaran tanto más sus perfecciones (1ª Co. 5:7; 1ª P. 3:18). Notemos ahora lo que se dice en Éx. 12:9: «su cabeza con sus pies y sus entrañas». Así nosotros participamos de la mentalidad de Cristo (cabeza); participamos del camino de Cristo (pies); y participamos del amor de Cristo (entrañas): Fil. 2:5; 1ª Jn. 2:6; Ef. 5:1-2. Somos alimentados de todo el cuerpo del Cordero divino.

❑ En las casas de los israelitas no tenía que haber levadura (tipo del pecado) durante la Pascua (Éx. 12:15); por eso el cordero debía comerse con panes sin levadura. «La palabra hebrea para levadura es *chamets*, que significa literalmente *fermentar*. Pero aquí (Éx. 12:8) panes sin levadura es *ha-matstsôth*, que viene de *matsah* = apretar o comprimir, puesto que el pan preparado sin levadura generalmente estaba como prensado. La palabra en este caso significa tortas sin levadura.» (Clarke). La palabra normal para pan es *lekem*. Así nuestra vida debe ser santa, sin levadura de maldad, lo que habla de separación del mal (1ª Co. 5:8; 2ª Co. 7:1). Tenemos fiesta en Cristo si andamos en santidad (1ª Jn. 1:5-7).

❏ El cordero debía comerse acompañado de hierbas amargas. No se sabe exactamente a qué clase de hierbas alude la palabra hebrea *merorîm*, que literalmente significa «amargas», y de la cual viene el nombre Mara = amargura (Rt. 1:20). Esas hierbas recordarían a los hijos de Israel las amarguras de su esclavitud en Egipto (Éx. 1:13-14), y por extensión representan la amargura del pecado (Hch. 8:23; He. 12:15) y de nuestro propio juicio (1ª Co. 11:29, 31-32). Así que las hierbas amargas y los panes sin levadura o «pan de aflicción» (Dt. 16:3) hablan de que al gozo de la salvación se mezcla el sentimiento amargo de lo que nuestros pecados costaron a nuestro Salvador. De todo esto, pues, aprendemos: el cordero asado: comunión (1ª Jn. 1:3); los panes sin levadura: andando en la luz (1ª Jn. 1:7); las hierbas amargas: confesión de nuestros pecados (1ª Jn. 1:9).

Pero, además, en la celebración de aquella primera Pascua, los israelitas tenían que participar del cordero estando ellos (Éx. 12:11):

– Con los lomos ceñidos, o sea, preparados para la marcha. Así el creyente debe vivir preparado y estar siempre como dispuesto a oír la orden de marchar, esperando el momento de su partida de este mundo para salir al encuentro del Señor (Ef. 6:14; 1ª P. 1:13; 1ª Co. 15:52; 1ª Ts. 4:16-17).

– Con los pies calzados, pues estaban a punto de principiar su viaje y debían tener los pies bien protegidos para andar por caminos escabrosos. Así es el calzado de nuestros pies: «calzados los pies con la preparación del evangelio de la paz» (Ef. 6:15; Sal. 66:9; 121:3; Is. 52:7). Andamos bajo el cuidado del Señor.

– Con el bordón en la mano, mientras comían de pie, según lo requería la usanza de aquel peculiar momento. El báculo o cayado del creyente, como ayuda para su camino, es la confianza en Dios: «tu vara y tu cayado me infundirán aliento» (Sal. 23:4; 37:5; 91:2, 4; Pr. 3:5-6).

– Apresuradamente (heb. *hippazôn* = deprisa), puesto que deberían emprender la marcha repentinamente. El término se traduce «aprisa» en Dt. 16:3, y «azorarse» en Dt. 20:3. El ángel que ejecutaría el juicio divino estaba cerca y, por tanto, no tenían un momento que perder. Así nuestra tarea evangelizadora no admite demora, sino que requiere urgencia, y de ahí que debamos apresurarnos en cumplirla (Mr. 16:15; Ro. 10:15).

Todos los hijos de Israel debían abandonar Egipto, figura del mundo. Cada redimido por el Señor Jesús ya no pertenece a este mundo: «nuestra ciudadanía está en los cielos» (Fil. 3:20). Israel caminó con la fortaleza de la comida pascual. Así es con nosotros: solamente confortados en Cristo podremos proseguir nuestro viaje de peregrinación; en el Señor está la fortaleza de su pueblo (Sal. 28:7-9).

d) *El lado conmemorativo como memorial.* La salida de Egipto tuvo lugar una vez para siempre, pues la primera Pascua no podía ser jamás repetida; tampoco la sangre sería puesta otra vez sobre las puertas. Sin embargo, el Señor había declarado en aquel mismo momento que «este día os será en memoria, y lo celebraréis como fiesta solemne para Jehová durante vuestras generaciones; por estatuto perpetuo lo celebraréis» (Éx. 12:14). De esta manera, de año en año, la Pascua recordaría al pueblo que había sido salvado en Egipto; año tras año el cordero asado al fuego los congregaría y les haría recordar el precio pagado por su liberación. Esto es lo que repite cuatro veces el pasaje de Deuteronomio 16. Y así vemos que:

– Números 9:1-14 presenta la Pascua como memorial celebrado en el desierto.

– Deuteronomio 16:1-8 imparte las instrucciones para celebrar el memorial de la Pascua en el país que Dios hubiere escogido.

– Josué 5:1-12 describe la celebración de la Pascua en Canaán, después de cruzar el Jordán y de haber circuncidado al pueblo.

– 2º Crónicas 30: la Pascua celebrada en los días de Ezequías.

– 2º Crónicas 35: la Pascua celebrada en los días de Josías.

– Esdras 6: la Pascua celebrada después del regreso de la cautividad.

– Lucas 22:15: la Pascua celebrada por Cristo y sus discípulos.

A través del tiempo la Fiesta de la Pascua fue, pues, celebrada numerosas veces, aunque la Palabra de Dios se limita a mencionar esas siete ocasiones particulares. Pero debía llegar el día cuando el supremo sacrificio, del cual la Pascua era un tipo, iba a ser ofrecido. De ahí que Cristo instituyera un nuevo recordatorio conmemorativo al establecer la Santa Cena: «haced esto en memoria de mí» (Lc. 22:7-20; 1ª Co. 11:23-26). Y es así que la Cena del Señor, como conmemoración del nuevo pacto, vino a sustituir la Pascua. ¿No queremos repetir con el profeta: «tu nombre y tu memoria son el deseo de nuestra alma»? (Is. 26:8).

LA PASCUA Y LA CENA DEL SEÑOR

He aquí algunas comparaciones entre la Pascua y la Santa Cena, según Truman, y que reproducimos con permiso de Editorial CLIE:

Pascua	Santa Cena
❑ Requiere una búsqueda física de maldad: Éx. 12:19.	❑ Requiere una búsqueda espiritual de maldad: 1ª Co. 11:27-28.
❑ Simboliza una redención nacional completa: Éx. 12:27.	❑ Simboliza una redención espiritual completa: 1ª Co. 11:24.
❑ Anticipa una restauración nacional: Éx. 12:41-42.	❑ Anticipa una resurrección espiritual: 1ª Co. 11:26.
❑ Instituida por Dios para Israel: Éx. 12:14.	❑ Instituida por el Señor Jesús para la Iglesia: 1ª Co. 11:24-25.
❑ Abuso del culto trae muerte: Éx. 12:19.	❑ Abuso del culto trae enfermedad y muerte: 1ª Co. 11:27-32.
❑ Guardada por familias: Éx. 12:3, 21.	❑ Guardada por la Iglesia de Dios: 1ª Co. 11:22, 33.
❑ Recuerdo de la muerte de un cordero físico: Éx. 12:6-9.	❑ Recuerdo de la muerte del Cordero de Dios: 1ª Co. 11:24-25.

Y así vemos que las justas demandas de Dios, representadas en la Fiesta de la Pascua, fueron plenamente satisfechas en Cristo: en el sacrificio del Cordero sin tacha (Gn. 22:8; Jn. 1:29; Ro. 3:24-26).

ANEXO

Hemos estudiado la primera de las festividades solemnes de Israel: la Pascua.

Pero haremos un breve resumen introduciendo algunas matizaciones adicionales. La Pascua, cuyo vocablo traducido al latín es *paschalis*, que significa también «pasar sobre» o «pasar por alto», conservando la etimología del término hebreo, nos habla de *redención* por la sangre del sacrificio. La aspersión con sangre, como hemos leído en el texto sagrado, había de hacerse con *hisopo*, planta a la que se atribuían virtudes purificadoras (Lv. 14:6-7; Nm. 19:18-19; Sal. 51:7). Explica Truman que el hisopo se refiere a la planta aromática *origanum maru*, miembro de la familia de la menta. Está compuesta de un tallo erecto con flores blancas. La superficie de las hojas es vellosa, lo que convierte a la planta en muy útil y adecuada para rociar. De ahí que la planta hisopo sea símbolo de la virtud purificadora de los amargos sufrimientos de Cristo.

También hemos visto como, mediante la aspersión con la sangre del cordero sacrificado, las casas de los israelitas quedaban selladas con un sello divino protector que preservaba a sus moradores de la plaga exterminadora, lo que habla de *seguridad*, pues ninguna persona que se hallare bajo la señal de la sangre sería herida. Notemos en Éx. 12:13: «pasaré de vosotros», heb. *fasaktí alkem*, cuyo verbo –según Truman– significa «ensanchar las alas» o «proteger», empleándose con este sentido en Is. 31:5, y dando así plenitud a las palabras de Cristo en Lc. 13:34; «plaga de mortandad», heb. *négef lemashît*, lit. «golpe para la exterminación» o, según otros, «golpe del Destructor». Y en Éx. 12:23 se menciona «al heridor», heb. *ha-mas-*

hît = el Exterminador o el Destructor (véase 1ª Co. 10:10); y aun cuando a ese «heridor» se le distingue de Jehová, en cierto modo se le identifica claramente con Él, en tanto se atribuye a Jehová lo que el «heridor» hace en su nombre como instrumento suyo y mensajero cargado de castigos divinos (2º S. 24:16; 2º R. 19:35) y, por cuanto siendo el Ángel de Jehová una manifestación visible de la segunda persona de la Deidad, también se le atribuye esencialmente la misma divinidad.

Por último, en cuanto a la celebración de la Pascua, recordemos una vez más la declaración de Dios en Éx. 12:14: «por *estatuto perpetuo* lo celebraréis», heb. *chukkath olam* = estatuto eterno o sin fin, lo que indica una ordenanza que no se había de alterar «durante vuestras generaciones», o sea, mientras Israel siguiera siendo un pueblo diferente. Clarke comenta que ese estatuto perpetuo es representativo del Cordero de Dios que quita el pecado del mundo, cuya mediación, en consecuencia de su sacrificio, permanecerá en tanto dure el tiempo (1ª Ti. 2:5); así los méritos y eficacia de su mediación no pueden tener fin, en virtud de la cual los hombres podrán seguir obteniendo la salvación por toda la eternidad.

Es muy notable –continúa diciendo Clarke– que aunque los judíos han cesado su sistema de sacrificios, pues ya éstos no se les requieren en ninguna parte del mundo, sin embargo, en todas sus generaciones y en todos los países, siguen conservando un recuerdo de la Pascua y de la Fiesta de los Panes sin Levadura. Los sacrificios cesaron completamente desde la destrucción de Jerusalén por los romanos. Pero no obstante, aun la carne que usan en esta ocasión es hervida en parte y asada en parte, para que no se asemeje a aquellos antiguos sacrificios, pues les parece indebido sacrificar fuera de Jerusalén. La verdad es que el verdadero Cordero de Dios que quita el pecado del mundo ya ha sido ofrecido en sacrificio, y los judíos, por tanto, no tienen hoy la facultad de restaurar el tipo antiguo.

2.

LAS FESTIVIDADES
SAGRADAS DEL SEÑOR (II)

Analicemos ahora la segunda de las llamadas «fiestas solemnes de Jehová». La palabra original para «solemne» es *moad*, y se aplica a cualquier aniversario ceremonial por los cuales se observaban grandes e importantes conmemoraciones religiosas, políticas o nacionales. Aquí vemos que se trata de la celebración de otra de las festividades sagradas de Israel.

2. LA FIESTA DE LOS PANES SIN LEVADURA:
ÉX. 12:15-20; LV. 23:6-8; NM. 28:17-25; DT. 16:3-4,8.

La Fiesta de los Ácimos, heb. *ha-matstsôth* = Tortas sin Levadura, nos habla de *regeneración*. En las Escrituras la Fiesta de los Panes sin Levadura está estrechamente ligada a la Pascua, pues seguía inmediatamente después de la Fiesta de la Pascua y duraba una semana, lo que representa un ciclo completo de tiempo. «Siete días comeréis panes sin levadura» (Éx. 12:15). Esto se ha considerado como una ordenanza separada de la Fiesta de la Pascua, sin conexión con ella, puesto que aparece como una ordenanza distinta de la Pascua misma. Así, pues, la Pascua y los Panes sin Levadura no pueden ser considerados como dos fases de una misma festividad. «La fiesta solemne de los panes sin levadura debe diferenciarse de la Pascua, aunque son muy afines. La Pascua había de observarse el día 14 del primer mes, mientras que la fiesta de los panes sin levadura se iniciaba el día 15 y se prolongaba por siete días, de los cuales el primero y el último eran convocaciones santas. Juntas formaban una festividad doble, tal como la fiesta de los tabernáculos y el día de la expiación formaban una celebración doble. En Mr. 14:1, 2 y Lc. 22:1 las dos fiestas (Pascua y panes sin levadura) se mencionan virtualmente como una sola. Esto se debió, sin duda, al hecho de que no los separaba un intervalo de tiempo.» (Comentario adaptado de una nota de la Biblia de Editorial Caribe).

Y, como añade el profesor Hartill, la celebración de la festividad de los panes sin levadura tenía limitaciones: sólo los israelitas legítimos podían participar en esta fiesta; es decir, los que eran israelitas por nacimiento o por redención. Y así, solamente los que son nacidos de Dios y redimidos por Cristo, pueden vivir de una manera aceptable delante de Él. En efecto: no se puede creer en el Señor Jesús y seguir viviendo como antes. De ahí que los creyentes hemos de vivir como «panes sin levadura, de *sinceridad* y de *verdad*» (1ª Co. 5:6-8). El creyente en Cristo ha sido llamado a vivir una vida de separación de toda «malicia» y «maldad», pues ahora pertenece a Él.

Hemos notado ya que no sólo en el día de la Pascua la comida era acompañada con panes sin levadura, sino que durante toda la semana que seguía (figura de la nueva vida del redimido) la levadura era excluida, primero por razón de la prisa, puesto que el proceso de fermentación de la masa requiere tiempo, y ellos habían de salir apresuradamente; pero espiritualmente por el simbolismo de que, siendo la levadura figura del pecado, su exclusión habla de que en la vida individual, familiar y comunitaria como pueblo, los hijos de Israel debían vivir en santidad, pues se desprende esta enseñanza del hecho de que la fermentación producida por la levadura suponía una especie de descomposición o corrupción que hacía impuros la ofrenda y el banquete pascual. Si la Pascua se celebraba «en el lugar que Jehová tu Dios escogiere para que habite allí su nombre» (Dt. 16:2, 6), la Fiesta de los Panes sin Levadura, en cambio, debía ser observada en las casas. Y esto sugiere la condición del creyente, quien, en su conducta como tal, ha de mostrar su sinceridad y verdad aun en la esfera de la intimidad, porque, disfrutando de las bendiciones de su redención y comunión con Cristo, ello debe manifestarse en un andar santo delante de Él (Col. 1:10; 1ª Jn. 2:6).

Procederemos a estudiar esta Festividad desglosándola según su doble aspecto.

a) *La vida santa de Cristo*. Digámoslo una vez más: sólo Él fue sin pecado, y por eso era perfecto en su humanidad. Es, pues, de su humanidad y de su vida inmaculadas que nos hablan los panes sin levadura (2ª Co. 5:21; 1ª P. 2:22; 1ª Jn. 3:5). En Cristo todo es perfecto según la voluntad de Dios. De ahí que solamente Él sea el verdadero alimento que nutre nuestra vida espiritual.

Ya observamos que siete veces se manda comer la carne del cordero pascual en Éx. 12:4-12, lo que sugiere que la vida santa de nuestro Señor no podía ser separada de su muerte y entrega completa a la voluntad del Padre. Es lo que nos enseña Nm. 28:17-25, donde se ordena ofrecer un holocausto cada día de la Fiesta de los Panes sin Levadura, con un presente de harina amasada con aceite, y acompañado con un sacrificio de expiación por el pecado.

b) *El andar en santidad del redimido*. El creyente está limpio y sin levadura en Cristo, porque es nueva masa (Jn. 15:3-4; 1ª Co. 5:7). Se trata, pues, de demostrarlo prácticamente, de caminar no para ser santos, sino como conviene a santos (1ª Co. 1:2; 2ª Co. 7:1), y manifestar así que realmente «hemos salido de Egipto». En 1ª Co. 5:6-8 nos es dada esta regla, tanto para el andar individual como para el andar de la Iglesia; la levadura, bajo todas sus formas, debe ser excluida, porque siempre es símbolo de corrupción (Ge. 5:7-9). Consideremos:

– «La vieja levadura» (1ª Co. 5:8): es lo que hincha, es el orgullo que ensalza al hombre, lo que queda de nuestra manera de ser antes de la conversión. Explica el Dr. Lacueva que la levadura, al fermentar la masa, hace que ésta se hinche, símbolo de arrogancia: «El conocimiento hincha», dice literalmente el original de 1ª Co. 8:1. La levadura, además, hace que la masa tenga espacios vacíos, símbolo de vanidad; y también acidifica la masa, siendo la acidez símbolo de encono, resentimiento y rebeldía. La vieja naturaleza estará siempre en nosotros (1ª Jn. 1:8); pero hemos de velar para que, por el poder del Espíritu Santo, los frutos de esa naturaleza pecaminosa sean cortados de raíz (Gá. 5:17).

– «La levadura de malicia» (1ª Co. 5:8): es lo que causa un mal considerable que se extiende con rapidez y contamina a los demás, pudiendo incluso afectar a los miembros de una iglesia.

– «La levadura de maldad» (1ª Co. 5:8): es el mal o la injusticia que cometemos contra otros.

– «La levadura de los fariseos» (Mt. 16:6): es el orgullo religioso, tanto individual como colectivo, y también la hipocresía (Lc. 12:1; 18:11-12).

– «La levadura de los saduceos» (Mt. 16:6): es el racionalismo, las dudas en cuanto a la Palabra de Dios o la negación de lo que ella afirma (Hch. 23:8).

– «La levadura de Herodes» (Mr. 8:15): es la complacencia con el mundo para poder escalar puestos honoríficos y adquirir el favor de los grandes y poderosos.

¡Cuán rápidamente un poco de este variado género de levadura puede leudar la masa entera! Por eso somos exhortados repetidas veces por la Palabra de Dios a limpiarnos «de toda contaminación de carne y de espíritu» para vivir en santidad (2ª Co. 7:1). Véase también Col. 3:5-10.

La Fiesta de los Panes sin Levadura, aplicada a las etapas de nuestra vida cristiana, muestra en cierto modo un lado negativo que puede llevarnos al legalismo, «a preceptos tales como: No manejes, ni gustes, ni aun toques» (Col. 2:20-22). El pensamiento de Dios, en cambio, en consonancia con el lado positivo, es que busquemos la presencia del Señor, estudiemos su Palabra, cumplamos el servicio que Él nos señala, y que estemos ocupados en glorificar a su Hijo haciendo el bien y andando en la luz, que es precisamente lo que veremos en la Fiesta de la Gavilla de las Primicias.

3. LA FIESTA DE LAS PRIMICIAS:
ÉX. 23:16, 19; LV. 23:9-14; 1ª CO. 15:20-23

Recordamos a nuestros lectores que, al describir las festividades solemnes del Señor, estamos seleccionando y adaptando parte de las indicaciones expresadas por el autor del opúsculo editado por el Departamento de Literatura Cristiana, que anteriormente ya mencionamos, y del cual nos hemos permitido tomar prestadas algunas de las sugerencias allí expuestas, complementándolas con otras aportaciones, incluidas las nuestras propias.

Lo primero que notamos es que la Fiesta de las Primicias se celebraba en la semana de los Panes sin Levadura y siempre en el primer día de esta semana. La Pascua y la Fiesta de los Ácimos podían ser observadas en el desierto; pero para presentar al Señor la Gavilla de las Primicias, era necesario haber llegado a la tierra de Canaán. El cordero pascual era sacrificado por la tarde, a la puesta del sol, y comido durante la noche; por la mañana todo había terminado ya (Dt. 16:6-7). Pero la Gavilla de las Primicias tenía que ser presentada el día después del sábado, al comienzo de una nueva semana, y después de haber entrado el pueblo en el país. Tenían que pasar por el desierto antes de cosechar la siega de los primeros frutos. Las primicias representaban toda la cosecha, y era el reconocimiento de que ella provenía de las manos bondadosas del Señor. El término hebreo para «primicias» es *bikkûrîm*.

Como observa nuestro citado comentarista, al finalizar el período de tres días de la permanencia de Cristo en la tumba, se anuncia un nuevo día ya profetizado en el Salmo 118:24: el primer día de la semana, cuando muy de mañana, ya salido el sol, los que buscaban a Jesús muerto lo hallaron resucitado (Mr. 16:1-2, 9). Así en la Fiesta de las Primicias tenemos un doble tipo de la resurrección: primero la resurrección de «Cristo, las primicias; luego los que son de Cristo, en su venida» (1ª Co. 15:23; 1ª Ts. 4:13-18). Analicemos este doble aspecto de la resurrección:

a) *El Cristo resucitado.* Los israelitas tenían que presentar delante de Dios la primera gavilla que segaran. Nos aclara Truman que, en Éx. 23:16, el término «siega», del verbo *katsar* = cosechar, se encuentra en la forma sustantiva sólo aquí en todo el Antiguo Testamento. La frase es *hapax legómenon*, es decir, algo escrito una sola vez en las Escrituras. Esta primera gavilla, como primicias de la mies, es figura de la resurrección de Cristo, «primicias de los que durmieron» (1ª Co. 15:20). La gavilla debía ser mecida delante de Dios (Lv. 23:11) para representar así todos los aspectos de la resurrección y llamar la atención sobre el hecho de que Cristo, habiendo de resucitar, sería alzado al cielo y entraría en la presencia de Dios, obteniendo para nosotros eterna redención (Lc. 24:51; He. 9:12). La muerte y resurrección de Cristo son una clara demostración de su gran victoria obtenida en la Cruz (Jn. 12:24; Col. 2:15). Los israelitas ofrecían la Gavilla para ser aceptos al Señor. Y así Cristo ha resucitado para nuestra justificación, para presentarse ante Dios por nosotros, y «para alabanza de la gloria de su gracia, con la cual nos hizo aceptos en el Amado» (Ef. 1:6).

Además, como dice Hartill, la gavilla era la muestra y las arras de la promesa del Señor: el israelita le prometía a Dios el diezmo de la cosecha, y Dios prometía a los israelitas lo demás de la siega. Vemos la interpretación de su simbolismo en 1ª Co. 15:12-23. El Cristo resucitado, como primera Gavilla, es las Primicias de la resurrección de los que un día también resucitarán para no volver a morir.

Asimismo, la ofrenda de la gavilla estaba acompañada con un holocausto, un presente de flor de harina amasada con aceite y, por primera vez en Levítico, con una libación de vino, símbolo del gozo que acompaña la resurrección. Sólo después de ofrecida la primera Gavilla en la oblación de las Primicias, podían los hijos de Israel comer del fruto de la nueva cosecha. Y así, sólo después de la resurrección de

Cristo, como garantía de nuestra inmortalidad, podríamos los creyentes participar de una gloriosa resurrección (1ª Co. 15:50-57).

b) *La vida del creyente en su resurrección espiritual.* (Col. 2:12-13; 3:1-4). Después de la presentación de la Gavilla, dos cosas eran posibles: comer un alimento nuevo y cosechar (Lv. 23:14; Dt. 16:9-10). Antes de ofrecer la gavilla no se permitía comer pan de trigo nuevo, ni grano tostado, ni espiga fresca. En el día de su resurrección, Jesús salió al encuentro de los discípulos que iban a Emaús, y les reveló todas las cosas que las Escrituras decían de Él (Lc. 24:25-27). Aquellos discípulos, que luego se unirían a los demás que estaban en Jerusalén (Lc. 24:33), eran las primeras espigas de la cosecha. Sus ojos fueron abiertos (Lc. 24:31) y reconocieron a un Cristo que había sufrido y al que podrían contemplar subiendo al cielo para entrar en su gloria (Lc. 24:26, 44-46, 51).

En Jos. 5:11 y Lv. 2:14 distinguimos símbolos harto expresivos:

– El fruto de la tierra o trigo viejo del país, habla de Cristo en los consejos eternos de Dios.

– Los panes sin levadura sugieren su humanidad perfecta como alimento para nuestras almas.

– El grano desmenuzado y tostado recuerda sus sufrimientos.

– Y el grano nuevo de las espigas verdes indica su resurrección.

Después de la ofrenda de la Gavilla –sigue comentando nuestro expositor–, siete semanas eran destinadas para la cosecha (Dt. 16:9). En cambio, cuatro meses antes de la cosecha, Jesús llamó la atención de sus discípulos para que vieran los campos que ya estaban blancos para la siega (Jn. 4:35), invitándoles así a mirar por la fe todas las «gavillas» humanas que serían juntadas en el granero celestial, fruto de su muerte y resurrección. En efecto, como dice Alvah Hovey, puede presumirse que la gente de la población samaritana de Sicar estaba ya cercana, acudiendo apresuradamente a través de los campos, a la vez que Jesús volvía la vista hacia ellos o extendía su mano. Aquellos samaritanos que venían acercándose, podían ahora ser recogidos en el granero del Señor. Éstos habían de ser las primicias de los gentiles, traídas por la labor de Cristo mismo, y ayudado, de alguna manera, por la presencia de sus discípulos, quienes veían como los samaritanos estaban recibiendo la verdad con gran prontitud (Jn. 4:39-42).

Pero ¿qué falta hoy en los campos preparados para la siega, sino lo que faltaba en los tiempos de Jesús? Es decir, obreros para ser enviados a la mies del Señor (Lc. 10:2). Y esto debiera llevarnos a una seria reflexión (Ro. 10:13-15). ¿Sabemos discernir a qué lugar del campo desea el Maestro enviarnos?

Ahora bien, a la luz de Romanos 6:4-11 vemos que, siendo identificados con Cristo en su muerte, lo somos también en su resurrección para que andemos en novedad de vida. Y ¿cómo podemos realizar esto? Buscando las cosas de arriba y poniendo la mira (fijando nuestra mente) en las cosas de arriba, donde está Cristo sentado a la diestra de Dios (Col. 3:1-2).

Otra enseñanza aprendemos en Éx. 23:19. Aquella primera gavilla tomada previamente de los campos de Israel para ser ofrecida a Dios nos recuerda también un principio fundamental y práctico de la Palabra: las primicias son para Dios. Literalmente dice el texto: «lo primero de las primicias», esto es, «lo mejor de los primeros frutos de tu tierra cultivada» (heb. 'admatekâ = de tu terruño). O sea, para Dios lo mejor. Así nosotros debemos dar al Señor la primicia de nuestra vida, es decir, lo mejor de nuestra vida de servicio para Su mies: «Mas buscad *primeramente* el reino de Dios y su justicia, y todas estas cosas os serán añadidas» (Mt. 6:33).

4. LA FIESTA DE PENTECOSTÉS: ÉX. 34:22; LV. 23:15-22; NM. 28:26-31; DT. 16:9-12, 16

A esta festividad se la designa con varios nombres. Es llamada Fiesta solemne de las Semanas, o Día de las Primicias, porque se ofrecían las primeras espigas de trigo, y al estar vinculada a la vida agrícola era denominada también Fiesta de la Recolección; pero en el Nuevo Testamento se usa frecuentemente el nombre de Pentecostés. Esta solemnidad litúrgica, de marcado carácter agrícola, formaba parte del ciclo de festividades sagradas. En Éx. 23:14 leemos: «Tres veces me festejaréis solemnemente durante el año». La palabra «festejaréis» es el término *hag* en el original, que en opinión de algunos autores –como cita S. Bartina– podría significar una peregrinación sagrada. Es lo mismo que «celebraréis una fiesta solemne» (heb. *tahog*) o, más literalmente, «me haréis una peregrinación religiosa», al Santuario del Señor (Éx. 23:17). Según Flavio Josefo, posteriormente dicha festividad fue llamada *asereth* = clausura o asamblea solemne, cuyo término es traducido en la Septuaginta por «clausura», porque cerraba el ciclo de la recolección de los primeros frutos de la mies, comenzado en Pascua, y era como la clausura de las fiestas de la cosecha; su finalidad era dar gracias, en santa convocación, por la cosecha recibida, reconociendo así las bendiciones de Dios (Biblia Comentada por los profesores de Salamanca).

«Pentecostés» proviene de la palabra griega que significa «cincuenta», porque había siete semanas o cincuenta días entre la Fiesta de la Pascua y la de Pentecostés. En el ciclo de las siete festividades del Señor, Pentecostés ocupa el centro. Recordemos el simbolismo de las tres primeras fiestas: la Pascua tipifica la muerte de Cristo; los Panes sin Levadura tipifican su perfección; la Gavilla de las Primicias tipifica su resurrección. Pero Pentecostés tipifica el descenso del Espíritu Santo. Las tres últimas festividades, como veremos, tipifican la restauración futura de Israel; pero en la vida del creyente una restauración espiritual es a veces muy necesaria también.

La Fiesta de Pentecostés, que como se ha dicho se celebraba cincuenta días después de la Pascua, tenía lugar en la primera mitad del tercer mes lunar, duraba un día y señalaba la terminación de la cosecha de trigo; ese día se hacían dos panes con la harina del trigo recién recogido (o sea, cocidos con levadura), y se ofrecían en ofrenda mecida a Dios. Otro hecho notable tenemos aquí: en la siega de la mies estaba prohibido segar hasta el último rincón del campo. Luego consideraremos el significado simbólico de todo ello.

Este intervalo de cincuenta días entre la Pascua y Pentecostés está lleno de lecciones para nosotros, según nos siguen explicando nuestros exegetas. «La fiesta era de tipo profético, pues apunta hacia la venida del Espíritu Santo, quien descendió sobre la iglesia apostólica con poder el quincuagésimo día después de la resurrección de Cristo». (Nota de la Biblia de Editorial Caribe.) Efectivamente, el Espíritu Santo vino en Pentecostés porque ya se habían cumplido cincuenta días (siete semanas) después de la resurrección del Señor. Pero por el hecho de que entre la resurrección de Cristo y el descenso del Espíritu Santo transcurrieran cincuenta días no se quiere decir que cuando una persona recibe a Cristo como su Salvador debe transcurrir un período de tiempo entre este momento y la recepción del Espíritu Santo, porque ésta sigue inmediatamente a la conversión (Hch. 19:2; Ef. 1:13; 4:30). Tanto en Hch. 19:2 como en Ef. 1:13, tenemos un participio aoristo coincidente (*pisteúsantes* = creyendo), que expresa un tiempo que coincide con el verbo principal (*esphragísthete* = fuisteis sellados), lo que indica que la conversión y la recepción del sello del Espíritu es una experiencia simultánea e instantánea, refiriéndose al mismo acontecimiento que tiene lugar una vez y para siempre.

En palabras del profesor Hartill diremos que tres cosas se cumplieron en el día de Pentecostés:

Los creyentes fueron bautizados con el Espíritu Santo: Hch. 2:1-4.

El propósito de este bautismo era unificar a la Iglesia de Cristo en un sólo cuerpo: Ro. 12:4-5; 1ª Co. 12:13.

Los creyentes fueron llenos del Espíritu Santo para servicio; los dones para servir eran repartidos por el Espíritu según su divina voluntad: Hch. 1:8; 4:31; 1ª Co. 12:11.

Y como muy bien concluye Hartill: «No había fiesta entre la de Pentecostés y la de las Trompetas. Este intervalo representa la dispensación presente. Las cuatro primeras fiestas tipifican lo que ya se había cumplido, y las tres últimas prefiguran el porvenir».

Volviendo ahora a las reflexiones manifestadas en la publicación del Depósito de Literatura Cristiana, notemos que, en la Fiesta de Pentecostés descrita en el Antiguo Testamento, un presente nuevo debía ser traído a Dios. No era una ofrenda representando a Cristo esta vez, sino –como ya mencionamos– dos panes cocidos con levadura, figura de la Iglesia aquí en la tierra, sacada de judíos y gentiles, pues el judío y el gentil se habían de reunir en Cristo, formando un solo cuerpo, por el descenso del Espíritu Santo.

En la misma línea aporta Scofield su comentario respecto al significado tipológico de la Fiesta de Pentecostés: «El cumplimiento de este tipo –dice– es la venida del Espíritu Santo para formar la Iglesia. Por esta razón había levadura en la ofrenda, porque en las iglesias se encuentra también lo que es malo (Mt. 13:33; Hch. 5:1-10; 15:1). Obsérvese que en Lv. 23:17 se habla de *panes*; no de gavillas que han crecido separadamente y que ahora se hallan ligeramente atadas en un solo manojo, sino de la unión real de partículas que forman un *cuerpo* homogéneo. Así el advenimiento del Espíritu Santo, que tuvo lugar en el día de Pentecostés, unió a los discípulos en un solo organismo por medio del bautismo del Espíritu Santo (1ª Co. 10:16-17; 12:12-13, 20)». Pero, además, la levadura en aquellos panes habla de que el pecado subsiste en nosotros. De ahí la necesidad del principio activo del Espíritu Santo que nos libera de su influencia (Gá. 5:16-23).

a) *Los resultados de la presencia del Espíritu Santo en la vida del redimido.* Deuteronomio 16 nos presenta en figura los efectos de esta presencia del Espíritu en nuestra vida de creyentes:

– El primero de ellos es una *adoración sincera*: v. 10. La ofrenda apartada para el Señor era voluntaria y según la bendición recibida. La doble idea contenida en el hebreo es importante. Como explica R. Criado: «*Nidbat yadeka: nidbat* = de tu mano; *yadeka*

= espontaneidad. Literalmente: en la medida que espontáneamente puedas y quieras dar de tu mano». Joüon, haciendo sujeto de la oración a la palabra «medida», traduce: «la medida de (la ofrenda de) generosidad de tu mano que deberás dar, (será) según te haya bendecido Jehová tu Dios». Dios es un Padre que busca adoradores agradecidos por todo lo que han recibido de Él: fruto de labios que por gratitud alaben y confiesen su nombre (Mt. 10:8; Ef. 5:20; Col. 3:15; He. 13:15).

– A este primer resultado le sigue un *gozo compartido*: v. 11. ¡Cómo subraya el Espíritu Santo esta comunión de los santos, y cuán a menudo menciona el gozo de los creyentes! (Hch. 2:42; Ro. 15:13; 1ª Co. 1:9; 2ª Co. 13:14; Fil. 1:5; 1ª Ts. 5:16).

– En tercer lugar sigue un *recuerdo retrospectivo*: v. 12a. Los creyentes no debemos olvidar de dónde hemos sido sacados, y también hemos de ser conscientes de que ahora ya no somos esclavos, sino hijos (Ef. 2:11-13; Gá. 4:3-7; Ro. 8:14, 16; Gá. 3:26).

– Luego viene la *obediencia a la Palabra*: v. 12b. Esta obediencia, producida por el Espíritu Santo, debe mostrar al mundo que somos hijos de Dios (1ª P. 1:2,14-15, 22; 1ª Jn. 3:1-2, 9, 24).

– Y otro de los efectos que vemos es un *servicio manifiesto*: v. 10. La expresión que hallamos en este versículo, «aparecerá (o "se presentará") todo varón tuyo delante de Jehová tu Dios», es muy explícita. La forma verbal construida con *'et penê Yahwéeh* significa literalmente: será visto, se dejará ver, se mostrará patentemente. Así debemos comparecer ante el Señor: presentarnos como ofrendas vivientes y servirle visiblemente (Ro. 12:1; 1ª Ts. 1:9).

Haciendo un inciso y pasando ahora a Levítico 23, llama la atención ante todo el amplio lugar que en este capítulo ocupan los sacrificios que acompañaban la ofrenda nueva de los panes de Pentecostés; ninguna festividad de esta porción presenta un sacrificio con tantos detalles, según sigue exponiendo la mentada publicación. Hallamos en dicho capítulo el holocausto, el presente de flor de harina, el sacrificio de paces, el sacrificio por el pecado...; es decir: *todos* los distintos aspectos de la obra de Cristo descritos en los primeros capítulos de Levítico.

Ahora no hay otro tiempo mejor para discernir claramente la obra de Cristo como el que ha sido dado hoy a la Iglesia bajo la dirección del Espíritu Santo (Jn. 4:22-24). La adoración cristiana es la más elevada que los creyentes hayan podido rendir a Dios en la tierra. Por tanto, tengamos cuidado con nuestros propios pensamientos y sentimientos humanos, y cuidémonos de caer en tradiciones y dogmas religiosos que sean contrarios a las Escrituras o que se oponen a lo que Dios ha revelado en ellas para nosotros. No debemos impedir la obra del Espíritu Santo en su acción iluminadora (Hch. 7:51; Ef. 4:30), porque Él es la única voz autorizada en las reuniones cúlticas de nuestras iglesias para que los creyentes no seamos desviados de la sana doctrina.

¡Cuán importante era una amplia y activa participación congregacional de aquellos que venían a traer las canastas de sus primicias delante del altar de Dios! (Dt. 26:1-11). Así también nosotros debemos presentar nuestras ofrendas y nuestro servicio al Señor bajo la continua dependencia de su Espíritu a fin de ser aprobados y para recibir bendición.

A la luz de Éxodo 23:15-16 resulta interesante destacar una vez más que la Fiesta de Pentecostés aparece vinculada con la mies, y por eso hacemos énfasis en el hecho de que era llamada también «la fiesta de la siega de los primeros frutos». Por ello, en tiempos del Antiguo Testamento, esta festividad conmemoraba la siega de los frutos de la tierra. Pero en el tiempo del Nuevo Testamento, cuando el Espíritu Santo hubo descendido, los ciento veinte discípulos que habían estado reunidos en el Aposento Alto y las tres mil almas que fueron convertidas después del primer discurso de Pedro constituían las primicias de la siega de Cristo, así como el don del Espíritu Santo es las primicias de la herencia celestial del creyente, según anota en su comentario la Biblia de Editorial Caribe (Hch. 1:13-15; 2:38-42; Ro. 8:23; 11:16; Ef. 1:14; He. 10:34; Stg. 1:18).

Pero en esta siega la bendición no fue limitada a los judíos, sino extendida a todo creyente, como podemos constatar en los textos citados. Por eso leemos en Lv. 23:22: «Cuando segareis la mies de vuestra tierra, *no segaréis hasta el último rincón* de ella, ni espigarás tu siega». Quedan todavía para segar los rincones de los campos. Así la bendición de Pentecostés, el don del Espíritu Santo, vino sobre los judíos, los samaritanos y los gentiles (Hch. 1:8). En todos ellos moraría el Espíritu de Dios (Hch. 10:47; 11:15, 17; 15:8; Ro. 8:9, 14, 18; 1ªCo. 12:4, 13). Pentecostés nos habló proféticamente de la Iglesia: judíos y gentiles ofrecidos a Dios; la mies tuvo lugar: simbólicamente la Iglesia ha sido llevada. Sin embargo, esa cosecha no se termina con el recogimiento de la Iglesia, porque otros serán salvados aún, pues en Lv. 23:22 se añade: «para el *pobre* y para el *extranjero* la dejarás». Dios reserva todavía una bendición para el remanente de Israel («el pobre»), para la incontable multitud que pasará por la Gran Tribulación («el extranjero»), y para todos aquellos que (como últimas «espigas» para ser recogidas) reconocerán al Rey y participarán de las bendiciones del Reino Milenial.

b) *Las operaciones del Espíritu Santo en la dispensación presente.* Anotemos aquí algunos de los trabajos que el Espíritu Santo ejecuta en nuestra dispensación actual:

– Recuerda todas las cosas que el Señor Jesús dijo a sus discípulos: son los Evangelios: Jn. 14:26; Hch. 1:1.

– Da testimonio de Jesús a través de sus discípulos: son los Hechos de los Apóstoles: Jn. 15:26.

– Conduce a toda verdad y enseña las cosas que los discípulos no podían aún comprender: son las Epístolas: Jn. 14:26; 16:12-13; 1ª Co. 13:9-10.

– Anuncia las cosas que han de venir: son las partes proféticas de las Epístolas y el Apocalipsis: Jn. 16:13; 1ª Co. 13:10; Ap. 1:1; 19:10.

– Y sobre todo glorifica a Cristo y nos lo revela en todas las Escrituras: Jn. 16:14-15.

El Espíritu Santo estará con nosotros eternamente, y en el Cielo seguirá glorificando a Aquel que, teniendo el Nombre que es sobre todo nombre, es el centro del universo (Fil. 2:9-11). Pero mientras esperamos ese día glorioso, la acción del Espíritu Santo quita todo temor, da vida, paz y libertad; otorga el espíritu de adopción, por el cual gozamos de nuestra posición de hijos y herederos, y da testimonio de ello; nos ayuda en nuestra debilidad e intercede por nosotros (Ro. 8:5-16, 21, 26).

Por eso estamos llamados a andar en el Espíritu y vivir por Él; y es por su virtud que podemos orar eficazmente, rendir verdadera adoración y llevar fruto que glorifique a Dios, en tanto aguardamos el retorno de nuestro Señor (Mt. 5:16; Jn. 15:8; Gá. 5:25; Fil. 3:3; Jud. 20; Ap. 22:17).

Por otra parte, se nos exhorta además a ser llenos del Espíritu, lo que implica que hemos de vaciarnos de todas aquellas cosas que puedan estorbar tal plenitud; y siendo conscientes de esto, debemos presentarnos al Señor «en sacrificio vivo, santo, aceptable», permitiéndole tomar posesión por su Espíritu de lo que ya le pertenece por haber pagado el precio de nuestra redención en la Cruz (Ef. 1:7; 5:18; Ro. 6:11-13; 12:1).

Ahora bien, aclararemos que los extraordinarios acontecimientos que tuvieron lugar en aquel día de Pentecostés (Hch. 2:2-4) no pueden repetirse; habiéndose cumplido el propósito de la venida del Espíritu Santo, no puede haber ahora otro Pentecostés con nuevos derramamientos espectaculares del Espíritu. El tiempo aoristo indicativo del original de 1ª Co. 12:13: «con un solo Espíritu todos nosotros *fuimos bautizados* (*ebaptísthemen*) para ser un solo cuerpo», indica que la acción es un hecho pasado que nunca hay que repetir; es una acción *corporativa* que incluye a todos los creyentes.

Asimismo, el imperativo presente en participio (gerundio castellano) de Ef. 5:18: «*continuad siendo llenos* (*plerousthe*) con el Espíritu», significa que, en la medida que permitamos al Espíritu Santo tomar el control de nuestras vidas, nuestra vida de relación con Dios y con los demás seguirá la pauta marcada por el Señor. Como muy bien dice Lacueva, ser llenos del Espíritu Santo no significa que tengamos que «beber» –nótese el contraste con el vino en dicho versículo– más y más del Espíritu de Dios (pues el Espíritu Santo no es una fuerza o un líquido, sino una persona); ser llenos del Espíritu implica *permitir*, en actitud atenta y sumisa, que el Espíritu Santo *tome más y más de nosotros*: de nuestra mente, de nuestro corazón, de nuestra vida entera. En una palabra, someterse, en obediencia total, a la obra que el Espíritu Santo realiza en cada uno de nosotros.

Es así, pues, como los grupos étnicos mencionados en Hch. 1:8, después del descenso del Espíritu Santo en Jerusalén para dar lugar a la formación de la Iglesia, recibirían el bautismo en el Espíritu, al igual que nosotros hoy, no como un nuevo Pentecostés, sino como una *extensión* del mismo: Hch. 8:15-17; 10:44-45, 47; 11:15, 17; 15:8; Ef. 1:13. Por eso es importante observar que la expresión «ser bautizados en el Espíritu Santo» se encuentra siete veces en el Nuevo Testamento, y que en todos estos casos la alusión se refiere siempre al *acto inaugural* histórico del derramamiento del Espíritu Santo en Pentecostés.

3.

LAS FESTIVIDADES SAGRADAS DEL SEÑOR (III)

Recapitulando la exposición sistemática de nuestro estudio de las fiestas religiosas de Israel, recordemos que la Pascua había tenido lugar el decimocuarto día del primer mes; la Gavilla de las Primicias fue ofrecida el día después del primer sábado que seguía a la Pascua; cincuenta días después era Pentecostés. Venía luego una larga interrupción hasta el séptimo mes en que otras tres fiestas se sucedían rápidamente. Prosiguiendo con nuestra serie de exposiciones, vamos a considerar ahora una nueva fiesta en este ciclo de festividades sagradas:

5. LA FIESTA DE LAS TROMPETAS: LV. 23:23-25

Se celebraba el día primero del mes séptimo, el cual caía al final de la temporada agrícola. «Se hacían sonar las trompetas y se ofrecían sacrificios (Nm. 29:1-6). Era un día de santa convocación y de reposo. Puesto que iniciaba el séptimo mes del calendario religioso, la fiesta se relacionaba con la institución del día de reposo; se alude a él de nuevo en Neh. 8:9-10. Era el día de año nuevo del calendario civil y, como tal, lo celebran hasta el día de hoy los judíos como *Rosh Ha-Shaná*.» (Nota de la Biblia de Editorial Caribe).

El Son de las Trompetas –nos dice Hartill– representaba la voz de Dios hablándole a Israel. Las trompetas eran de plata, que simboliza la redención. Servían para llamar al pueblo, para convocar y dirigir a la congregación para el culto, para hacer marchar los campamentos y, con toque de alarma, para salir a la guerra; también se usaban para tocarlas en el día de las solemnidades, y una trompeta anunciaba el Año del Jubileo, o sea, el año de liberación o restauración (Nm. 10:1-10; Lv. 25:9-11).

Ahora bien, en la conmemoración de la Fiesta de las Trompetas, Dios reanuda, en figura, sus relaciones con Israel, promoviendo un despertamiento anunciado ya en Isaías 18, que deberá llevarlo a la humillación descrita en Zacarías 12, para introducirlo luego a las bendiciones del Reino Mesiánico, simbolizadas por los siete días de la Fiesta de los Tabernáculos. Así, proféticamente, el séptimo mes concluye con el año de Dios: es el final de todos sus caminos.

El profesor Hartill acentúa ahora este significado figurativo de la Fiesta de las Trompetas con estas palabras: «a) Tipificaban el recogimiento del Israel esparcido (Is. 11:11; 27:12-13; Am. 9:15; Ez. 37: restauración nacional). b) Anticipaban la venida del Mesías (Mt. 24:30-31)».

Y también Scofield complementa este enfoque más detalladamente en una nota de su Biblia comentada cuando escribe: «Esta fiesta es un tipo profético y se refiere al futuro recogimiento del pueblo de Israel, que ha estado por tanto tiempo disperso. El largo intervalo que ocurre entre Pentecostés y la Fiesta de las Trompetas corresponde al extenso período cubierto por la obra del Espíritu Santo en la presente dispensación. Estúdiense cuidadosamente Is. 18:3; 27:13 y su contexto; todo el capítulo 58, y Jl. 2:1 hasta 3:21 en relación con las trompetas, y se verá que estas trompetas, que son siempre un símbolo de testimonio, se hallan relacionadas con el recogimiento y arrepentimiento de Israel, que tendrán efecto después que el período de la Iglesia se haya terminado».

Pero esta festividad ofrece igualmente enseñanzas espirituales que tienen aplicación en nosotros –seguimos leyendo en el opúsculo traducido por Chevalley–. Después de haber sido llevado al Señor Jesús, de haber confiado en su sangre que limpia de todo pecado, el creyente aprendió a caminar en novedad de vida, a gozar por la fe de las bendiciones dadas por el Espíritu. No obstante, con el paso del tiempo, los espinos de la parábola del sembrador crecen e impiden a la mies desarrollarse como conviene. El cansancio espiritual, el debilitamiento en la fe y los malos hábitos, producen apatía, pereza, postración y sueño, suscitando a la vez un bajo nivel moral y un retroceso de la piedad que obstaculizan todo progreso. De ahí que cuando hay estancamiento espiritual, Dios deba despertarnos porque Él quiere sustentar nuevos progresos en nuestra vida cristiana. Sin embargo, no es menos cierto que, sin humillación por nuestra parte, no habrá ningún despertamiento real en nosotros.

¿Cuál es la actitud divina para con el creyente decaído? Dios nos despierta de nuestro letargo espiritual mediante el toque de trompeta de su Palabra (Sal. 119:25, 107). Y como explica la fuente consultada, la conmemoración de la Fiesta de las Trompetas era la única festividad que tenía lugar el primer día de la luna nueva (Sal. 81:3); es un nuevo ciclo que empieza: nuevo enfoque de la luz de Cristo que nos alumbra (Ef. 5:14; Ro. 13:11-14). Pero un despertar verdadero no produce solamente alegría, sino también aflicción, según vemos ilustrado en el hecho de que la celebración de la Fiesta de las Trompetas era seguida por el Día de la Expiación.

En cuanto a la aplicación profética para la Iglesia aparece en 1ª Co. 15:50-53 y 1ª Ts. 4:13-17: los creyentes seremos reunidos con Cristo cuando suene la trompeta. «En la primera resurrección los cuerpos de los santos que en aquel tiempo estén viviendo sobre la tierra serán instantáneamente transformados: Fil. 3:20-21. Esta transformación de los santos vivientes y la resurrección de los muertos en Cristo, es lo que se llama la redención de nuestro cuerpo: Ro. 8:23; Ef. 1:13-14 [...] Ésta es la esperanza bienaventurada de la Iglesia: Tit. 2:11-13.» (Scofield).

Hay tres aspectos notables en la venida del Mesías:

Su aparición visible con poder ante los judíos para mostrar a Israel el resplandor de Su gloria (Dn. 7:13-14; Mt. 24:30).

Su presencia personal ante las naciones del mundo gentil para manifestar Su soberanía universal (Ap. 1:7; 19:15-16).

La revelación de sus propósitos eternos a la Iglesia para darlos a conocer en los lugares celestiales por medio de ella (Ap. 1:1, 11; Ef. 3:10-11).

6. EL DÍA DE LA EXPIACIÓN: LV. 16:1-34; 23:26-32

Entramos ahora en el estudio de una importante porción que nos conduce también a una profunda apreciación de la obra de Cristo y de su eficacia ante Dios. El capítulo 16 de Levítico, que podríamos llamar el corazón del Pentateuco, describe el ritual respecto a las propiciaciones; el capítulo 23 registra el día en relación con la festividad establecida: el día décimo del mes séptimo.

Este día, como parte de la celebración del año nuevo, se observaba como un día de contrición y pesadumbre nacional. El pueblo se afligía y confesaba sus pecados. El sumo sacerdote declaraba los pecados de la comunidad y entraba en el Lugar Santísimo con la sangre del sacrificio para hacer expiación por el pueblo, a fin de que los hijos de Israel comenzaran el nuevo año con una renovada relación con Dios.

Esta festividad es llamada en hebreo *Yôm Kippûr* = Día de la Expiación, o *Yôm Hakkippûrîm* = Día de las Expiaciones, en el judaísmo posterior. La palabra hebrea *kippûr* = expiación, es un término derivado del verbo *kipper* = expiar, de *kâphar* = cubrir, significando hacer propiciación en el sentido de cobertura por medio de un sacrificio expiatorio. De ahí el *Kapporet* = Expiatorio (o Propiciatorio) sobre el Arca del Pacto como su cubierta y centro de las manifestaciones gloriosas del Señor en la nube (Éx. 40:34-35). En el Nuevo Testamento se emplea la palabra «reconciliación» y se aplica a la obra de Cristo, quien sufriendo como Sustituto al morir en nuestro lugar, satisfizo legalmente la justicia divina con su sacrificio expiatorio y efectuó el restablecimiento de nuestra relación con Dios (Ro. 5:1, 11; 2ª Co. 5: 21; Col. 1:20; 1ª P. 2:24).

Examinando ahora más detenidamente el contenido de Levítico 16, destacaremos algunos detalles importantes vertidos en la publicación que sobre las Fiestas del Señor venimos adaptando, y cuyas reflexiones complementaremos con referencias aportadas por otras fuentes a tal fin consultadas.

a) *La contrición por el pecado.* Si las hierbas amargas de la Pascua simbolizaban la aflicción que siente el creyente porque sus pecados fueron la causa de los sufrimientos de Cristo, el Día de la Expiación recalca más profundamente la amargura experimentada por el Señor en su alma (Mt. 26:38). Para Israel esto está predicho en Isaías 53 y Zacarías 12:10-14. Los creyentes, antes de participar de la Mesa del Señor, somos llamados a probarnos: «pruébese cada uno a sí mismo» (1ª Co. 11:28). El cristiano, al tomar la Santa Cena, recuerda los sufrimientos de Cristo como un hecho cumplido en el pasado. Y, al contemplar la Cruz bajo los símbolos del pan y el vino, adquiere una apreciación más honda de la gravedad del pecado ante Dios, y se hace más real nuestra confianza en Él, porque aceptó la ofrenda de su amado Hijo.

Repetidas veces en Levítico 16 y 23, Dios ordena: «afligiréis vuestras almas». Y el Salmo 51 muestra lo que este sentimiento de pesar había sido para David. Así, por la acción poderosa de la Palabra, aplicada por el Espíritu a nuestra conciencia, nos hace ser conscientes de cuán grave e incompatible es el pecado con la santa naturaleza divina, y nos hace experimentar profundamente el sentimiento de contrición. (2ª Co. 7:10; Hch. 11:18).

Como explica Scofield en su Biblia comentada, en el llamado Día de la Expiación, el énfasis está sobre la angustia y arrepentimiento de Israel, es decir, aquí se hace prominente el elemento profético, y éste contempla los eventos del futuro arrepentimiento de Israel y su recogimiento (Dt. 30:1-9), que tendrá lugar en preparación de la segunda venida del Mesías y del establecimiento del Reino (Véanse Jl. 2:1, 11-15 con Zac. 12:10-13 y 13:1). Históricamente, el «manantial» para la purificación fue abierto en la crucifixión del Señor, pero rechazado por los judíos de aquel tiempo y de los siglos subsiguientes. Después de la restauración y recogimiento de Israel, el manantial será «abierto» eficazmente para Israel, es decir, que entonces el pueblo israelita sí beberá de él.

b) *Los padecimientos de Cristo*. Todo el ritual que se describe en Levítico 16 era para la expiación de los pecados de Israel, y revelaba la santidad de Dios y la maldad del hombre. Esta porción nos presenta dos clases de ofrendas sacrificiales, y es interesante distinguir esos distintos aspectos y lo que representan. Los sacrificios que Aarón ofrecía para sí mismo y su casa (v. 6), lo que nos permite discernir la obra de Cristo para la Iglesia; y los sacrificios que ofrecía para el pueblo (v. 15), lo que sugiere la obra de la Cruz a favor de Israel. En cuanto a los dos machos cabríos ofrecidos para el pueblo, uno era inmolado (v. 9); el otro era presentado vivo delante del Señor y liberado (v. 10). Ambos simbolizaban a Cristo en su muerte y resurrección. Los pecados quitados y Cristo glorificado.

El sumo sacerdote ponía sus manos sobre la cabeza del macho cabrío Azazel, y confesaba *todas* las iniquidades, *todas* las transgresiones y *todos* los pecados de los hijos de Israel; este ritual representaba, en figura, la transferencia de los pecados del pueblo al animal. Y luego era enviado al desierto, llevándolo todo a un paraje inhóspito, a la tierra del olvido, pues por ser el desierto una región árida y estéril era considerado como un lugar alejado de la presencia de Dios, y allí desaparecía Azazel bajo el juicio. Nada más se volvía a saber de él. Así esta ceremonia simbolizaría, pues, el hecho de que la culpa había sido alejada tanto de la tierra como del pueblo (Is. 53:6, 11-12; Sal. 103:12). Es la obra de Cristo.

Pero ¿qué significa este misterioso nombre *'Aza'zêl'?* Es una palabra de significado oscuro, que algunos intérpretes identifican como un término usado para designar a un espíritu maligno, un demonio, o aun a Satanás mismo (Gesenius y Hengstenberg). Tales opiniones nos parecen dudosas y poco convincentes. Nuestra posición exegética es que, teniendo en cuenta el sentido tipológico de ese macho cabrío, nos parece más correcto entender que dicho vocablo expresa la idea de *quitar* como víctima propiciatoria. Veamos algunos ejemplos aportados por otros expositores:

«El macho cabrío vivo («la suerte por Azazel») representa aquel aspecto de la obra de Cristo que *quita* nuestros pecados de la presencia de Dios: Ro. 8:33-34; He. 9:26». (Scofield). En la Biblia de Editorial Caribe leemos el siguiente comentario: «Algunos consideran la voz hebrea una raíz reduplicada del verbo *azal* = partir o quitar, que significa *alejamiento* o *lo que se quita*. Otros, como los primeros traductores Aquila y Jerónimo, la interpretan como palabra compuesta: *chivo de alejamiento* o *despedida*. Hay otros que toman Azazel como las primeras dos palabras (que significan «la fuerza se ha ido») del ritual que se recitaba cuando se despedía al macho cabrío». El citado Aquila traduce: «el que es soltado»; Símaco: «el que se va»; Ewald y Tholuck: «cosa separada de Dios».

Según Clarke, Azazel proviene de *az* = un «macho cabrío» y de *azal* = «despedir» (o «el alejado»): el macho cabrío despedido o alejado, para distinguirlo del macho cabrío que había de ser ofrecido en sacrificio. La Vulgata traduce «emisario» (o «el enviado»). Y Bochart: «una roca alta escarpada», quizá con la idea de arrojar algo desde ella. Tal vez por eso la Septuaginta traduce: «el que es arrojado». Y de ahí quizá el comentario que leemos en la Biblia de Estudio Mundo Hispano: «Azazel también significa *despeñadero*, por lo que es posible que el macho cabrío fuera llevado al desierto para ser despeñado». Según Jamieson-Fausset, en el tiempo de Cristo, el animal era llevado a una roca alta, situada a unos diecinueve kilómetros de Jerusalén, y desde allí era empujado a un precipicio. Pero nos parece que esta sugerencia estaría en contradicción con el hecho de que Azazel debía ser dejado *vivo*. Y así tenemos un tipo perfecto de Cristo, quien habiendo llevado sobre Sí nuestros pecados, expiándolos bajo el juicio de Dios, luego fue liberado de la muerte siendo resucitado (Is. 53:10; 1ª P. 2:24; 3:18). Para que esta obra redentora sea aplicada en cada uno de nosotros, debemos confesar nuestros pecados y reconocer que por ellos Cristo tuvo que morir.

«Dos machos cabríos –escribe también Clarke– eran traídos, uno para ser degollado como un sacrificio por el pecado, y el otro para que confesaran las transgresiones del pueblo sobre su cabeza, y después ser conducido al desierto. Por medio de este acto el animal era representado como llevándose o cargando las culpas del pueblo. Los dos machos cabríos constituían un solo sacrificio; sin embargo, sólo uno de ellos era inmolado. Un solo animal no podía señalar las dos naturalezas de Cristo, la divina y la humana, ni tampoco mostrar su muerte y resurrección, porque el macho cabrío que sacrificaban no podía ser revivido. La naturaleza divina y humana de Cristo eran esenciales para la Gran Expiación... Por tanto, el macho cabrío que inmolaban prefiguraba su naturaleza humana y su muerte; el macho cabrío que era soltado señalaba su resurrección. El uno mostraba la expiación por el pecado; el otro la victoria de Cristo». (Pero aun suponiendo que Azazel muriera en el desierto –opinión que no compartimos–, ello implicaría que nuestros pecados fueron alejados.)

El macho cabrío destinado como ofrenda sacrificial ofrecida en expiación había de ser inmolado por el pecado del pueblo, y la sangre derramada llevada detrás del Velo, dentro del Lugar Santísimo (v. 15). «El macho cabrío muerto ("la suerte por Jehová") representa aquel aspecto de la muerte de Cristo que vindica la santidad y la justicia de Dios, tal como se expresan en la Ley: Ro. 3:21-26, y que tiene un carácter *expiatorio*.» (Scofield). Aquí tenemos representados los padecimientos de Cristo en la Cruz, castigado en lugar de los culpables. El hombre no podía traspasar el Velo, sino que –recordémoslo– sólo el sumo sacerdote, por medio del sacrificio expiatorio, podía entrar una vez al año en el Lugar Santísimo. Pero Cristo derramó su sangre por los pecados de su pueblo y por los nuestros. (Compárese con el Nuevo Pacto: He. 9:14-15; 10:15-22.) Vemos, pues, que el ritual de los dos machos cabríos simbolizaba también la futura purificación de Israel.

Asimismo, el incienso aromático, que habla de las perfecciones de Cristo, debía ser puesto en un incensario sobre el fuego del Altar, y la nube del incienso llenaba el Santuario (vs. 12-13). En figura se representa así el fuego del juicio, todos los sufrimientos de la Cruz, los cuales no hicieron sino manifestar más plenamente las perfecciones de nuestro Señor, como un perfume de grato olor (Salmos 22; 40; 69).

Si el incienso y la sangre debían ser presentados en el Santuario (vs. 14-15), el cuerpo de la víctima era quemado fuera del campamento. El juicio de Dios cayó sobre Cristo, quien «padeció fuera de la puerta», siendo abandonado de Dios y privado de toda relación con su pueblo. Israel no podía comer de tal sacrificio. Pero nosotros, aun teniendo conciencia de nuestros pecados, sabemos que éstos fueron expiados, y ahora tenemos el privilegio de participar de la Mesa del Señor y podemos contemplar con adoración la obra de la Redención (Mi. 7:12 con He. 13:9-13).

c) *La sangre sobre el Propiciatorio.* En esta misma porción, como hemos leído, se menciona también la *cubierta* del Arca del Pacto (vs. 15-16), cuyos detalles simbólicos fueron considerados cuando estudiamos el mobiliario del Tabernáculo. En la Pascua, la sangre que estaba en los dinteles de las puertas, servía de señal al Ángel de Dios para librar de la muerte al pueblo. Pero en el Día de la Expiación, la sangre era llevada al Santuario, permitiendo así a Dios mantener las relaciones con su pueblo.

Sin embargo, aquella sangre de animales nunca podía quitar los pecados (He. 10:1-4). Recordemos otra vez, según ya explicamos, que la palabra «propiciación» tiene el sentido de «cubrir» solamente los pecados, y no de quitarlos (Ro. 3:25). Mas venido Cristo, con su propia sangre entró una vez por todas en los lugares santos de la presencia de Dios, habiendo obtenido para sus redimidos una eterna redención (He. 9:12).

Vimos igualmente que desde los extremos del Propiciatorio habían sido labradas las figuras de dos querubines, ejecutores de los juicios divinos, con sus rostros vueltos hacia la cubierta, y allí veían la sangre derramada de la víctima sacrificada. En vez de ser el trono del juicio de Dios, el Propiciatorio se tornaba así en un lugar de encuentro entre el Señor y el pueblo (Éx. 25:22). De la misma manera Cristo es a la vez la propiciación de nuestros pecados por su sangre y también el lugar de encuentro con el creyente redimido (1ª Jn. 2:2; 4:10).

La propiciación por el pecado ha sido consumada (Jn. 19:30); Dios es así glorificado, porque Él es justo, justificando por la fe a todo aquel que cree (Ro. 5:1-2). Nuestro Dios quería salvarnos, pues no es un Dios vengador apaciguado por la sangre al modo de las divinidades paganas; sin embargo, Él no podía salvar en justicia al pecador sin que el castigo que merecía el pecado hubiera sido sufrido por una Víctima propiciatoria. Los capítulos 9 y 10 de la Epístola a los Hebreos subrayan el valor eterno de la obra del Mesías en la Cruz: «Pero Cristo, habiendo ofrecido una vez para siempre un solo sacrificio por los pecados, se sentó a la diestra de Dios».

d) *Aplicaciones y contrastes.* Apelamos nuevamente a las exposiciones didácticas del profesor Hartill, transcribiendo algunas de las sugerencias que nos suministra en su *Manual* y que suplementaremos intercalando otras reflexiones adicionales.

– El Día de la Expiación era un verdadero día de trabajo. El sumo sacerdote hacía toda la tarea; estaba solo, sin ayudantes. Así Cristo también consumó la expiación solo; nadie le ayudó ni podía hacerlo, ni aun el Padre (Mt. 27:46). Nadie podía compartir con Cristo la obra expiatoria de la Cruz.

– Si bien ningún otro tiene parte alguna en esta obra de la redención, en cambio somos participantes de sus beneficios. Por eso, según nos hacen observar Hartill y Clarke, en aquella ocasión Aarón no había de vestirse con sus ropas de dignidad como sacerdote de Dios, sino que se quitaba las vestiduras de honra y hermosura (Éx. 28:2) y se ponía su vestimenta sacerdotal sencilla, su túnica de lino (Lv. 16:4), porque era un día de humillación; y puesto que él iba a ofrecer sacrificios por sus propios pecados, era necesario que apareciera con tal vestidura de humillación, pues ahora se presentaba ante Dios no como representante de Él para ministrar a favor de otros, sino como un pecador ofreciendo una expiación por sus transgresiones. Pero al terminar su trabajo, volvía a ponerse las vestiduras santas que expresaban gloria y hermosura. De la misma manera, Cristo también se humilló a Sí mismo al encarnarse; se despojó de la vestimenta real de su gloria celestial, y se puso el vestido sencillo de su humanidad, tomando forma de siervo, hasta que murió en la Cruz, «por lo cual Dios también le exaltó hasta lo sumo» (Fil. 2:7-9).

– En cuanto a la purificación, Aarón tenía que purificarse. El lavamiento completo de su cuerpo enseña que el sumo sacerdote debía ser puro y limpio. Pero Cristo, perfecto e inmaculado, no necesitaba de purificaciones.

– En cuanto a la ofrenda para la expiación, ya hemos visto que Aarón debía ofrecer un sacrificio para sí mismo. Dios no pudo hallar un hombre mejor que Aarón, quien fue «tomado de entre los hombres» (He. 5:1-3); sin embargo, éste era pecador y necesitaba de la expiación. Pero Cristo, siendo sin pecado, no precisaba de un sacrificio para Sí. Si lo hubiera necesitado, no habría sido el Cordero perfecto para ser ofrecido en expiación a favor de los hombres (He. 7:26-27).

– Aarón ofreció sacrificios muchas veces durante el ejercicio de sus funciones sacerdotales. Pero Cristo ofreció un solo y único sacrificio, una vez y para siempre, porque es suficiente y no puede repetirse (Ro. 6:10; He. 9:12, 25-26, 28; 10:10, 12, 14, 18; 1ª P. 3:18).

– En cuanto al destino de Israel, puede discernirse un Israel espiritual dentro de la nación judía, que son muy amados de Dios por causa de su elección, porque el llamamiento del Señor para con ellos es irrevocable. Es así que Scofield nos explica el sentido profético de Lv. 16:17-19: «Desde el punto de vista de las dispensaciones, esto es todavía futuro para Israel; nuestro Sumo Sacerdote está aún en el lugar santísimo. Cuando Él salga para manifestarse a su pueblo, ellos serán convertidos y restaurados (Hch. 3:19-20; Ro. 11:23-32). Pero mientras tanto, los creyentes de la presente dispensación entran como sacerdotes en el lugar santísimo, donde Él está (1ª P. 2:9; He. 10:19-22)».

Ahora notemos, no obstante, que el Día de la Expiación no concluía con el sacrificio por el pecado: le seguía un holocausto (Lv. 16:24). Si Cristo lo ha hecho todo para borrar nuestras faltas y llevarnos a Dios, su motivo supremo era la gloria de Dios y el cumplimiento de su voluntad: esto es lo que representa aquí el holocausto. Y ¿cuáles son los resultados? Nuestros pecados e iniquidades son perdonados y olvidados por parte de Dios; hemos sido santificados mediante la ofrenda del cuerpo de Jesucristo hecha una vez para siempre; y tenemos plena libertad para acercarnos a Dios y para entrar en las moradas santas del Cielo (Sal. 32:1-5; 103:1-5; Is. 43:25; He. 10:10, 19; Jn. 14:2-3).

Por lo tanto, con el pecado quitado, las culpas confesadas, el perdón obtenido y el holocausto ofrecido, el camino está abierto para gozar de la Fiesta de los Tabernáculos.

4.

LAS FESTIVIDADES SAGRADAS DEL SEÑOR (Y IV)

Vamos a considerar finalmente el significado y la aplicación de la séptima y última de las Fiestas anuales prescritas por Dios para su pueblo Israel. Como las anteriores festividades, ésta se halla repleta de profundas enseñanzas espirituales.

7. LA FIESTA DE LOS TABERNÁCULOS: LV. 23:33-43; NM. 29:12-40; DT. 16:13-17

Se celebraba el decimoquinto día del mes séptimo, poco después de la conmemoración de la Fiesta de las Trompetas y del gran Día de la Expiación, al terminar la cosecha, como acción de gracias a Dios por su bondad y la grandeza de los favores que habían recibido de su misericordiosa mano, a la vez que les recordaría su entrada a la Tierra Prometida después de haber deambulado por el desierto. Esta solemne Fiesta era la festividad por excelencia, siendo conocida también por «la fiesta de las cabañas» (heb. *hag hassukkoth* = la fiesta de las tiendas; gr. *he eorte ton skenopegía* = la fiesta de los tabernáculos) y «la fiesta de la cosecha», porque tenía lugar después de hacerse la recolección de la cosecha y la vendimia (heb. *yéqeb* = lagar); y como finalizaba la recolección de los frutos, dicha festividad formaba parte de la clausura del año agrícola.

Al igual que la Fiesta de los Panes sin Levadura, la de los Tabernáculos duraba también una semana. Nos hace recordar Roy Lowe que aquellos panes, tal como ya explicamos, simbolizaban lo que ha sido limpiado y purificado de pecado, representando así el proceso de santificación en la vida de uno que ha sido redimido de la pena de muerte por su pecado. Aquella festividad de los Panes Ácimos se relacionaba directamente con la salida de Egipto. Casi siempre que encontramos alguna referencia a Egipto, éste es un símbolo del mundo. Así la Fiesta de los Panes sin Levadura era, para los hijos de Israel, una conmemoración de su éxodo, a través del cual el Señor sacó de Egipto –por la fuerza de Su brazo– al pueblo de Israel. Pero para nosotros, los creyentes en Cristo, viene a ser una figura de nuestra salida –por el poder del Espíritu Santo– del mundo. Es decir, habla de nuestra santificación, o sea, nuestra separación del mundo (Jn. 17:16).

Así, pues, el andar del cristiano, marcado por la separación del mal y el gozo de la comunión con el Señor, es simbolizado por la Fiesta de los Tabernáculos, en la cual es introducido el creyente por su nueva vida, siendo esta festividad figura de un glorioso futuro: el Milenio mesiánico y las bendiciones terrenales de Israel.

«La Fiesta de los Tabernáculos –en palabras de Scofield– es (semejante a la Cena del Señor para la Iglesia) tanto recordatoria como profética: recordatoria en cuanto a la redención de los hijos de Israel de la esclavitud de Egipto (Lv. 23:43), y profética tocante al reino de descanso para Israel, después de su recogimiento y restauración, cuando la festividad se convertirá de nuevo en una fiesta conmemorativa, no sólo para el pueblo de Israel reunido y bendecido en el Reino mesiánico que aún está por venir, sino que a la conmemoración se unirán también los que sobrevivieren de todas las naciones (Zac. 14:16-21) [...] Espiritualmente hablando, aquí tenemos una ilustración de Romanos 5:1-2.»

Continuamos ahora seleccionando parcialmente otras de las valiosas aportaciones que nos proporciona el citado opúsculo del Depósito de Literatura Cristiana. Así leemos: «Los trabajos de la cosecha y vendimia habían concluído, y el reposo había llegado; reposo final que el octavo día y la solemnidad realizada simbolizaban de manera particular; este reposo lo realizaremos nosotros en la casa del Padre. Mientras tanto, por el Espíritu Santo, huésped del creyente y arras de nuestra herencia, tenemos un gozo anticipado de esa felicidad eterna. Sentados ya con Cristo en los lugares celestiales, nuestra posición es un adelanto del arrebatamiento de la Iglesia y de la gloria futura (Ef. 1:14; 2:6)».

Y seguimos leyendo: «¿Cuál era la ordenanza de la fiesta? En el primer día Israel debía tomar ramas con fruto de árboles hermosos, ramas de palmeras, ramas de árboles frondosos, y sauces de los arroyos, y con todo ello debían construir cabañas, en las cuales iban a estar siete días gozando del reposo y la paz del país (Lv. 23:40-42). Pero también recordando las peregrinaciones a través del desierto, donde durante cuarenta años los padres, bajo el ardor del sol, habían levantado sus tiendas de campaña como morada mientras duró su estancia en aquella árida región. En esta fiesta, el israelita piadoso unía un doble recuerdo: el recuerdo del pueblo peregrino con el recuerdo de un Dios fiel que en la manifestación de su providencia maravillosa los había preservado en el desierto y los había acompañado en gracia con Su propia tienda, el verdadero Tabernáculo, hasta que llegaran al país de la promesa».

Lecciones de las tres principales Fiestas

Comparando las tres grandes fiestas nacionales de Israel, repasemos brevemente en resumen sus principales enseñanzas y aplicación espiritual:

En la celebración de la Pascua se mezclaba siempre el recuerdo de la esclavitud con el gozo de la liberación; y una vez celebrada, los israelitas volvían con premura a sus tiendas como si tuvieran comunión entre ellos, para comer allí panes sin levadura durante una semana. Así Cristo es nuestra Pascua y nuestro Libertador (1ª Co. 5:7; Ro. 6:17-18; Col. 1:13).

En Pentecostés el nombre de Jehová era el centro y el gozo del pueblo que lo recordaba, gozo en la comunión realizada entre ellos. Así es con nosotros por la obra del Espíritu Santo (Hch. 2:42; 1ª Co. 1:9; 2ª Co. 13:14; 1ª Jn. 1: 3).

En la Fiesta de los Tabernáculos, durante el período de su celebración, el pueblo acampaba al aire libre, pues dejaban sus moradas y tenían que vivir, en el tiempo de los siete días que duraba la festividad, en cabañas, familia por familia (Lv. 23:42), chozas que construían con ramas recogidas de distintos árboles, como hemos leído en Lv. 23:40. Esta Fiesta se celebraría perpetuamente y con espíritu de gratitud (Lv. 23:40-41; Dt. 18:14-15). Posteriormente, a causa de la gran concurrencia de gente, porque dicha festividad se convertiría en una conmemoración que anualmente exigía peregrinación al Templo de Jerusalén, esas tiendas se instalaban en las terrazas llanas de las casas, en los patios o en cualquier espacio libre de las calles de la ciudad.

Durante el ciclo semanal festivo, el gozo y la felicidad eran completos, y cada uno tenía su parte en ellos, sin que nadie quedara olvidado, pues el regocijarse era un mandamiento: «y estarás verdaderamente alegre». Y siendo una fiesta que recordaba los tiempos en que el pueblo israelita tuvo que vivir en tiendas pobres después de abandonar Egipto, y festividad además de alegría, hemos visto que los Tabernáculos era también fiesta de reposo (Lv. 23:39) en el cumplimiento de las promesas, «porque te habrá bendecido Jehová tu Dios en todos tus frutos, y en toda la obra de tus manos». Conforme al uso de la palabra hebrea *tebû'ateka* = tu producto (el de la agricultura), es un singular colectivo; «la obra» (de sus manos) es igualmente un singular colectivo, indicando así los diversos trabajos del agricultor.

Comprendemos, pues, porqué esta solemnidad podía tener lugar sólo después de haber llegado a Canaán. Se había terminado «la cosecha de tu era y de tu lagar» (Dt. 16:13): se había recogido el vino y solamente entonces se podía gozar plenamente de los frutos de un trabajo acabado. Todo esto apunta hacia el futuro: señala en figura las bendiciones que se cumplirán y se harán realidad en el Milenio.

El gozo de esta última Fiesta

Pero ¿cómo mantener este gozo durante los siete días de la festividad? Se nos explica en la publicación que venimos consultando. Debían presentar –leemos– una serie de víctimas en sacrificio: becerros, carneros, corderos y un macho cabrío en expiación por el pecado. Notemos que si en figura la perfección era *casi* realizada: *trece* becerros (número de mal presagio en las Escrituras, no *catorce*, símbolo de redención perfecta) eran ofrecidos con gozo y voluntariamente al Señor, había también una disminución en esta ofrenda durante los siete días, pues cada día sucesivo debían ofrecer un becerro menos: trece, doce, once, diez, nueve, ocho y siete (Nm. 29:13-32), haciendo un total de *setenta* becerros (número que significa un perfecto orden espiritual, que regirá el mundo bajo el gobierno milenial del Mesías).

Los dos carneros, siendo testimonio de la consagración a Dios, se repetían invariablemente en la ofrenda de cada día de la Fiesta; también los catorce corderos de un año, sin defecto, expresando la perfección inmutable de la obra redentora, y cada día se ofrecía igualmente el sacrificio por el pecado; y un macho cabrío: este último detalle indica que hasta aquí no se había llegado a la perfección del estado eterno.

Pero faltaba aún la culminación de la Fiesta, prosigue explicando nuestro comentarista. Cumplidos los siete días, pareciera haber concluído la festividad y que se hubiera debido reanudar la vida normal; pero el día después del sábado del séptimo día, he aquí que una octava jornada era santificada; debía ser convocada una santa solemnidad y nuevos sacrificios ofrecidos: era el gran día de la Fiesta (Nm. 29:35-38). Actualmente el día octavo de la Fiesta de los Tabernáculos se llama *simhah ha-Toráh*, o sea, el día de la «alegría de la Ley», por ser un día de gran regocijo entre los que ocupan las enramadas.

Sin embargo, Israel no podía comprender el motivo de ese día, el primero de una nueva semana; pero ¡qué privilegio para nosotros poder discernir su alcance! Porque es el día de la resurrección, un día que jamás se acabará: «A él (nuestro Señor y Salvador Jesucristo) sea la gloria ahora y hasta el día de la eternidad» (2ª P. 3:18). Día de festín y gozo en la casa del Padre, día glorioso de gran reunión que se prolongará en el estado eterno, cuando «el tabernáculo de Dios estará con los hombres, y Dios mismo morará con ellos» (Ap. 21:3-4).

Ahora bien, como se hiciera con la celebración de la Pascua, la Fiesta de los Tabernáculos fue también observada a través de las edades con espíritu de renovación, pues llegados a Canaán los hijos de Israel olvidaron muy pronto que habían sido extranjeros en Egipto y peregrinos en el desierto; de ahí que muchas veces Dios tuviera que reavivar el testimonio debilitado de su pueblo, así como ha venido haciéndolo igualmente con la Iglesia cuando ésta se ha adormecido y el fuego de su ardor espiritual se ha entibiado (Ap. 3:16, 19-20). Seguimos leyendo las siguientes observaciones:

– En relación con la Fiesta de los Tabernáculos recordaremos la que tuvo lugar con suntuosidad extraordinaria bajo el reinado de Salomón, cuando se celebró la dedicación del Templo. En aquella memorable ocasión los utensilios sagrados del Santuario y el Arca del Señor se encontraron por fin reunidos en esa gloriosa morada, meta final del peregrinaje del Tabernáculo (2º Cr. 6:41). Pero Salomón y su fastuoso reinado sólo fueron una representación profética del Reino futuro del verdadero Hijo de David.

– Bajo Esdras, cuando el pequeño remanente judío había vuelto a la tierra de Israel, la Fiesta de los Tabernáculos fue nuevamente celebrada, el Altar construido, el culto restablecido y los sacrificios ofrecidos (Esd. 3:2-5).

– Con Nehemías la Fiesta de los Tabernáculos volvió a ser observada, y esta vez el despertar espiritual del pueblo fue originado por una lectura atenta del Libro de la Ley (Neh. 8:3-14). En esa ocasión estaban justamente en el mes séptimo, y descubrieron por la sagrada lectura que era el momento de celebrar dicha festividad.

Notemos a la luz de los vs. 14-18 la mención del día octavo como «día de solemne asamblea». Una vez más vemos que también aquí la Fiesta de los Tabernáculos era, en figura, como un anticipo de la futura restauración de Israel.

El Dador de los «ríos de agua viva»

Ahora se nos hace observar, según la exposición que hallamos en el mismo opúsculo, que en la Fiesta de los Tabernáculos mencionada en Juan 7:2, llamada entonces «la fiesta de los judíos» (no la suya; comparar con Nm. 28:1), Jesús «subió a la fiesta, no abiertamente, sino como en secreto» (v. 10). Sus hermanos hubieran deseado que Él se manifestara públicamente en Jerusalén (vs. 3-4). Pero Jesús les dijo: «Mi tiempo (el tiempo de su manifestación mesiánica gloriosa) aún no ha llegado [...] porque mi tiempo aún no se ha cumplido» (vs. 6 y 8). El Hijo de Dios había descendido al mundo, el Verbo hecho carne, para levantar su tabernáculo en medio de Israel; y como en el desierto cuando el Arca acompañaba al pueblo en sus jornadas, así también Él anduvo su camino de aflicción: «En toda angustia de ellos él fue angustiado» (Is. 63:9). Era ya el camino de tres días para ir a preparar, por su muerte y resurrección (Mt. 12:40; 16:21), el lugar de reposo para los suyos (Nm. 10:33 con Jn. 14:2).

Pero al octavo día, «en el último y gran día de la fiesta», Jesús se manifestó públicamente, y dirigiéndose entonces a todos los que sentían el vacío de una festividad donde Dios estaba excluido, clamó: «Si alguno tiene sed, venga a mí y beba. El que cree en mí, como dice la Escritura, de su interior correrán ríos de agua viva» (Jn. 7:37-38).

En una nota de la Santa Biblia, versión Reina-Valera, revisión 1997, de la Sociedad Bíblica Intercontinental, el profesor Lacueva comenta estas palabras, diciendo: «conforme aparece la puntuación del original en estos versículos, resulta muy difícil entender de quién dice la Escritura que "de su interior correrán ríos de agua viva": ¿de cada creyente?, y ¿para dar, no recibir el Espíritu? (v. 39). Además, ¿dónde está la Escritura del A. T. que lo avale? Sin

embargo, cabe otra puntuación del original con la que desaparece la dificultad. Ciñéndonos a los vs. 37b-38, diría así: "Si alguno tiene sed, venga a mí y beba el que cree en mí". Como dice la Escritura, "de su interior correrán ríos de agua viva". Nótese primero el paralelismo:
»"Si alguno tiene sed [...] venga a mí",
»"y beba [...] el que cree en mí" (comp. 6:35).
»Si se entiende, como debe entenderse, que los ríos de agua viva iban a correr *del interior de Jesucristo,* se explica la donación que Él promete en 16:7 y realiza en Pentecostés, y el hecho queda avalado por abundantes lugares del A. T., como Is. 32:2; 51:1, 4; Zac. 12:10; 13:1; 14:4, 8. (Para más detalles ver J. S. Baxter, *Studies in Problem Texts,* p. 11 y ss.)». Hasta aquí la cita aclaratoria del Dr. Lacueva.

Así los ríos de agua viva, emanando de Cristo, penetran hasta las honduras más profundas en el alma de sus redimidos: «Esto dijo del Espíritu que habían de recibir los que creyesen en Él» (v. 39). Solamente la Persona divina del Espíritu Santo, revelando al creyente un Cristo resucitado y glorificado, puede producir frutos espirituales en nosotros, «porque tomará de lo mío, y os lo hará saber» (Jn. 16:14-15).

Todo lo que tiene el Padre lo dio al Hijo; por eso el Espíritu nos lo puede revelar y dar a través de la Palabra (Mt. 11:27; Jn. 3:35; 14:17, 26). Y esto será así hasta que llegue el glorioso momento del gran encuentro. Pero entretanto, véase lo que se nos dice en 1ª Co. 2:9-10.

Significado profético de la Festividad de los Tabernáculos
Por otra parte, se nos hace observar también que en los Evangelios es posible ver, fugazmente bosquejada, la Fiesta de los Tabernáculos y su verdadero significado cuando el Señor Jesús, entrando en Jerusalén, fue aclamado como el Hijo de David, el Rey de Israel que venía en nombre de Jehová (Mt. 21:1-11; Mr. 11:1-11; Lc. 19:28-38; Jn. 12:12-16). Debemos notar algunas cosas interesantes en el cumplimiento profético de este importante evento.

Conociendo a Jesús en el A. T.

Los judíos esperaban la aparición del Mesías en el monte de los Olivos. Ésta fue la última vez que Jesús se ofreció oficialmente como Rey, en el sentido de Zac. 9:9, comenta Scofield. En esa ocasión tan especial, Él fue aclamado por una multitud con entusiasmo desbordado, que no supo conocer aquel momento (Lc. 19:41-44; contrastar con 1ª P. 2:12), y cuya creencia era simplemente: «Éste es Jesús el profeta». Pero no habiéndole dado la bienvenida los dirigentes de la nación, muy pronto el Señor oiría a la multitud gritar: «¡Crucifícale!». El griego *hosanná*, derivado del heb. *hoshi'ah-na'*, originalmente significaba «sálvanos ahora, te rogamos»; pero aquí fue utilizado como un grito de alabanza.

Jesús entró en Jerusalén no cabalgando el caballo blanco de los reyes conquistadores, sino como un rey en período de paz, sentado sobre una bestia de carga («animal de yugo»), lo cual denotaba una señal de honra especial, pues en la mentalidad antigua un pollino, en el que antes nadie hubiere montado, era algo así como un animal «no profanado», y de ahí que era lo más propio para la dignidad del Mesías.

En efecto, según explican los comentaristas, el asno era la antigua montura de los gobernantes regios. Los nobles, los príncipes y los reyes, en el oriente, cabalgaban en asnos, porque allí el asno no es un animal despreciado como entre nosotros, ni un símbolo de humillación o rebajamiento, sino emblema principesco de paz y de mansedumbre, que muestra un rey pacífico, no guerrero. Los reyes en guerra cabalgaban en caballos. Cristo, en su primera venida, aparece en son de paz y acompañado de la mansedumbre que la paz trae. Y lo hace cabalgando como lo hacían los gobernantes en tiempos de paz: sobre una bestia de carga.

Pero además, hay otro detalle interesante aquí, según nos hace ver otro expositor. Dios había ordenado a los reyes de Israel que no multiplicaran los caballos (Dt. 17:14-16). Los reyes que quebrantaron este mandamiento fueron ellos mismos perversos y un azote para su pueblo. Jesús vino para cumplir la Ley (Mt. 5:17). Si en su entrada real hubiera cabalgado en un caballo, habría violado

• 450 •

el mandamiento de Dios. Por lo tanto, al entrar en la ciudad montado sobre un asno, cumplió así la profecía mesiánica de Zac. 9:9, y lo hizo sin quebrantar el mandamiento divino.

Sin embargo, la verdadera Fiesta de los Tabernáculos no podía ser celebrada sin que antes Jesús mismo hubiera dado su vida y restaurado el Reino; entonces será celebrada esta gloriosa solemnidad en el país de Israel, a la que asistirán también los salvados de las naciones para tomar parte en ella (Zac. 14:16-21). «Las otras dos grandes fiestas anuales, la Pascua y Pentecostés, no son especificadas, porque habiendo venido ya sus antitipos, los tipos o figuras quedan suprimidos. Pero la Fiesta de los Tabernáculos será conmemorativa de la permanencia de los israelitas en el desierto durante los cuarenta años que anduvieron errantes y de los años de su dispersión». (Jamieson-Fausset). «Esta última fiesta es muy adecuadamente mencionada aquí para señalar la restauración final de los judíos y su establecimiento en la luz y libertad del Evangelio de Cristo, después de su largo vagar en el pecado y el error.» (Clarke).

Así, pues, dolor, tribulación, exilio, darán lugar para siempre al reposo que cada uno gozará a la sombra de su vid y de su higuera, bajo el cetro bendito del Príncipe de Paz (Mi. 4:4; Zac. 3:10; 9:16-17; Is. 9:6-7). Esperando la realización de esos gloriosos tiempos anunciados por los profetas a Israel, ahora la Iglesia, Esposa celestial de Cristo, posee ya por la fe un anticipo de ese gozo futuro, tanto en lo que simboliza el octavo día, el gran día de la fiesta, como en el glorioso reposo milenial, mediante la presencia del Espíritu que cautiva nuestro corazón con la belleza del Esposo Divino.

Recapitulación de las fiestas de Jehová

Concluiremos nuestro estudio de las siete Fiestas solemnes que el Señor prescribió para su pueblo, citando un resumen de las mismas presentado por William MacDonald, y que ampliaremos añadiendo la aplicación complementaria que de la última de ellas nos aporta el profesor Hartill. Una de las cosas que el Señor quiso enseñar a su pueblo por medio de las fiestas –dice MacDonald– era la relación estrecha entre los aspectos espirituales y físicos de esta vida. Tiempos de abundancia y bendición eran tiempos para regocijarse delante de Jehová. El Señor era representado como el Proveedor abundante de sus necesidades diarias. Como nación, la reacción a Sus bondades encontró expresión en las fiestas relacionadas con la siega. Se puede trazar una progresión cronológica definitiva en las Fiestas sagradas de Jehová, que daban ocasión a la adoración pública.

Recapitulemos:

La Fiesta de la Pascua nos habla del Calvario: la muerte de Cristo en la Cruz para efectuar nuestra redención.

La Fiesta de los Panes sin Levadura nos habla de la vida santa de Cristo y de la santificación de los creyentes.

La Fiesta de la Gavilla de las Primicias señala la resurrección de Cristo y la nuestra en el día de su segunda venida.

La Fiesta de Pentecostés tipifica la venida del Espíritu Santo para continuar la obra de Cristo por medio de la Iglesia.

La Fiesta del Son de las Trompetas, con una vista hacia el futuro, contempla la reunión de Israel.

El Día de la Expiación prefigura el tiempo cuando un remanente de Israel se arrepentirá y reconocerá a Jesús como el Mesías.

La Fiesta de los Tabernáculos, finalmente, ilustra a Israel regocijándose en el Reino Milenial de Cristo.

Veamos ahora la aplicación de esta última Fiesta, siguiendo los puntos detallados por Hartill, quien corrobora lo que acabamos de indicar sobre el significado de dicha festividad, y que también ampliaremos con notas adicionales. La Fiesta de los Tabernáculos:

❑ Señala los días del Reino Milenial del Mesías y la era de perfección que le seguirá: Is. 11:1-9; Zac. 14:16-17. Todos los profetas de Israel –escribía el Dr. Vila– auguran un futuro reinado de paz y prosperidad sin igual sobre la tierra, durante el cual Dios habrá de ensalzar a la descendencia de Abraham sobre todas las naciones. Afirman en nombre de Dios que el referido pueblo, después de haber sido castigado y esparcido por todas las naciones, será recogido de en medio de éstas y volverá a su patria, en la cual Dios mismo será su Rey y Legislador. Este evento se refiere al período cuando Cristo gobernará en la tierra. (Fue solamente Agustín, en el siglo IV, quien empezó a espiritualizar las profecías del Milenio, confundiéndolas con el triunfo de la Iglesia cristiana.)

❏ Israel experimentará un despertamiento espiritual y será purificado para recibir a su Mesías: Ez. 36:24-31. La gran obra de la providencia de Dios y de su gracia para con Israel será llevada a cabo en medio de las aflicciones que soportará. El remanente piadoso sobrevivirá a la dura prueba a través del «tiempo de angustia de Jacob» y saldrán refinados de ella (Jer. 30:7: se prefigura la final y completa liberación de Israel; Dn. 12:1, 10; Zac. 12:10; 13:9; Ro. 11:25-32).

❏ La gente, como vimos, vivía al aire libre en enramadas durante la celebración de esta festividad: Lv. 23:40, 42. Nos sugiere libertad y comunión; ambas serán realidades distintivas en el Reinado Mesiánico. Pero nosotros ya disfrutamos ahora de ellas en Cristo (Gá. 2:4; 5:1, 13; Hch. 2:42; 1ª Jn. 1:7).

❏ Esta Fiesta señala también la eternidad, tipificada por el octavo día, el día de la eternidad: Lv. 23:39; Ef. 1:18. A la luz del Nuevo Testamento –sigue diciendo el Sr. Vila– nos es dado a entender que, aunque el Reinado Milenial, que tanto lugar ocupa en el Antiguo Testamento, será superior a toda otra época del mundo, pues en aquel momento todos los poderes de la tierra quedarán bajo el gobierno del Rey de reyes y Señor de señores, tal reinado no tiene paralelo con el reinado eterno de Cristo por todas las edades, el cual ha de tener lugar en condiciones diferentes, sobre un mundo totalmente renovado (Ap. 21:1: los vocablos *kainòn* y *kainén* = nuevo y nueva, son adjetivos que significan aquí una cosa hecha nueva por *transformación* de la ya existente).

Y ahora nos cita algunos ejemplos, por vía de contraste, entre el Reinado Milenial y el Eterno. Leemos en Isaías 65:20 que los hombres, durante el Reinado Mesiánico, alcanzarán una gran

CONOCIENDO A JESÚS EN EL A. T.

longevidad, pero morirán cuando pequen. Mas acerca del reinado definitivo y eterno de Cristo, se nos dice: «y ya no habrá muerte» (Ap. 21:4). y que el pecado no existirá en tal Reino (Ap. 21:8, 27).

Acerca del Reinado Milenial del Mesías leemos en Isaías 60:9: «Ciertamente a mí esperarán los de la costa, y las naves de Tarsis [...] para traer tus hijos de lejos». Pero del Reino Eterno se dice: «y el mar ya no existía más» (Ap. 21:1). Véanse también Ap. 21:22-23, 25; 22:5.

Allí no habrá ociosidad, sino actividad servicial por parte de los fieles glorificados, pues está escrito: «y sus siervos le servirán» (Ap. 22:3). La gran tarea que le ha sido encomendada a la Iglesia en la eternidad, por medio de los santos del Señor unidos a Él por su obra redentora, es ser testigo de la gracia de Dios a los principados y potestades en los cielos, promoviendo la alabanza de Su gloria, y para proclamar así por todos los ámbitos del Universo la maravilla del amor de Dios y de su Redención (Ef. 1:3, 9-12; 3:10-11; 1ª P. 1:12: «cosas en las cuales los ángeles anhelan alcanzar un vislumbre claro»; los ángeles están interesados en la obra de Dios entre los hombres en la tierra, aunque ellos no tengan parte en el plan de la salvación: Lc. 15:10; 1ª Co. 4:9).

Cada una de las Fiestas conmemorativas de Israel que hemos estudiado en esta sección iba acompañada, como vimos, de sus respectivos sacrificios, según nos lo muestran también los capítulos 28 y 29 de Números. Esto significa que el sacrificio del Señor Jesús acompaña igualmente a cada una de las importantes etapas de la vida espiritual del cristiano. Obsérvese:

Nuestra crucifixión con Cristo para nuestro morir al pecado: la Fiesta de la Pascua: Ro. 6:2, 6, 8, 11; Gá. 2:20; 5:24; Col. 2:20; 3:3, 5; 2ª Ti. 2:11.

Nuestra nueva vida en Cristo: la Fiesta de los Panes sin Levadura: Ro. 6:4; 2ª Co. 4:10; Ef. 2:5; Col. 2:13; 1ª Jn. 3:14.

Nuestra resurrección con Cristo para nuestro andar en la fe: la Fiesta de las Primicias: Ro. 6:5; 8:13; 2ª Co. 4:18; 5:7; Ef. 2:6; Col. 2:12; 3:1-2.

Nuestra vida en el Espíritu: la Fiesta de Pentecostés: Ro. 8:14; 1ª Co. 3: 16; 2ª Co. 1:21-22; Gá. 3:14; 4:6-7.

Nuestra marcha al son de la voz de mando del Señor para proclamar su grandeza y su mensaje de salvación: la Fiesta de las Trompetas: Sal. 71:15; . 95:2-3; Mt. 10:27; Mr. 16:15; Hch. 8:4; 11:20; 16:10

La seguridad de nuestra redención por la obra terminada del Señor y que nos es aplicada por la fe en su gracia: el Día de la Expiación: Jn. 17:4; 19:30; Ro. 3:24; 8:1; 1ª Co. 1:30; Ef. 1:7; Col. 1:14; Tit. 2:14.

La esperanza bienaventurada de nuestro glorioso futuro: la Fiesta de los Tabernáculos: Tit. 2:13; Col. 3:4; 1ª Co. 15:51-54; 1ª Ts. 4:15-17; He. 9:28; Ap. 20:4-6; 21:2-3.

Estos dos capítulos de Números hacen énfasis en el Holocausto continuo, es decir, que típicamente se hace hincapié en el sacrificio ofrecido en la Cruz, por el cual Cristo ha obtenido eterna salvación para nosotros (He. 7:25; 9:12). De ahí que el recuerdo de la obra cumplida en el Calvario no deba ser solamente para ocasiones conmemorativas especiales, sino que debe estar constantemente en nuestro corazón y ante los ojos de nuestra alma. Esto contribuirá a mantenernos despiertos en la fe y conservaremos avivado el gozo de nuestra comunión con Aquel en quien el Padre ha hallado toda su complacencia (Mr. 1:11). Así podremos gozarnos también en las bendiciones de que nos hablan cada una de las Fiestas que acaban de ocupar nuestra meditación.

SEXTA PARTE

TIPOLOGÍA
DE EVENTOS
Y SUS
COMPONENTES

1.

EL ARCA DE NOÉ
COMO FIGURA DE CRISTO

Hemos llegado finalmente a la última sección de nuestro libro, que como las anteriores dividiremos también en respectivos apartados. En nuestra exposición de los correspondientes puntos temáticos, adaptaremos algunos de los bosquejos homiléticos desarrollados por el profesor Braunlin, y una vez más procederemos a complementarlos con aportaciones adicionales tomadas de otras fuentes consultadas a tal fin en la labor de investigación que nos ocupa. Empecemos por considerar la tipología del Arca de Noé.

I. EL ARCA DE NOÉ COMO FIGURA DE CRISTO: GÉNESIS 6 AL 8; MATEO 24:37-39; HEBREOS 11:7; 1ª PEDRO 3:20; 2ª PEDRO 2:5

Antes de entrar en la matización de los detalles típicos del Arca, sirva de introducción el comentario que nos ofrece el Revdo. Scofield al respecto en su *Biblia Anotada*, y que luego desglosaremos siguiendo las sugerencias indicadas por Braunlin.

«El Arca de Noé –nos dice Scofield– es un tipo de Cristo como el Refugio para su pueblo contra el juicio (He. 11:7). Si se aplica de manera estricta, este tipo habla de la preservación, a través de la Gran Tribulación (Mt. 24:21-22), del remanente israelita que se tornará al Señor después de que la Iglesia (representada por Enoc, quien fue llevado al cielo antes del juicio del diluvio) haya sido trasladada de esta tierra para encontrar al Señor en el aire (Gn. 5:22-24; 1ª Ts. 4:15-17; He. 11:5; Is. 2:10-11; 26:20-21). Pero este tipo del Arca puede aplicarse también en la actualidad a la posición del creyente *en Cristo* (Ef. 1).» Y nosotros invitamos al lector a que vea igualmente: 2ª Co. 5:15, 17, 21; He. 10, 14.

La palabra usada en Gn. 6:14 para designar al Arca, *tebath*, describe una especie de enorme caja o cofre; este vocablo es considerado por muchos como originalmente hebreo, mientras que otros lingüistas lo consideran un término de origen incierto. Por ejemplo, se lo hace derivar del egipcio *teb* = cofre, o *tebet* = cestilla; del etíope *teba* = cesta; del asirio *tebîta* o *tebîtu* = nave. La misma palabra hebrea se emplea en Éx. 2:3-5, que la Septuaginta traduce por el griego *thibin* = cestilla, para referirse a la arquilla en la que fue puesto el niño Moisés para salvar su vida. La citada versión griega de los LXX traduce el *tebath* de Gn. 6:14 como *kibotón* = arca, y cuyo término griego es traducido por algunos como «nave».

Carroll comenta acerca del Arca de Noé: «Era el prototipo del Arca (heb. '*aron*) del Pacto, diciendo Dios a Moisés como dijo a Noé: *hazte un arca de madera* (Dt. 10:1). En el Nuevo Testamento, la misma palabra griega *kibotón*, designa ambas construcciones (He. 9:4; 11:7)».

Analicemos ahora los aspectos tipológicos representados en el Arca construida por el patriarca Noé, cuyo nombre hebreo *Noah* parece ser una abreviación de la palabra *noham*, que algunos hacen derivar de *nahum* = confortar; pero es más probable que se derive de la raíz *nah* o *nauh* = consuelo, descanso, quizá aludiendo a lo que se dice en Gn. 5:29: «Éste nos *aliviará*» (heb. *yenahamenu* = dar tranquilidad), lo cual ya señala a Cristo como Aquel que daría verdadero descanso a nuestra alma (Mt. 11:28-29; 2ª Co. 1:5).

1. EL NACIMIENTO DE CRISTO: TIPIFICADO EN EL ORIGEN DEL ARCA

a) La construcción del Arca fue tanto humana como divina: Gn. 6:13-16; 7:5. Dios diseñó el Arca, y Noé ejecutó su construcción.

b) Así el nacimiento de Cristo fue un acto divino y humano: He. 10:5; Mt. 1:18, 20; Lc. 1:35; Gá. 4:4.

c) El diseño del Arca fue una revelación divina para salvación de Noé y su familia: Gn. 6:13, 18; 7:1; 8:16.

d) Así Cristo reveló a los hombres el plan divino de la salvación: Mt. 11:27; Gá. 1:11-12; 2ª Co. 4:6.

2. LA PERSONA DE CRISTO: TIPIFICADA EN LA CONSTRUCCIÓN DEL ARCA

a) El Arca fue construida con maderas de *gofer*: Gn. 6:14. Se ignora qué clase de madera pudiese ser, pues el término es de significación incierta. Alguien ha supuesto que se trataba del cedro, pero más probablemente parece referirse a un árbol de madera resinosa o conífera; de ahí que algunos relacionan la palabra hebrea con el vocablo griego *kypáristos*, que designa al ciprés. Recordemos que la madera de este árbol era famosa por su durabilidad e indestructibilidad, existiendo abundantemente en las montañas de la baja Armenia, el alta Asiria y en los confines del Kurdistán. Ahora bien, la madera tipifica aquí la *humanidad* de Cristo: Sal. 1:3. Como los árboles fueron *cortados* para hacer el Arca, así el hombre Cristo Jesús dio su vida para hacernos salvos: Lc. 19:10; 2ª Co. 5:15; 1ª Ti. 2:5-6; Is. 53:8; Dn. 9:26.

b) El Arca estaba formada por *tres* aposentos o pisos, el uno encima del otro, y cada uno de ellos de *iguales* características que las medidas que se mencionan: Gn. 6:14-16. El hebreo *qinnîm* puede significar nidos, cabinas, celdas, cámaras o compartimientos. Dice Francis A. Schaeffer que debería traducirse mejor como «un sitio para descansar o alojarse». Pues bien, en los aposentos del Arca podemos ver una ilustración de la Trinidad en acción, por que las tres Personas Divinas actúan conjuntamente en la obra de la salvación:

– El Padre ejerce la soberanía y decreta los consejos determinados por la Trinidad; Él formó el plan y revela Su amor: Tit. 3:4; Hch. 2:23; 1ª Co. 15:24-25, 28; Ef. 1:3-6; Jn. 3:16. Como Padre, Dios es *por* nosotros y es *sobre* todos.

– El Hijo ejecuta el plan de los consejos divinos y nos redime: Tit. 3:6; He. 10:7; Jn. 3:13-15; Ef. 1:7; Col. 1:20; 1ª P. 1:20. Como Hijo, Dios es *con* nosotros y es *por* todos.

– El Espíritu Santo desarrolla los consejos divinos, los aplica y nos regenera: Tit. 3:5; Jn. 3:3-8. Como Espíritu Santo, Dios es *en* nosotros y es *en* todos.

c) El Arca fue recubierta «con brea por dentro y por fuera»; brea mineral, asfalto o alguna sustancia betuminosa que, extendida sobre la superficie y endurecida, la haría impermeable. Aunque seguramente se trata aquí del asfalto natural que subía a la superficie de la tierra desde los depósitos de petróleo que tanto abundan en la Mesopotamia de hoy. «Debe notarse que la palabra traducida *brea* en Gn. 6:14 (*koper* = betún o pez, pero que también significa "cobertura" en hebreo) es la misma palabra que se traduce *expiación* en Lv. 17:11. Es la expiación lo que defiende de las aguas del juicio al hombre y hace que la posición del creyente *en Cristo* sea segura y bendita.» (Scofield). Los que entraron en el Arca fueron librados de las aguas del diluvio por la cobertura de brea con que fue calafateada. Y así nosotros, estando *en Cristo*, somos salvos del juicio, porque Él es nuestra cobertura: Ro. 5:1, 9; 1ª Jn. 2:2.

d) El Arca tenía una ventana: Gn. 6:16. La palabra «ventana» aquí es el término hebreo *tsohar* = abertura o techo (levantado), y viene de una raíz que tiene el sentido de «claro», «brillante» o «mediodía»; literalmente significa: «montar (en el cielo) el mediodía» para permitir el paso de la luz y el aire a través del hueco en el remate-cubierta del techo, como una especie de claraboya en la parte superior, que algunos suponen fue hecha de algún material transparente. Otros entienden el texto como si dijera: «dejarás el espacio de un codo entre el techo y las paredes laterales del arca, a fin de dejar pasar la luz y el aire». La frase «la acabarás a un codo de elevación por la parte de arriba» parece una indicación de levantar el techo en el centro, aparentemente para formar un declive a fin de evitar que entrara la lluvia y para hacer correr el agua de encima. Pero «probablemente *tsohar* sea un término que debe interpretarse en una forma colectiva, refiriéndose a aperturas tanto para el aire como para la luz» (Clarke). Derivados de este vocablo tienen el sentido de «resplandecer», «relucir», y un término similar significa «óleo», que se usa para dar luz o para hacer brillar una cosa. Esta palabra no se vuelve a emplear con ese sentido de ventana en todo el Antiguo Testamento. En Gn. 8:6 se usa otro vocablo para indicar una sola ventana: *kalón*, y «posiblemente se refiere a una pequeña ventana particular que Noé había hecho con el fin de observar si la lluvia había cesado» (Truman). Así que la idea que expresa el término *tsohar* es: «harás luz para el arca». Y esto nos sugiere a Cristo como la Luz divina que alumbra al mundo: Jn. 1:4-9; 8:12; 9:5; 12:35-36, 46.

e) El Arca tenía una puerta: Gn. 6:16; sólo una entrada fue provista en un *lado* del Arca. Hoy no es diferente: existe solamente una posibilidad de salvación. Así por el *costado* abierto de Cristo, nosotros tenemos acceso y somos salvos: Jn. 19:34; He. 10:19-20; Jn. 10:9: «Yo soy la puerta; el que por mí entrare, será salvo». Cristo es la única Puerta; no hay otra. Pero notemos que la puerta del Arca fue cerrada por Dios mismo: Gn. 7:16; lit. «y cerró Jehová tras él». ¿Un toque de antropomorfismo, o se sugiere algo más aquí? (Recuérdese el comentario que hicimos de Gn. 2:7, en otro apartado, como una posible teofanía visible del Señor.) Según otra traducción que expresaría mejor el sentido del original: «y Jehová le cubrió alrededor». La paráfrasis del Targum de Onqelos vierte así el texto hebreo: «y la *memra* (palabra) del Señor le cerró la puerta». La *memra* como una personificación del Verbo (Jn. 1:1). Este acto de encerrarle o cubrirle daba a entender que Noé había venido a ser objeto de cuidado y protección especiales por parte de Dios, y que para los de afuera la oportunidad de gracia había terminado (Mt. 25:10 con Ap. 3:7).

3. LA OBRA DE CRISTO: TIPIFICADA EN LA ESTRUCTURA PERFECTA DEL ARCA

Las características dimensionales designadas por el Señor para construirla eran perfectas para que se cumpliera el propósito del Arca: Gn. 6:15. Es de notar, en cuanto a estas medidas, que, después de miles de años de experiencia en el arte de la construcción de barcos, los técnicos navieros tienen que confesar que son todavía las proporciones ideales para construir una embarcación tan grande. En efecto, de acuerdo con la opinión de los técnicos, si se diera al ingeniero más hábil del mundo, en el día de hoy, un encargo igual, de construir una embarcación de tales dimensiones y con capacidad para quedarse plácidamente flotando sobre el mar, con el máximo de estabilidad, y de una construcción tan sencilla como la del Arca de Noé, no le sería posible hacer una embarcación mejor utilizando los elementos rudimentarios de aquella remota época, porque las medidas consignadas en la Biblia son ideales para una estructura de tan enormes proporciones. Es importante tener en cuenta que el Arca no fue construida para navegar, sino simplemente para descansar sobre las aguas, y a fin de dar las mejores y más tranquilas condiciones para comodidad y seguridad de sus ocupantes. Todo esto señala la obra del Mesías y nos enseña la seguridad perfecta de todos en Cristo: Jn. 6:37, 39; 10:28.

a) El Arca era el *único* medio que Dios había provisto para la salvación de Noé y su casa: Gn. 6:13, 18. Así Cristo es el único *medio* provisto por Dios para dar salvación al mundo: Jn. 3:17; 4:42; 10:10; 18:9; 1ª P. 1:5; 3:20-21; 1ª Jn. 4:14.

b) Los que habían de ser salvos del diluvio tenían que *confiar* en el Arca que Dios ordenó preparar: Gn. 6:14; 7:13; He. 11:7.

Solamente Cristo es el Antitipo de esto, y así nosotros debemos confiar únicamente en Su obra perfecta para nuestra salvación: Jn. 14:6; 19:30; Hch. 4:12.

c) El Arca fue un *refugio* seguro contra el juicio divino. Se tenía que estar *dentro* de ella para escapar del juicio. De ahí que sólo Noé y los que estaban con él en el Arca fueron librados del diluvio. Todos los que por falta de fe no entraron en ella, perecieron: Gn. 7:21-27; 8:16, 18. Así Cristo es nuestro Refugio; solamente los que estamos en Él podemos ser salvos: Is. 32:2; Jn. 3:18, 36; Ro. 8:1; 2ª Co. 5:17; Gá. 3:26-27; 1ª Jn. 5:12. Y como Pablo lo expresa también: «vuestra vida está *escondida* con Cristo en Dios» (Col. 3:3 con Is. 26:20-21).

d) El Arca preservó en su interior a cuantas especies de animales entraron en ella, clasificadas como animales limpios o impuros: Gn. 6:19-20; 7:2-4, 8-9, 14-16; 8:17-19. La entrada de todos aquellos animales en el Arca era un símbolo de todos los pueblos y naciones del mundo viniendo a Cristo: Hch. 10:9-16: judíos (limpios) y gentiles (impuros) santificados mediante la obra de Cristo y llevados a la Iglesia, gozando ambos ahora de perfecta igualdad en la familia de Dios: Ef. 2:11-19. Así vemos a Cristo redimiendo a la creación entera: Ro. 8:19-22. Como Noé tomó de todo animal escogido según Dios le mandó, así nuestra elección en Cristo asegura nuestra salvación: Jn. 17:6, 9, 11-12, 24; Ef. 1:4; 2:10; 2ª Ts. 2:13-14.

4. LA ETAPA DE LA VIDA DE CRISTO: TIPIFICADA EN LA HISTORIA DEL ARCA

a) El Arca fue preparada *antes* del diluvio, o sea, *antes* de que se necesitara: Gn. 6:13-14, 17. Así Cristo estaba preparado desde la eternidad, ya antes de su encarnación: Pr. 8:22-31: aquí vemos la Sabiduría de Dios personificada, como si fuera una persona que está junto a Él; compárese con Lc. 11:49; 1ª Co. 2:24, 30; Col. 2:3; 1ª P. 1:19-20.

b) El Arca *pasó a través* de las aguas del diluvio: Gn. 7:11-12, 17-19. Aquí vemos representados los *sufrimientos* de Cristo: Sal. 42:7; He. 2:9; 12:2.

c) El *asentamiento* del Arca *después* del diluvio: Gn. 7:17; 8:2-4. El Arca se posó en la cadena montañosa de Armenia, sobre el monte Ararat. El Ararat es probablemente el reino Urartu en los montes armenios, región que en la actualidad se llama Ara Dagh = «montaña del dedo»; hoy pertenece a Turquía. La posición del Arca en Gn. 8:4 nos habla de la *posición* de Cristo ahora:

– Cristo como Cabeza de una nueva creación: Sal. 8:4-8; He. 2:8-9; Sal. 72:8; Ef. 1:22; Col. 1:18; Gá. 6:15; Ef. 2:10; 4:24 (participio aoristo pasivo: «creado una vez para siempre»).

– Cristo exaltado hasta lo sumo: Fil. 2:9-11; He. 1:3-4; 8:1; 10:12-13. Carroll llama la atención a un interesante detalle mencionado en el *Speaker's Commentary* acerca de Gn. 8:4, donde se nos dice que el Arca descansó sobre el monte Ararat, y nos da la fecha. «Según el año judaico observado en esta narración, el arca descansó el día decimoséptimo del séptimo mes. En ese mismo día, más tarde, los israelitas cruzaron el Mar Rojo; y en ese día, más tarde, Cristo se levantó de entre los muertos. Podríamos indagar si había alguna conexión entre el descanso del arca y el paso del Mar Rojo y la resurrección de Cristo».

Braunlin corrobora este dato diciendo en una nota: «El arca se asentó en lo más elevado del Ararat el día 17 del séptimo mes, esto es, el 17 de Abib (Nisán), fecha en que Cristo fue levantado de la tumba (Gn. 8:4; Éx. 12:2-3; Dt. 16:1; Mt. 26:2; 27:62-63; 28:1)».

5. EL SIGNIFICADO PROFÉTICO DE LAS OCHO PERSONAS QUE ESTABAN EN EL ARCA: GN. 6:10, 18; 7:7; 8:18; 1ª P. 3:20

Estos ocho ocupantes del Arca tienen un triple significado profético, según explica Wim Malgo. Dice este autor:

a) Indican a Jesucristo mismo, porque el *8* es el número de su nombre; los valores numéricos de las distintas letras griegas de su nombre suman 888: *Iesous*: 10-5-200-70-400-200 = 888.

b) Representan a Israel, porque esta nación pasará por la Gran Tribulación y será salvada en medio de ella.

c) Señalan a todas las naciones que poblarían el mundo, pues los tres hijos de Noé son presentados en Gn. 9:18-12 como un rápido trazado genealógico-etnológico, como un tronco-origen de toda la humanidad que de nuevo iba a extenderse por toda la tierra después del diluvio. (Véase Génesis 10 y 11.)

– *Sem*: significa nombre, renombre o fama; parece aludir al carácter renombrado de la raza privilegiada semita, de la que había de salir el pueblo elegido.

– *Cam*: significa quemado u oscurecido por el sol; parece aludir al color moreno de la piel de los camitas.

– *Jafet*: significa extensión o Dios engrandecerá; parece aludir a la expansión y al engrandecimiento de sus descendientes, quienes se esparcieron y poblaron las islas y costas del Mediterráneo.

ANEXO COMPLEMENTARIO: EL GRAN DILUVIO UNIVERSAL: GN. 6:17; 7:10-23

Muchos creyentes piensan que el diluvio de los días de Noé fue sólo un diluvio local, confinado geográficamente a una parte de Mesopotamia. Pero esta idea no tiene apoyo en la Escritura, sino que viene de las falacias del evolucionismo. A la luz del relato bíblico podemos afirmar categóricamente, desde el punto de vista históri-co y científico, que el diluvio de Noé cubrió toda la Tierra; bajo sus aguas devastadoras el mundo de aquel entonces pereció anegado en ellas. De ahí que sea importante hacer observar que la palabra hebrea para «diluvio», en Gn. 6:17, es *hammabbûl*, de una raíz que significa «destrucción», y este vocablo no se usa nunca para referirse a otra clase de inundación, por lo que expresa algo único en su género. Otros diluvios son descritos con otras palabras en el original. La versión de la Septuaginta griega traduce *kataklysmon* = catástrofe, cuyo término significa henderse, agrietarse, resquebrajarse; lit.: «abalanzándose hacia abajo». La frase «diluvio de aguas» debería traducirse propiamente por «catástrofe de aguas».

Pero el profesor Dr. C. Theodore Schwarze aporta una información interesante. Nos dice que la palabra hebrea *mayan*, traducida «fuentes» en Gn. 7:11, y «vertientes» en otros lugares, viene de *ayin*, que significa «ojo», y se usa en este sentido unas quinientas veces, como por ejemplo así es traducido dicho término en Gn. 3:5 y 7. Por lo tanto, en Gn. 7:11, «fuentes» probablemente significa algo que estaba descendiendo impetuosamente. Y el mencionado profesor cita a Marlow, que en su libro *Book of Beginnings* traduce este versículo de la siguiente manera: «aquel mismo día todas las fuentes de agua del gran abismo fueron *repentinamente rotas con tremendas rajaduras*». Es decir, «se rajaron todas las aguas del gran *tehôm*» = abismo o depósito de las aguas superiores que habían sido separadas de las aguas inferiores, y que hasta entonces habían permanecido en estado de suspensión «sobre la expansión» de los cielos (Gn. 1:7).

El texto de Gn. 7:11 podría referirse, pues, a una gran acumulación de aguas sólidas que, según algunos intérpretes, formaban un denso manto de hielo, una masa compacta que estaba suspendida en el espacio alrededor de la Tierra antes del diluvio, que actuaba como capa protectora contra las radiaciones actínicas del sol, y que al resquebrajarse se precipitó hacia abajo, descendiendo en forma de lluvia. La palabra *hammabbûl* aparece sólo otra vez en el Salmo 29:10 y se refiere únicamente al diluvio de Noé.

También debe notarse que, en Gn. 7:11, la palabra «cataratas», en hebreo *arubbah* o *arubboth*, se traduce en otras versiones como «ventanas» o por «compuertas». En cuanto al vocablo «lluvia», en Gn. 7:12, el término hebreo *gesem* indica una lluvia torrencial violenta, un aguacero impetuoso y constante.

Vemos otro detalle interesante en Gn. 10:25, donde se hace mención de una consecuencia geológica del diluvio: «fue *dividida* la tierra». *Peleg* significa «división», y nos informan los entendidos que este nombre viene relacionado con *niplega* (gr. *phalek*), lit.: «se dividió». Puesto que lo que se dice en el v. 5 del mismo capítulo es un hablar en forma anticipada (prolepsis), parece evidente que en el

v. 25 se está haciendo referencia a una división física violenta, no política, de repartición de tierras. Es decir, se alude aquí a la separación de los continentes y las islas de la tierra principal, habiendo estado la tierra unida al principio en un solo gran continente, antes de los días de *Peleg*. En efecto, *palag* significa dividir mediante el recurso de ejercer presión o fuerza sobre el objeto que va a ser dividido, o sea, dividir por escisión o hendidura. Según los especialistas, la palabra que significa dividir repartiendo, en el sentido de compartir, partir, repartir o distribuir, es *chalak*.

Así, pues, se hace evidente que el diluvio fue causado no sólo por las lluvias torrenciales, sino también por las aguas de los mares primitivos, que, probablemente a causa de un cataclismo en sus inmensas profundidades, subieron en gigantesco oleaje hasta desbordarse e inundar la tierra. Los astrónomos han calculado, de acuerdo con las leyes de la mecánica celeste, que existió, entre las órbitas de Marte y Júpiter, un planeta de dimensiones análogas a las de la Tierra y del que hoy sólo queda polvo cósmico y asteroides diseminados por el espacio. Posiblemente esta catástrofe sideral coincidió con el diluvio bíblico, ya que en todo el sistema, y especialmente en los planetas vecinos, por el rompimiento de su equilibrio tuvo que provocar gravísimas perturbaciones. Los hombres de ciencia admiten la posibilidad de que un cataclismo cósmico de tal magnitud alterase la inclinación del eje terrestre, cuyo fenómeno provocó que el mar primitivo o mares se volcaran hacia la tierra seca, quedando el globo terráqueo completamente cubierto por las aguas. Así se cumplió históricamente el juicio divino, como volverá a cumplirse en un futuro bajo el diluvio de fuego (2ª P. 3:5-13).

NOTA ADICIONAL

Asimismo, sin pretender expresarnos dogmáticamente, conseguimos ver indicaciones sugestivas de simbología profética en el capítulo 5 del libro de Génesis. Esta porción es toda una cronología bíblica de carácter típico. Adán, Set, Enós, Cainán, Mahalaleel y Jared, antepasados de Enoc, vivieron, engendraron y murieron. Pero Enoc (Gn. 5:24; He. 11:5) fue el primer hombre que no murió: «De éstos también profetizó Enoc, *séptimo* desde Adán, diciendo: He aquí, vino el Señor con sus santas decenas de millares» (Jud. 14). Enoc no sólo profetizó, sino que –como dice A. J. Gordon– él mismo fue una profecía, un prototipo de los que serán trasladados sin pasar por la muerte (1ª Ts. 4:15-17). Y su cifra perfecta recuerda el plan de salvación de Dios que se desarrollaría a través de *siete* dispensaciones. Enoc fue alzado antes del diluvio. La Iglesia será levantada antes de la Gran Tribulación (1ª Ts. 1:10; 5:9; Ap. 3:10). Noé pasó a través del diluvio y por su fe fue resguardado del juicio y preservado con toda su familia (He. 11:7). Israel pasará por la Gran Tribulación y será salvo (Ro. 11:25-32). Después del diluvio se inauguró una nueva era (Gn. 8:20-22; 9:1, 7-17). Después de la Gran Tribulación principiará la dispensación del Milenio (Ap. 20:1-10).

Una representación gráfica del Arca de Noé, según diseño elaborado por los mejores investigadores, y cuya estructura presenta una amplia tipología mesiánica.

2.

EL MANÁ
COMO FIGURA DE CRISTO

ÉXODO 16; NÚMEROS 11:4-9; DEUTERONOMIO 8:3

Y 16; JUAN 6:25-63; 1ª CORINTIOS 10:3-11

En esta misteriosa sustancia que formaba el Maná, encontramos otro prototipo del Mesías. La enseñanza en el Evangelio de Juan 6 nos muestra claramente la relación antitípica del verdadero Pan de Vida con el Maná que Dios envió a su pueblo. Según esta enseñanza, el Maná era un símbolo de Cristo, quien siendo «el pan vivo» vino del cielo para dar vida al mundo (Jn. 6:32-35, 48, 51); pero a la vez, por extensión, también simboliza la Palabra escrita de Dios como alimento del alma. El significado tipológico mesiánico del Maná incluye el sostenimiento espiritual por alimentarnos diariamente de la Palabra escrita, que nutre y fortalece nuestra nueva naturaleza interior, y escudriña todo nuestro ser (Ro. 7:22; 2ª Co. 4:16; He. 4:12). Dios nos ha provisto su Palabra, personificada en el Verbo, como alimento espiritual. La Palabra de Dios es para nosotros la única palabra fiable que nos promete la vida eterna por confiar en Cristo.

La peregrinación de los israelitas por el desierto, al salir de Egipto rumbo a Canaán, nos dice Juan C. Varetto que representa la experiencia de la Iglesia peregrinando en el desierto espiritual de este mundo. Por eso el apóstol Pablo, al mencionar los episodios narrados en el libro de Éxodo, dice que «estas cosas les acontecieron como ejemplos para nosotros [...] y están escritas para amonestarnos a nosotros» (1ª Co. 10:6 y 11).

Cristo, el Pan que descendió del cielo, es nuestro Maná. Cuando los creyentes descuidamos la alimentación del alma, caemos en enfermedades morales y espirituales (Sal. 6:2-4, 6-7; 1ª Co. 11:30). De ahí que el creyente deba alimentarse espiritualmente cada día, al igual como lo hacemos físicamente para mantener el cuerpo en estado saludable. La lectura de las Escrituras, su estudio y meditación, así como el hábito de la oración, forman parte de nuestro alimento espiritual. El ejemplo del Señor Jesús: Mr. 1:35; el alimento que Él tomaba: Jn. 4:32-34.

Procederemos a examinar el hecho de la caída del Maná siguiendo las valiosas indicaciones que tomamos prestadas del bosquejo homilético propuesto por Braunlin, que ampliaremos introduciendo sugerencias enriquecedoras aportadas por Truman, adaptándolas convenientemente con permiso de Editorial Clie, y que complementaremos intercalando comentarios adicionales, fruto de nuestras propias observaciones.

DETALLES TÍPICOS DEL MANÁ

Pasemos a la exposición de los detalles típicos concernientes al Maná:

1. *El nombre del Maná contempla la persona de Cristo*: Éx. 16:31: *Man-hû* = ¿Qué es esto?; Mt. 21:10: *Tís estin outos* = ¿Quién es éste?

2. *El Maná fue enviado al pueblo de Dios en medio de un árido desierto*: Ex. 16:3, 32; Jer. 2:6. Los israelitas no pudieron hallar alimento en aquel desértico paraje.

Así Cristo fue enviado a su pueblo en medio de un mundo árido espiritualmente, donde vivió durante tres años y medio: Is. 55:1-3; Mt. 1:21; Lc. 9:58; 22:19-20; Jn. 3:14; 2ª Co. 8:9;

1ª Jn. 2:16. Tampoco el creyente recibe ayuda espiritual de este mundo.

3. *El Maná era un don de Dios de origen celestial*: Ex. 16:4, 15; Jn. 6:31. Fue dado a Israel como una provisión sobrenatural divina.

Así Cristo vino a nosotros como un Don del cielo: Jn. 3:16; 6:33, 48-51; 8:23; 17:14; Ef. 2:8; 4:10; 1ª Co. 15:47-48; 2ª Co. 9:15.

4. *El Maná daba a los hijos de Israel una lección de confianza continua en la providencia de Dios*: Éx. 16:21; Dt. 8:3; Neh. 9:15; Sal. 78:24-25; Pr. 30:7-9.

Así lo hace también Cristo proveyendo las necesidades de los suyos, tanto en lo material como en lo espiritual: Mt. 6:11; Jn. 6:32, 58, 53; 2ª Co. 9:8; Fil. 4:19.

5. *El Maná caía sobre el rocío*: Ex. 16:13-14; Nm. 11:9. El Maná no tocaba la tierra, que había sido maldecida (Gn. 3:17), hasta que era refrescada por el rocío. Es decir, el rocío descendió primero, y el Maná cayó encima. «El rocío quizá sirviera para enfriar el suelo, a fin de que el maná, al descender sobre la tierra, no se disolviera, pues encontramos en el v. 21 que el calor del sol lo derretía. Al ser enfriado el suelo lo suficiente por el rocío, permitía que el maná quedara sin derretirse el tiempo necesario para que los israelitas recogieran la cantidad que necesitaban para su uso diario.» (Clarke).

Dos enseñanzas importantes se sugieren aquí por vía típica. Primeramente, el hecho de que el Maná no tocara la tierra seca, nos habla de que Cristo no participó de la humanidad caída: Is. 53:9; Lc. 1:35; 2ª Co. 5:21; He. 7:26.

Pero además, el rocío habla simbólicamente del ministerio del Espíritu Santo, quien revela a Cristo en el corazón del creyente consagrado, y obra en el incrédulo para convencerlo de su estado pecaminoso. Así, en ambos casos, el Espíritu Santo ayuda al hombre a discernir el verdadero Pan de Vida: Jn. 6:31-35; 16:8-13; 1ª Co. 2:10; Ge. 1:15.

6. *El Maná caía durante la oscuridad de la noche*: Éx. 16:12-14; Nm. 11:9.

Cristo volverá al mundo cuando la humanidad se encuentre en la noche más oscura de su maldad, al final de la Gran Tribulación, aunque habrá luz para los fieles: Is. 29:18; 60:2-3; Mt. 24:12, 21, 29-30; 25:6; Ro. 13:12; Ef. 5:11; 1ª Ts. 5:4-5; 1ª Jn. 5:19; Ap. 1:7.

7. *El Maná se recogía temprano en la mañana*: Éx. 16:21.

Es provechoso tener un tiempo devocional a primera hora del día: Sal. 57:8; 63:1; 88:13; Pr. 8:17; Jer. 15:16; Mr. 1:35.

8. *El Maná no fue producto del trabajo de la mano del hombre*: Éx. 16:4,16-18. Era obtenido por Israel mediante la labor de recogerlo diariamente, y para cogerlo tenían que *inclinarse* hacia tierra.

Así el creyente debe nutrirse del alimento espiritual que le viene cada día de Cristo y su Palabra: Jos. 1:8; Jn. 6:27, 54, 58; Col. 2:10: lit.: «habéis sido llenos, habéis alcanzado plenitud»; 2ª P. 3:18. Y la *humildad* es necesaria para comprender las riquezas escondidas en la Palabra de Dios: Sal. 22:26; 119:18; 149:4; Pr. 2:1-12; Col. 2:2-3.

9. *El Maná anunciado por Dios no fue reconocido por Israel*: Éx. 16:4, 14-16. Dios mismo tuvo que hacer saber a los israelitas qué era aquella misteriosa sustancia que llovía del cielo: Éx. 16:15.

Así cuando vino el Mesías anunciado por Dios no fue reconocido por su pueblo ni por el mundo: Is. 53:3; Mt. 21:10-11: sólo veían en Él un profeta; Mr. 8:31; Lc. 4:28-29; Jn. 1:10-11; 7:7; 15:18. Dios mismo tuvo que revelar quién es Cristo: Mt. 3:17; 16:16-17; Lc. 24:24, 44. Y las profundidades de las Escrituras tampoco son comprendidas por los incrédulos: Jn. 14:17; 1ª Co. 1:18; 2:14.

10. *El Maná fue despreciado también por la gente extranjera*: Nm. 11:4-6 (heb. *hasaphsuph* = gente «reunida» o «juntada»), y

este término sugiere la idea de grupos heterogéneos que se mezclaron con el pueblo de Israel. El texto sagrado hace mención de esos extraños en diferentes lugares: Éx. 12:38; Lv. 24:10. Serían gentes que, no encontrándose satisfechas en el valle del Nilo, aprovecharon el éxodo de los hebreos para unirse a ellos y recobrar una libertad de la que no gozaban allí; pero desecharon el Maná, como lo hicieron igualmente los israelitas cuando se cansaron de él, deseando volver a alimentarse de la comida de Egipto, quejándose de la provisión del Señor y diciendo: «nuestra alma detesta este alimento tan miserable» (Nm. 21:5).

El inconverso tampoco aprecia las verdades bíblicas: Jer. 36:23; Hch. 17:32; 26:28; 28:24-27.

11. *El Maná tenía que ser comido enteramente*: Éx. 16:4,13, 15, 21, 35. Formaba parte del alimento cotidiano de Israel, y por eso duró cuarenta años, hasta que el pueblo terminó sus jornadas de marcha por el desierto. El singular colectivo «la codorniz», en hebreo *selaw*, de *salah*, significa quieto, cómodo o seguro, por vivir descansadamente de esta especie de volátiles en los campos de maíz.

Así la provisión espiritual del Señor basta y es idónea para toda la vida del creyente, y durará hasta el fin de nuestra peregrinación terrenal: Job 23:12; Sal. 1:2; Jer. 15:16; Ef. 3:20; He. 5:14; 1ª P. 2:2-3.

Si el Maná nos hace contemplar el Pan de Vida, las codornices nos hablan de la quietud y seguridad del creyente que descansa en el Señor: Éx. 33:14; Sal. 23:2; 61:4; 78:52-53; Mt. 11:28; Ef. 3:12.

12. *El Maná no podía ser almacenado*: Éx. 16:19-24. El Señor suministraba la porción necesaria para cada día; pero si se guardaba, se corrompía.

Así los creyentes debemos compartir con otros el provecho de la Palabra de Dios y su mensaje de salvación: Jn. 4:39; Hch. 5:42; 8:4; 15:35; 1ª Co. 9:16; 12:7: lit.: «para el bien (o «provecho») común». Aquí se refiere a los dones del Espíritu.

13. El Maná fue preservado en el Lugar Santísimo del Tabernáculo: Éx. 16:32-34; He. 9:3-4. Por mandato del Señor había de ser colocado y guardado «delante de Jehová» como testimonio de la gracia de Dios. La urna que contenía aquella sustancia nutritiva fue depositada en el Arca del Pacto, quedando así el Maná ocultado en ella, porque su verdadero significado –el Pan de Vida que descendió del cielo– fue escondido a Israel en aquel tiempo. Pero un día será manifestado ante Israel lo que representa, pues el Señor hace esta promesa: «Al que venciere, dará a comer del maná escondido» (Ap. 2:17 comparado con 2ª Co. 3:14-16).

Así Cristo ha sido exaltado a la diestra de Dios, en el Lugar Santísimo celestial, donde permanece oculto en su presencia como Mediador, y las bendiciones espirituales que los creyentes recibimos de Él sirven para recordar sus bondades: Dt. 4:9; Sal. 31:19; 103:2; Lc. 24:51; Ro. 8:34; Ef. 1:3; 2:7; Fil. 2:9; 1ª Ti. 2:5; He. 9:11-12, 24; 12:2.

14. *La gloria del Señor fue relacionada con la entrega del Maná*: Éx. 16:7 y 10. Es importante notar, como muy bien observa Clarke, que aquí se habla de «la gloria de Jehová» como algo distinto del mismo Jehová, porque se dice que «él (la Gloria) ha oído vuestras murmuraciones contra Jehová»; aunque aquí Jehová podría ponerse por sí mismo, el antecedente en vez del relativo. Este pasaje puede recibir alguna luz de Hebreos 1:3, donde leemos: «el cual, siendo el resplandor de su gloria, y la imagen misma de su sustancia». Y puesto que estas palabras del escritor sagrado se refieren al Señor Jesús, ¿no sería posible que las palabras de Moisés también se refirieran a Él? «A Dios nadie le vio jamás; el unigénito Hijo que está en el seno del Padre, él le ha dado a conocer» (Jn. 1:18). Por lo tanto, bien podemos inferir que Cristo era el agente visible en todas las intervenciones sobrenaturales que acontecieron tanto en los tiempos patriarcales como bajo la Ley.

En cuanto a la gloria del Mesías como siendo el resplandor de toda la gloria de Dios manifestada visiblemente, véanse Jn. 1:14; 2ª Co. 4:6; 2ª P. 1:16-18.

ANEXO COMPLEMENTARIO

He aquí algunas características peculiares del Maná que muestran otros aspectos del Mesías:

a) El Maná era *pequeño*: Éx. 16:14. Esto habla de la humildad de Cristo y de que Él no tenía ningún atractivo para muchos: Is. 53:2-3; Jn. 1:11; Mt. 11:29; Fil. 2:7.

b) El Maná era *redondo*: Éx. 16:14. Una cosa circular es una superficie sin principio ni fin, y esto nos hace contemplar la eternidad de Cristo: Jn. 1:1-2; 8:58; Col. 1:17. Pero además, esa figura geométrica perfecta sugiere también la simetría perfecta de la Biblia, entera y completa: Sal. 19:7; 2ª Ti. 3:14-17; Stg. 1:21-25; Jud. 3; Ap. 22:18-19. En los días de hoy, Dios no da revelaciones adicionales en el sentido bíblico: 1ª Co. 13:8-10.

c) El color del Maná era *blanco*: Éx. 16:31 (heb. *labán*); esto habla de pureza. En Nm. 11:7 se añade que el Maná tenía la apariencia del *bedólak* = bedelio, un arbusto resinoso balsámico en forma de pequeños granos blanco-amarillentos, y cuyo término se usa también para designar una perla blanca. Sugiere la santidad de Cristo y la pureza de la Palabra de Dios: Sal. 12:6; 19:8; 119:140; Pr. 30:5; Is. 53:9; 2ª Co. 5:21; He. 4:15; 7:26; 1ª Jn. 3:5.

d) El sabor del Maná era *dulce* como la miel: Éx. 16:31. Nos habla del carácter dulce del Señor y de la dulzura de la Palabra de Dios: Sal. 19:10; 34:8; 104:34; 119:103. Para el creyente las delicias de la Palabra son como la miel al paladar.

e) El Maná era *molido*: Nm. 11:8. Sugiere las aflicciones de Cristo; Él sufrió durante su vida y en su muerte: Is. 53:5, 7; 63:9; Mt. 26:37-38; 27:26-31; He. 12:2-3; 1ª P. 1:11.

f) El Maná que se guardaba para el sábado, se conservaba *incorruptible*: Éx.16:23-24. Así Cristo no vería corrupción: Sal. 16:10; Hch. 2:24, 27, 31-32.

g) El Maná tenía propiedades *nutritivas* y como tal sustentaba a quienes lo comían: Éx. 16:15-16; 1ª Co. 10:3. Así Cristo es el Sustentador del creyente, y su Palabra es el alimento espiritual sólido que nutre nuestra fe: Jn. 6:53-58; He. 5:14; 12:2.

h) El Maná era *suficiente*: Éx. 16:17-18. La obra de Cristo es suficiente para nuestra salvación: Jn. 17:4; 19:30; Hch. 4:12.

APLICACIONES

– El hecho de que el Maná se encontró cerca de la gente (Éx. 16:13-14) nos habla de que la Palabra de Dios se halla siempre al lado del creyente: 1ª P. 2:2; 2ª P. 1:19.

– El hecho de que la necesidad diaria determinaba la cantidad de Maná que cada uno debía recoger (Éx. 16:16-18) nos habla de que, cuanto más deseo tenga el creyente de conocer mejor a Cristo, tanto más crecerá espiritualmente: Col. 2:10; 2ª P. 3:18.

– El hecho de que los israelitas se cansaron del Maná (Nm. 11:4-6), como ocurre hoy con algunos creyentes carnales, nos habla de que nosotros no debemos cansarnos del buen alimento espiritual: 2ª Ti. 4:3-4 comparado con He. 10:39.

– En conclusión: los cristianos debemos buscar siempre el sano alimento que nos provee el Señor: Sal. 23:1-2, 5; Jn. 6:27, 34; 10:9-10.

3.

LA ROCA HERIDA
COMO FIGURA DE CRISTO

ÉXODO 17:1-7; NÚMEROS 20:1-13; DEUTERONOMIO
32:3-4, 15, 18; IS. 48:21; 1ª CORINTIOS 10:4

Otro tipo similar al que hemos visto en relación con el Maná, lo encontramos ahora en la Roca golpeada y el agua que brotó de ella. La Roca Herida es también un prototipo del Mesías, una representación de su muerte, y contempla además el derramamiento del Espíritu Santo y la vida que se recibe por medio de Él, como resultado de la redención consumada en la Cruz. En otras palabras, el Maná habla de la encarnación, cuando Cristo llegó a ser el Pan de Vida: Jn. 6:35; entonces fue golpeado para ser el Agua Viva: Jn. 4:10-11; 7:38. (Mt. 26:67-68; Lc. 22:63-64).

En este estudio haremos un análisis detallado de todo lo concerniente al significado tipológico de aquellas dos Rocas, según nuestra adaptación de las indicaciones sugeridas por los expositores consultados al respecto, entre los cuales merecen destacarse una vez más Braunlin y Truman, pues a ellos nos hemos remitido especialmente.

1. LA ROCA EN HOREB: LA PERSONA DE CRISTO: ÉX. 17:6

La palabra para «roca» aquí es *tsur*. Dios se identifica con *la* Roca, esto es, dirigió la atención de Moisés a una *Roca* particular, no cualquier roca. Como observa Truman, Dios mismo estaba sobre la Peña en Horeb: v. 6 comp. con Is. 53:4-5. La frase *omed lefanéka* = delante de ti, habla aquí de la condescendencia del Señor, pues se presenta como un siervo delante de su amo, esperando sus órdenes, dispuesto a ayudar a Su pueblo murmurador: Sal. 78:15-16 comp. con Is. 48:21. El título de «Roca» se aplica a Dios: Dt. 32:15; 2º S. 22:2; Sal. 95:1. Pero Isaías habla proféticamente de Cristo «como sombra de gran peñasco en tierra calurosa» (32:2).

El primer episodio tuvo lugar en el desfiladero de Refidim, al norte de la península de Sinaí, en la región del monte Horeb, otro pico perteneciente a la misma cadena montañosa del Sinaí, y ocurrió al principio de las jornadas de Israel. Resulta interesante fijarnos en el hecho de que los nombres que se dieron a aquel lugar fueron: *Massah* y *Meribah*: Éx. 17:2 y 7. Son derivados de verbos. *Massah* es el sustantivo del verbo que significa «tentar» o «probar». *Massah*, pues, significa tentación, prueba, como se ve en el v. 7. En el v. 2 el verbo «altercar» tiene a *Meribah* como su sustantivo, y la significación es sugerida por dicho verbo. *Meribah*, pues, significa una altercación (contienda, querella) o rencilla, por razón de que los hijos de Israel altercaron con Moisés y tentaron al Señor (Carroll).

Por otra parte, Bartina agrega también que *Massah* significa «poner a prueba» *(nissah* = tentar), en cuanto que Dios puede poner a prueba al hombre para que demuestre si es capaz de serle fiel; y recíprocamente, el hombre, con su proceder pecaminoso, pretende poner a prueba a Dios, exigiéndole alguna manifestación milagrosa de su omnipotencia (Ro. 1:21, 28; He. 3:7-11). Y continúa comentando Bartina que *Meribah* significa «proceso de justicia» *(rîb mrybh),* con la idea de proceso legal o juicio (Jer. 2:9; Os. 4:1), y con la connotación de contienda o disputa; pero aquí se toma en un sentido más general de oposición violenta. La misma palabra se traduce «provocación» en Hebreos 3:8.

El antitipo nos muestra que Cristo es nuestra Roca: Sal. 18:2; Is. 32:2; 1ª Co. 10:4; 2ª Co. 5:19. La figura de la roca habla de fortaleza, firmeza y permanencia. Los decretos del Señor y el plan de salvación fueron dispuestos para siempre; sus propósitos son inalterables y, por ende, inamovibles: Ro. 11:29; He. 7:21. Una roca sugiere también eternidad e inmutabilidad, que son atributos esenciales de Dios y de Cristo: Sal. 90:1-2; 102:25-27; Mi. 5:2; He. 1:10-12; 13:8; Stg. 1:17.

2. LA ROCA HERIDA: LA OBRA REDENTORA DE CRISTO: ÉX. 17:5-6

En Horeb, Dios mandó a Moisés que golpeara la Peña con su vara; no le ordenó herir a los rebeldes que murmuraron. La vara de Moisés, obradora de prodigios sobrenaturales mediante el poder divino, llamada a veces «la vara de Dios» (Éx. 4:20), era la vara de justicia, pues ella es símbolo de juicio: Éx. 7:17, 20; 8:16; 9:23; Sal. 2:9; Ap. 2:27; 12:5; 19:15. Por lo tanto, lo que más nos interesa aquí es la Roca golpeada por la vara de justicia. Pero es igualmente interesante notar, comparando Éx. 17:6 con Nm. 20:6, que la nube de la gloria de Dios se posó sobre la Peña que iba a ser herida, así como la estrella se detuvo sobre la casa donde estaba el Salvador: Mt. 2:9.

Así vemos aquí, prefiguradamente, a Cristo sufriendo y muriendo: Is. 53:4; Zac. 13:7; Hch. 2:23. La Roca Herida habla de la herida infligida a «la simiente de la mujer» (Gn. 3:15), o sea, Cristo crucificado. El golpe del juicio divino cayó sobre Cristo; Él vino para sufrir el castigo del pecado. La hendidura de la Roca sugiere el costado herido de Cristo: Jn. 19:34. Los beneficios que vinieron de Cristo se originaron por ser herido Él. Pero notemos que la Peña señalada por Dios fue golpeada una sola vez en Horeb. Así Cristo sería herido *una vez para siempre*: He. 7:27; 9:28; 10:10. Y de su costado brotaría sangre y líquido acuoso: linfa.

No necesita ser otra vez crucificado porque no puede volver a morir. El Verbo encarnado –nuestra Roca– recibió el golpe del castigo de nuestros pecados, cumpliéndose en Él la justicia de

Dios: Is. 53:6; 2ª Co. 5:21. El costado abierto de Cristo es el Refugio provisto por Dios. Los que estamos resguardados en Cristo, no recibimos daño y la maldición no puede alcanzarnos. Las llagas del Señor nos abrieron el cielo (Is. 53:5; Hch. 7:55-56), pues la sangre redentora que brotó de sus heridas es la fuente de las inmensas riquezas de la gracia que fluye a raudales de nuestro Salvador.

3. EL AGUA DE LA ROCA: LA OBRA DEL ESPÍRITU SANTO: ÉX. 17:6; NEH. 9:15; SAL. 105:41

Es importante el hecho de que las aguas no manaron de la Peña hasta *después* de haber sido herida. El agua corriente simboliza al Espíritu Santo; el agua en reposo es símbolo de las Escrituras.

Cristo, después de su muerte, envió al Espíritu Santo: Jn. 7:37-39; 16:7; Hch. 2:18, 33. El Espíritu Santo no vino hasta que Cristo fue muerto, resucitado y ascendido a los cielos. Así se establece una relación entre la crucifixión y la venida del Espíritu Santo en el día de Pentecostés: Jn. 19:34; Hch. 2:1-4. El agua que salió del costado de Cristo sugiere su gracia abundante. De ahí que el agua que brotó de la Roca sea tipo de los «ríos de agua viva» de los cuales habló Jesús cuando se refirió al antitipo: el Espíritu que habían de recibir del Mesías los que creyesen en Él. Y esta experiencia está al alcance de todos los sedientos que quieran beber del Agua de Vida: Jn. 4:14; Ap. 22:17.

La Roca de Dios es, pues, otra provisión espiritual para que los verdaderos hijos de Dios puedan apagar su sed. Por eso la abundancia de aguas que vertió la Roca Herida simboliza el refrigerio que, en virtud de la gracia divina, viene por medio del Espíritu Santo para suplir las necesidades espirituales del pueblo del Señor.

«Así como el agua vivificante brotó de la roca, igualmente la vida eterna proviene de la Roca, Cristo Jesús. Así como el agua estaba allí para todos los que bebieran de ella, también la salvación está disponible para todos los que se apropien de ella por la fe: Jn. 1:12. Y así como el agua sacia la sed, también se sacia para siempre la sed espiritual por la fe en Cristo: Nm. 20:8; Jn. 4:14.» (Nota de la Biblia de Editorial Caribe.) Así vemos, por tanto, que siendo la Roca Herida un prototipo de Cristo, la vida eterna que Él ofrece está al alcance del que la quiera: Is. 55:1; 1ª Co. 10:4. Y asimismo, el poder que necesitamos para nuestra vida cristiana, simbolizado también por el Agua de la Roca, nos viene igualmente mediante la acción del Espíritu obrando en nosotros: Lc. 24:49; Hch. 1:8.

4. LA ROCA EN QADÉS: NUESTRO ACCESO AL SEÑOR: NM. 20:1, 7-8

Si Horeb significa «yermo», «desierto», «sequía», «espinas» (Jn. 19:2, 28), *Qadés* significa «santo» (Lv. 11:44-45; Hch. 2:27; 4:14). Dios manda ahora *hablar* a la Roca después de haber sido herida en Horeb. Vimos como allí el Señor dijo a Moisés que golpeara la Peña; pero aquí le ordena hablarle, no que la hiriese. Se trata de dos casos completamente distintos, aunque ambos lugares se llamaron Meribah por causa de la similitud de las circunstancias. Este segundo episodio ocurrió en Qadés, región situada en el extremo sur de Hebrón, por cuyo territorio deambularon los hijos de Israel durante treinta y siete años, después de vagar por el desierto (Nm. 33:37; Dt. 1:46), volviendo al lugar donde sus padres habían tentado antes a Dios, el mismo sitio en el que murió María, la hermana de Moisés, y muy cerca del monte Hor, donde también murió Aarón (Nm. 20:22-29; 33:37-39).

La Roca, en los dos casos, tipifica a Cristo. Pero la palabra para «roca» es aquí *sela,* y designa una roca elevada, lo cual nos habla de la resurrección de Cristo y de su exaltación en el Cielo. Así vemos a nuestro Señor Jesús levantado de entre los muertos y exaltado con la diestra de Dios: Hch. 5:30-32. En cuanto a la vara que Moisés tenía en esta ocasión, era la vara sacerdotal que pertenecía a Aarón, la cual estaba depositada en el Tabernáculo: Nm. 17:10; 20:8-9.

La Roca que había suministrado agua al pueblo durante aquellos años de deambular por el desierto seguía acompañando a los hijos de Israel aún, y solamente necesitaban hablar a la Peña como Dios les había mandado que hicieran. Así, después de haber sido muerto y resucitado, Cristo nos acompaña y podemos recibir los beneficios que se derivan de hablarle en oración, por cuanto Él ejerce su mediación sacerdotal a nuestro favor: Sal. 55:16-17; Jn. 4:10; Ro. 6:9-10; 10:13; He. 7:24-25; 9:26-28. Es el Cristo compañero: Lc. 24:15.

Por lo tanto, siempre que necesitemos algo del Señor tenemos acceso a Él, podemos hablar con Él como nuestra Roca y conseguir lo que pedimos conforme sea su voluntad: Mt 21:22; Jn. 14:13-14 (lit.: «Si me pedís algo en mi nombre»); 15:7, 16; 16:23-24; 1ª Jn. 5:14.

5. LA HERIDA DE LA ROCA: LA SUFICIENCIA DEL SACRIFICIO DE CRISTO: ÉX. 17:5-6; NM. 20:8-11

La Roca que fue golpeada una vez, no necesitaba volver a ser herida; un solo golpe bastaba. Pero Moisés, en lugar de hablar a la Peña, según el Señor había mandado, la golpeó dos veces, obrando precipitadamente con impaciencia, presunción, altivez e ira, lo que resultó en la exaltación de sí mismo. Al actuar de esta manera, Moisés cometió una acción de desobediencia y no dio reconocimiento a la gloria de Dios: Nm. 20:10-12. Así él fue castigado a causa de su incredulidad, y por ello fue añadido a la generación que murió antes de entrar en la Tierra Prometida.

Efectivamente, en las palabras de Moisés (v. 10) se ve una cierta incredulidad (v. 12). El salmista dice de Moisés que en aquella ocasión profirió «palabras imprudentes» (Sal. 106:32-33). Como consecuencia de su incredulidad y desobediencia, y de haber desconfiado de la omnipotencia divina, Moisés, Aarón y el pueblo fueron excluidos de entrar en la tierra de promisión: He. 3:12 y 18.

Pero, además, Moisés destruyó el símbolo de la obra perfecta de Cristo. A causa de su provocación, olvidándose de las palabras que había recibido de Dios, arruinó la figura de una de las verdades fundamentales de nuestra fe: la verdad de que el sacrificio de su Hijo es único y suficiente, y por tanto no necesita repetirse jamás. Con aquel acto de golpear la Roca por segunda vez, Moisés negaba la eficacia eterna de la sangre de Cristo: Jn. 19:30; Ro. 6:9-10; He. 9:25-28; 10:3, 11-12.

6. LA PEÑA DOBLEMENTE HERIDA: FUE MOTIVO DE JUICIO POR PARTE DEL SEÑOR: NM. 20:12; DT. 32:51-52; 34:4

Esto debiera hacer reflexionar y servir de aviso a los que pretenden ofrecer, de nuevo, el cuerpo y la sangre de Cristo. El Mesías tenía que morir una sola vez para siempre, y habiendo sido ya crucificado no volvería a ser herido; su sacrificio redentor no tendría que repetirse nunca, pues no tenemos que crucificarle nuevamente: He. 6:6; 10:10, 14; 1ª Jn. 1:6-9.

Así Cristo traerá juicio si su muerte irrepetible es desechada: He. 6:4-6; 10:26-29.

RESUMEN DE LAS LECCIONES Y APLICACIONES

a) El pueblo era indigno del favor divino, y Dios retiene sus bendiciones por causa del pecado: Éx. 17:2, 4; Nm. 20:12; Ef. 2:1-3; 4:30; 1ª Co. 10:5.

b) La murmuración del pueblo: Éx. 17:7; Nm. 20:3, 5; 1ª Co. 10:10; Fil. 2:14.

c) El enojo de Moisés: Nm. 20:10; Sal. 106:33; Ef. 4:26; Stg. 1:20.

d) La incredulidad de Moisés y Aarón: Nm. 20:12; Jn. 20:27; Tit. 1:15; He. 3:12; Ap. 21:8.

e) La desobediencia de Moisés: Nm. 20:8, 11; He. 3:18; Ef. 2:2; 5:6; Col. 3:18.

f) La mansedumbre de Moisés: Nm. 12:3. Sin duda el pecado de Moisés fue perdonado, pero perdió el privilegio de entrar en la Tierra Prometida. Moisés recuperó su mansedumbre, dando nuevas pruebas de su humildad al admitir él mismo la gravedad de su pecado y confesarlo: Dt. 3:23-28; Mt. 11:29; Gá. 5:22-23; Ef. 4:1-2; Col. 3:12; 1ª Ti. 6:11.

g) Lo único que el pueblo tenía que hacer era recibir o tomar: Is. 55:1; Jn. 4:10; Ap. 22:17.

h) Características de la vida que se recibe por gracia:
– Gratuita: Ro. 3:24; 6:23; Ef. 2:8; Ap. 7:17; 21:6.
– Abundante: Sal. 105:41; Jn. 7:38; 10:10; Ro. 5:20.
– Accesible: Dt. 30:14, 19; Ro. 10:8-9.

i) La obra de Cristo como nuestra Roca: 1ª Co. 10:4:
❑ Salva: 2º S. 22:47.
❑ Sostiene: Mt. 7:24-25.
❑ Satisface: Nm. 20:11; Jn. 4:14; Ap. 7:16.
❑ Sombra que ampara: Is. 4:6; 25:4; 32:2.
❑ Su presencia nos acompaña todos los días y nos guía: 1ª Co. 10:4; Éx. 13:21; 33:14; Sal. 32:8; 48:14; Mt. 28:20; Jn. 10:4; Ro. 8:14; He. 6:20 (gr. *pródromos* = precursor: el que marcha delante para que todos puedan seguirle con seguridad).

En conclusión: las características de una roca se pueden aplicar con toda propiedad a Cristo; durabilidad, fortaleza, estabilidad y permanencia: Mt. 7:24-25; He. 6:19-20; 13:8.

4.

LA SERPIENTE DE BRONCE COMO FIGURA DE CRISTO

NÚMEROS 21:4-9; ISAÍAS 45:22; JUAN 3:13-15; 8:28; 12:32-33

Como muy bien se dice en un artículo publicado en el Boletín *Amigos de Israel,* cuyo redactor es Roy E. Lowe, encontramos en este pasaje del libro de Números el tipo más gráfico y el más estrechamente relacionado con el Señor Jesucristo. El propio Jesús nos enseña la conexión antitípica de Sí mismo con la serpiente de metal levantada por Moisés en el desierto siguiendo el mandato de Dios. Veremos que los paralelismos son obvios. Pero los complementaremos con algunas indicaciones adicionales aparecidas en la Revista de instrucción bíblica *Mentor,* editada bajo los auspicios de *El Sendero del Creyente.* Seguiremos, en parte, el bosquejo analítico que nuestros maestros nos presentan, pues aquí tenemos una gloriosa exposición del Evangelio.

1. EL PECADO DE ISRAEL Y SUS CONSECUENCIAS: NM. 21:4-6.

Aquí vemos al pueblo abatido por el desánimo durante aquella etapa de su viaje. Tenían, a pesar de lo duro de la jornada, más motivos para confiar en el Señor que para desalentarse. Pero el pueblo había pecado quejándose y murmurando contra Dios. Sus corazones incrédulos hallaron expresión en un lenguaje que rezumaba ingratitud. Hablar contra el siervo de Dios era una ofensa grave, pero hablar contra el Señor era más grave todavía. Recordemos lo que dijo el apóstol Pablo respecto a esta actitud en 1ª Co. 10:9. De esta manera los hijos de Israel desconfiaron de la bondad y el amor de Dios, y hablaron en contra suya; exactamente lo que la serpiente satánica hizo en el Edén con nuestros primeros padres (Gn. 3:1-5).

«Y habló el pueblo contra Dios». Parece ser que con la designación «Dios» se reconoce aquí a nuestro Señor y Salvador bajo la apariencia del Ángel de Jehová, en quien estaba el Nombre divino (Éx. 23:20-23). No había razón para murmurar contra Dios, como lo habían hecho sus padres (Nm. 11:1), pues el Señor y su Ángel sacaron a Israel de Egipto (Éx. 13:21 con 14:19), y por tanto tenían que estar agradecidos, así como también por sus dones del Maná y el Agua de la Roca, que según vimos eran representaciones típicas de Cristo y del Espíritu Santo. «Este pan tan *liviano*» (heb. *hakkelokel*), una palabra de escarnio, como si hubiesen dicho: «¡Esta cosa despreciable sin valor nutritivo, sin sustancia, que sólo engaña al estómago!». Despreciar los dones de Dios era figura del desdén humano que se repite al desechar el Maná espiritual, en el cual reconocemos al Señor (Jn. 6:48-51). Menospreciar a Cristo es contradecir a Dios, quien «le exaltó hasta lo sumo» (Fil. 2:9).

La naturaleza humana, corrompida por el pecado, es siempre la misma. Y por eso muchos perecieron mordidos por las serpientes. Todos ellos habían pecado y merecieron morir. La mordedura fatal de aquellas serpientes es un adecuado emblema de la muerte inevitable como «la paga del pecado» (Ro. 6:23). La serpiente satánica nos ha mordido a cada uno de nosotros; por su veneno somos mordidos por nuestros propios pecados; como consecuencia todos padecemos la muerte espiritual y física (Gn. 2:17; Ro. 5:12; Ef. 2:1-3), y de ahí que cada ser humano, en su estado natural, manifieste ese efecto mortal del pecado y está sin Dios y sin esperanza en este mundo (Ef. 2:12). Aun Nicodemo, con toda su dignidad humana como maestro religioso de Israel, había sido mordido por la serpiente del pecado, pues el Señor dirigió su mirada hacia el objeto levantado por Dios para su salvación (Nm. 21:8; Jn. 3:14).

2. LA NATURALEZA DE LAS SERPIENTES ARDIENTES: V. 6

En Deuteronomio 8:15 se dice que los israelitas anduvieron a través de una región plagada de serpientes y de escorpiones. En efecto, la ruta que seguía Israel estaba infectada de reptiles venenosos, y sólo a la Providencia divina que les guardaba puede atribuirse el hecho de que no hubieran recibido daño desde el principio. Por eso esta circunstancia da motivo a creer que en aquella ocasión sólo le bastó al Omnipotente reunir las serpientes y enviarlas contra el pueblo.

Pero el texto sagrado nos ofrece una descripción muy gráfica de la naturaleza peculiar de aquellos reptiles pertenecientes al orden de los ofidios: «serpientes *ardientes*». Este epíteto es una figura de dicción, un modismo que significa «serpientes venenosas» por su veneno mortal. El hebreo *hannechashim hasseraphim* viene de la raíz *saraph,* significando arder, abrasar, quemar, y que se ha traducido «ardientes» en nuestra versión castellana del texto.

Primeramente, con ese adjetivo, se designa el color vivo, brillante e intenso de estas serpientes, ya que la mayoría de ellas, especialmente las moteadas con manchas y las de colores más llamativos, presentan una apariencia muy lustrosa, y las que tienen manchas amarillas u oscuras se asemejan al bronce o cobre, dándoles una tonalidad rojiza. Pero por amplificación del término se alude también a su picadura, pues tales serpientes son designadas con dicho calificativo porque su mordedura causaba una inflamación violenta, acompañada de un gran ardor que se experimentaba en la llaga producida y que luego se extendía por todo el cuerpo, adquiriendo la hinchazón de la piel un color rojizo. El que había sido mordido sentía como si su corriente sanguínea se hubiese transformado en oleadas de fuego pasando por sus venas, y así el veneno que se esparcía por todo el cuerpo producía una sensación de calor y quemazón, provocando a la vez fiebre intensa y sed insaciable. De ahí este término de «serpientes *ardientes*».

Aquí notamos, pues, que la mordedura de las serpientes del desierto tenía un parecido sorprendente con el propósito de aquella otra «serpiente antigua» (Ap. 12:9; 20:2), por cuanto vemos que la picadura de los reptiles que mordieron al pueblo era sólo una figura de la herida más terrible causada por la serpiente satánica que en el Edén atacó la vida del hombre desde el principio de la historia, y cuyo veneno ha contaminado enteramente nuestra raza, introduciendo en el mundo un estado de perdición humanamente irremediable y una muerte segura, «ya que el aguijón de la muerte es el pecado» (1ª Co. 15:56).

Además, el pecado que habían cometido los israelitas era una calumnia contra la Providencia divina, y la calumnia nos sugiere la mordedura de una serpiente (Sal. 140:3; Ec. 15:11). No es extraño que el calumniador infernal siga contagiando con su veneno corruptor para desviarnos de nuestra fidelidad al Señor (2ª Co. 11:3).

Otra observación importante es que con el nombre de *seraphim* se designa a una jerarquía celestial de seres angélicos que Isaías vio de pie ante el Señor entronizado (Is. 6:2, 6), denotando quizá con este término su celo ardiente o su brillantez deslumbrante; proviene de una raíz que, además de significar «arder» o «quemar», significa también: «a la semejanza de un príncipe», y en este sentido el vocablo es aplicado al arcángel Miguel en el libro de Daniel 10:13, 21; 12:1.

3. RECONOCIMIENTO Y CONFESIÓN DEL PECADO: V. 7

Un sincero pesar y arrepentimiento nacidos de una conciencia compungida es obra divina en el alma; conduce al pecador a juzgarse a sí mismo, y hace que nos volvamos hacia Aquel contra quien hemos pecado (Hch. 2:37; 3:19). Esto era lo único que el pueblo podía hacer: humillarse y reconociendo su pecado acudir al Señor que podía librarles de una muerte segura. El primer paso hacia la reconciliación es la confesión sincera de nuestras faltas (Pr. 28:13).

Sin duda obraron así aleccionados por el pecado (Sal. 78:34). Las serpientes hicieron en el ánimo del pueblo lo que Moisés no había logrado con sus intentos de persuasión. A menudo las aflicciones cambian los sentimientos de los hombres hacia el pueblo de Dios, enseñándoles a valorar aquellas palabras de oración que antes habían menospreciado: «Ruega a Jehová que quite de nosotros estas serpientes. Y Moisés oró por el pueblo». (Véase también otro ejemplo de compasión paternal en 1º S. 12:19-25.)

Pero la iniciativa siempre parte de Dios (Sal. 80:3, 7, 19; Jer. 17:14; 31:18; Lm. 5:21). Los decretos divinos tienen su origen en la soberanía de Dios (Jn. 6:37, 44: la idea que expresa el original es que se trata de un arrastrar suave por persuasión, no por imposición; este arrastrar suave se entiende de la acción iluminadora del Espíritu Santo). Es necesaria la obra de la gracia de Dios para creer en Cristo (Ro. 12:3; Ef. 2:8; Fil. 1:29). Y ¿quiénes son los dados por el Padre al Hijo? Los versículos de Juan 6:37 y 40 identifican claramente a los escogidos. Éstos son dos grandes textos que iluminan la doctrina de la elección: «*todo* aquel que ve al Hijo» (no algunos) es el que Dios da a Cristo. Dios acepta a todos los que aceptan a su Hijo.

Por eso desde el lado humano nosotros tenemos también nuestra parte de responsabilidad; «responsable» viene del verbo «responder», y aquí interviene la obligación moral de ser consecuentes con el llamamiento del Evangelio (Jer. 15:6, 19; 29:11-13; 2ª Ts. 1:11; 2:14). Porque la gracia divina puede resistirse (Jer. 5:3; Mt. 23:37; Jn. 5:40; He. 10:29).

4. EL REMEDIO PROVISTO POR DIOS: VS. 8-9

El Señor, por su gracia, proveyó un remedio adecuado a la necesidad y que estaba a disposición de todo el pueblo. Y ¡qué extraña paradoja! En medio de tantas serpientes, ¡Dios proveyó otra *Serpiente!* La serpiente, como instrumento de Satanás, cayó bajo maldición (Gn. 3:14) y vino a ser de este modo un símbolo del juicio contra el pecado. La Serpiente de Bronce era un prototipo del Mesías, y el bronce representa el juicio divino, según vimos en el Altar del Tabernáculo (Éx. 27:2). Así la Serpiente de Bronce apunta a Cristo, pues como fue levantada en el desierto a la vista de la congregación, de igual manera Cristo sería levantado para llevar nuestros pecados (Jn. 12:32).

Aquella serpiente de metal no se levantó como un objeto de curiosidad para que la miraran los sanos, sino que estaba destinada de un modo especial para que la mirasen los que habían sido mordidos por las serpientes. Jesús, el Hijo de Dios, puro y sin mancha, «fue hecho pecado por nosotros», y fue levantado en la Cruz cuando sufrió sobre Sí mismo el juicio que nosotros merecíamos (Jn. 3:14-15; 2ª Co. 5:20-21). Así vemos en la Serpiente de Bronce prefigurado el sacrificio de Cristo, muriendo por los pecadores como verdadero Salvador.

En el v. 9 hay un curioso juego de palabras en el hebreo: *nahash nehósheth;* la palabra «bronce» (*nehósheth*) viene de la misma raíz que «serpiente» *(nahash).* Por lo tanto, simbólicamente aquí tenemos: serpiente = pecado; bronce = juicio. Además, nos dicen los entendidos, que en hebreo la palabra «adivinar» es la misma que «serpiente»; tiene que ver con magia y artes ocultistas. Pero, por otra parte, la serpiente también ha sido relacionada con la medicina, porque a ella se le atribuían determinadas propiedades curativas. Según la Biblia comentada por los Profesores de Salamanca, el autor del Libro de la Sabiduría (perteneciente a la literatura apócrifa) hace la exégesis del pasaje de 16:5-7: «La serpiente era un símbolo de salvación que otorgaba la salud, no por la virtud de la figura que tenían bajo su mirada, sino por Aquel que es el Salvador de todos».

Si Dios se hubiera limitado a quitar las serpientes, los mordidos por ellas no habrían sanado. Por eso Él proveyó un remedio que, a la vez que restaurara a los moribundos, salvara a los vivos. Pero el mérito no radicaría en la Serpiente de Bronce, que era sólo un símbolo, sino en el arrepentimiento como requisito divinamente indicado y en la gracia sanadora del Señor.

5. LA CONDICIÓN ESTABLECIDA: V. 8

En este caso la salud del cuerpo fue ordenada para ser emblema de la salud del alma (3ª Jn. 2). El pecado es el resultado de la mordedura de la serpiente satánica, que con los dardos de fuego de la tentación inflama todo nuestro ser para llevarnos a la perdición (Ef. 6:16). El veneno del pecado se introduce en nuestra constitución entera: cuerpo, alma y espíritu, los cuales son afectados por la enfermedad y por la depravación. La condición impuesta para ser sanados fue prescrita divinamente: la Serpiente de Bronce. Moisés podría haber aprendido a hacer tales imágenes de sus parientes, forjadores de metales por profesión. Ya vimos que los obreros que colaboraron en la construcción del Tabernáculo eran hábiles artífices en el arte de trabajar el bronce (Éx. 31:1-6). Y, asimismo, recordemos que uno de los antepasados de nuestra humanidad fue Tûbal-qayin: «Tubal el herrero», artífice de bronce y de hierro (Gn. 4:22). El término «caín» significa adquirido, artífice, obrero, artesano, herrero.

Ahora bien, en cuanto al remedio que proveía una sanidad amplia y segura, notemos las siguientes características:

A) ERA UN REMEDIO QUE ESTABA AL ALCANCE DE TODOS: V. 8

La Serpiente de Bronce no fue puesta en un lugar escondido, para unos cuantos, sino levantada muy en alto, en una asta, y en medio del pueblo, bien visible para todos. Así Cristo es accesible para que todos podamos llegar a Él. Vea el lector estos textos: Jn. 6:37 («*de ningún modo* –intensa negación doble en aoristo de subjuntivo en voz activa– le echaré fuera»); Ro. 10:6-13; 11:32; 2ª Ts. 2:13 («Dios os *escogió para Sí mismo* –aoristo de indicativo en voz media– como *primicia* –sustantivo singular– para salvación»; obsérvese que ese primer fruto eran *todos* lo creyentes de la iglesia en Tesalónica); 2ª P. 2:1 («*rechazando por sí mismos* –participio presente en voz media– al Señor que los *compró*» –participio aoristo en voz activa–; obsérvese que la muerte de Cristo pagó el rescate de aquellos que no confiaron en el sacrificio de la Cruz y desecharon la gracia salvífica: He. 10:29). Aquí vemos desplegarse la benevolencia del Señor. Los israelitas no tenían derecho a esperar nada de la misericordia divina; pero Dios, en su infinita bondad, trató sus males dándoles sanidad y vida en vez de juicio y muerte. De la misma manera, cuando éramos aún pecadores, «Cristo murió por nosotros», mostrándonos así su gran amor (Ro. 5:8).

B) ERA UN REMEDIO MUY SENCILLO: V. 8

Los que fueron mordidos sólo tenían que poner su mirada sobre la Serpiente de Bronce. No podía ser más fácil. Pero lo difícil era confiar en que, por el simple hecho de mirar a una serpiente inanimada de metal, obrando como antídoto contra el veneno de una serpiente viva, se curarían las heridas mortales. Y, sin embargo, el único remedio era la mirada de fe (Is. 45:22). El remedio es el mismo para nosotros hoy, pues de igual manera los pecadores sólo tenemos que mirar con fe a Aquel que fue levantado en la Cruz; una sola mirada sobre el Cristo crucificado nos sanará de las mordeduras de la serpiente del pecado (Jn. 3:14-17; He.12:2). Efectivamente, renunciando a todo otro procedimiento y sencillamente mirando al Señor levantado para nuestra salvación, experimentaremos los beneficios de su misericordiosa gracia (Jn. 14:6; Hch. 4:12). Notemos un detalle interesante: el objeto que produjo la cura fue formado en la semejanza de aquello que producía las heridas mortíferas. Así, nuestro divino Salvador, aunque completamente libre de pecado, fue enviado «en semejanza de carne de pecado» (Ro. 8:3).

Aquella figura levantada en la asta no producía ningún efecto si no era mirada. Así también, si los pecadores desechan la justicia de Cristo o desprecian los beneficios de su gracia, tampoco sus heridas serán sanadas. Cristo en la cruz no salva, si no es mirado por la fe, como hemos leído en Hebreos 12:2: *«fijando la mirada* en Jesús, el autor y consumador de la fe». El término griego es muy enfático: *aphorontes;* es un participio presente en voz activa, significando: mirar después de haber apartado la mirada de otras cosas, dejar de mirar a algo para concentrar la mirada en una cosa única.

C) ERA UN REMEDIO EFICAZ: V. 8

La milagrosa curación sería una realidad hecha efectiva en «cualquiera que [...] *mirare».* Todo aquel que mira a Cristo comprobará la verdad de estas afirmaciones que leemos en Isaías 55:6-7, 10-11 y en Hebreos 4:12. La sanidad era gratuita y de pura gracia. «Entonces clamaron a Jehová en su angustia, y Él los salvó de sus aflicciones. Él envió su palabra (el *Lógos*) para sanarlos, y así los libró de la muerte» (Sal. 107:19-20 con Mt. 8:16). No había ninguna ceremonia especial que tuviera que acompañar la mirada, como recibir un bautismo sacramental, o hacer obras meritorias, o presentar ofrendas en calidad de sufragios... El bautismo cristiano, las buenas obras y las ofrendas voluntarias deben seguir a la salvación, pero no pueden conseguir nuestra salvación (Ef. 2:8-10).

D) ERA UN REMEDIO SEGURO: V. 8

La persona que había sido mordida por las serpientes podía confiar en el remedio, porque tenía la promesa de Dios: *«vivirá».* La Palabra escrita de Dios es, para nosotros, la única palabra fiable que nos promete la vida eterna por confiar en Cristo (Jn. 3:14-15; 5:24-25; 20:30-31; 1ª Jn. 5:11-13).

E) ERA UN REMEDIO QUE ACTUABA INSTANTÁNEAMENTE: V. 9

Cuando alguno «miraba a la serpiente de bronce [...] *vivía*». La posesión de la salvación no es un proceso por partes: es un hecho inmediato que tiene lugar una vez para siempre y que ocurre en el mismo momento en que el pecador mira a Cristo con fe (Is. 45:22 con 2ª Co. 5:18-19). Las serpientes no fueron quitadas como el pueblo lo había pedido: continuaron mordiendo; pero la misericordia divina obró prontamente. Así vemos que cuando Pablo rogó al Señor que le quitara el aguijón que estaba atormentando su carne, no obtuvo el favor solicitado, pero recibió la seguridad de que la gracia de Dios equivaldría a sus anhelos (2ª Co. 12:7-10).

F) ERA UN REMEDIO SUFICIENTE: V. 9

Por eso la sanidad fue totalmente consumada. No había un remedio para algunos y otro remedio distinto para otros. Así es con el don de la salvación: siendo Cristo el único remedio disponible, es suficiente para todos y por igual; no hay caminos alternativos (Sal. 43:11 con Jn. 4:42).

Intentar añadir a la obra perfecta de Cristo cualquier clase de esfuerzo humano o sacrificios personales, anula la gracia divina (Ro. 11:6; Gá. 3:11; 5:4). Aquí, «de la gracia habéis caído», no implica perder la salvación; significa caer del sistema de salvación del Evangelio por haber vuelto al sistema judaizante de las obras de la Ley. La idea del texto es: «Vuestra conexión con Cristo se hizo vacía (o "vana", "inefectiva"); de Cristo estáis desprovistos los que por la ley os justificáis».

6. EL RESULTADO DE LA APLICACIÓN PERSONAL DEL REMEDIO DIVINO: V. 9.

Los que creyeron en el remedio prescrito por el Señor, fueron milagrosamente restaurados a un estado de completa salud.

La inflamación y la fiebre cedieron, la sangre quedaba libre de su envenenamiento, las convulsiones cesaron, el ritmo del pulso recobró su normalidad, el dolor desapareció, y el ser entero sentía los efectos de la renovación. En unos pocos momentos la curación era absoluta y sería permanente.

El Señor Jesús usó este incidente tres veces como ilustración de su Persona y de su Obra perfecta al ser levantado en la Cruz:
– La necesidad de la Cruz: Jn. 3:14.
– La revelación de la Cruz: Jn. 8:28.
– La atracción de la Cruz: Jn. 12:32.

Y así la vida incomparable recibida de Dios, se manifiesta plenamente en los vivificados mediante esa mirada de fe que nos conduce a una vida de obediencia y servicio.

7. EL PELIGRO DE CAER EN LA IDOLATRÍA

«Él (Ezequías) quitó los lugares altos, y quebró las imágenes, y cortó los símbolos de Asera, e hizo pedazos la serpiente de bronce que había hecho Moisés, porque hasta entonces le quemaban incienso los hijos de Israel; y la llamó Nehustán» (2° R. 18:4).

Los símbolos no salvan. La serpiente de metal levantada en el desierto se convirtió posteriormente en objeto de idolatría. Encontramos aquí una solemne advertencia que presenta una enseñanza importante en cuanto a la tipología. Los tipos no tienen otro valor que el de guiarnos a verdades espirituales. Una vez que el tipo nos ha señalado a Cristo y se ha cumplido en Él, pierde todo su significado espiritual y es sustituido por el Antitipo.

Los símbolos se pervierten de su propio fin cuando se les adjudica una adoración idolátrica aparte de la cosa que representan. Los israelitas, en tiempos de Ezequías, daban culto a una serpiente de bronce llamada *Nehustán,* de *nehóseth* = bronce, cuyo nombre hebreo significa «pedazo de bronce», y la consideraban como la utilizada por Moisés para curar a los heridos por las serpientes. El piadoso rey la hizo despedazar para evitar la propagación de aquella nefanda idolatría.

Es predisposición del ser humano mirar a lo material y pasar por alto a Dios. Éste es uno de los errores de la iglesia de Roma promocionando el uso de imágenes en el culto público y privado, y promoviendo la veneración de reliquias que son consideradas sagradas. Y es que, dada la naturaleza pecaminosa del hombre, resultó casi inevitable que las representaciones tangibles llegasen a ser objeto de adoración idolátrica. Cada vez que una persona adora o venera alguna imagen o reliquia, está despojando a Dios de la suprema adoración debida.

Desechando el remedio de Dios, los hombres, no habiendo podido matar a las serpientes, han intentado fabricar sus propios antídotos contra el veneno de ellas por medio de religiones inventadas por el diablo (Dt. 32:17; Sal. 106:35-39; Is. 2:8; 1ª Co. 10:20). Otros han pretendido «reformar» o «domesticar» las serpientes mediante la educación o la mejora de las condiciones sociales del mundo, metiéndose de lleno en el nido de ellas. Y aún otros han pretendido fomentar relaciones amistosas con las serpientes, aceptando su propensión a morder como si fuese algo natural, algo así como un estilo alternativo de vida. Pero, a pesar de todos estos intentos, los hombres siguen muriendo en sus pecados, pues una serpiente continúa siendo una serpiente siempre.

No nos dejemos engañar por las falacias de la serpiente del Edén, que «se disfraza como ángel de luz» (2ª Co. 11:14). Así como ningún remedio de invención humana podía curar la mordedura de aquellas serpientes ardientes, de igual modo el remedio para contrarrestar los efectos nocivos del pecado que ha envenenado la vida de los hombres sólo puede ser provisto por el Señor, porque el único antídoto aprobado por Él es la fe en el Cristo crucificado. La mirada al Salvador es la medicina infalible que puede sanarnos de todas las dolencias del pecado (Sal. 103:2-3), y en consecuencia nos hace vivir en santidad y en comunión con Dios. Todo se resume en dos palabras: *mirar* y *vivir*. Y así podríamos exclamar con el apóstol: «¿Dónde está, oh muerte, tu aguijón?» (1ª Co. 15:55).

8. MARCHANDO HACIA LA BENDICIÓN PROMETIDA: VS. 10 AL 20.

La nueva generación de los hijos de Israel, ya casi al final de su peregrinación por el desierto, estaba acercándose a la Tierra Prometida para poseerla, según les había sido indicado por la promesa de Dios. En estos versículos vemos al pueblo marchando nuevamente. Así Dios les enseñaba figurativamente que podían entrar y poseer Canaán, no por sus propios méritos y obras, sino sólo por la fe depositada en el Señor su Salvador y con la vida recibida por la mirada puesta en el objeto levantado ante sus ojos, que representaba al Mesías crucificado.

La vida recibida de Dios por aquella mirada de fe pudo contrarrestar el mal causado por la plaga de reptiles venenosos, e hizo posible que un pueblo regenerado y vivificado pudiera ver y luego entrar en Canaán. Esa vida recibida de Dios es una figura del nuevo nacimiento que experimenta el pecador en la actual dispensación por la fe depositada en el sacrificio del Calvario, como también la entrada del pueblo en Canaán simboliza la entrada del creyente en el Reino de Dios (Jn. 3:3-5; Col. 1:13).

La enseñanza importante de este pasaje del Evangelio de Juan es mostrarnos el infinito valor de la obra redentora de Cristo y la manifestación de sus resultados gloriosos en todo aquel que confía plenamente en Él como su Salvador personal. Sólo la posesión de una vida nueva o «de arriba», recibida de Dios, por una mirada de fe en el Crucificado, hace aptos a los hombres para entrar en la Canaán celestial, o sea, en la esfera del Reino de Dios en Cristo, donde disfrutamos de «justicia, paz y gozo en el Espíritu Santo», porque Dios promete perfecto refrigerio por el Espíritu (Ro. 14:17 con Jn. 4:14).

APLICACIÓN

La serpiente de metal no tenía ningún poder sobrenatural en sí misma, sino que era Dios quien daba la vida a toda persona que confiaba en su Palabra. Notemos que la invitación a mirar la Serpiente de Bronce era general: Nm. 21:8-9. Si alguno rehusara mirarla, moriría. Así hemos aprendido que la única salvación está en el Señor Jesús [...] y en mirarle a Él, quien después de haber sido hecho pecado por nosotros en la Cruz, se halla ahora sentado a la diestra de Dios (2ª Co. 5:21; Hch. 5:30-32; He. 1:3). Y el que rehúsa mirarle, no verá la vida (Jn. 3:18, 36).

Querido amigo, después de haber sentido que eres un pecador perdido, ¿has dirigido tu mirada de fe a Aquel que murió por ti? (He. 12:2; Tit. 3:4-7). Si lo haces así, como resultado podrás disfrutar, aquí y ahora, de la seguridad de tu salvación. Una traducción más literal de Romanos 8:1, según la versión de la Biblia Interconfesional B.A.C., de las Sociedades Bíblicas Unidas, dice: «Ahora, pues, ninguna condenación pesa ya sobre aquellos que están injertados en Cristo Jesús».

Pero el término griego *katákrima* conlleva también una connotación civil, significando «gravamen». Este vocablo se usaba para referirse a un terreno embargado por un impedimento legal, como sería el caso de una hipoteca, un censo o unos impuestos sin pagar. «Ningún gravamen hay», dice un notario cuando se entrega la escritura de traspaso de una propiedad adquirida, que por estar libre de cargas se puede disfrutar legalmente de su posesión plenamente. Dicha palabra recibe, pues, aquí nueva iluminación: «Por consiguiente, no hay ahora ningún gravamen, por parte de la ley, para los que están en Cristo Jesús».

APÉNDICES

I.

1. LA SINGULARIDAD DE LA MUERTE DEL MESÍAS.
MATEO 26:53-54; JUAN 10:17-18; 18:3-9; HEBREOS 10:5-9

A) EL HOMBRE QUE MURIÓ PORQUE QUISO

«Y habiendo inclinado la cabeza, entregó el espíritu» (Jn. 19:30).
El término griego *parédoken* significa propiamente «despidió», e
indica un acto enteramente consciente y voluntario, como *apheken* en Mt. 27:50: «dejó» o «soltó» (el espíritu).

El profesor Miligan dice que la selección de la palabra no deja
duda en cuanto a la significación que le da el evangelista. Por cierto que sea que la muerte de Cristo en la cruz fue efectuada por un
curso natural, hubo algo más profundo y más solemne en ella, de
lo cual debemos darnos cuenta. Fue su propia voluntad de morir.
Hay en Él una vida y poder de escoger siempre presentes, y así, en
el último momento, se ofrece a Sí mismo en sacrificio (He. 9:14).

Y el *Comentario* de Weiss-Meyer dice que la expresión «entregó (a Dios) el espíritu», caracteriza su muerte como voluntaria,
puesto que la separación del alma (o espíritu) del cuerpo se verificó
por su consciente y espontánea entrada en la voluntad de su Padre,
aunque, sin embargo, se efectuó conforme a la ley natural.

Es decir –como comenta también Alvah Hovey– que Cristo, en
ese momento, conforme a la voluntad de su Padre, permitió que su
cuerpo cediera a las fuerzas destructivas naturales que le asaltaban,
y entregó su espíritu a Dios. No quitó su propia vida, sino que resolvió por su propia voluntad no impedir por más tiempo que los

hombres pecadores se la quitaran. Así terminó su vida natural, pero su vida en el espíritu continuó.

En efecto, en el acto supremo de su obra propiciatoria, Jesús hizo de la voluntad de su Padre su propia voluntad y se ofreció a Sí mismo en sacrificio a Dios. Hasta el último momento y en la separación del alma y del cuerpo, fue consciente y perfectamente libre, haciendo todo y sufriéndolo todo sin constreñimiento, excepto el del amor para con Dios y los hombres. Y así fueron cumplidas sus propias palabras: «Nadie me la quita (mi vida), sino que yo de mí mismo la pongo. Tengo poder para ponerla, y tengo poder para volverla a tomar» (Jn. 10:18).

Véanse también los siguientes textos: Lc. 9:51; Hch. 2:23; Gá. 2:20; Ef. 5:2; Fil. 2:8.

B) EL HOMBRE QUE MURIÓ COMO QUISO: SAL. 22:16 CON LC. 22:22

El término «crucificar» estaba ya en uso en Judea en los tiempos de Cristo, pues los judíos lo habían visto aplicar a los reos, porque era costumbre romana emplear el *patibullum* o palo transversal que cruzaba horizontalmente el palo vertical, formando así una cruz (Mr. 15:21 con Jn. 19:17).

Según nos dicen los historiadores, la cruz fue inventada por los persas. Consideraban que la tierra era sagrada, y enterrar en ella el cuerpo de un malhechor era contaminar ese elemento sagrado. De ahí que lo colgaran en lo alto del madero hasta que era devorado por las aves de rapiña y las bestias salvajes del campo.

Los cartagineses copiaron de los persas este primitivo sistema de ejecución. La cruz original consistía sólo en una estaca de madera, un poste fijado verticalmente en el suelo, llamado *estipe* y conocido como *crux simplex*. Pero los romanos lo copiaron de los cartagineses y añadieron un travesaño horizontal llamado «patíbulo».

Así, pues, la cruz romana, siendo el martirio propiamente utilizado por los dominadores romanos para ejecutar a los reos, constaba de dos vigas que podían colocarse de distintas maneras, y por ello se distinguen diferentes formas de cruz:

La *crux commissa*, en forma de «T» mayúscula; la *crux immissa* o latina, en forma de puñal, que es la que nosotros conocemos hoy; la *crux decussata* o andreana, que tenía forma de aspa o «X». Había también una cruz griega formada por brazos iguales.

El estudio de las costumbres romanas en la época de Cristo parece indicar claramente que lo más probable es que Jesús fuera crucificado en una *crux immissa*, y esto lo confirman los Evangelios mediante la tablilla o *titulus*, o sea, el rótulo que fue puesto encima de su cabeza, pues en el pequeño trozo que sobresalía sobre la viga superior transversal se clavaba la tablilla judicial.

Este género de suplicio era desconocido entre los hebreos, y fue introducido en Palestina cuando ésta fue convertida en provincia romana. Es igualmente cierto –como dijimos– que primitivamente los criminales eran empalados sobre una viga vertical, según la costumbre de los persas, fenicios, griegos y hebreos. Pero más tarde –como también hemos dicho– los romanos le agregaron un madero transversal, pues el sistema de empalar no era usado por Roma.

En un curioso documento histórico considerado auténtico, una carta privada que José de Arimatea dirigió a Nicodemo, leemos el siguiente párrafo: «Les he recordado también (a los discípulos) un hecho que me comunicaste, o sea, que cuando fuiste a verle de noche a Galilea, él te había anunciado que sería levantado, no en un tronco, sino en una cruz».

Jesús quiso morir en la cruz romana, cumpliéndose así la profecía mesiánica del Salmo 22, que habla de su muerte redentora y en el cual leemos la primera y la última de las palabras que el Mesías sufriente pronunciaría desde la cruz: vs. 1 y 31: «todo ha terminado» o «todo ha sido consumado» (Mt. 27:46 con Jn. 19:30).

Efectivamente, la palabra hebrea del v. 16 en dicho salmo es *kalaru,* que significa: «ellos horadaron». Parece que en algunas versiones masoréticas este término original, por negligencia de un copista que transcribió una consonante en lugar de otra de grafía similar, al final del vocablo, se corrompió en *ka'ari,* que significa: «como un león», con elipsis del verbo «quebrar», quizá en paralelismo con Isaías 38:13: «así como el león rompió todos mis huesos». Pero la frase sugerida en la versión masorética, «como león (se lanzan a) mis manos y mis pies» (con la idea de quebrantarlos), no tiene sentido en este versículo 16. Y, por otra parte, la pretendida analogía con el texto de Isaías tampoco tiene sentido, pues los huesos de Cristo no fueron quebrados en la cruz (Jn. 19:33 y 36).

La traducción de la Septuaginta traduce muy fielmente al griego el obvio significado del original hebreo, tomándolo correctamente como verbo: gr. *oruxan* = cavar, taladrar o herir horadando. La Peschitta o versión siríaca «simple» y la Vulgata Latina también traducen así. El pasaje, pues, recuerda las declaraciones proféticas de Isaías 53:5 y 8, referentes a la muerte del Mesías.

C) EL HOMBRE QUE MURIÓ CUANDO QUISO:
MT. 26:45; JN 7:30; 8:20; 12:23, 27; 17:1; 19:30.

Notamos una vez más, a la luz de estos pasajes, cómo Cristo dejó voluntariamente su vida cuando le llegó la hora; sobre todo es interesante observar que la frase explicativa del último texto aparece invertida: «y habiendo inclinado la cabeza, entregó el espíritu».

En efecto, lo natural en cada persona agonizante es que primero muera y después se le desplome la cabeza. De ahí que lo lógico, por tanto, hubiera sido decir: «y habiendo entregado el espíritu, inclinó la cabeza». Pero Jesús lo hizo al revés: primeramente inclinó su cabeza y luego expiró.

Y este importante detalle está de acuerdo con el sentido de la palabra original griega usada aquí: *klinas,* participio aoristo en voz activa de *klino,* que literalmente significa: «reposó la cabeza en posición de descanso», como cuando uno reclina su cabeza sobre la almohada para dormirse.

Sí, el Señor entregó voluntariamente su vida y murió cuando quiso; la vida no le fue tomada ni arrancada.

Sin embargo, resulta también interesante considerar el hecho de que, en la muerte de Cristo en la cruz, concurrían dos factores no menos importantes: la libertad humana y la soberanía divina.

«Yo pongo mi vida [...] Nadie me la quita, sino que yo de mí mismo la pongo» (Jn. 10:17-18).

«A la verdad el Hijo del Hombre va, según está escrito de él» (Mt. 26:24, 31, 54, 56).

Y en un sentido podría decirse igualmente que Cristo fue Señor de su propia muerte, porque no esperó a que la muerte fuera a Él, sino que Él mismo salió al encuentro de la muerte.

Por eso las palabras que Jesús dirigió al ladrón de la cruz, en Lc. 23:43, se cumplieron con maravillosa exactitud. Efectivamente, Cristo no le dijo: «Hoy me *acompañarás* al paraíso», sino: «Hoy *estarás* conmigo en el paraíso», porque Él partió antes por la prontitud de su muerte, para salir luego a recibir el alma del ladrón arrepentido a su llegada al Paraíso.

Pero ¿por qué Jesús murió tan pronto? ¿Por qué murió antes que los dos ladrones crucificados con Él? Desde el punto de vista médico hay una condición fisiológica que se produjo en Jesús y que no se dio en los otros dos crucificados (Mt. 27:48; Jn. 19:29, 33).

Se trata del llamado *síncope de deglución*. El Dr. Enrique Salgado nos lo explica en su obra *Radiografía de Cristo*:

«Si, efectivamente, la esponja empapada en vinagre llegó a la boca de Cristo, es probable que precipitase su muerte a través de un síncope de deglución. Se cree en oriente que los crucificados y los empalados pueden morir de súbito si absorben un líquido, y más si es vinagre. Binet da a esto gran importancia en la repentina muerte de Cristo tras la ingestión de la 'pócima', e ilustra su comentario con otras observaciones parecidas.

»Por ejemplo, el asesino del general Kleber, Soleyman el Halebi, fue condenado al palo. Durante el suplicio pidió en vano a los verdugos egipcios que le dieran de beber. Pero éstos le contestaron que al tragar un líquido cesarían en el acto los latidos de su corazón.

»Cuando los egipcios se retiraron, cuatro horas después de haberse iniciado el martirio, dejaron a Soleyman al cuidado de soldados franceses. Ante sus reiteradas peticiones, uno de ellos, más piadoso, le dio un vaso lleno de agua. Al poco de mojar los labios, expiró lanzando un grito».

Y esto concuerda también con el relato de los Evangelios: «Cuando Jesús hubo tomado el vinagre, dijo: Consumado es [...] Mas Jesús, dando una gran voz, expiró» (Jn. 19:30; Mr. 15:37). La crucifixión del Hombre que murió porque quiso, como quiso y cuando quiso, nos habla de lo completo y perfecto de la obra de salvación consumada en la Cruz, una obra totalmente terminada y cuyos resultados permanecen.

2. EL DÍA DE LA CRUCIFIXIÓN DEL MESÍAS.
MATEO 27:62; MARCOS 15:42; LUCAS 23:54; JUAN 19:14, 31, 42

¿En qué día de la semana fue crucificado Cristo? Todos los Evangelios nos explican que el día en que tuvo lugar la crucifixión de Jesús era el día semanal anterior al sábado, esto es, el viernes de la semana de la Pascua, el llamado día de la preparación, o sea, el día que antecedía al sábado de la fiesta de la Pascua. Todos los evangelistas usan la palabra «preparación» en este único sentido.

Este vocablo a veces no tiene artículo en el texto griego por ser nombre propio dado al viernes, es decir, que se refiere a un día específico de la semana, el día de la preparación para el sábado, no necesariamente para la Pascua, y por tanto se emplea en lugar de nuestra palabra «viernes».

De ahí que el viernes, como víspera del sábado, fue llamado por los cristianos *dies veneris,* el Viernes Santo por excelencia, siendo el día en que Jesús murió en la cruz, así como el domingo ha sido llamado *dies domina,* el Día del Señor, por haber resucitado en ese día.

A la luz de los relatos evangélicos, vemos, pues, claramente que la palabra *paraskeue* = «parasceve» o «preparación» era usada comúnmente para designar el día en que los judíos preparaban los manjares para el sábado: el día viernes. Este mismo término ha sido por mucho tiempo el nombre del viernes en Grecia, y en la actualidad sigue siendo el nombre empleado para el viernes en la lengua griega moderna.

Examinemos ahora y comentemos brevemente los textos citados.

a) «Y al día siguiente, el cual es después de la preparación» (Mt. 27:62). Mateo usa la voz *paraskeunén,* que técnicamente designaba el viernes. Notemos que aquí se hace referencia a él como el día antes del sábado, quedando clara la alusión al viernes. La preparación, según vemos, significaba usualmente el día de preparación para un sábado o la Pascua. La crucifixión fue ejecutada el día viernes y terminó antes de la puesta del sol, cuando empezaba el día de descanso para los judíos. Y aquel sábado era tenido como «el gran día del sábado» por ser el primer día de la fiesta de los panes ázimos. «Al día siguiente»: al anochecer del viernes.

b) «Y ya llegado el atardecer, puesto que era la preparación, que es el día anterior al sábado» (Mr. 15:42). Marcos explica el término *paraskeué* como significando «el día antes del sábado» *(prosábbaton),* esto es, la víspera del sábado o día de reposo, nuestro viernes, en el que se preparaba todo lo que se necesitaba para el sábado, y que comenzaba con la puesta del sol. Aquí se refiere, pues, a lo que para nosotros es el viernes por la tarde.

c) «Y era el día de la preparación, y el sábado se acercaba» (Lc. 23:54). Otra vez la frase técnica judía para designar el día anterior al descanso sabático: *paraskeues.* El imperfecto activo *epéphosken* = alboreaba, indica que estaba para comenzar a amanecer o a dar luz, es decir, el sábado se aproximaba y empezaba a despuntar gradualmente. La misma palabra se emplea para indicar el amanecer: *te epiphoskoúse* = al comienzo del amanecer (Mt. 28:1). ¿Pudo Lucas haber recogido el término para describir también aquí, como apuntan otros comentaristas, la costumbre judía de encender la «lámpara del sábado», con especial abundancia de luminarias? Es evidente, sin embargo, que el evangelista está mencionando el día anterior al sábado, el viernes, pero no en el sentido de que todo el viernes fuera día de preparación, pues un solo sábado tenía tal viernes, y éste era el sábado de la semana pascual.

d) «Y era (la) preparación de la pascua» (Jn. 19:14). Una vez más *paraskeue* con su sentido genérico de víspera del sábado, esto es, virtualmente el nombre propio para designar el viernes de la semana de la Pascua, como día de preparación antes del sábado de la fiesta de la Pascua, el tiempo en que los judíos se preparaban para matar al cordero pascual. Acaso haya aquí un sentido simbólico: la condena de Cristo, en la «preparación de la Pascua», era la preparación del verdadero Cordero pascual, que pronto iba a ser inmolado en una cruz. Recordemos, asimismo, que la festividad de la Pascua abarcaba todos los días de los panes sin levadura.

e) «...puesto que era (la) preparación, para que no quedasen en la cruz los cuerpos en el sábado, porque era grande el día de aquel sábado...» (Jn. 19:31). Tampoco aquí la palabra *paraskeue* = preparación tiene artículo en el texto griego, por ser nombre propio del viernes como día de preparación para el reposo sabático. Doble día de preparación aquel año, por ser víspera de sábado y de Pascua. Pero aquí ciertamente significa un día de preparación para el sábado, no para la Pascua, y se refiere al viernes por la tarde.

Además, los cuerpos de los colgados no podían quedar en el madero por la noche, en contra de lo decretado en la ley mosaica (Dt. 21:22-23). Los cuerpos de los reos así ajusticiados había que enterrarlos «el mismo día, porque maldito por Dios es el colgado»; no había de dejarlos que se pudrieran en el madero porque, en un clima cálido, el hedor que desprendieran corrompería el aire y traería contaminación ceremonial sobre la tierra: «no contaminarás tu tierra que Jehová tu Dios te da por heredad».

Por otra parte, los judíos no querían que se profanara el sábado sacando los cuerpos de la cruz ese día, ni que tampoco se perturbara el gozo de la sagrada fiesta pascual dejándolos colgados, por lo que necesariamente debían ser bajados de la cruz en día viernes. Aunque ordinariamente los romanos dejaban que los cuerpos de los crucificados se corrompieran en la cruz, como pasto de las fieras y de las aves, también era costumbre entregárselos a los amigos y parientes para su sepultura, si éstos los pedían (Mr. 15:43).

La grandeza del sábado en esta ocasión tan especial, («pues aquel día de reposo era de gran solemnidad»), se debía al hecho de que era el sábado de la fiesta de la Pascua, el primer día de los panes ázimos, y por concurrir con el sábado ordinario semanal, la época más solemne del año religioso.

f) «Allí, pues, a causa de la preparación de los judíos, porque el sepulcro estaba cerca, pusieron a Jesús» (Jn. 19:42). Era el día de la preparación de ellos, *paraskeuen,* y por eso era necesario apresurarse. Es decir, por causa de la preparación de la Pascua, el cuerpo del Señor fue puesto en la tumba antes del sábado: el viernes de la semana pascual.

Pero veamos también el testimonio de otras fuentes históricas.

En el primer siglo de nuestra Era cristiana se escribieron y tradujeron ciertos documentos que, posteriormente, fueron publicados en libros y revistas de algunas partes del mundo por considerarlos de interés capital en el estudio de la vida de Jesús, como la carta privada de José de Arimatea a Nicodemo que anteriormente mencionamos. En Londres se recogieron en *The darkness* por Evan John; y en París, en *L'incident du Golghota,* por H. de Sabois.

Así, en una carta fechada en el Pretorio, Jerusalén, A. D. III Cal. Mayo, que por correo privado Poncio Pilato dirigió a su joven amigo Matius Trebonius, hay el siguiente párrafo que hace referencia a la crucifixión de Cristo: «...volviendo a la ejecución del viernes...».

Y en una carta oficial, de la misma fecha que la precedente, que Poncio Pilato, como procurador de la provincia de Judea, escribió «a su colega de gobierno, el ilustrísimo y serenísimo príncipe Herodes, tetrarca de Galilea», aparece este párrafo: «Por tanto, tuve que firmar su muerte por crucifixión, la cual fue ejecutada entre el alba y la hora meridiana del viernes pasado, habiendo tenido cuidado, por mi propia petición, de no profanar en nada la gran fiesta religiosa que comenzaba al ponerse el sol de dicho día».

3. LA DURACIÓN DE LA PERMANENCIA DEL MESÍAS EN LA TUMBA. MATEO 12:40; 27:63-64; LUCAS 24:7, 21; JUAN 2:19, 21; 1ª CORINTIOS 15:4

Afirmaremos ya de entrada que el Señor Jesús no estuvo setenta y dos horas en el sepulcro, como algunos erróneamente suponen, sino menos de treinta y seis horas. Su estancia en la tumba empezó antes del fin del viernes, y terminó la mañana del domingo, al tercer día de su muerte, coincidiendo con la manera de contar entre los judíos, como veremos. John A. Broadus, Bonnet-Schroeder, Jamieson-Fauset-Brown, Adam Clarke, A. T. Robertson y Josh McDowell nos aportan valiosa información al respecto, a la luz de la Escritura. Los evangelistas dicen claramente que la resurrección de nuestro Salvador se realizó temprano el primer día de la semana, esto es, en la mañana del domingo temprano.

En palabras de McDowell diremos que muchas personas han puesto en duda la exactitud de la afirmación de Jesús de que «como estuvo Jonás en el vientre del gran pez tres días y tres noches, así estará el Hijo del Hombre en el corazón de la tierra tres días y tres noches» (Mt. 12:40). Dicen: ¿Cómo puede haber permanecido en la tumba tres días y tres noches si fue crucificado el viernes y se levantó el domingo?

Aclaremos aquí que la frase «en el corazón de la tierra», sugerida por la expresión acerca de Jonás con respecto al mar, «en el corazón de los mares», quiere decir simplemente el sepulcro y se considera como una descripción enfática del entierro real y total (Jon. 1:17; 2:2-3; Sal. 46:2; Mr. 15:46; Lc. 23:53; Jn. 19:40-41).

Procederemos a analizar ahora exhaustivamente los datos escri-
turísticos que pueden ayudarnos a entender, a la luz de una correcta
exégesis hermenéutica, la solidez de la real permanencia de Cristo
en la tumba, o sea, la exacta duración de su estancia en el sepulcro.

Considerables esfuerzos se han hecho para demostrar que Jesús
estuvo muerto setenta y dos horas: tres días y noches completos.
Tales esfuerzos parecen deberse al deseo de dar pleno valor a la expresión «tres días» y de vindicar las Escrituras. Pero una pormenori-
zada interpretación literal de esta frase hace completamente errónea
la expresión «al tercer día» (Robertson).

Ahora bien, no hay dificultad en armonizar los «tres días y tres noches» que Jonás estuvo dentro del gran pez con los «tres días y tres
noches» incompletos que Cristo estuvo en la tumba, ya que Él fue puesto en el sepulcro poco antes de ponerse el sol del viernes, permaneció en
aquella tumba todo el sábado y resucitó en el amanecer del domingo.

Las frases de Marcos 16:1-2: «Y pasado el sábado (*sabbátou*) [...] Y
muy temprano el (día) uno de la semana (*sabbáton*) [...] luego que salió
(*anateílantos)* el sol», presentan detalles importantes. Consideremos.

Kai díagenoménou tou sabbátou, genitivo absoluto, participio aoristo: habiendo transcurrido el sábado y habiendo acabado; *anateílantos tous helíou,* también genitivo absoluto y participio aoristo: ya salido
el sol, pero pudiendo ser simplemente una expresión general aplicable
a los fenómenos de la salida del sol, como explica Robertson. El primer
resplandor de luz viene del sol que se levanta, aunque todavía no surge
por completo. El Dr. Robinson da varios ejemplos de la Septuaginta
griega, donde la misma frase se usa en tiempo aoristo de modo general
para indicar la luz del alba (Jue. 9:33; 2º R. 3:22; Sal. 104:22).

O sea, que Marcos debe haber empleado la expresión «ya salido
el sol» en un sentido más amplio y menos definido que el que daría
una interpretación literal de las palabras. Dice Hovey: «Por ser el
sol la fuente de la luz y del día, y porque sus primeros rayos producen el contraste entre la noche y la aurora, el término *la salida del
sol,* podía fácilmente, en la usanza popular, por una metonimia de

causa por efecto, ponerse para designar aquel intervalo cuando sus rayos, luchando aún con las tinieblas, no están haciendo sino nada más que anunciar el día. En conformidad con esto, vemos que semejante usanza existía entre los hebreos y en el Antiguo Testamento».

Greswell, Alford y otros traducirían la preposición *opse* (en nuestra versión «pasado») de Mateo 28:1 por «tarde el sábado», en vez de «tarde en la semana». La palabra griega (*sabbáton*) es la misma para indicar sábado que para significar semana. En ambos casos, por tanto, la traducción puede ser la misma. Pero, según observa Robertson, poco sentido resultaría de esta traducción. «Tarde en la semana» y «amaneciendo el primer día de la semana» difícilmente se ajustan bien. Por esta explicación, la última expresión se emplea para la primera parte del domingo, y la visita al sepulcro se efectuó en este amanecer. Esta interpretación aleja toda dificultad o discrepancia.

Aun otros traducirían «tarde el sábado» por «después del sábado». Godet y Grimm sostienen que el idioma griego podría significar esto, y el uso del *Koiné* griego vernáculo lo permite. Este resultado es posible, aunque los papiros tienen ejemplos de «tarde en» para esta preposición (*opse*). Así el idioma griego justifica la traducción «tarde en» o «después de». Los judíos no tenían nombres para los días de la semana, de modo que los designaban refiriéndose al sábado; así que *ton sabbáton* es el primer día con referencia al sábado, es decir, el siguiente día después del sábado.

En Juan 20:1 leemos también: «Y en el (día) uno de la semana», caso locativo de tiempo, con el genitivo plural *ton sabbáton*, para indicar semana. Y volviendo a Mateo 28:1, donde se dice literalmente: «Y al final de los sábados (*sabbáton*, acabada la semana), al comienzo del amanecer del (día) uno de la semana (*sabbáton*)». ¿Por qué el plural «sábados»? Porque los hebreos consideraban como *sabath* los días en que se practicaban ceremonias y conmoraciones especiales para recordar el episodio de la salida de los hijos de Israel de Egipto, y de ahí que cada uno de los días de aquella semana en la cual se celebraba la fiesta de la Pascua era un *sabath*.

Ya, sin más, diremos que no se exige en esta expresión de «tres días y tres noches» una acomodación estricta con la de Jonás, ya que esta frase suele ser un modo usual de hablar, y muchas veces es una locución estereotipada. Ésta es la misma conclusión que establecen los documentos rabínicos y, por tanto, en armonía con el valor de dicha expresión tal como aparece en los escritos evangélicos.

Era costumbre, bien conocida, de los judíos, contar una parte del día como un día de veinticuatro horas, o sea, que ellos computaban como días enteros los fragmentos de día a partir de la puesta del sol, pues originalmente contaban de tarde a tarde. Consideraban que un día estaba compuesto de noche (tarde) y día (mañana): Gn. 1:5. Por lo mismo, una parte de un día o de una noche, se consideraría como un día completo, concediendo obviamente al término «día» un doble sentido: como noche y día o día en contraste con noche. Es decir, que cualquier fracción del período de veinticuatro horas era contado legalmente como un día entero; así la noche y el día juntos constituían un solo período, y una parte de ese período se consideraba como un todo.

De manera que la expresión «al tercer día» era equivalente a «después de tres días», por considerarse las fracciones de un día como el día completo. Por esto la frase «después de tres días» se emplea por los mismos evangelistas en relación con «al tercer día». Está claro, pues, que los «tres días y tres noches» que el Hijo del Hombre estuvo en el sepulcro no fueron completos, por cuanto sabemos por los datos bíblicos que la frase «día y noche» era usada frecuentemente, entre los hebreos, para significar el día de veinticuatro horas, ya fuera completo o incompleto. Así que, el día entero y la parte de otros días que el cuerpo de Cristo permaneció en el sepulcro se cuentan por tres días y tres noches.

En efecto, el rabí Eleazar bar Azaría y el Talmud de Jerusalén, citado por Lightfoot, nos dicen: «Un día y una noche hacen una 'onah, pero una parte de una 'onah es como toda ella, y una 'onah comenzada vale como una 'onah entera». Una 'onah es, pues, simplemente un período de tiempo. Como se ve era una locución elaborada para expresar tres días, sin que se indicara con ello que los días fuesen completos. Esta declaración única, por tanto, solamente puede entenderse como significando tres *'onah* o noche-día, o sea, como períodos de veinticuatro horas, pudiendo ser éstas fragmentadas.

Encontramos el uso paralelo de tales períodos fragmentados en otras partes de las Escrituras. Dicha expresión de «un día y una noche», empleada como modismo idiomático para indicar un día, aun cuando sólo se designara parte de un día, se puede ver en el Antiguo Testamento: Gn. 42:17-18; Jue. 14: 17-18; 1° S. 30:12-13; 1° R. 12:5, 12; Est. 4:16; 5:1; Os. 6:2.

Véase también la frase usada en Mateo 27:63 con respecto al día de la resurrección de Jesús, donde se confirma este sistema de contar de los judíos y prohíbe absolutamente la opinión de que el Señor permaneciera setenta y dos horas completas en el sepulcro. La expresión «después de tres días» no significa después de setenta y dos horas, porque en boca de judíos, griegos y romanos equivalía a contar tanto el primer día como el último, de modo que significaría cualquier lapso de tiempo en el tercer día.

Ahora bien, no había manera de indicar en el griego esos períodos de veinticuatro horas, sino por «día y noche» o «noche y día», como se hace en las narraciones evangélicas, o por la palabra griega compuesta *nuchthémeron* = noche-día, empleada en 2ª Corintios 11:25: «una noche-día he hecho como náufrago en lo profundo del mar».

Y este modo de designar intervalos de tiempo sigue en vigor en el lenguaje popular de nuestra época moderna. Nosotros también solemos contar a veces los días así, empleando esta locución en nuestra manera de hablar para referirnos a partes o porciones como si fueran un todo. El Dr. Robinson encontró, en su propio caso, que «cinco días» de cuarentena significaban, en realidad, «sólo tres días enteros y dos pequeñas porciones de otros dos».

Por lo tanto, la frase «al tercer día» debe significar que la resurrección del Señor se verificó, efectivamente, ese día, esto es, en domingo, porque si hubiese ocurrido después del tercer día, entonces habría significado el cuarto día y no el tercero; «después de tres días» sólo puede usarse para dar a entender «al tercer día», mientras que en modo alguno puede emplearse para significar lo que sería un cuarto día. Así los «tres días y tres noches» no pueden ser otra cosa que una forma más larga de decir tres días, utilizándose el término «día» en su sentido amplio (Robertson).

En consonancia con este prisma exegético, McDowell nos lo expone con estas palabras: «Los "tres días y tres noches" con referencia al período de Cristo en la tumba se pueden calcular del modo siguiente. Cristo fue crucificado el viernes. Todo el tiempo que queda antes de las 6 de la tarde del viernes sería considerado "un día y una noche". Todo el tiempo después de las 6 de la tarde del viernes al sábado a las 6 de la tarde, formaría "otro día y otra noche". Y todo el tiempo después del sábado a las 6 de la tarde hasta el domingo en que Cristo resucitó, sería también "un día y una noche". Desde el punto de vista judío, esto haría "tres días y tres noches", desde el viernes por la tarde hasta el domingo por la mañana».

La conclusión es obvia; hagamos, pues, un resumen final de todo lo expuesto. La estancia del Señor Jesucristo en el sepulcro empezó antes del fin del viernes, durante una porción muy pequeña de ese día, por lo que el viernes se computaría como un día; permaneció en la tumba todo el día segundo completo, porque el sábado sería otro día; y terminó al resucitar temprano en la mañana del domingo, esto es, menos de la mitad de ese día, unas diez u once horas, cuya parte se contaría como el tercer día.

Así, en concordancia con esta fórmula para calcular el tiempo según la costumbre de los judíos, esto sería computado como tres días y tres noches, incluyéndose tanto una parte cualquiera del primer día, toda la noche siguiente, el día siguiente con su noche, y el último día formado por otra parte cualquiera de ese día subsiguiente o tercero. De modo que la parte del día en que fue crucificado Jesús y la parte del día en que resucitó, se cuentan como días enteros, o sea, que en total el Señor estuvo en el sepulcro menos de treinta y seis horas.

Este cómputo no puede, por tanto, denotar más de lo que hemos dicho, porque en la valoración judía –como recalcamos insistentemente– tres días incompletos eran equivalentes a tres días enteros. Y en conformidad con esta forma de contar, este lapso de tiempo fragmentado se corresponde exactamente con el período que Jonás estuvo en el vientre del gran pez. De manera que la condición de Jonás bajo el castigo disciplinario, excluido del mundo exterior, llegó a ser la más perfecta figura de la muerte literal de Jesús. El énfasis de la señal profética no estaba en la duración de su permanencia en la tumba, sino que recaía en el hecho de su muerte real. Véase el diagrama ilustrativo aportado por McDowell referente a la duración de la estancia del Mesías en el sepulcro.

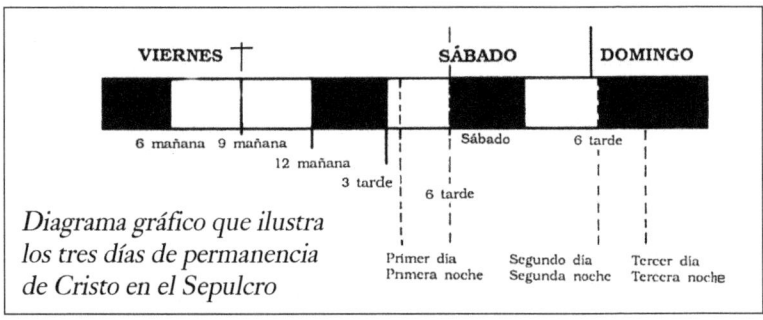

Diagrama gráfico que ilustra los tres días de permanencia de Cristo en el Sepulcro

Fotografía del Gólgota = "Calavera", lugar donde crucificaron al Mesías, y cuya estructura forma curiosamente la figura de un cráneo

II.

LA ALABANZA DE LOS ÁNGELES Y EL CANTO DE LOS REDIMIDOS: LUCAS 2:13-14; APOCALIPSIS 5:8-14

Abordaremos en este apartado una interesante cuestión que ha sido tratada por algunos conocidos comentaristas, entre los cuales mencionaremos los siguientes: el Dr. Charles C. Ryrie, el Dr. Francisco Lacueva, el Dr. Donald D. Turner, B. F. C. Atkinson; Arno C. Gabelein, C. H. Brown... Y es que, como nos hacen observar, la sorpresa mayor que nos ofrece la Palabra de Dios consiste en que sólo nosotros, los seres humanos, podemos cantar las alabanzas divinas, no los ángeles. En ningún lugar de la Biblia se lee que los ángeles canten. Diga el lector si puede hallar un solo texto donde se indique que los seres angélicos cantan como lo hacemos los creyentes redimidos. Acudiendo a una Concordancia completa –dice Lacueva– se halla uno con la gran sorpresa de que en parte alguna de la Biblia se nos presenta nunca a los ángeles cantando, sino siempre diciendo.

Invitamos al lector a considerar cuidadosamente estos pasajes que hemos seleccionado: Job 38:7; Sal. 7:17; 9:1-2; 19:1; 21:13; 30:4; 47:6-7; 57:7; 59:16; 63:3-4; 65:8; 68:4, 32; 92:1,3; 95:1-2; 96:1-2; 98:4-6; 100:1; 108:1-3; 138:1; 146:1; 147:1, 7; 148:1-3; 149:1-3; 150; Is. 12:4-5; 42:10; 49:13 (lit.: «!Oh cielos, entonad himnos!» o «Gritad de júbilo, oh cielos»); Mr. 14:26; Lc. 2:13-14; Hch. 16:25; Ef. 5:19; Col. 3:16; Ap. 5:8-14.

La alabanza es como un motor de arranque para la adoración. Pero a la luz de esos textos, entre otros, podemos destacar los siguientes aspectos:

– Los términos «alabar» y «alabanza» no implican, necesariamente, cantar, pues significan «hablar bien» de alguien o de algo, es decir, expresar palabras o hechos que honran o exaltan a una persona. De ahí que alabar a Dios no es otra cosa que exhibir su carácter y sus obras para con todos. La alabanza debiera ser, pues, la demostración de la salud Espiritual hecha audible. La palabra hebrea para alabanza significa «hacer brillar», y de ahí que alabar es hacer que la presencia de Dios brille en nosotros en dondequiera que estemos.

– Se hace una clara distinción entre alabar y cantar.

– A veces la alabanza podía ser cantada, pues los cánticos formaban parte de la himnología litúrgica de Israel; pero cuando la alabanza era cantada, se indica así en el texto, y no vemos nunca que se diga que los ángeles alabaran cantando.

– Se puede alabar sin cantar, y se puede cantar vocalmente sin acompañamiento de instrumentos musicales (Ef. 5:19; Col. 3:16).

Veamos dos ejemplos que muestran la diferencia entre cantar y alabar, tomados de los pasajes citados, y que comentaremos brevemente. Luego ya consideraremos en detalle la importante porción de Apocalipsis 5:8-14, que presenta ambos conceptos.

En Job 38:7 leemos: «[...] cuando cantaban a una (las) estrellas del alba, y gritaban de gozo todos los hijos de Dios». Aquí se dice poéticamente que las estrellas entonaban las alabanzas de Dios al comienzo de la creación de este mundo; la misma figura retórica vemos en los Salmos 19:1 y 148:3. La palabra hebrea que en el texto de Job expresa la idea de alzar clamores de alabanza significa producir o emitir un sonido trémulo, como las vibraciones de la voz humana al modular, hablar, alabar o cantar. Pero mediante su expresión poética aparece una interesante verdad científica. Se sabe que las ondas luminosas emitidas por las estrellas producen sonidos. La luz llega al órgano óptico en ondulaciones o vibraciones, como el sonido llega al órgano auditivo. Hay un punto en el cual las vibraciones sonoras son demasiado rápidas para ser percibidas por nuestro sentido del oído. Pero las ondulaciones sonoras de la luz no cesan, aunque nuestro sentido de la audición no es capaz de captarlas. Si el órgano auditivo humano fuera lo bastante sensible y lo suficientemente agudo, podríamos escuchar las vibraciones acústicas de la luz de cada estrella. La misma expresión poética se vierte en el contexto del Salmo 65:8: «(Las) puertas del alba y del ocaso hacen gritar (o "cantar") de gozo (o "de júbilo")». En paráfrasis podría traducirse: «Tú haces producir vibraciones (o "modulaciones") de sonido por las salidas (o "radiaciones") de la luz de la mañana y de la tarde». Y a esta idea se añade en el texto de Job, por contraste, el regocijo de los ángeles expresado en clamores de alabanza. Así una traducción más literal diría: «...entre el clamor de los astros matutinos, y las aclamaciones (o «aplausos») unánimes de todos los hijos de Elohim gritando de gozo».

En Lucas 2:13 leemos: «y de repente llegó con el ángel una multitud del ejército celestial, que alababan (*ainoúnton*) a Dios, y decían (*legónton*)...». El término griego aplicado a los ángeles para decir que «alababan», a saber, *ainoúnton,* significa: referir, contar, hablar de algo, alabar la fama o reputación de alguien; «cantaban» sería *hádousin.* Por tanto, «decían» no puede sugerir que lo decían cantando, sino que *legónton* significa que lo proclamaron a grandes voces.

Ahora bien, ¿a qué se debe esta aparente anomalía entre la alabanza de los ángeles y el canto de los redimidos? Difícilmente podría alegarse que los ángeles, por ser espíritus, no pueden cantar porque carecen de las cuerdas vocales que los seres humanos poseemos. Pero esos espíritus, que tan poderosamente obran en el mundo material, sin duda pueden producir o articular sonidos modulados, puesto que les vemos comunicarse con los hombres hablando.

El Dr. Lacueva nos presenta dos sugerencias interesantes. Quizá los ángeles no cantan porque sólo los seres humanos han hallado misericordia y perdón, no los ángeles, y tal vez por eso ellos no pueden entonar el cántico de la redención. O quizá el hecho de que no canten se deba a que la alabanza musical, que es el resultado de la llenura del Espíritu (Ef. 5:18-19), no compete a los ángeles, quienes, aunque son superiores a nosotros por naturaleza (Sal. 8:5), son, sin embargo, inferiores a nosotros en gracia y ¡nuestros servidores! (Ef. 3:10; He. 1:14; 1ª P. 1:11).

Tanto es así –sigue explicando Lacueva– que no puede menos de sorprender el *giro* espectacular y radical que, en Apocalipsis 5:8-12, torna el *cantar* de los veinticuatro ancianos en el *decir* de los ángeles, en el mismo pasaje. En efecto, después de que los veinticuatro ancianos cantan un cántico nuevo (el cántico de la redención), tan pronto como a ese coro se une un enorme grupo de ángeles, *cesa* el canto. Verá el lector que, hasta el final del capítulo, ya sólo sale el verbo *légein* = decir: *légontes phone megále* = diciendo con voz grande (no *hádousin* = cantaban).

Los veinticuatro ancianos, simbolizando tal vez, en un sentido, el conjunto de los redimidos de todos los tiempos, son aquí representantes de la Iglesia ya arrebatada antes del comienzo del capítulo 4 de Apocalipsis; mientras que los seres vivientes simbolizan la creación angélica, como los serafines y los querubines de Isaías 6:3 y Ezequiel 1 y 10, que parecen estar representados también aquí.

El género del participio griego usado en Apocalipsis 5:8 indica que sólo los ancianos llevaban en las manos cítaras (*kitháran*) para cantar, instrumento musical de cuerda que el pueblo hebreo usaba en su liturgia cúltica, pero siendo símbolo aquí de gozo y victoria; y por lo mismo, ese participio indica igualmente que sólo los ancianos tenían copas (*phiálas* = tazas, o más bien páteras o pebeteros) llenas de incienso, «que son las oraciones de los santos».

«Todos» es un adjetivo masculino: *ékastos* = lit. «cada uno», y el participio presente *éjontes* = teniendo, es también del género masculino, concordando con el masculino *presbŝteroi* = ancianos; literalmente: «cada uno teniendo cítaras, y tazones de oro llenos de incienso», y se refiere *solamente* a los veinticuatro ancianos, ya que *zoa* = seres vivientes, es del género neutro y, por tanto, gramaticalmente no puede concertar con el masculino *éjontes*.

Atkinson nos ofrece un clarificador enfoque de Apocalipsis 5:9 al comentar que «los ángeles no pueden cantar el nuevo cántico porque ellos nunca cayeron ni necesitaron nacer de nuevo; en realidad, nada hay en la Biblia que señale que los ángeles pueden cantar en manera alguna». Los seres angélicos, no habiendo sido redimidos, no pueden entonar el cántico de la redención, pero sí pueden alabar las glorias de Dios (Lc. 2:13-14).

Y Brown dice también: «Mas no es el cántico de los ángeles lo que recrea nuestros oídos... No se dice en ninguna parte de la Biblia que los ángeles cantan: ellos no son redimidos».

Concluye Lacueva su comentario explicativo diciendo que, puesto que la alabanza cantada es uno de los resultados de la llenura del Espíritu (Ef. 5:18-19), es importante percatarse de la proyección trinitaria que la alabanza musical implica, y para advertir esto basta con analizar los tres elementos de que se compone el canto, con el que se imita a las tres Personas divinas de la Trinidad. Así vemos que cantar:

❑ Requiere la expulsión del aire, del aliento, por la boca, con lo que se imita a Dios el Padre, quien, mediante el aliento salido de Su pecho, infundió la vida en el primer hombre.

❑ Contiene un mensaje en las palabras que se cantan, con lo que se imita al Verbo.

❑ Hay una modulación regulada por la sensibilidad artística, con lo que se imita al amoroso Artista divino, «el dedo de Dios», que es el Espíritu Santo en su calidad de Artífice.

ANÁLISIS DE UN TÉRMINO CLAVE EN CONEXIÓN CON EL CANTO: *PSÁLLO*

Santiago 5:13 dice: «¿Está alguno entre vosotros afligido? Que ore. ¿Está alguno alegre? Que cante alabanzas (*psalléto*)».

Y en Efesios 5:19 leemos: «...hablando (*lalountes*) entre vosotros con salmos (*psalmois*), con himnos (*húmnois*) y cánticos (*hodais*) espirituales, cantando (*hádontes*) y salmodiando (*psállontes*) con vuestro corazón al Señor». De lo profundo del corazón brotan la adoración y la alabanza al Señor, expresadas vocalmente; no meramente con la lengua, sino con el sentimiento sincero del corazón acompañando el canto de los labios: «Cantad alabanzas a Dios [...] cantad con destreza» (Sal. 47:6-7; 1ª Co. 14:15; Col. 3:l6).

C. H. Brown, en su folleto *Música Instrumental,* recoge las declaraciones de autoridades del griego con respecto al termino *psállo,* algunas de las cuales nos contentaremos con señalarlas resumidamente. Dicho vocablo significa vibrar, modular, cantar, entonar un himno. Por su raíz etimológica «tirar por sacudidas», se usa a veces para denotar la idea de pulsar, tañer, hacer sonar, designando extrabíblicamente algún instrumento musical de cuerda. Pero en la Biblia significa cantar, alabar con salterio, lo que también se hacía de viva voz (Ro. 15:9; 1ª Co. 14:26).

M. C. Kurfees, después de un estudio completo de la palabra *psállo,* nos dice con referencia al significado de este vocablo en el Nuevo Testamento: «Todos los lexicógrafos y doctores están de acuerdo en que, en los principios del período nuevotestamentario, la palabra *'psállo'* había venido a significar cantar».

Juan Enrique Thayer, en su conocido *Léxico del Nuevo Testamento*, escribió sobre el sentido de dicho término: «En el Nuevo Testamento significa cantar un himno, alabar a Dios en cánticos».

El Dr. Jaime Begg cita al Dr. Guillermo Porteous, doctor presbiteriano escocés de Glasgow, quien dice acerca del mismo vocablo: «Es evidente que la palabra griega *'psállo'* significaba en su tiempo (período de los padres griegos) cantar solamente con la voz [...] *'psállo',* en todo el Nuevo Testamento, nunca quiere decir, en su significado básico, hacer sonar o tocar un instrumento» (Citado por Kurfees).

El gran léxico de Sófocles, erudito greco-americano, que fue profesor de griego en el Harvard College, y autor de una importante gramática griega, aclara que «no encontró ni un solo ejemplo de que esta palabra (*psállo*) tuviera otro significado».

Edward Dickinson, profesor de Historia de la Música del Conservatorio de Música del Oberlin College, cita de Juan Crisóstomo, doctor de la iglesia de Antioquía y el más renombrado de los padres griegos, lo siguiente: «David, en tiempos pasados, cantó salmos; con él, nosotros hoy, cantamos también. Él tenía una lira con cuerdas inanimadas; la Iglesia tiene una lira cuyas cuerdas son vivientes. Nuestras lenguas son las cuerdas de la lira, con tonos distintos, ciertamente, pero con piedad más concordante» (Citado por Brown).

Y, para no extendernos más sobre esta cuestión, transcribimos la letra de la siguiente estrofa del Himno n° 605 del «Himnario Mensajes del Amor de Dios», que dice así:

«Una lira especial hay para el pecador,
ya lavado bien con la sangre del Señor;
ángel no puede nunca esa lira pulsar,
sólo al que Dios salvó podrá su loor cantar»
(Citado por Brown).

EPÍLOGO
Cristo en cada libro de la Biblia

«Comenzando desde Moisés, y siguiendo por todos los profetas, les declaraba en todas las Escrituras lo que de él decían» (Lc. 24:27).

Génesis: Cristo, el Creador y la Simiente de la mujer: 1:1; 3:15. (Jn. 1:1-3; Col. 1:16; Gá. 4:4).

Éxodo: el Cordero de Dios, inmolado a favor de los pecadores: cap. 12 (Jn. 1:29,36).

Levítico: Cristo, nuestro Sumo Sacerdote: el libro entero. Y el libro de Hebreos en el N. T.

Números: la Estrella de Jacob: 24:17 (Ap. 22:16).

Deuteronomio: Profeta semejante a Moisés: 18:15, 18. (Jn. 6:14; 7:40; Hch. 3:22-23; 7:37).

Josué: el Príncipe del ejército de Jehová: 5:13-15.

Jueces: el Mensajero de Jehová: 6:11-24.

Rut: el Pariente Redentor: cap. 3.

1º y 2º de Samuel: el Rey menospreciado y rechazado: 1º S. 16 al 19.

1º y 2º de Reyes; 1º y 2º de Crónicas: el Señor del cielo y de la tierra: la historia entera.

Esdras: el Cumplidor y Predicador de la Ley: 7:10 (Mt. 5:17-18; Lc. 24:44-45) .

Nehemías: el Intercesor y Edificador: 1:11; 2:20. (Ro. 8:34; He. 7:25; Lc. 24: Mt. 16:18).

Job: el Redentor resucitado y esperado: 19:25-27.

Salmo 1: el Hombre Bienaventurado.

Salmo 2: el Hijo de Dios

Salmo 8: el Hijo del Hombre.

Salmo 22: el Cristo de la Cruz.

Salmo 23: el Pastor Divino.

Salmo 24: el Rey Triunfante.

Salmo 72: el Rey Gobernante.

Salmo 150: el Director de las alabanzas.

Proverbios: la Sabiduría personificada: cap. 8.

Eclesiastés: el Sabio olvidado: 9:13-16.

Cantar de los Cantares: el Amado de mi alma: 2:16.

Isaías: el Siervo Sufriente y nuestro Sustituto: 52:13 al 53:12.

Jeremías: el Renuevo justo de David: 23:5-6.

Lamentaciones: el Varón de dolores: 1:12-18.

Ezequiel: el Hombre glorificado en el trono: 1:26.

Daniel: la Piedra que llena toda la tierra: 2:34-35, 44-45.

Oseas: el Hijo mayor de David: 3:5 (Sal. 39:27).

Joel: el Señor de toda bondad: 2:18-19.

Amós: el Ejecutor de todo juicio: 1:2; 7:4 (Jn. 5:22; Hch. 17:31).

Abdías: el Rey y Salvador del monte de Sion: 17, 21.

Jonás: el Salvador sepultado y resucitado: cap. 2.

Miqueas: el Señor de la eternidad: 5:2.

Nahum: la Fortaleza en el día de la angustia: 1:7.

Habacuc: Ancla del justificado por la fe: 2:4; 3:18.

Sofonías: el Juez y Purificador en medio de Israel: 3:5, 15.

Hageo: el Deseado de todas naciones: 2:7.

Zacarías: el Renuevo y Pastor herido: 3:8; 13:7.

Malaquías: el Sol de justicia: 4:2.

Mateo: el Rey de los judíos: 2:2; 27:11.

Marcos: el Siervo de Jehová: el libro entero.

Lucas: el perfecto Hijo del Hombre: 3:23-38; 4:1-14.

Juan: el Hijo de Dios: 1:1, 34.

Hechos de los Apóstoles: el Señor ascendido al cielo: 1:9-11.

Romanos: nuestra Justicia en Él: 3:21-26.

1ª Corintios: Primicias de la resurrección: 15:20.

2ª Corintios: hecho pecado por nosotros: 5:21.

Gálatas: el fin de la Ley: 3:10-11, 13-14, 23-26.

Efesios: nuestra Armadura: 6:11-18.

Filipenses: nuestra Suficiencia y Fortaleza: 4:13, 19.

Colosenses: el Ser preeminente: 1:17-19.

1ª Tesalonicenses: el Señor venidero: 4:13-18.

2ª Tesalonicenses: el esperado Juez del mundo: 1:6-10.

1ª Timoteo: el único Mediador entre Dios y los hombres: 2:5.

2ª Timoteo: el Galardonador de los fieles: 4:8.

Tito: nuestro gran Dios y Salvador: 2:13.

Filemón: compañero del Padre: 10-19.

Hebreos: cumplidor de los tipos: 10:1-14; 12:2.

Santiago: el Señor de los ejércitos: 5:4.

1ª Pedro: tema de las profecías del Antiguo Testamento: 1:10-12.

2ª Pedro: Señor de larga paciencia: 3:3-4, 8-9.

1ª Juan: el Verbo de vida: 1:1.

2ª Juan: objeto de las contradicciones del Anticristo: 7.

3ª Juan: la Verdad personificada: 3-4.

Judas: seguridad del creyente en Él: 24-25.

Apocalipsis: el Rey de reyes y Señor de señores: 19:11-16.

(Adaptación del bosquejo de Roberto T. Ketcham).

Y como alguien ha dicho:

«Dios, sin Cristo, es una incógnita y un signo de interrogación.

Cristo, sin Dios, es un enigma y un signo de interrogación.

Dios, con Cristo, es una revelación y un signo de admiración».

Por lo tanto, que las Tipologías Cristológicas del Antiguo Testamento, nos ayuden:

«A conocer mejor a Cristo

a amarle con amor más verdadero

y a seguirle con mayor ahínco».

(William Barclay)

9 788482 675299